上海市重点图书

上海高校服务国家重大战略出版工程资助出版

西部美术考古丛书

佛教艺术模式与样式

罗宏才　主编

上海大学出版社

图书在版编目(CIP)数据

佛教艺术模式与样式 / 罗宏才主编．—上海：上海大学出版社，2017.3

（西部美术考古丛书）

ISBN 978-7-5671-2647-3

Ⅰ.①佛… Ⅱ.①罗… Ⅲ.①佛教-宗教艺术-美术考古-中国 Ⅳ.①K879

中国版本图书馆CIP数据核字（2016）第295087号

责任编辑 傅玉芳
助理编辑 刘 强
封面设计 柯国富
技术编辑 金 鑫 章 斐

佛教艺术模式与样式

罗宏才 主编

上海大学出版社出版发行

（上海市上大路99号 邮政编码200444）

（http://www.press.shu.edu.cn 发行热线021-66135112）

出版人 戴骏豪

*

南京展望文化发展有限公司排版

上海叶大印务发展有限公司 各地新华书店经销

开本787mm×960mm 1/16 印张22.25 字数364千

2017年3月第1版 2017年3月第1次印刷

ISBN 978-7-5671-2647-3/K·157 定价：58.00元

序

上海大学美术学院罗宏才教授主编的“西部美术考古丛书”即将问世，要我写一篇总序，尽管我近日非常忙碌，身体还有些不适，还是答应下来，这固然是因为罗宏才教授出身西北大学，与我颇有渊源，但更主要的是我深觉这部丛书的立意甚好，符合当前学术发展的趋向。至于我能否体会丛书的宗旨，也就在所不计了。

我想分三个层次来说，首先是西部考古，然后是美术考古，最后再试谈西部美术考古作为学术前沿的地位。

现代意义的考古学开始传到中国，是在19世纪末、20世纪初，那时不少外国学者及所谓探险家曾进入中国西部。在此刺激之下，中国有关学术界也对西部地区的历史文化给予特殊的关切。然而在中国自己的考古学工作开展之后，更多的注意是集中在作为古代王朝核心的中原一带，对广大西部的探究相对说来要少些，有大量没有解决的课题存留至今。

实际上，西部在中国悠久历史上的重要性是用不着说的，周秦汉唐的发展过程，已充分说明了这一点。以长达八百年的周朝而论，其早年的兴起，正是背靠西北，继之而来的秦人也走着类似的道路。不深入考索西部的文化，便谈不上认识中国古代历史的全貌，而由于传世文献内容的限制，这方面研究不得不更多地依靠于考古学。

美术考古则是当前中国考古学急待进一步促进发展的部分。从学科的过去历史来看，中国的考古学和西方的考古学本来有着先天的一些差异。如很多考古学史的专家所指出的，发轫于19世纪早期的西方考古学，原系自欧洲传统的古物学演变而成，而后者从来是和美术的鉴赏和论析相结合的。作为中国考古学的基础的，则是源远流长的金石学，其成形为一门学问，至少可追溯到北宋，而金石学的特点是以“证经补史”为职志，最重视有文字的遗物，以至同专研文字的所谓小学密不可分。因此，中国的考古学始终与研究文献的历史学彼此配合，恰如夏鼐先生所形容，似车之两轮、鸟之双翼，成为认识古代的必要途径，是我们今后仍然要继续的。

然而，我们想有更大的进步，还应该学习西方考古学较我们优长之处，其中很有价值的一点，就是要重视与美术史的结合。比如我们自己是研究古代青铜器的，常说考察青铜器当有五个方面，即：形制、纹饰、文字、功能和工艺，现在想来一定要加上一点：青铜器的美术性质，这样我们的研究便更臻于全面。这个例子不一定妥当，但似足以例其他。

近年，已有一些学者在推广美术考古方向做了有益的工作，这使我回忆起山东大学已故的刘敦愿先生。刘先生一生为振兴中国的美术考古反复呼吁，功绩卓著。收录1998年出版的《刘敦愿先生纪念文集》的他的《传略》说：美术考古是一个跨学科性质的科研领域，要搞美术考古的研究，必须既具备考古专业知识与技能，又具备美术专业知识与技能。刘敦愿先生对此寄以厚望，他如果得知今天这方面的进展，是一定会感到欣慰的罢。

中国西部的历史条件与中原等地区不同，不仅保存着地下地上大量的美术品，而且是与境外文化交流沟通的必经通道，从而美术考古，特别是强调跨文化比较研究方法的美术考古，在此有着十分广阔的用武之地。需要强调的是，中国的古代文化有其自己的起源和独立的发展，然而其进程从来不是完全封闭的。中国古代文化与境外文化的接触，主要的路径是通过西部，包括西北和西南。所谓“丝绸之路”的原始，很可能应大为上溯，其间蕴藏着许多奥秘，有待大家来开发。

“丝绸之路”的研究，现在已经从根本观点上拓展了，这个观点是把欧亚大陆看做一个整体。以这样的观点作为基础，形成了20世纪后期逐渐推广的欧亚学。欧亚学的刊物和著述，在外国已有不少，国内如《欧亚学刊》也已经出版了好几年。假如我们把中国的西部考古，尤其是西部美术考古，同欧亚学的探究适当地配合起来，我认为肯定会产生非常重要的新成果。

翻阅“西部美术考古丛书”第一种《从中亚到长安》所收论文，已可看到各位学者都在努力拓广自己的眼界，采用最新的方法，再看丛书今后各种拟议中的目录，更足见主编罗宏才教授的志向。谨趁此机会，祝愿这部富于学术价值的丛书取得预期的成功。

李学勤

2011年9月19日

于北京清华园

目　录

第二章　模式与样式

第三章　调查与研究

第四章 资料与信息

第一章 源流与轨迹

第一节 巴蜀东汉至蜀汉铜摇钱树佛像模式和源流探讨

巴蜀早期佛教遗迹均发现于墓葬中，在学科分类上属考古学“吴晋南朝墓葬”[1]，例如，蜀地崖墓中的画像石佛像、陶树座佛像。但从巴蜀崖墓中出土的特有的铜摇钱树，按考古学分类，应属西南地区“青铜文化”的“巴蜀文化”。而在20世纪80年代，关于“巴蜀文化”内涵的介绍，都缺乏对铜摇钱树的分类说明[2]。铜摇钱树研究引起学术界的重视，则是20世纪90年代以后的事情。原因是近年来随着四川和三峡考古工作的开展，汉代铜摇钱树不断有新的发现，特别是铜摇钱树枝叶、树干、树冠佛像的造型模式，不仅涉及宗教考古、美术考古，更涉及早期中外文化交流的重大关系，所以越来越为学术界所关注。

海内外现存于世的摇钱树佛像有：绵阳何家山1号崖墓出土的摇钱树树干上5尊，重庆忠县涂井5号崖墓出土的摇钱树树干上6尊，忠县涂井崖墓出土编号为M14∶31①的摇钱树树干上3尊、编号为M14∶31②的摇钱树树干上5尊，绵阳双碑白虎嘴M19号崖墓出土的摇钱树树干上4尊、M49号崖墓出土的摇钱树树干上3尊，四川梓潼县宏仁羊头山东汉砖室墓出土的摇钱树树干上1尊（存疑），四川安县文管所收藏的东汉摇钱树树干上5尊、树顶上1尊，重庆国友博物馆收藏的一件四川三台县出土的摇钱树树干上6尊，中国国家博物馆收藏的一件应是绵阳地区出土的摇钱树树干上2尊；巴蜀以外，属于西南地区的，贵州清镇11号砖石墓出土的摇钱树树干上2尊；陕西城固县砖室墓出土的摇钱树树顶饰上1尊、汉中铺镇5号砖

---

[1]《中国大百科全书·考古学卷》，中国大百科全书出版社1986年版，第485页，第550页“吴晋南朝墓葬”条“四川崖墓”。

[2] 同上，第29—30页“巴蜀文化”条，有关铜器的分类说明中，未提到“铜摇钱树”。

室墓出土的摇钱树树干上2尊；流失海外，据考证应是从四川流失出去的，日本和泉市久保惣纪念美术馆收藏的一件摇钱树树干上1尊、日本私人收藏的两件摇钱树树干上3尊、美国旧金山亚洲艺术馆收藏的一件应是从四川绵阳地区出土的摇钱树树干上1尊；罗二虎指出重庆开县红华崖墓出土的摇钱树树干上4尊[1]。迄今为止，资料已经公开的摇钱树树干佛像，只有在2001年底于重庆丰都县镇江镇槽房沟发掘的9号东汉延光四年（125）砖室墓中出土的一件摇钱树树干上1尊，可以确定为中国最早有纪年的佛像。这些摇钱树树干佛像，国内收藏的以及流失海外的，其出土地点可以明确的有：四川省的绵阳、安县、三台、梓潼，重庆市的忠县、丰都、开县，贵州省的清镇，陕西省的固城、汉中。据何志国统计，分布在20株摇钱树上，共计67尊佛像；位于摇钱树枝叶上的有2尊，即四川安县和陕西城固的摇钱树[2]。其实，巴蜀东汉的崖墓砖室墓数量甚多，从考古发掘的情况来看，一般墓室中都有摇钱树（不一定每株摇钱树上都有佛像）（图1-1-1、图1-1-2），由于

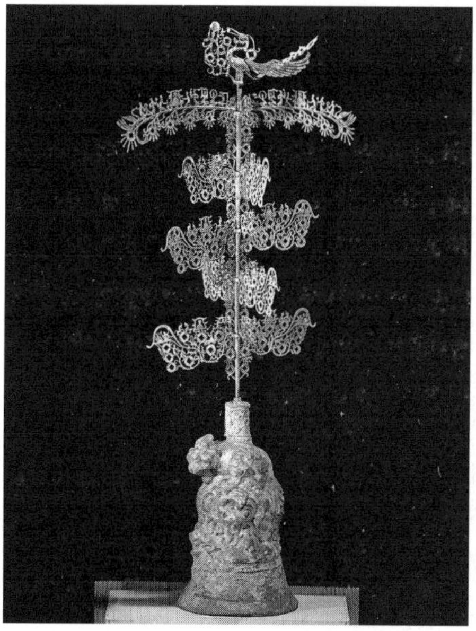

图1-1-1　四川绵阳出土东汉铜摇钱树（绵阳市博物馆藏）

图1-1-2　四川彭山出土东汉铜摇钱树（原彭山县文管所藏）

[1] 罗二虎：《论中国西南地区早期佛像》，载《考古》2005年第6期。
[2] 何志国：《汉魏摇钱树初步研究》，科学出版社2007年版，第200—201页，摇钱树树干佛像情况表（表中未列美国旧金山亚洲艺术馆收藏的一株摇钱树佛像）。

盗掘和破坏，损毁和流失的摇钱树佛像数量远远不止上面的统计数字。

其他与摇钱树佛像有密切关系的是，四川西昌高草乡摇钱树枝叶上的西王母像、茂汶摇钱树圆璧上的西王母像、绵阳何家山2号墓摇钱树枝叶上的西王母像及美国旧金山亚洲艺术馆藏摇钱树上的西王母像，其额中部都有类似佛像的“白毫”(ūrṇā)相[1]。

本节分为四个部分：① 海内外现存的铜摇钱树佛像；② 巴蜀早期佛教遗迹的年代，着重论证巴蜀摇钱树佛像的年代，摇钱树佛像的类型、分期；③ 印度早期钱币上佛像造型模式的启示，着重考释迦腻色伽一世金币的正、背面图像；④ 摇钱树顶部佛像被尊称为“天中天”的源流和宗教意义，着重论证东汉时期中土汉译佛典中的“天中天”来自犍陀罗，犍陀罗地区佛教徒的死后理想观念以及相关的图像东传巴蜀为本地世俗接受，遂使得摇钱树佛像逐次升到树顶部，而巴蜀最早的方志《华阳国志》却未记载这一历史现象和事实。

一、海内外现存的铜摇钱树佛像

（一）中国内地现存的铜摇钱树佛像

1. 贵州清镇汉墓出土的铜摇钱树佛像

1956—1958年，贵州省博物馆在贵州省中西部乌江支流羊昌河沿岸的清镇、平坝两县境内清理发掘了28座汉代墓葬，并于1959年在《考古学报》上发表了这批资料[2]。发掘报告中，曾报道了在清镇11号墓中出土有铜人像1件，并附有黑白线描图，但当时没有确定该铜人像是一尊佛像。1994年11—12月在贵州省博物馆的大力支持协助下，罗二虎对该铜人像及同时出土的摇钱树残件进行考察、测绘，终于确定该铜人像就是一尊早期佛像[3]。

贵州省博物馆现保存的残摇钱树树干有三段，上面有两尊早期佛像。

佛像一，在一段残树干上。树干长约7厘米、宽约1.4厘米、厚约0.9厘

---

[1] 金申编著：《海外及港台历代佛像——珍品纪年图鉴》，山西人民出版社2007年版，第374页图版，“摇钱树，东汉（3世纪初），青铜，高约100厘米，摇钱树上端有佛坐像，是早期佛教美术实物，甚为珍贵”。笔者分析全图和局部图，西王母像应是在钱树顶端。

[2] 贵州省博物馆：《贵州清镇平坝汉墓发掘报告》，载《考古学报》1959年第1期。

[3] 罗二虎：《略论贵州清镇汉墓出土的早期佛像》，载《四川文物》2001年第2期。

图1-1-3　贵州清镇汉墓钱树残件上两尊佛像

米。树干的剖面呈椭圆形，佛像与树干融为一体，由双范合铸而成。佛像锈蚀较严重，高约4.7厘米、宽2.8厘米，头顶有高肉髻，其下面发式呈纵向。着通肩衣，双手置于身体前面，似乎都是握住衣角下裾，双手之间衣服下摆呈U字形，因面部锈蚀不清，上唇是否有髭须无法辨认[1]。

佛像二，高约4.6厘米、宽约2.6厘米，造型与佛像一大体相同，但锈蚀更严重（图1-1-3）。

清镇11号墓的这两座墓葬的年代为东汉晚期至末期，其下限可能会晚到蜀汉前期（221—242），而这株摇钱树及佛像的制作年代与这两座墓葬的年代基本同时。其文化性质，由于清镇11号墓为汉人所使用的墓葬，而摇钱树也是当时汉人所使用的随葬冥器，因此，应该属于东汉至三国时期与四川盆地、汉中盆地、云贵高原等地区一起形成的一个以四川盆地为核心的区域性文化圈。

关于清镇摇钱树佛像的传入路线，罗二虎认为，佛像传入贵州地区的途径可能有两条：一条是从印度经缅甸、云南而传入贵州；一条是从印度先传到四川，再从四川传入贵州。目前在缅甸和云南境内尚未发现中国东汉时代晚期或更早的与佛教直接相关的文物，因此很难断定佛像是经此道传入贵州地区的。四川地区发现的早期佛像，均出土在墓葬中，并且多是在摇钱树的树干上。贵州清镇11号汉墓中发现的摇钱树佛像，其所在位置、佛像造型特征以及铸造工艺等，都与前者基本相同。所以，其与四川地区早期摇钱树佛像有密切关系，虽然两者在造型上存在些微差异，但应该是贵州的早期佛像模仿四川地区的早期佛像。因此，完全可以有充分理由认定，清镇摇钱树佛像是从四川传入的。

2. 陕西城固县汉墓出土的铜摇钱树佛像

1957年，陕西城固县第一中学发掘的砖室墓中出土了一株有佛像的

[1] 罗二虎:《略论贵州清镇汉墓出土的早期佛像》，载《四川文物》2001年第2期。

摇钱树，后由该县文管所收藏。1987—1990年，王寿芝以“桃都”为名，分别在《文博（陕西）》和《中国文物报》上报道了这株摇钱树，只是其将摇钱树上的佛像误认为“女神”。其时该摇钱树保存较完整，通高104厘米（图1–1–4）[1]。1994年，罗二虎至城固考察，方发现摇钱树的枝叶上有佛像。

图1–1–4　陕西城固汉墓钱树（背面）顶部佛像线描图

据罗二虎详述[2]，城固县文管所同志介绍，摇钱树出土于县境内一座东汉砖室墓中，墓葬情况现已不详。这株摇钱树由树座和树体两大部分组成，树座为釉陶制作，树体为青铜制作，由于树座和树体顶饰都有不同残损，现残高93.5厘米。树体本身由树干、树枝和顶饰三部分构成。青铜树体制作是由双范合铸分段铸造的，然后再相接、插合而成。青铜树体又是插在陶树座上的。

顶饰为薄的叶片形，叶片正反两面的图像完全相同，图像的具体刻画则由凸起的线条构成。顶饰部分通高约22.8厘米、厚0.2—0.4厘米，因略残而宽度不详。顶饰的底部有插头，用以插合在树干上（图1–1–5）。佛像位于顶饰的中间，包括项光在内通高6.5厘米、宽4.1厘米。佛像头顶上有肉髻，肉髻上的头发依次向上叠成半同心圆的形状，即贵霜秣菟罗佛像的Kaparda（蜗牛壳）式肉髻（Ushnisha —— a high top knot），其下半部的头发用平行的纵线表现，额际上有白毫相，上唇有两撇略向上翘的髭须，项光为两个同心圆构成，两个同心圆之间有6个小圆圈。佛像身着通肩衣，外翻的领缘镶饰变形的莲瓣纹，其左手施无畏印，右手握住衣角下裾（没有绕呈U字形再延经左腕下垂）[3]，在两手之间的下部有一个近似玦（罗二虎的辨认

[1] 王寿芝：《城固出土的汉代桃都》，载《文博（陕西）》1987年第6期；王寿芝：《桃都·天鸡·摇钱树》，载《中国文物报》1990年9月13日第4版。

[2] 罗二虎：《陕西城固出土的钱树佛像及其与四川地区的关系》，载《文物》1998年第12期。

[3] 原文中说佛像是以“右手施无畏印，左手握衣端”，同上。原文中的图三（摇钱树顶部线描图），其位置与图二（摇钱树顶部照片图）正好相反，图三线描图为摇钱树的正面，图二照片图为摇钱树的背面。因此，图三线描图中的佛像便成为以“右手施无畏印，左手握衣端”的姿态。

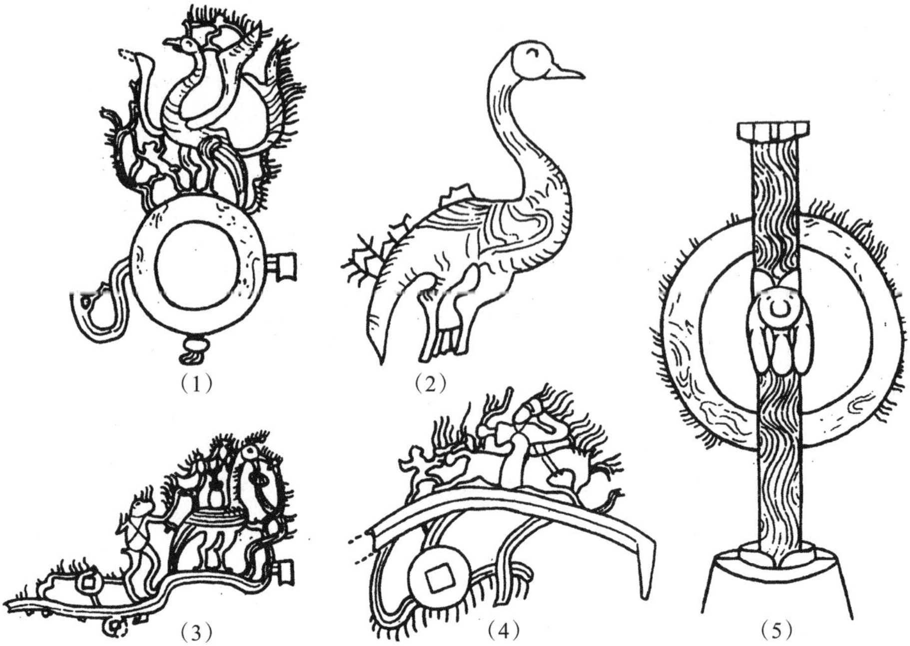

图1-1-5　陕西城固汉墓钱树细部：（1）钱树顶部两倾饰件；（2）钱树残枝2；（3）钱树残枝3；（4）钱树残枝4；（5）钱树树干下部

有误）的物体，作趺坐姿，坐于大圆璧的顶端。璧的直径为7.4厘米，其表面装饰有呈压扁状的莲花图案。佛像的左侧有一人呈胡跪姿向佛揖拜，其头戴“异形高冠”[1]，鼻下有胡髭，着袍，领口部分也有一个用平行纵线构成的装饰，坐佛和揖拜人物都位于一个特大的璧上。这个形象的身份，罗二虎认为：在成都附近出土的西王母仙境画像砖上可见到与该摇钱树上揖拜人物相似的形象。画像砖上的形象更清晰，手中持笏，背上插幡，显然是一个道士（在西汉时期称为“方士”），他的作用在于沟通人神，助人升仙[2]。因此城固摇钱树上的这个形象也应属道士类的人物[3]。

关于城固这株摇钱树所属的文化圈和年代。罗二虎认为：城固县所在

---

［1］罗二虎：《陕西城固出土的钱树佛像及其与四川地区的关系》，载《文物》1998年第12期。

［2］同上。

［3］罗先生的解释有两点经不起推敲：其一，该形象头戴的不是异形高冠，而是呈尖顶胡帽（锥形帽）；其二，形象上唇有髭须，中土和蜀地没有这类人种，其身份应为胡人。本来在其对面的璧上似乎还有一个形象，作为佛像的二协侍，可能出土时就已缺佚。彭山崖墓出土的陶座上佛像的二协侍就不是中土人种形象，则是最好的证明。这种尖顶胡帽在1世纪贵霜王朝的赫拉乌斯王（King Heraos）统治大夏（Bactria）时流行，参见*Origins of the Gandharan Style*，p.29，PL. 49. Head of a prince，from Dalverzin，Hamza Institute of Fine Arts，Tashkent.

的汉中地区，现行政区划隶属陕西省，但其地处秦岭以南，自古以来就与四川地区关系密切。战国时期，这一地区属巴蜀文化的分布范围；汉代，这里为汉中郡，属于益州刺史部；三国时，又属于蜀汉政权统辖。从这株摇钱树的造型特征、图像内容和制作工艺等方面观察，其与四川绵阳一带地区、重庆忠县等地区墓葬中出土的摇钱树基本相同。而且东汉至三国时期汉中地区出土墓葬总的情况都与那时益州刺史部所辖其他地方的很相似，可以纳入西南地区同一地域汉文化的范畴。因此就这株摇钱树以及汉中地区当时文化所属的性质而言，应与四川以及西南地区的关系更密切，而与陕西秦岭以北地区的文化差异很大，后者的汉魏墓葬中未曾发现过摇钱树。而摇钱树顶部饰有佛像的目前仅发现这一例，与此图像构成较为接近的有四川绵阳何家山2号墓[1]、四川西昌高草出土的以西王母为中心的摇钱树顶饰[2]，这两座墓葬的年代均为东汉晚期。综观这株摇钱树的整个造型，其更加接近于东汉晚期摇钱树的造型特征。从已公布的有关摇钱树资料比较，其年代不会晚至蜀汉时期（221—263）[3]。

3. 四川梓潼县文管所收藏的铜摇钱树佛像

1970年，梓潼县宏仁乡羊头山出土摇钱树，乡民挖出后送交县文化馆，现藏梓潼县文管所。2003年8月何志国至该所考察，在摇钱树上发现了新的佛像种类。除了铜摇钱树外，随墓出土的另有铜马尾巴和铜俑残片，未发现摇钱树座[4]。

树干断面为椭圆形，长径2.6厘米，短径1.9厘米，树干壁厚0.2厘米；树干共计有6节，每节高21厘米。树干中央有一人像，高9.8厘米，宽4厘米，呈圆雕形式，裸体，头、鼻较大，大眼圆睛，双耳甚大；右手握左手贴于胸前，肚腹鼓而略下垂，呈跽坐姿。人像背景为枝叶形成背屏；其右侧有一人像侧身面向中央主像，单腿跪于一八瓣盛开的莲花上，并以双手扶住中像臀部；中像左侧一马立于也有八瓣的莲花上，双耳竖立，面向主像（图1–1–6）。

[1] 罗二虎：《陕西城固出土的钱树佛像及其与四川地区的关系》，载《文物》1998年第12期；何志国：《四川绵阳何家山2号东汉崖墓清理简报》，载《文物》1991年第3期。图三〇“铜摇钱树叶拓片”1. 璧（1/3）。

[2] 刘世旭：《四川西昌高草出土汉代“摇钱树”残片》，载《考古》1987年第3期。

[3] 罗二虎：《陕西城固出土的钱树佛像及其与四川地区的关系》，载《文物》1998年第12期。

[4] 何志国：《四川梓潼汉末摇钱树小记——兼考梓潼摇钱树佛像》，载《中原文物》2006年第3期。

图1-1-6　四川梓潼宏仁汉墓摇钱树干佛像

梓潼摇钱树树干的人像与过去发现的摇钱树佛像形象完全不同。何志国认为：该人像亦应为佛像，结合文献研究，其组合形式可能表现了释迦太子出家和成道的佛传故事，这就为中国早期佛像及其起源的研究提供了最新的考古材料[1]。他做了几方面的考证，但对该形象施的手印出处所做的考释还不是非常清楚。他认为："该人像右手握住左手贴于胸前的特征，与印度早期犍陀罗佛像（2—3世纪）相似，后者头作肉髻，眉间有白毫相，双耳较大下垂，右袒，右手握住左手指贴于胸前。佛像的此种手姿最早可见印度巴尔胡特（Bharhut）公元前2世纪的药叉，有学者认为，他本来是表现合掌姿态，但'雕刻家不知透视缩短处理，只好把药叉在胸前合掌的双手不自然地硬压成斜向一边'。但日本学者宫治昭认为此类犍陀罗佛像的手印是转法轮印。"[2]然而犍陀罗佛像的转法轮印（dharmacakra-mudra）就是说法印（siksha-mudra），后文将举图例说明，此处不赘。该像头无肉髻，全裸，又不呈趺坐姿，缺乏图像学方面的材料，要断为佛像，有点悬！

4. 忠县涂井汉代崖墓中铜摇钱树佛像

1981年5月，原属四川忠县（1997年3月以后划属重庆市）涂井卧马凼崖墓群中出土4株铜摇钱树，分别随葬在3座墓中：M5 1株（M5：62），M14 2株（M14：31a、M14：31b），M7 1株（M7：6）。这4株摇钱树，其中有3株存有树干（M5：62、M14：31a、M14：31b），由数节缀合而成，共清理出14节，每节上均有一佛坐着的形象，头有高肉髻，右手施无畏印，左手捏住袈裟下裾，明显具有佛像特征，每佛像之间的距离大致相等。3株摇钱树的现状分别是：M5一件（M5：62）的座、树齐全，树干高126厘米。座为灰陶座，蟠龙形，龙张口含珠，树干为6节，每节高18厘米，其上有佛像1尊，叶片饰

[1] 何志国：《四川梓潼汉末摇钱树小记——兼考梓潼摇钱树佛像》，载《中原文物》2006年第3期。图一"四川梓潼树干佛像"，图五"公元2—3世纪犍陀罗佛像"。

[2] 何志国：《汉魏摇钱树初步研究》，科学出版社2007年版，第202—203页。

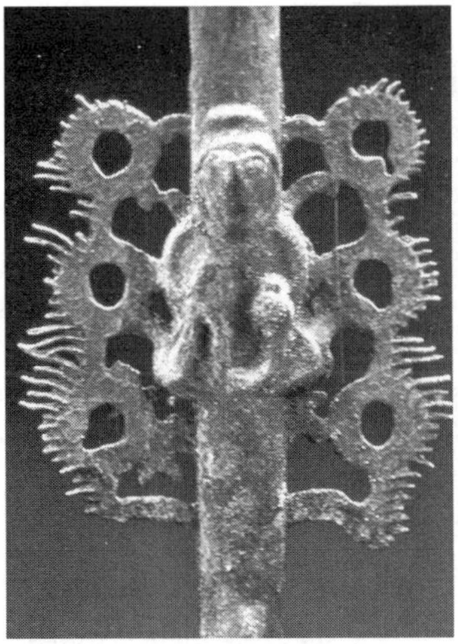

图1-1-7 忠县涂井东汉崖墓摇钱树佛像之一

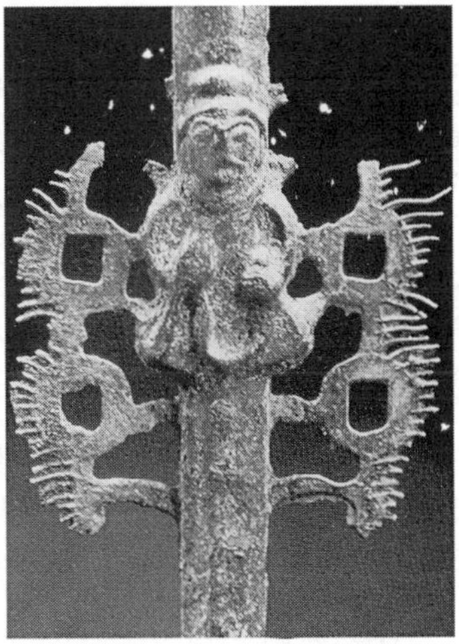

图1-1-8 忠县涂井东汉崖墓摇钱树佛像之二

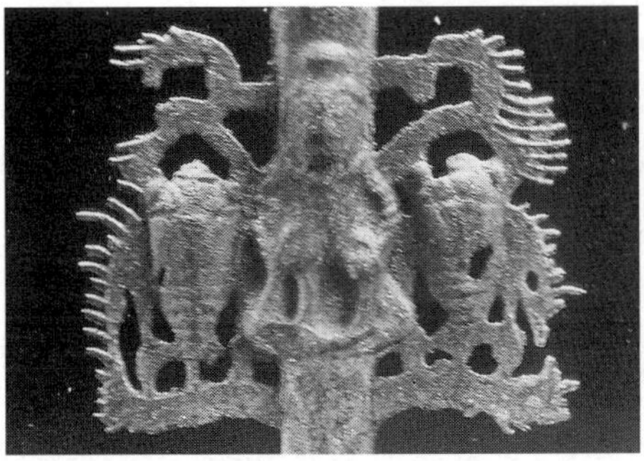

图1-1-9 忠县涂井东汉崖墓摇钱树佛像之三

图1-1-10 忠县涂井东汉崖墓摇钱树佛像之四

璧和五铢钱。M14一件(M14:31a)的无座，树干仅存3节，每节上有1尊佛像，八字形的胡髭清晰，与M5:62同范，叶片饰有朱雀和钱纹。M14一件(M14:31b)的无座，树干现存5节，每节高17.5厘米，其上有佛像，共5尊，佛像造型与M5:62的相似，略小，佛像背屏有五铢钱和蝉纹(图1-1-7、图1-1-8、图1-1-9、图1-1-10、图1-1-11)[1]。

5. 陕西汉中铺镇汉墓出土的铜摇钱树佛像

1985年4月，陕西汉中市博物馆在铺镇发掘了一批汉代砖室墓，其中

[1] 四川省文物管理委员会:《四川忠县涂井蜀汉崖墓》，载《文物》1991年第7期；赵殿增、袁曙光:《四川忠县三国铜佛像及研究》，载《东南文化》1991年第5期。

图1-1-11　忠县涂井（M5：62）树干佛像一节（倒数第1节）

M5中出土有摇钱树，“分树、树座二部分，树为铜质，有主干、树叶，树干作扁圆形，分节，每节中都有人像盘坐，每节节痕处，有插枝叶孔四个，枝叶图形有铜钱、小鸟等。树身高50厘米，枝干每节长18.5厘米，叶片每节长14—16厘米、宽7—9厘米，为透雕铸成”[1]，未指明人像属性。罗二虎曾指出树干上有佛像2尊[2]。其后据何志国考察，发现摇钱树上的佛像有两个实体：其一，摇钱树树干断面呈椭圆形，长径2.1厘米，短径1.7厘米；树干上的一尊佛像，残高6厘米、宽4.2厘米，头部稍残，肉髻项头光不存，额顶部可见镂刻的发丝（罗二虎未辨认清楚发丝形状），高鼻，双眼微合，上唇有两撇八字形髭须；着圆领衣，以右手施无畏印，左手握衣裾下角，绕经右手腕下垂，形成较长的U字形，双袖衣纹细密。佛像现状稍残，其特征却与绵阳何家山1号墓出土的佛像相似。其二，摇钱树树干断面呈椭圆形，长径1.8厘米，短径1.2厘米，佛像高5.2厘米、宽3.2厘米，头顶有肉髻，双眼微合，高鼻，上唇有两撇较直略呈八字形的髭须，着圆领下垂衣，右手施无畏印，左手握衣角下裾，绕经右手腕，形成较长的U字形。

6. 绵阳何家山1号东汉崖墓中的铜摇钱树佛像

1989年11月，位于涪江流域的绵阳何家山东汉崖墓（编号No.1）出土一株铜质摇钱树，残高76厘米；在树干上铸有五尊形态相同的佛像，每尊高6.5厘米，按纵向间隔排列，佛像头有高肉髻，面相丰圆；上唇两边有翘髭；身着圆领通肩袈裟，呈结跏趺坐姿；右手施无畏印，左手捏住袈裟下裾一角，衣纹皱褶呈明显的U字形，佛项后有宝珠形头光（大部损坏）（图1-1-12、图1-1-13、图1-1-14、图1-1-15）[3]。由于该墓中还出土有三段式神兽镜，这种铜镜的制作年代一般都在东汉后期。所以，霍巍认为该墓年代定

[1] 何新成：《陕西汉中市铺镇砖厂汉墓清理简报》，载《考古与文物》1989年第6期。
[2] 罗二虎：《中国初期佛像与西南地域文化圈》，载《世界文化与佛教》，日本永田文昌堂2000年版，第157—176页。
[3] 何志国：《四川绵阳何家山1号东汉崖墓清理简报》，载《文物》1991年第3期。

图1-1-12 绵阳何家山1号汉墓铜摇钱树树干佛像(倒数第三节)

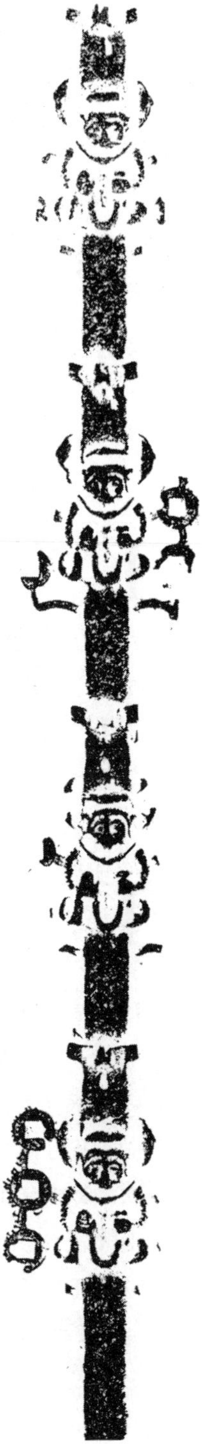

图1-1-13 绵阳市何家山1号汉墓铜摇钱树树干佛像拓片

图1-1-14 绵阳市何家山1号汉墓铜摇钱树树干佛像线描图

图1-1-15　绵阳何家山1号汉墓树干佛像拓片

图1-1-16　绵阳双碑19号墓树干佛像

为东汉晚期至六朝初期更为稳妥[1]。但笔者认为：首先，绵阳何家山1号东汉崖墓出土的三段式神兽镜，与邛崃羊安镇汉墓出土镜造型比较，非常相似。铜镜背面图像，两者上段中部的龟趺都是头向右，绵阳的是东王公在右，西王母在左；邛崃的是东王公在左，西王母在右。两者下段，中部的树木、树干都作交缠状，其左、右侧的人数都为两人，只是姿态略异。由此可知，绵阳何家山1号崖墓中的铜镜，其制作时代与邛崃的相当，时代应是东汉晚期。其次，绵阳何家山1号崖墓中摇钱树佛像，其造型与陕西城固和四川的安县、三台县、绵阳双碑及重庆的丰都县等摇钱树佛像比较，都与后者的相似。所以，该株摇钱树的制作时代也应为东汉时期。

7. 四川绵阳双碑白虎嘴崖墓出土的铜摇钱树佛像

1998年，四川绵阳双碑白虎嘴发现的30余座崖墓中，M19、M49出土摇钱树佛像4尊。M19中的摇钱树树干现存长15.6厘米，佛像位于树干中央，高4.4厘米，宽2.8厘米。佛像头顶有高肉髻，发际线在额上部呈弧形；面目虽模糊，仍可辨别。深目高鼻，双眼微合，上唇有略呈八字形的髭须；身着圆领衣，双袖有细密的衣纹；右手握衣裾下角，延至左手腕下垂，呈U字形，左手施无畏印，作趺坐姿（图1-1-16）。

M49中的摇钱树树干由几节树干组成，每节长18.2厘米，佛像位于树干中部，共有3尊，均高5.6厘米、宽3.2厘米。佛像头有高肉髻，面部略显清

[1] 霍巍：《四川何家山崖墓出土神兽镜及相关问题研究》，载《考古》2000年第5期。

瘦；发际线与双眉均呈两道圆弧形，在中部连结，深目高鼻，上唇也有略呈八字形的髭须；身着圆领衫，右手施无畏印，左手握衣裾下角，延至右手腕下垂，呈U字形，右手施无畏印，作趺坐姿。佛像身体两侧连缀有枝节，据残迹辨别，原应为圆形中有方孔的五铢钱（图1-1-17）[1]。

图1-1-17　绵阳双碑49号汉墓钱树树干佛像

又，据何志国报道，绵阳市河边乡一带曾出土摇钱树树干佛像2尊。佛像的造型与绵阳双碑白虎嘴崖墓出土的摇钱树树干佛像相似[2]。

8. 安县东汉晚期摇钱树佛像

2000年5月，四川安县文管所收藏了一株摇钱树。该树出土于崖墓，每段树干中央铸有一尊佛像，共5尊。佛像高5.3厘米、宽2.5厘米。脑后有横椭圆形头光，边缘饰芒刺，头光长径4.5厘米、短径4厘米。佛像有高肉髻，双眼微合，阔鼻，面部丰圆。身着圆领衣，右袒，左手握袈裟下裾，衣纹皱褶形成U字形。右手掌心向外，施无畏印，结跏趺坐。佛像两侧均侧立一个胁侍，头戴尖顶帽，面朝向佛，双手似抚佛的臂膀。胁侍外侧饰芒刺。该树的A型树枝上也铸有佛像。佛像坐于璧上，高6.3厘米，宽4.1厘米。佛头后有圆形头光，边缘对称分布6个小圆圈。头顶有高髻，大眼，阔鼻，上唇有翘髭，着圆领衣，领口外饰覆莲纹。左手握袈裟下裾，右手施无畏印。佛结跏趺坐。佛像头光之上生出莲花，两侧还盛开一朵八瓣莲花，其下又各有一朵小莲花。佛与莲花之间由藤蔓（应为“忍冬”）之属连接。佛两侧均侧跪一个胁侍，头戴尖顶帽，大眼，张口，身着圆领衫，双手作揖，面朝佛像。左侧之人已残。藤蔓及胁侍周围饰芒刺。背面佛像左手施无畏印，右手握袈裟下裾。摇钱树上还分别铸有朱雀、神兽、龙、蟾蜍、猴和五铢钱（图1-1-18、图1-1-19）[3]。这株摇钱树是该县公安局从盗墓者手中缴获后

[1] 唐光孝：《绵阳发现汉代铜摇钱树佛像》，载《中国文物报》1999年4月18日第1版；何志国：《中国南方早期佛教艺术初论》，中国文联出版社2004年版，第61—62页。

[2] 何志国：《中国南方早期佛教艺术初论》，中国文联出版社2004年版，第66页。

[3] 何志国等：《四川安县文管所收藏的东汉佛像摇钱树》，载《文物》2002年第6期。

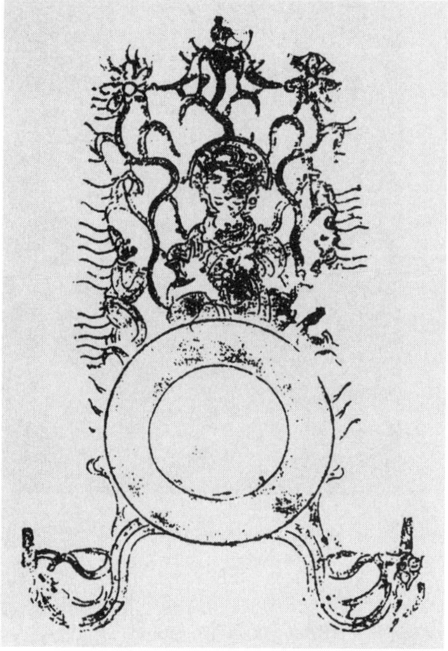

图1-1-18　安县摇钱树枝叶佛像拓片

图1-1-19　安县摇钱树树干佛像

移交给县文管所的，因此没有发掘报告。但从摇钱树上佛像的造型以及五铢钱的样式等，基本上可以判定其与绵阳何家山1号东汉崖墓中有佛像的摇钱树为同一时代，为东汉晚期。

9. 四川三台县出土的铜摇钱树

2001年，重庆国友博物馆收藏了一件四川三台县出土的摇钱树，现保存较完整。摇钱树由底座、树干、枝叶三部分组成，通高185厘米，仅顶部的朱雀（凤鸟）缺佚。每节树干中央铸有1尊佛像，共6尊，佛像高6.5厘米、宽4.4厘米，项后有横椭圆形的头光，长径4.5厘米，短径2.5厘米；佛像头顶有宽大的肉髻，两眼微合，上唇有八字形的髭须；身着圆领衣，左手握衣裾下角，再延经至右手腕下垂，形成较长的U字形；右手施无畏印，作趺坐姿。该摇钱树上的佛像造型与绵阳何家山1号东汉崖墓中出土的佛像极相似。佛像两侧连接有方孔圆形的五铢钱（图1-1-20）[1]。

［1］何志国、陈丽群：《重庆国友博物馆收藏的东汉佛像摇钱树》，载《中国南方早期佛教艺术初论》，中国文联出版社2004年版，第216—220页。

图1-1-20 重庆国友博物馆藏摇钱树树干佛像

图1-1-21 重庆丰都延光四年(125)汉墓摇钱树树干佛像

10. 重庆丰都县出土东汉“延光四年(125)”摇钱树佛像

2001年底,在重庆丰都县镇江镇槽房沟9号墓地发现铜佛像,残高5厘米,为摇钱树的一部分,有波纹状发饰,身着袈裟,右手施无畏印,左手提握袈裟下裾,下部残。根据该墓摇钱树底座一侧刻有“延光四年五月四日作”。“延光”为东汉安帝年号。“延光四年”为125年。此佛像是峡江地区乃至全国第一尊最早出土的有东汉纪年的铜佛像(图1-1-21)[1]。

11. 中国国家博物馆收藏的铜摇钱树

中国国家博物馆近年来通过征集,收藏了一株摇钱树,通高201厘米、宽(左、右枝叶之间的距离)52厘米,由铜树及陶座两部分组成。上面的叶片正反两面图案基本相同,属合范铸成,陶座系模造,正背两面图案不完全相同[2]。

(1)青铜钱树佛像,高160厘米,由42个铜部件组成,方孔圆钱总数200余枚,璧形饰件10枚。铜树树冠自下而上分为8层,其中6件为铜树主干,1

[1] 刘宏斌等:《陕西宝鸡考古队完成三峡文物发掘任务》,载《中国文物报》2002年3月22日第2版。

[2] 席育英:《国家博物馆藏铜钱树》,载《中国历史文物》2006年第4期。

件为树顶璧形叶片，另1件为插在铜树尖端的凤鸟，其余32件为插在主干周围形状各异的青铜叶片。第1—6层主干高19—22厘米、宽2.5—2.8厘米，每一节主干的下端为椭圆形实芯体，上端为椭圆形中空口用来承接上层主干。第1—5层主干上端中部均铸有一尊高7厘米呈趺坐姿的浮雕佛像，头顶有高肉髻，头部两侧各有一个半环形圈，应是佛头后的项光，双目圆睁，口鼻突出，着圆领衣（本文作者的观察有误，认为佛像腮有连鬓胡须），右手施无畏印，左手握衣角下裾（原文误认为“执巾”）；佛像两侧各有3枚直径约2.5厘米、孔心1厘米见方的呈纵向排列的方孔圆形铜钱，整组边缘有一排向外倾斜的芒刺。第8层即树冠顶尖，立一只展翅的凤鸟（或称天鸡、朱雀），凤鸟叶片高11.5厘米，宽15厘米，鸟支有7层羽翎，每支长9.5厘米、宽3.5厘米，4条尾翎呈弧形上翘。

（2）钱树陶座，为夹砂红陶制品，有合范痕迹，实高44.5厘米，整体山形，平面呈椭圆状。陶座的正背两面图形从下至上分为4层，正面下层中间为一株树，右侧为一对作交配状的鹿；左侧为一呈跪姿执弓（或为弩，存疑）的形象。背面中部也是一株树，右侧为一有长尾的朱雀（存疑），左侧一人执棍追赶一动物。其余中部正背图像，包括上文所述的，与绵阳白云洞出土的陶树座上的极为相似[1]。此外，前者与绵阳何家山1号东汉崖墓出土的钱树比较，虽然前者比后者高3厘米，有8层，后者少一层，但两者都是5节主干上各铸一尊造型相似的佛像。所以，笔者认为：国家博物馆馆藏铜摇钱树树干佛像的原出土地似应该在绵阳一带地区。

（二）流失海外的铜摇钱树佛像

除了以上保存在中国内地文物部门的摇钱树外，流失海外、有可能是从四川出土并已公布了实物图片和文字资料的，尚有如下几例：

1. 日本和泉市久保惣纪念美术馆收藏的青铜“摇钱树盆”

日本和泉市久保惣纪念美术馆收藏了一件青铜“摇钱树盆”，时代被定为三国·蜀（221—263）。树干高20.1厘米，底部的“盆”直径17.3厘米，树干中央铸有佛像一尊，有学者识别此钱树应出自四川[2]，与现在底部的“盆”不是同一物，“盆”实际上是一件汉代铜盘，有可能与摇钱树同时出

[1] 原文作者席育英对图像解说有误，笔者作了订正；参见何志国：《汉魏摇钱树初步研究》，科学出版社2007年版，第141页。图6-44、图6-45，绵阳白云洞崖墓多层人物和羊陶塑座正面、背面拓片。

[2] 阮荣春：《就“摇钱树盆”谈中国早期佛像》，载《人民日报（海外版）》1990年2月13日第2版。

图1-1-22 日本和泉市久保惣纪念美术馆藏青铜“摇钱树盆”佛像

图1-1-23 日本和泉市久保惣纪念美术馆藏青铜摇钱树佛像特写

土；钱树原应系某一摇钱树的残部。该器不知何时辗转流失到香港地区，树干在香港断为6段，又和铜盘被移花接木焊接在一起，再流失到日本。钱树上的佛像头后有硕大的椭圆形项光，项光边缘有芒刺，头顶上有宽高的肉髻，面相丰满，着圆领衣；右手施无畏印，左手握衣角下裾下垂，绕呈U字形褶纹，再延至右手腕下垂，呈三道长长的U字形纹路，作趺坐姿。该摇钱树上的佛像与四川安县文管所收藏的摇钱树干上的佛像很相似（图1-1-22、图1-1-23）[1]。

2. 日本私人收藏的摇钱树佛像

日本私人收藏的摇钱树佛像，分别位于两件残摇钱树树干上，时代被定为三国·蜀（221—263）。其一，有两尊佛像纵列于树干上，树干高18.5厘米，根据摇钱树干佛像一般是一节树干上铸造一尊佛像然后套合纵列的规律判断，这两尊摇钱树树干出土时应是呈残断的两节，流失后被人焊接为现状。佛像高5.6厘米，头顶上有肉髻，着圆领衣；右手施无畏印，左手握衣角

[1] 贺云翱主编：《佛教初传南方之路——文物图录》，文物出版社1993年版，图版13说明中言“此件与四川省绵阳市和忠县出土的铜摇钱树佛像相似”；何志国等：《四川安县文管所收藏的东汉摇钱树》，载《文物》2002年第6期。

图1-1-24 日本私家藏摇钱树佛像

图1-1-25 日本私家藏摇钱树上节佛像特写

图1-1-26 日本私家藏摇钱树佛像

图1-1-27 日本私家藏摇钱树佛像特写

下裾，绕呈U字形下垂，再延经右手腕下垂略向外撇，呈趺坐姿（图1-1-24、图1-1-25）。其二，有一尊佛像位于树干之上，头顶上有肉髻，着圆领衣，双袖衣纹细密；右手施无畏印，左手握衣角下裾，绕呈U字形下垂，再延经右手腕下垂略向外撇，呈趺坐姿（图1-1-26、图1-1-27）[1]。

3. 英国私人（C.I.A）收藏的摇钱树树干佛像

英国私人（C.I.A）收藏的摇钱树树干佛像一尊，据称1920年出土于四川汉墓中。该尊佛像保存完好，形象清晰，佛头后有横椭圆形项光，头顶有高肉髻，额上方的发丝清晰，纹路呈纵向（与彭山汉暮陶座上佛像的很相似），双眼微合，上唇有两撇略呈八字形上翘的髭须，着圆领衣，衣袖褶纹细密，右手施无畏印，左手握衣角下裾，绕呈U字形，再延经右手腕下垂，呈趺坐姿（图1-1-28）。该佛像与绵阳何家山1号东汉崖墓以及重庆国友博物馆收藏的摇钱树佛像非常相似[2]。

[1] 贺云翱主编:《佛像初传南方之路文物图录》，文物出版社1993年版。图版14、15说明中言“可能出土于中国四川省”。

[2] Elizabeth Errington, Joe Cribb.The Crossroads of Asia: *Transformation in Image and Symbol in the Art of An cient Afghanistan and Pakistan*, Cambrige: *the Ancient India and Iran Trust*, 1992, p.208, PL.205. 何志国注明：该资料由台北“中央研究院”史语所施品曲女士提供，并表达了谢意。笔者转引自何志国:《汉魏摇钱树初步研究》，科学出版社2007年版，第199页，图9-17，英国私人收藏树干佛像。

图1-1-28 英国私家收藏摇钱树树干佛像

图1-1-29 美国旧金山亚洲艺术馆藏东汉（150—200）摇钱树（大白圆圈内是西王母像、小白圆圈内是佛像）

4. 加拿大多伦多安大略皇家博物馆收藏有摇钱树树干铸佛像

加拿大多伦多安大略皇家博物馆收藏有摇钱树树干铸佛像一尊，佛像趺坐高6.5厘米，项光缺佚，出土地和具体造型不详[1]。

5. 美国旧金山亚洲艺术馆藏摇钱树

美国旧金山亚洲艺术馆藏摇钱树（图1-1-29），东汉（150—200），青铜，高约100厘米。底部为上小下大的圆台形陶座，顶部的柱孔中插有一株摇钱树；摇钱树树干部分左、右各伸出5枝，枝叶对称，下端左边的一枝不存；

[1] Susan N.Erickson: *Money Trees of the Eastern Han Dynasty*, Bulleetin of the Museum of Far Eeastern Antiquities（Stockholm）, No.66（1994）, pp.5–15.

图1-1-30　摇钱树顶部西王母特写

图1-1-31　摇钱树佛像特写

树干上端为树冠，顶部立一凤，树冠左端的枝叶可看出似呈一条龙形，右边的难以识别，树冠的中部有图像。其图版说明为："摇钱树的上端有佛坐像，是早期佛教美术实物，甚为珍贵。"[1]笔者将图形依次解说如下：

图1-1-30为图1-1-29顶部的放大图（见大白圆圈标示），上端为一条呈横形的龙，龙头在右（以中像的方位定位，下同），有角，背上从颈部至尾有长长向上飘动的鬣鬐，四只爪成了长长的足，中间为呈盘腿坐姿的西王母。西王母的发纵向上梳成较宽的发髻，再从左、右两端梳成双鬟，两端的露出物表示戴"胜"；其面相较为清瘦，高鼻深目，额中部有一凹形的小圆洼，颈部佩有垂饰物的项圈，身着右衽衣，按蜀地一般西王母的造型，其双手应笼在袖中置于胸腹部，此处未见，可能损毁。腹部的衣纹呈四道横向平行的凸棱线条，衣裾下部垂悬在其坐的龙虎座上；左、右下裾呈蝴蝶翅形，中裾为尖舌瓣形，有3道竖直的纹路。西王母的龙虎座，虎在右，口大张，鼻上有长角；龙在左，背上有鳍棘。

图1-1-31为图1-1-29摇钱树中上部的放大图（见小白圆圈标示），佛像头有宽高肉髻，发式为梳成纵行的发丝，发际线呈∩字形，面相略微丰圆，双目微合，高鼻，上唇有两撇略呈八字形的髭须，身着圆领衣，衣领外翻边缘呈变形的莲瓣纹，上身衣纹呈数道圆弧形，双袖上的衣纹也呈圆弧凸线条，较为密集；佛像以左手施无畏印，右手握衣角下裾，绕呈U字形再延经右手腕

[1] 金申编著：《海外及港台藏历代佛像——珍品纪念图鉴》，山西人民出版社2007年版，第374页，图版"摇钱树"。

下垂，作趺坐姿。佛像右侧肩后部和臀部连结有3枚上下相联的钱币，最上面的一枚残缺，下面的一枚可见原有方孔；左侧在头部后上方和肩后部也连结有两枚有孔的钱币（最上面一枚不存）。整个图像的外沿原来可能是叶形（或莲瓣形）装饰，最外层的边沿有密集的芒刺。左边外沿有一尊似呈叉腿站立的形象，较模糊不清晰，不能确指。该佛像的造型和印势都与绵阳双碑M19墓树干上的佛像很相似。

图1-1-29摇钱树树座的背面图像[1]，树座为泥质灰陶，土黄色略偏红，高度不详。断面按已发现的树座来看，应该是椭圆形，其长径、短径亦不详。从上至下有四层图案，顶层为头部向右站立的短尾羊，羊背上骑一羽人，怀抱用来插树干的圆柱。第二层及以下为浅浮雕。第二层羊腹以下卧一小羊头向左作吮奶状。第三层中央立一灵芝，两侧各有一人。第四层中央立一树，树右边站立一有长尾正展翅的朱雀；树左一人举短棍正在追逐一奔跑的野猪。

从图1-1-29上可见到摇钱树树座的正面，上部能看到一羽人骑在头部向左的短尾羊背上，也怀抱圆柱。第二层羊腹下面卧一头部向右的小羊作吮奶状。第三层正面中央坐两人，一人弹琴，旁跪一人，手抚案几，另有一人，侧跪观之，弹琴者身后立一兽。第四层正面中央立一树，树左侧一人跪地，手执弩机，另一部分图形图版中未展观；树右侧可见有两头鹿正作交配状。

关于这株摇钱树树座背面、正面图像，原书没有文字说明。笔者将这株摇钱树树座背面图像与重庆国友博物馆藏四川三台县出土的树座照片图版比对，完全一样[2]。再将该树座背面图、正面图与绵阳白云洞出土的陶树座（高54厘米）正、背两面的拓本图片比较，图形完全相同[3]。那就完全证实了美国旧金山亚洲艺术馆所藏的“摇钱树”的陶树座是从四川绵阳出土的。关于这种多层人物和羊陶树座，何志国指出：“此类树座出自于以绵阳、三台为中心的地区，具有地方特色。尤其以绵阳出土最多，达到4件，且安县、三台也是绵阳的毗邻地区，因此可以认为，多层人物摇钱树座的原产地就在绵阳。台湾若昧堂收藏的摇钱树据传是四川出土，它可能是绵阳一带出土，至

［1］金申编著：《海外及港台藏历代佛像——珍品纪念图鉴》，山西人民出版社2007年版，第374页，图版“摇钱树树座背面”。

［2］何志国：《汉魏摇钱树初步研究》，科学出版社2007年版，第37页，图2-27重庆国友博物馆藏树座图片（陈丽群提供）。

［3］同上，第141页，图6-44绵阳白云洞崖墓多层人物和羊陶树座正面拓片；图6-45绵阳陶树座背面拓片。旧金山钱树树座背面图与图6-44完全相同；其正面图与图6-45完全相同。

少树座是绵阳一带出土。这类树座数量可观，至少已达9件。”[1]若加上金申提供的这件，那就是已有10件了。

而笔者更感兴趣的是图1-1-30的西王母、图1-1-31的佛像。图版说明中说“摇钱树的上端有佛坐像”，没有说明有“西王母像”。摇钱树仅展现了一面，未展现另一面。这个问题就比较棘手了，笔者将图1-1-30和图1-1-31在钱树展现的这面树冠上寻找其所处的位置，终于确定了它们的位置关系。该株摇钱树虽然只展示了一面，但可见图1-1-30和图1-1-31在同一面上。西王母应在上，而佛像应在其下。因为在汉代四川地区，西王母曾在一段时期内处于独尊的主神位置，对西王母的偶像崇拜远远超过那时传入蜀地尚未十分普遍的佛像。

图1-1-30这幅西王母图像的偶像特征，与汉代四川流行的具有地方特色的图像形式，并无太大差别。因为四川汉代西王母的图像特点，具体表现就是，有龙、虎胁侍（作为座）、梯几、华盖、天门等几个要素，它们组合在一起构成了西王母偶像的标志，表现西王母作为神灵成为当地人们崇拜的标志。图1-1-30的西王母头部上方是身体横展的龙；龙虎座龙虎位置与一般的相反（大同小异），西王母的造型与同时期摇钱树上以及蜀地画像砖上的西王母像造型，亦无太大的差别，唯一让笔者不解的是，应笼在袖中的双手，是损毁，或是有损毁，仅从图片（未目睹实物）上是难以确认的，但其造型当属另一种新模式，前额上凹形的小圆洼，那是象征佛陀的白毫。茂汶摇钱树树顶图璧上方龙虎座上的西王母额顶上也有类似的小圆洼[2]。西昌市高草乡摇钱树上的西王母，坐的是双虎座（存疑），而不是通常的龙虎座，身着的左衽衣；其额上三道皱纹的中央有一小圆圈，与茂汶的一样，皆是象征白毫。因此，图1-1-30的西王母造型应该是四川汉代模式。

综合以上对旧金山艺术馆摇钱树的整体和图1-1-30、图1-1-31两幅局部图像的考察分析，图1-1-30和图1-1-31的西王母像和佛像确实是该摇钱树上的实物，由此就可以断定，其原出土地应当为四川绵阳一带地区，而且为摇钱树佛像的考古学研究增添了一个新的类型。

---

[1] 何志国：《汉魏摇钱树初步研究》，科学出版社2007年版，第141页。

[2] 张善熙、李清裕：《“天门”图像钱树实探》，载《中华文化论坛》1999年第3期；茂汶摇钱树拓片图片，参见何志国：《汉魏摇钱树初步研究》，科学出版社2007年版，第260页，图12-7茂汶钱树天门与挑钱枝叶拓片。

表1-1-1 青铜摇钱树佛像一览表

公布年份	墓葬遗址	时代	高(残)厘米	各遗址出土的主要图像				收藏单位
				钱树顶部	钱树干	钱树枝	台座	
1985	重庆市忠县涂井沟5号墓(M5：62)	东汉末—蜀汉	126	—	(佛坐像·五铢钱)×6	五铢钱	大小龙等	四川省文物考古研究院
1985	重庆市忠县涂井沟14号墓(M14：31a)	东汉末—蜀汉	—	—	(佛坐像)×3	五铢钱·朱雀	—	四川省文物考古研究院
1985	重庆市忠县涂井沟14号墓(M14：31b)	东汉末—蜀汉	—	—	(佛坐像)×5	五铣钱(附有蝉)	—	四川省文物考古研究院
1991	四川省绵阳市何家山1号墓	东汉中—后期	76	—	(佛坐像)×5	五铢钱壁·神兽等	—	绵阳市博物馆
1998	陕西省汉中市铺镇砖场5号墓	东汉后期	50	—	(佛坐像)×5	五铢钱·凤凰(存疑)等	—	汉中市博物馆
1998	陕西省城固县东汉砖石墓	东汉后期	93.5	(佛坐像、璧、胡人1)×2 花·蔓	熊、璧×4	凤凰·璧×2 神兽等	山岳纹样	城固县文管所
1999	四川省绵阳市双碑汉墓M19号	东汉后期	15.6	—	(佛坐像)×1	—	—	绵阳市博物馆
1999	四川省绵阳市M49号双碑汉墓	东汉后期	约55	—	(佛坐像)×3	—	—	绵阳市博物馆
2001	贵州省清镇11号墓	东汉末—蜀汉	—	—	(佛坐像)×2	五铢钱·凤凰	—	贵州省博物馆
2001	四川省三台县	东汉后期	185	凤鸟缺佚	(佛坐像)×6	五铢钱	仙人、龙、羊、神兽	重庆国友博物馆

续 表

公布年份	墓葬遗址	时代	高(残)厘米	各遗址出土的主要图像				收藏单位
				钱树顶部	钱树干	钱树枝	台座	
2002	四川省安县东汉崖墓	东汉中—后期	约160	佛坐像、璧、胡人1花・蔓	(佛坐像・胡人2)×5	凤凰・璧×5蟾蜍・神兽等	羊・仙人、神兽等	安县文管所
2002	重庆市丰都县槽房沟9号墓	东汉延光四年(125)	5	—	佛坐像残片	—	覆斗形底座有纪年铭	—
2004	四川省绵阳市河边乡	东汉后勤	—	—	(佛坐像)×2	—	—	绵阳市博物馆
2004	不明	东汉后期	20.1	凤凰・璧	佛坐像1	五铢钱、神兽等	—	日本和泉市九保惣纪念美术馆
2006	不明	东汉后期	160(连座通高201)	凤鸟・璧	(佛坐像)×5	五铢钱×200、璧×10	羽人、羊、人物2、神兽、鹿	中国国家博物馆
2007	不明	东汉后期	约100	西王母、凤鸟・龙	佛坐像1	五铢钱约10枚	羽人、羊、人物2、神兽、鹿	美国・旧金山亚洲艺术博物馆
1992	不明	东汉晚期	每节树干高15.2	—	(佛坐像)×5,每尊佛像高6.5厘米,与四川绵阳何家山1号墓钱树佛像造型相似	—	—	英国C.I.A收藏 The Crossroads of Asia: Transformation in Image and Symbol in the Art of Ancient Afghanistan and Pakistan,the Ancient India and Iran Trust, Cambridge, 1992.

续 表

公布年份	墓葬遗址	时代	高(残)厘米	各遗址出土的主要图像				收藏单位
				钱树顶部	钱树干	钱树枝	台座	
1993	传四川省出土	东汉末—蜀汉	18.5	—	(佛坐像高5.6厘米)×2	—	—	日本私人
1993	传四川省出土	东汉末—蜀汉	—	—	佛坐像1,造型相似绵阳双碑(M19)出土的钱树佛像	—	—	日本私人
—	据称1920年出土于四川汉墓中	东汉后期	—	—	佛坐像	—	—	英国私人
1994	不明	东汉后期	—	—	佛坐像1，无项光，坐高6.5厘米	—	—	加拿大Toronto(多伦多)Ontario(安大略)博物馆 Susan N.Erickson. Money Trees of the Eastern Han Dynasty, Bulletin of the Museum of Far Eastern Antiquities. No.66 (1994).

注：本表资料收集时间截至2014年12月。2009年12月31日之前这些资料已在正式出版的刊物上公布，所有出处已在文中注明，不再单列

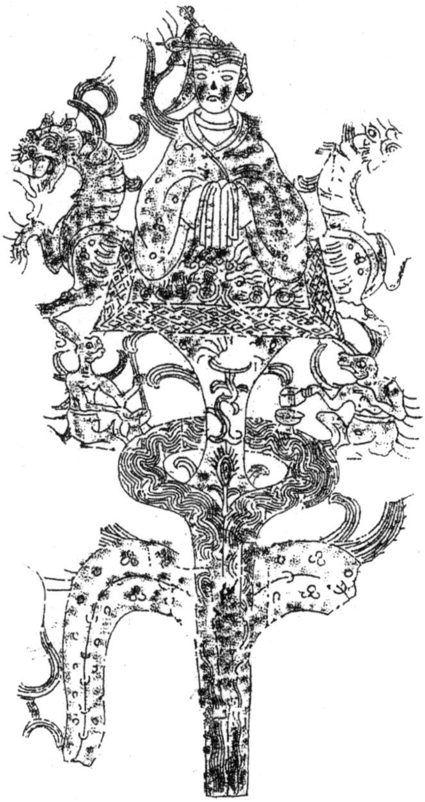

图1-1-32　西昌高草摇钱树枝叶西王母拓片

图1-1-33　西昌高草摇钱树枝叶西王母拓片（局部）

（三）铜摇钱树上具有某些佛像造型特征的西王母像

1. 四川西昌出土的东汉有“白毫相”的西王母像

1976年冬，西昌高草东汉砖室墓发现一件摇钱树枝叶残片，上铸画像；虽然树干、树座和其他枝叶均佚，但枝叶保存最完好，图案十分清晰，制作也极为精细。现存枝叶高27.5厘米、残宽14厘米（图1-1-32、图1-1-33）。据残存的龙头与龙身推测，枝叶下部应是向树干两侧伸出的龙，有椭圆形向上的云状纹（存疑），刻有细密、弯曲的水波纹，中间伸出上方呈斗形的柱，其上为长方形的座垫，四周装饰菱形纹。坐垫上的主尊为西王母，头左部（以西王母的方位定位）稍残，头右上侧插有一发簪，戴“胜”，头后有向左、右下梳的发辫（左边的只余半截）；额上有3道皱纹，其上中部有一小圆圈，类似佛像的白毫；内着圆领衣，外着左衽衣，形制为宽袍大袖，双手笼于袖中，袖手之下的衣纹呈波涛状；其右肩上生有一呈水牛角状的羽翼，左肩上的已缺佚。西王母坐垫的右侧为一张口露出獠牙，长有小耳的虎；西王母左侧一兽，眼以下残，但其有小耳、圆眼、长颈和有爪的前腿，造型都与右边的相似，该兽也似为一虎。因此该西王母的座为双虎座，而不是通常四川汉代画像砖上所见到的龙虎座，这是该西王母造型的一个重要特点，其坐垫就铺在身体相连的双虎背上。西王母座下右侧有一兔首人身的形象，双肩有羽翼，裸上身露双乳；西王母座下左侧有一蟾蜍首人身的形象，同样有羽翼（左肩的已佚），裸上身露双乳。两形象都为以容器作似接琼浆状，而在通常的汉代画像砖中，玉兔均作捣药状。另外与该枝叶同出土的还有龙首、龙身残片，露出双耳、双眼、张口衔枚，有长獠牙[1]。

2. 茂汶摇钱树

据说出土于茂汶，无树座，系成都私人收藏，经修复后配有树座[2]。该摇钱树的主体图案是西王母和璧枝叶，高18厘米、宽13.5厘米。璧的表面刻饰卷草纹，璧下方左、右侧向外各伸出一龙，龙鼻和双眼露出了3/4的面，张口，头顶有一角，额上有一插头，用以插其他枝叶。西王母坐于璧上方，大耳，戴冠，冠两侧有“胜”，冠中间有一小圆圈，四周有类似太阳的光芒，这一图案似象征白毫，其身着右衽长袍，衣领边缘饰以变形的莲叶纹，坐于连体的双虎（龙，存疑）座上，虎（龙，存疑）鼻和双眼露出3/4的面，有一耳，张口，长颈。西王母的衣袖之下饰有卷草纹；璧两侧和虎（龙，存疑）足之下有蟾蜍（左）和兔（右），各持一容器。西王母的头部上方，有一凤单脚独立在冠顶上，凤头向右，头上有冠，尾部上翘，有五支羽翎。西王母所在的璧下两侧伸出呈横S形的枝叶，枝叶上各有一阙和担钱的人物形象，共同组成了一个完整的天门形象。该图像内容与笔者要探讨的摇钱树佛像造型无关紧要，不赘。

二、巴蜀早期佛教遗迹的年代

（一）乐山麻浩石刻佛像与彭山陶钱树座佛像的年代异议

大陆曾有学者根据其所得到的研究材料认为：“四川乐山麻浩、柿子湾、彭山的三处造像，虽然在地理位置上有优势，但无明确纪年”，“对麻浩、柿子湾造像进行过考证，认为是蜀汉后期所造。但究竟是前期还是后期就难以说清了。因此在时间上就难与以东吴时（222—280）建业（金陵，今南京）、

[1] 刘世旭：《四川西昌高草出土汉代“摇钱树”残片》，载《考古》1987年第3期。此树由陈一修复，成都市钱币学会据此复制一株用于陈列。

[2] 张善熙、李清裕：《“天门”图像钱树初探》，载《中华文化论坛》1999年第3期。此树由陈一修复，成都市钱币学会据此复制一株用于陈列。

武昌、吴(县)、会(稽)三个重心的主要是魂瓶上的佛教造型相比较"[1]。又,"彭山的佛像陶钱树座,虽然出土于汉墓,但四川一带汉墓上千,常为后人作佛事的场所。在有些汉墓中也曾发现过唐代的雕刻佛像与宋代的铭"[2]。

麻浩崖墓的佛像,早期的研究文章根据佛像周边崖壁上有东汉"延熹"年间(158—167)的纪年题刻,将这尊佛像的雕刻年代断定在东汉中后期(150—220)[3]。麻浩崖墓的这尊佛像,原来的状况,仅从照片和拓片,一般人很难了解和认识汉代的雕刻技法。据20世纪50年代最先考察麻浩崖墓的两位学者报道说:佛像所在的岩墓是一座有三个门的大型墓。它的三个墓穴口不是整齐地排列的,右边的一个较前一些,额枋上刻着朱雀,左边的两个(即中后室)退后一些,额枋上刻着佛像、铺作和垂钓者。所以,后来的学者据此就将左边这两个的开凿时间断代晚于右边的,而额枋上佛像的雕刻年代则更晚。

"佛像为厚肉浮雕(即高浮雕,笔者说明),其身躯凸出于额枋,其项光也高出于额枋。"笔者认为,这足以证实其时在开凿这座崖墓时,就已经拟在额枋上雕刻佛像,否则佛像身躯,甚至其项光,就不会凸出于额枋立面上。所以,原报道者说"显然不是后人补刻",其判断是正确的。"佛像的面部已毁损,看不出它的神态。它虽然是平面凸出的阳刻,但它露出的手与下体的线纹都系阴刻;它的上体的雕刻看来有了些变化,用了很深的刀痕使底部凹入而让衣纹凸出以表现和其他部分不同质地,但基本上它和上述的技法是一致的。"[4]其实,这尊佛像的雕刻技法,笔者认为不难理解。因为佛像是采用四川地区汉画像砖表现人物形象的手法制作的,整个形象的表面凸出于其载体的平面,但没有考虑到其某一部分,或几个部分的平面应该高于整个形象的表面。所以,为了表现凸出于身体表面的手,就只有采用阴刻的技法了。至于衣纹为深阴刻线条,汉代的雕刻还不可能应用现实主义的技艺将衣纹皱褶表现为在衣饰表面上的凸棱线条。另外,原报道说"它的服饰不同于我们常见到的佛像的衣着的:既不是印度形式的半披袈裟,亦不是犍陀罗式的通肩大衣,而是在很多汉代雕塑人像上可以见到的剪刀领式的

---

[1] 阮荣春:《早期佛教的南传系统》,载《东南文化》1990年第1—2期(合刊)。
[2] 同上,第45页。该文作者所作的仅仅是推论,缺乏充分的参照物论述。
[3] 李复华:《东汉岩墓内的一尊石刻佛像》,载《文物参考资料》1957年第6期。其后论及中国早期佛教造像的著述,无不引用这条材料,不赘。
[4] 同上。以下引文出处同。

普通衣着”。1992年10月，笔者陪同敦煌研究院段文杰先生等一行四人考察过该尊佛像，架起木梯上去仔细察看，佛像衣饰的领不是剪刀式，也不作圆弧形领，而是略呈V字形，没有交叉的纹路。

但以后又有学者做墓葬形制的研究，把麻浩崖墓和柿子湾崖墓上浮雕佛像的年代考定在东汉建安至蜀汉末年（196—263），“柿MI（崖墓）和麻IM1（崖墓）的开凿年代在建安至蜀汉末年，柿M1的年代早于麻IM1；订IM1中后室的开凿年代早于麻浩造像年代，前者或许在汉、魏之际，后者则可能蜀汉时期”[1]。

乐山市文化局的文章中认为：

“该墓墓形为横前室并列多后室，乐山市中区这类墓形的崖墓有明确的造墓年代题刻者，目前所知均属‘阳嘉’、‘永和’、‘建和’、‘延熹’、‘建安’等时期；该墓墓室作平顶，就原岩凿造连体双棺和灶案的作法，与上述‘延熹’、‘建安’时期墓相同”，“因此，该墓上限年代当在东汉晚期”。“该墓中后室和北后室平面近似袋形，与四川昭化南北朝时期崖墓墓室平面相近，建筑画像石刻中的菱角状异形斗栱与四川忠县蜀汉崖墓出土的陶屋曲拱相似，斗下置板的特征在南北朝时很盛行”，“画像‘荆轲刺秦王’图人物造型风格与浙江东汉晚期至三国时期的海宁画像石墓的‘荆轲刺秦王’图十分接近。因此，该墓的下限可能在蜀汉时期”。“坐佛为高浮雕，不可能是后人补刻，其年代应与中后室同时。中后室的开凿年代要晚于该墓的始凿年代，晚于北后室的开凿年代。相应，‘坐佛’的年代晚于该墓的始凿年代，晚于墓门及前室北部画像的年代。考虑到该墓年代的下限，‘坐佛’的年代可能为蜀汉时期”[2]。

笔者认为，即便这尊石刻佛像是蜀汉时期（221—263）的遗迹，其造型也基本具有佛像造型仪轨的特征，而孙吴时期至西晋初（222—281），长江中下游地区尚未有早于这种造型特征的佛像。至于鄂城五里墩出土的佛像夔凤镜，其制作时代断为“应在三世纪中期”[3]。但镜上佛像的造型特征就不如乐山麻浩中的那么显著。

彭山豆芽坊166号崖墓中的陶钱树座佛像，20世纪40年代发现于墓葬中，由于当时没有做出发掘报告，不便于根据墓葬形制和其他共存器物判断

[1] 唐长寿：《乐山麻浩、柿子湾崖墓佛像年代新探》，载《东南文化》1989年第2期。
[2] 乐山市文化局：《四川乐山麻浩一号崖墓》，载《考古》1990年第2期。
[3] 王仲殊：《关于日本的三角缘佛兽镜》图四，鄂城五里墩出土的佛像夔凤镜，载《考古》1983年第6期。

其年代，但这个陶塑座应是摇钱树的础座，摇钱树是蜀地东汉崖墓中特有的葬器。摇钱树上也有采用西王母坐在龙虎座上的美术表现形式。蜀地东汉时期的画像砖上也有表现西王母坐于龙虎座上的图像。例如，1975年，在彭山陶钱树座佛像出土的同一地区的江口乡（此地正是府河汇入岷江处）的崖墓中，出土一块画像砖，中间为西王母坐于龙虎座上，构图与陶钱树座佛像大体相同，左、右两侧各有一人作祈请状[1]。在龙虎座上安置西王母是蜀地那时将其作为最高神灵的崇拜表现。而在陶钱树座佛像上，以佛的形象取代了通常应该在这个位置上表现的西王母，其崇拜的意义是相同的，即在那时人们的心目中把这个外来的宗教偶像看作是与西王母等同的大神。这个陶钱树佛座的年代已经公认为东汉晚期。另外，有学者认为陶钱树树座佛像上佛像的发髻是秣菟罗式[2]。不妥！因为只有笈多时期秣菟罗佛像的发式才是完全右旋的螺纹。

（二）巴蜀摇钱树佛像年代讨论

巴蜀摇钱树佛像的年代，最早在20世纪90年代初就引起学者关注的是绵阳何家山1号崖墓中出土的铜摇钱树佛像年代。有的学者根据发掘简报，认为该崖墓的建造年代应判定为“东汉晚期”[3]。何家山1号崖墓中共安葬4具棺木，分别安置在前后室中。因此，墓葬的延续时间有可能为两代。出土的摇钱树放置在前室棺后，或许晚于崖墓的凿建年代。但是，据发掘简报，前后墓室内没有发现比“东汉晚期”更晚的遗物。那么，该墓的年代至迟应是在“东汉后期”，而不能定为“则或为东汉与蜀汉相交时期的遗物”[4]。所以，笔者认为，该墓中的摇钱树佛像最晚也应是东汉晚期的作品。在造型上，关于何家山的摇钱树佛像，被认为是“与忠县涂井钱树铜佛像属同类随葬品的何家山佛像，大小、形态以及铸造工艺是基本相似的。差别是绵阳佛像有横形项光，头顶的高肉髻亦较涂井佛像合乎造像仪轨，说明绵阳佛像更加成熟，因而时间上绵阳佛像应与涂井佛像接近”[5]。这种说法其实是把绵阳“东汉晚期”钱树佛像断代为“蜀汉时期”的隐晦转换。绵阳和涂

[1] 帅希彭：《彭山县岩墓发现的画像砖》，载《四川文物》1985年第4期。
[2] 阮荣春：《早期佛教的南传系统》，载《东南文化》1990年1—2期（合刊）。
[3] 吴焯：《四川早期佛教遗物及其年代与传播途径的考察》，载《文物》1992年第11期。
[4] 同上。
[5] 同上。

井的摇钱树佛像，肉髻、坐姿，右手施无畏印，左手捏住袈裟下裾，服饰等，完全相同[1]，只是绵阳的佛像现保存有项光，忠县的已佚；两者佛像左、右两边各纵排3枚铜钱，绵阳的明显为汉代五株钱的样式。实际上，按两者出土的地域处于上、下游的关系而言，绵阳何家山的时代应该比忠县涂井的更早，只是两者之间缺少一个有纪年的“标型”作为参照物。

过去，学术界基本倾向于将四川盆地西部的摇钱树佛像年代判断偏晚[2]。奇怪的是，却列举不出图像学方面的参照物。例如，上述四川绵阳何家山1号墓出土的摇钱树干佛像年代被定为东汉晚期至六朝初期[3]；四川盆地东部的重庆市忠县和开县的摇钱树佛像年代被定为东汉末年至蜀汉前期[4]；属于西南地区文化圈的城固摇钱树佛像被定为东汉晚期至末年[5]。而且，学术界尚有不少学者都有着这样的习惯看法和思维，即中土最早的佛像不可能产生于西南地区。笔者认为重要的原因是：

受到学术界流行“早期佛教造像南传说”影响。20世纪90年代初，有学者提出，“佛教在中国的流行，最早不是由传统的‘西北丝路’传入的，佛教在中国的流行，并不是自北而南，却是先南后北，所以对佛教传入中国的路线进行反思显得非常必要，因为水路沟通比陆途沟通要便利得多。由此，从东南地区出土的早期胡俑看，汉代以前东南沿海地区‘舟楫之民’通过海路与西域天竺交往”，“佛教最早传入中国，应是在东南沿海地区”[6]。而有的学者更进一步论证：汉末至孙吴时期，佛教在东南沿海传播已具一定规模。因此，“就迄今出土实物看，最早的佛像不在西北丝路，论风格也不属犍陀罗类型，中国佛教的产生与犍陀罗的关系极小。事实是，促使中国佛像出现的是秣菟罗，在魏晋间，已将中国的佛教艺术掀起了小小的高潮。秣菟罗在中印度，传入中国则由中国的南方而向东，与稍后兴起于西北的系统并行向东（故我们称‘秣菟罗向东发展’的为‘南传系统’），在时间与速度上，

---

[1]《四川绵阳何家山1号东汉崖墓清理简报》，图版壹1. 铜摇钱树干（HM1 ∶ 32），2. 铜摇钱树干上佛像，载《文物》1991年第3期；贺云翱等：《佛教初传南方之路文物图录》，文物出版社1993年版，图四，铜摇钱树佛像。

[2] 吴焯：《四川早期佛教遗物及其年代与传播途径的考察》，载《文物》1992年第11期；唐长寿：《四川早期佛像遗物辨识》，载《东南文化》1991年第5期；阮荣春：《佛教南传之路》，湖南美术出版社2000年版，第22页。

[3] 霍巍：《四川何家山崖墓出土神兽镜及相关问题研究》，载《考古》2000年第5期。

[4] 罗二虎：《论中国西南地区早期佛像》，载《考古》2005年第6期。

[5] 罗二虎：《陕西城固出土的钱树佛像与四川地区的关系》，载《文物》1998年第12期。

[6] 李刚：《从汉晋胡俑看东南地区胡人、佛教之早期史》，载《东南文化》1989年第2期。

南传系统遥遥领先，早于中国北方”[1]。而且还明确指出：“最早传入中国的佛教艺术是南传系统的佛塔，时间在东汉前期，但此时并未见佛像传进中国，目前中国学术界有认为东汉恒、灵年间（147—188）已有佛像，并指出在内蒙和林格尔、江苏连云港孔望山等地发现了当时所造、画的佛像，尚无充分的证据[2]。就迄今发现的有明确记年的佛教造像，多属三国两晋（220—420）。”[3]“作为吴国先后都城武昌（今鄂州）、建业（今南京）及围绕这两个中心的长江中下游地区，出土佛教艺术的文物，以青铜佛像镜、带佛像的青瓷‘魂瓶’及具‘白毫’相的胡俑为典型，且有出土纪年最早的永安五年（262）铜带饰和文献记载最早画佛像的画家曹不兴。这些器皿上的佛像逐渐代替了神仙的位置，说明佛教社会各阶层信仰的普遍性，即南传系统佛教盛于北传系统佛教的迹象。”[4]这样，我们也就不难理解，学术界往往将巴蜀以及西南地区的佛像遗迹的年代定得偏晚的原因。换言之，那时巴蜀的考古发掘未能提供有纪年的佛像实物，以其作为在图像学方面判定同类作品年代的“标型”。

但是，一件具有划时代意义的考古发掘实物迫使我们须得对摇钱树佛像的年代重新定位[5]。2001年底，重庆市丰都县镇江镇槽房沟9号墓中出土了一件残摇钱树树干佛像。该墓为砖室墓，墓室中还出土了一件覆斗形陶塑座，该座侧面有“延光四年五月四日作”的铭文，结合墓葬形制和伴出器物的时代特征可看出，出土佛像的9号墓的年代为东汉延光四年（125），时处东汉中期，证明该墓出土的摇钱树佛像是我国最早有确切纪年的铜佛像，其造型也就无可争议地成为其他摇钱树佛像断代的“标型”。这尊佛像，头有高肉髻，面相不呈“高鼻深目”，上唇可见有八字形的翘髭，显然不为蒙古人种面型，头后有硕大的呈横椭圆形的项光，圆领，袒右肩；以右手施无畏印，左手握住衣角下端，下半身略残，仍可辨出有3道下垂的U字形衣纹[6]。

---

[1] 阮荣春：《早期佛教的南传系统》，载《东南文化》1990年1—2期（合刊）。

[2] 阮荣春：《东汉佛教图像质疑——与俞伟超先生商榷》，载《东南文化》（三），江苏古籍出版社1988年版；《孔望山佛教造像时代考辩》，载《考古》1985年第1期。

[3] 阮荣春：《早期佛教的南传系统》，载卢辅圣主编：《中国南方佛教造像艺术》（《朵云》第60集），第27页。

[4] 林树中：《早期佛像输入中国的路线与民族化民俗化》，载陆辅圣主编：《中国南方佛教造像艺术》（朵云第60集），上海书画出版社2004年版，第74页。

[5] 何志国：《丰都东汉纪年墓出土佛像的重要意义》，载《中国文物报》2002年5月3日第7版。

[6] 何志国：《汉魏摇钱树初步研究》，图9-14丰都“延光四年”砖室墓树干佛像，科学出版社2007年版，第198页。

我们现在将绵阳何家山1号墓的摇钱树佛像，安县文管所收藏的摇钱树树干、枝叶佛像，城固摇钱树顶部佛像，还有重庆国友博物馆收藏的四川三台县出土的摇钱树树干佛像[1]，与丰都“延光四年（125）”摇钱树树干佛像造型做比对研究，有两个特征是完全相同的：一是头后都有横椭圆形项光，面相基本相似；二是都以右手施无畏印，左手位置低于右手握衣端下裾，再垂成U字形延经右手腕下垂；丰都的和安县的都是垂成三道U字形，由此可以判定：后四者的年代与丰都“延光四年（125）”摇钱树佛像的大体上是相近的。但还应该考虑到它们之间的地域关系。安县、绵阳、三台地处涪江流域的上中游，涪江在合川与嘉陵江汇合后于重庆入长江，而丰都还地处重庆下游。我们应该注意到两个历史事实，古代巴蜀的交通主要是由河流水系联结；而有摇钱树佛像的汉代崖墓基本上都是沿着流域分布的。所以，我们还可以进一步认定：那就是安县、绵阳、三台的摇钱树佛像时代还有可能比丰都“延光四年（125）”的略早。而且还可以对前文所述学者的推论，即：“说明绵阳佛像（指何家山摇钱树佛像——笔者注）更加成熟，因而时间上绵阳佛像应与涂井佛像接近”，作出明确相反的结论，即：以丰都东汉“延光四年（125）”的摇钱树佛像为“标型”，在时间上，应是属于下游忠县涂井佛像接近上游的绵阳佛像，而且可用电脑技术恢复前者大部分已佚的椭圆形项目，头部后面树干左右侧还存项光的残迹，两者图像几乎重合，它们的关系难道还不是非常清楚的吗？

另还有一种观点认为：巴蜀地区的西王母与早期佛像（包括摇钱树佛像）的关系“是一种置换式的演变关系，即位于主尊位置的西王母，在一定的时空范围内，被置换成了佛像”[2]，即佛像一定晚于西王母。不过，何志国表达了相反的看法。他认为，从目前发现的考古材料看，根据丰都的东汉纪年佛像作为判断其他摇钱树佛像年代的标尺，摇钱树佛像年代早至东汉中期，而在摇钱树上的西王母并没有早于这一时期的。迄今也发现几例有确切纪年的东汉中期摇钱树[3]，但是在这几例东汉中期（2世纪初）纪年墓以及在这一时期之前，并没有发现西王母题材的摇钱树，因此不能说

[1] 何志国：《汉魏摇钱树初步研究》图9-13重庆国友博物馆藏树干佛像（陈丽群提供），科学出版社2007年版，第197页。

[2] 霍巍：《钱树佛像与早期佛教的传入》（三、从西王母到佛像：钱树主尊的置换），载《战国秦汉时期中国西南的对外交流》，巴蜀书社2007年版，第243—350页。《四川何家山崖墓神兽镜及相关问题研究》，载《考古》2000年第5期。

[3] 何志国：《安县与城固钱树佛像的比较研究》，载《敦煌研究》2004年第4期。

明摇钱树上的佛像年代就一定比西王母出现的年代晚。我国西南地区的佛像大部分出现在摇钱树上，而且年代最早，说明佛像及其载体有可能来自域外[1]。恰好这就是笔者下文所要探讨研究的课题。忠县涂井佛像的年代，笔者认为：最晚也应是在东汉后期（220年之前），而不应是在蜀汉时期。因为，即或墓葬是蜀汉时期的，但摇钱树佛像的制作年代似应在其之前，制作地也不在忠县。实际上，根据"延光四年"以降的一批摇钱树佛像的模式基本相似，就启示我们应该认识到：东汉中后期，巴蜀墓葬中的摇钱树佛像是在两三个地方（如四川绵阳一带地区）用程序化（Stylization）的方式制作生产的，作为商品，通过境内的几大水系输送到各个流域。所以，一般情况下，不能仅以墓葬的年代来判断摇钱树佛像的年代[2]，即钱树不可能在作墓葬时方才在当地开工铸造。不过，也还是有学者认为："西南地区的早期佛像，除丰都摇钱树座明确纪年为'延光四年'（125）外，年代大多不易判定。"[3]

（三）摇钱树佛像的类型、分期

摇钱树佛像都出自于墓葬，虽然有的是通过征集、打击盗墓缴获作为馆藏文物，有的流失海外，但也有一批是出自于科学发掘的墓葬之中，而且有的墓葬有确切纪年，可以为判断摇钱树佛像的年代提供较为准确的依据。例如：出土摇钱树佛像的重庆丰都县镇江镇槽房沟9号墓，绵阳何家山1号墓，绵阳双碑白虎嘴19号、49号墓，汉中铺镇砖室墓、贵州清镇11号墓，重庆忠县涂井5号、14号崖墓，就是经过科学发掘的，其年代已经有何志国分别做了考证[4]。

摇钱树上佛像的位置，有的是在树干的节上，有的是在树的枝叶上。何志国按佛像的载体的形制分为两类：一类是枝叶佛像，二类是树干佛像[5]。笔者将两类载体的佛像造型特征，根据形象的贵霜王朝犍陀罗人种面相和

---

[1] 何志国：《安县与城固钱树佛像的比较研究》，载《敦煌研究》2004年第4期。

[2] 段玉明：《从出土文物看巴蜀早期佛教》，载《四川文物》2008年第3期。

[3] 据绵阳何家山1号墓的形制、器物特征分析，其年代上限可至141年左右。该墓出土的210枚钱币中，以东汉五铢钱居多，另有少量的剪轮和綖环五铢钱，但未出现汉灵帝中平四年（187）以后铸造的蜀五铢。所以，其年代当在141—187年之间，下限不晚于187年，摇钱树佛像与墓葬同时。再参见何志国：《汉魏摇钱树初步研究》，科学出版社2007年版，第207—212页。

[4] 何志国：《汉魏摇钱树初步研究》，科学出版社2007年版，第207—211页。

[5] 同上，第202页。

印欧人种[1]面相分为A、B二型。

A型佛像：主要特征为贵霜王朝犍陀罗人种面相。

该型的枝叶佛像，位于枝叶树顶之中，有安县和城固两例，共两尊佛像。安县佛像枝叶图案制作工艺系平面起阳线纹。正、背两面均铸有内容相同的图案。中部为一璧，佛坐于璧之上。佛头后由两个同心圆组成圆形项光，边缘匀称分布6个小圆圈，头发梳成一个大髻，额中有白毫相，大眼，上唇有两撇髭上翘，着圆领衣，镶莲瓣纹边，左手握衣角，右手施无畏印，呈结跏趺坐。佛左、右侧各跪一人，戴尖顶帽，大眼，高鼻，张口。佛与莲花和侧跪之人均由蔓草之属连接。城固枝叶佛像与安县文管所收藏枝叶佛像完全相同，两者当出自于同样的粉本，甚至可能同模。只是安县枝叶佛像保存更加完整一些，这有助于补充和纠正城固枝叶佛像的描述[2]。

该型的树干佛像，有安县1株5尊、丰都1株1尊、日本和泉市久保惣纪念美术馆1株1尊、共计3株7尊。佛头顶有高肉髻，额上有圆弧形发际线，眼大睁露出圆睛，大鼻，面部丰满，嘴角有翘髭，分别略向上弯曲，头后有横椭圆形顶光，着圆领衣，衣纹清晰，右袒，有3道长长的下垂的U字形衣纹；左袖衣纹细密，左手握衣角，再垂延至右手腕下垂，右手施无畏印，呈结跏趺坐。A型佛像中以安县佛像保存最为完整和清楚，除具有上述特征外，安县佛像两侧各侧立一人，头戴尖顶帽，高鼻，双手扶佛的肩部[3]。

B型佛像：四川绵阳何家山出土1株5尊，双碑出土2株4尊，河边出土1株2尊；重庆忠县出土3株14尊；陕西汉中出土2株6尊；贵州清镇出土1株2尊；重庆国友博物馆收藏1株6尊；国家博物馆收藏1株5尊；日本私人收藏2株3尊；旧金山亚洲艺术馆收藏1株1尊；英国收藏1株1尊。共计16

[1] 何志国：《汉魏摇钱树初步研究》，科学出版社2007年版，第202页。何志国“以蒙古人种面型和欧罗巴人种面型分为A、B二型”。关于何志国提出的“欧罗巴人种”。在公元前130年时，从高地亚洲迁来（指大月氏西迁）的游牧部族从希腊人手里夺取了北部的大夏王国，建立了印度——斯基泰帝国（即大月氏贵霜王朝），相继有两个皇室家庭执政。第一个家庭于30—130年执政，其国王是丘就却（Kadphises I）和阎膏珍（Kadphise II），其中著名的佛教皇帝是迦腻色伽（Kaniṣka）及其继承者。这个帝国从咸海一直到达恒河西部盆地，疆土横跨伊朗和印度，而且还有“阿富汗—希腊”。所以笔者不采用“蒙古人种面型”，以及“欧罗巴人种面型”。

[2] 罗二虎在《陕西城固出土的钱树佛像及其与四川地区的关系》（载《文物》1998年第12期）将佛像侧边形象定为“道士”，何志国认为应是头戴尖顶帽的“胡人”（《安县与城固摇钱树佛像的比较研究》，载《敦煌研究》2004年第4期）。

[3] 何志国将梓潼县宏仁羊头山的钱树树干佛像造型列为A型Ⅱ式，笔者认为还缺乏图像学方面的证据，一是手印的图像材料不对，二是梓潼佛像呈跽坐姿，缺乏对应的图像材料，而且这株树干佛像（存疑）又是孤例，所以暂不采用。

株49尊。

据上述统计，B型佛像数量多，其造型特征为深目高鼻，粗看大同小异。但是仔细观察，发现存在不少差异。如：绵阳何家山出土单尊，重庆国友博物馆收藏单尊，汉中出土单尊，英国私人收藏单尊。单像高6.5厘米，头顶有肉髻，甚为硕大，上唇有两撇下斜口髭，头后有横椭圆项光，着通肩大衣，领口下垂，衣袖皱纹明显；右手施无畏印，左手握衣角，衣角长长呈U字形延经右手腕下垂，呈结跏趺坐。该型佛像仪轨特征最为明显。

又如：绵阳双碑M19出土单尊，旧金山亚洲艺术馆收藏单尊，日本私人收藏单尊。其造型特征是：头顶有高肉髻，发际线在额前呈圆弧形，两眼微合，高鼻，着圆领衣，两袖有细而密的皱纹，右手握衣角下垂，呈U字形再延经左手腕下垂，左手施无畏印，呈结跏趺坐。忠县M14∶31②的特征与绵阳M19的相似，前者佛像两侧铸有高浮雕蝉纹。

而绵阳双碑M49的3尊，贵州清镇2尊，汉中5尊；日本私人收藏2尊。其造型特征是头顶有高肉髻，额及两侧有发际线，双眉连成一体，呈“︵︵”形，双眼微合，高鼻，上唇有髭，面相清瘦，着圆领衣，衣袖颇窄，左手握衣角下垂呈U字形，再延经右手腕下垂，略向外撇，右手施无畏印，呈结跏趺坐。其中，绵阳双碑M49佛像两侧连缀叶片，可辨形状者，有方孔圆钱。方孔圆钱内部的正面和背面四周有阳线莲瓣图案。

以上对佛像的形式的划分，为以下进一步的分期提供了依据。摇钱树佛像可分为东汉中期、东汉晚期、东汉末期和蜀汉时期，共计四期。

第一期，东汉中期，约当东汉安帝时期（107—125），丰都、安县、城固、日本久保惣钱树，计4株9尊。流行摇钱树树枝佛像和摇钱树A型佛像，项光（有圆形和椭圆形两种）、施手印和树枝佛像的结跏趺坐等佛像仪轨特征非常明显。值得注意的是，这一期出现的摇钱树树枝佛像和摇钱树树干A型佛像大眼圆睁，面相丰满，均为贵霜王朝犍陀罗人种面相。另外，安县树枝正面和背面两面均铸有形象相同的佛像，但是，图像清晰的一面佛像是左手施无畏印，似不合佛像仪轨；图像模糊的一面是佛像右手施无畏印，反而与佛像仪轨相符合。出现这种情况，有可能是工匠使用同一模具在泥范的正反两面模印所致。城固枝叶正面有佛像，背面则为素面。

第二期，东汉晚期（140—187），年代下限在灵帝中平四年（187）刘焉入蜀之前。属于这一期的有绵阳何家山1号墓、汉中出土摇钱树，重庆国友博物馆、国家博物馆和英国收藏的摇钱树佛像，共5株18尊，该期佛像一改第一期的贵霜王朝犍陀罗人种面相，深目高鼻，面脸较瘦削，具印欧人种面相特征；佛像施无畏印，头后横椭圆形项光，呈结跏趺坐，佛像仪轨特征明显。

第三期，东汉末期，为汉献帝中平、建安时期（188—214），上限为中平前。属于这一期的有绵阳双碑白虎嘴19号和49号墓、河边乡崖墓，计有8株22尊。这一期分布地域扩及贵州、陕西南部，数量增加，风格继承第二期，但是佛像形体尺度变小，取消了项光，铸造工艺也较第一、二期显得粗糙[1]。本期佛像铸造工艺水平下降的背景可能与刘焉父子主蜀，刘备入蜀，一系列战乱、社会动荡引起的经济衰退有关。

第四期，蜀汉时期，从建安十九年刘备取蜀至蜀汉政权灭亡（214—263），属于这一时期的有忠县涂井5号14号墓出土摇钱树佛像，共计3株14尊，佛像分布已由“三蜀”地区集中至峡江一带，佛像型式或数量锐减，铸造工艺与第三期相仿，继续倾向于粗糙。蜀汉时期连年征战，赋役繁重，经济困难，缺铜较甚。因此，蜀汉政权铸直百五铢、太平百钱和定平一百等当百钱，甚至到了“刘备取帐钩铜铸钱以克国用”的地步[2]。忠县涂井蜀汉墓主可能是当地盐商或盐官[3]，尚有经济实力，一般平民已经是无能力将摇钱树葬入墓中了[4]。

综合而言：巴蜀的摇钱树佛像起源于东汉中期，约2世纪初期，丰都出土的摇钱树佛像是我国迄今发现最早的摇钱树佛像，也是最早的青铜佛像；最晚的摇钱树佛像是忠县涂井5号和14号墓出土的摇钱树佛像。大致而论，摇钱树佛像流行年代为东汉中期至蜀汉时期，为2世纪初至3世纪中叶（125—262），大约流行了100余年。

摇钱树出现于东汉初期，最早有确切纪年的摇钱树是云南昭通曹家老包出土“建初九年三月戊子造”红砂石摇钱树座。“建初九年”为汉章帝元和元年，是年为84年[5]，摇钱树流行于东汉中晚期以蜀郡、广汉郡、犍为郡

---

[1] 梓潼佛像（存疑）是一个例外，它的尺度较大，制作工艺粗糙稚拙，面相与第一期相似。

[2] 张勋燎《从考古发现材料看三国时期的蜀汉货币》（载《四川钱币研究十年文选》，四川人民出版社1997年版，第49—61页）指出，刘备铸造直百铢钱持续了若干年。

[3] 据《华阳国志》（刘琳校注，成都时代出版社2007年版，第29页）《巴志》载：“临江县，枳东四百里，接朐忍。有盐官。在盐、涂二溪，一郡所仰；其豪门亦家有盐井。又严、甘、杨、杜为大姓。”

[4] 关于摇钱树佛像的类型和分期，笔者参考了何志国《汉魏摇钱树初步研究》（科学出版社2007年版，第192—223页）第九章中摇钱树佛像类型，以及分期的部分内容。由于何志国的论述时间在前，笔者的某些观点和论述，虽然与其不完全相同，但出于对何先生著述的尊重，特此说明。

[5] 孙太初：《在云南考古工作中得到的几点认识》，载《文物参考资料》1957年第11期。

等“三蜀”为中心的西南地区，蜀汉时期锐减，西晋时期则消失了。通过对摇钱树佛像的分期，可以看出它发展演变的轨迹：摇钱树佛像出现于摇钱树盛行时期，铸造工艺水平高、佛像清晰，佛像仪轨特征显著，即是说，摇钱树佛像出现于2世纪初叶，一开始就达到了很高的水平。摇钱树佛像在蜀地的出现时间较为接近印度佛像起源的时代，而且与后者图像模式多有相似之处，这说明印度佛像出现不久，就较为迅速地直接传入了四川地区，传播途中没有经过辗转变异。洎至东汉末期，摇钱树佛像铸造开始出现了简化、衰退现象，而同时数量却在增加，表明其传播有所普及。到了蜀汉时期，则迅速锐减，分布范围从蜀地移向巴地峡江一带。由此可见，摇钱树佛像的兴衰与摇钱树的兴衰大致同步。

其次，蜀地这一批属于中国最早期的佛教造像，时代大致是在2世纪初期至3世纪前半期（125—250），亦即东汉中期至蜀汉时期。无论是乐山麻浩、柿子湾画像石刻佛像，彭山江口崖墓中的陶塑座佛像，还是绵阳何家山，安县、忠县涂井的摇钱树佛像，它们与重庆丰都镇江镇出土的东汉“延光四年（125）”的摇钱树佛像相比较，或者时代相当，或者时代略晚，其造型大同小异，基本相似，显然，它们的造型模式源流与印度早期佛像有着密切的渊源关系。

19世纪至20世纪初，西方学者和印度本土学者在阿富汗、巴基斯坦、印度展开若干次考古发掘。他们对佛教造像究竟是产生在受希腊艺术影响的犍陀罗，还是发端于印度东略偏南的秣菟罗，各自依据掌握的考古实物材料进行激烈的论争。中国学者受到诸多制约，未能在其中争得一席之地。因此，有关佛像发源于秣菟罗或犍陀罗之争，可以说难有发言权。不过我们可以根据国外的研究成果，了解和认识这一重大的论争和解识，有助于我们探讨印度早期佛像如何传入中土，其模式与中土佛像的关系如何，这无疑是非常重要的！

三、印度早期钱币上佛像造型模式的启示

（一）犍陀罗和秣菟罗佛像起源的论争

在这一重大问题上，西方学者的观点主要有两派：

一派认为佛陀形象起源于犍陀罗：犍陀罗造像风格模仿和沿袭具有长期传统的希腊艺术，后者的辉煌时代是在公元前4—5世纪，这些已见诸史

载和考古实物。因而犍陀罗的工匠比秣菟罗的更容易制作佛陀肖像。犍陀罗与大夏国有密切关系。后者长期受到希腊统治，更容易接受希腊艺术的影响，而希腊的造型艺术比较同时代其他地区要更胜一筹。目前尚无考古实物证实，印度佛像即秣菟罗流派要比犍陀罗流派的更早发端。大夏国的雕刻师早就能熟练地雕塑阿波罗神像，而早期犍陀罗佛像雕刻作品正好与阿波罗神像有密切的亲和关系。考古发现的硬币实物进一步证实了佛陀形象起源于犍陀罗地区的立论。一枚冒厄斯（Maues）时代硬币上的双脚作趺坐姿的形象，被认为是最早的佛陀肖像[1]。大月氏王丘就却（Kadphises Ⅰ）或阎膏珍（Kadphise Ⅱ）（30—110）时代一批硬币上也有坐着的佛陀形象，被认为是以佛陀为形象的范本。迦腻色伽王（Kaniṣka）时代的硬币反面有呈站姿的佛陀肖像，并有希腊字母的铭文：Boddo（佛陀）。在沙吉奇德里（Shahji-Ki-dheri，在白沙瓦近郊）发现的迦腻色伽王时代的圣骨灰盒（舍利容器）上也有佛陀肖像的造型。阿富汗境内毕马兰（Bimaran）圣骨灰盒上有时代最早的佛陀肖像，这个造像属于迦腻色伽王之前的时代[2]。

不赞同佛像最初产生于犍陀罗的观点认为：如果硬币上的肖像是佛陀，毋庸置疑，表现犍陀罗佛像流派的艺术就有可能继承了善于对人体形象作细微描写的希腊造型艺术。不过，当这一流派在公元前或1世纪出现时，希腊艺术早已倾颓，它已逐渐衍变为具有希腊—罗马的风格[3]。因此，犍陀罗流派应是具有这一风格的造型，而且还充分受到帕提亚（Parthian，即中国

---

[1] 屈史蔑（Von Gutschmid）云："……当希腊王国时，别有一新国。其王则袭用西西亚或巴息亚之名，其钱则铸自旁遮普（Panjab）之西部与印度河以西白沙瓦（Bejawar）与梵衍那（笔者按，即巴米扬，Bamiyan）。此国之始祖为冒厄斯（Maues，或译作冒伊斯）。中国史谓塞人（即大月支）自巴尔喀什湖（Balkash）与伊斯塞库里湖被逐之后，建国于喀布尔山谷，号曰罽宾，其时约为纪元前之161年，观于钱文，益信中史所言之不谬。"岑仲勉先生认为：汉代的罽宾是大国，应以迦毕试（Kapissaya）为主体，犍陀罗不过为其一部，可由大月氏既灭罽宾而犍陀罗仍存在而证之。参见岑仲勉：《汉书西域传地理校释》，中华书局1981年版，第156、160页。

[2] R.C.Shama: *Buddhist Art Mathura School*, pp.141-142, The Theory Gandhāra Origin.［法］R.格鲁塞，常书鸿译：《从希腊到中国》，浙江人民美术出版社1985年版，第26—27页，也列举冒厄斯（Maues）钱币上的"佛像"和圣骨灰盒有"希腊佛陀"肖像的例子。格鲁塞氏把大月氏人的贵霜王朝称名为印度斯基泰（Indo-Scythes），即《汉书·西域传》所载，原来活动于敦煌与祁连山间的骑马民族大月氏人，为匈奴所逼西迁后定居在印度阿富汗，被称为"印度斯基泰"人。

[3]［印］Lolita Nehru: *Origins of the Gandharan Style*, p.15, The Graeco-Roman Contribution to the Gandhāran style.

汉代所称的安息)的影响,或被称作“希腊—伊朗”(Graeco-Iranian)风格[1]。但这些不足以充分证明佛陀形象最早是在犍陀罗雕塑成型的观点。犍陀罗佛像虽然在造型特征方面受到希腊阿波罗神像的影响,且这是毋庸置疑的事实,但这也不能确证第一个佛陀形象是由犍陀罗流派制作的[2]。迄今为止,尚未有直接的考古实物证实犍陀罗流派在逐渐具有本土特色之前,竟然会有犍陀罗风格特征的佛像产生。同样,秣菟罗引进佛像的时代也不能确定。再例如,作为证据的硬币实物,朗沃尔思(Longworth Dames)将Maues硬币上的趺坐形象认作是佛陀的观点,也受到某些学者的质疑。怀特赫德(Whitehead)把这个硬币上的肖像解释为坐在垫子上的王者[3]。史密斯(Smith)认为该像为一位神王[4]。伽德纳(Gardner)认为那个是坐在垫子上的王者形象,手握一柄剑置于膝上[5]。科马拉斯瓦姆氏(Coomaraswamy)也不同意把这个形象视作佛陀的证据,并评论说:“这个硬币上的形象有两个密切相关的不同特征。其右手握的可能是一柄权杖,左手放在大腿上,双肩宽阔,腰肢纤细。这些外形特点表现的形象似是一王者,而不是佛陀。”[6]笔者在此引用了上述学者对旁遮普(Panjab)、印度博物馆、大英博物馆收藏的希腊和大夏的钱币的分类研究,他们否认Maues硬币上的肖像是佛陀,实际上就是认为在公元前2—1世纪,犍陀罗不可能有佛陀肖像产生。

(二)迦腻色伽一世金币的正、背面图像考释

那么,迦腻色伽一世金币背面的图像是否为释迦牟尼呢?日本古代东方博物馆研究部部长田边胜美(Tanabe Kastsumi)根据前文已述西方学者研究过的三枚举世公认的迦腻色伽一世金币,结合一枚最新由日本个人收藏的同时代金币,做比对研究,得出了新的结论:“个人非常愿意根据克利卜(J. Cribb)与费斯曼(G. Fussman)二氏的论点,赞成迦腻色伽一世硬币上所出现的释迦牟尼佛陀与佛陀像,是依照已有的大型片岩(Schist)佛陀(菩

---

[1] [印]Lolita Nehru: *Origins of the Gandharan Style*, p.38, Pathian Influence。

[2] 原文为“It's conceded that Gandhāra Buddha inherits the influence of Apollo阿波罗. But this argument cannot prove that the first image of the Buddha was manufactured by the Gandhāra School”, *Buddhist Art Mathura School*, p.142.

[3] R.B.Whitehead, *Punjab Museum Coins Catalogue*, pp.102, X-31.

[4] Vincent Smith, *Catalogue of coins in Indian Museum*, Calcutta, 1906, p.40 and PL. Ⅷ, 4.

[5] Percy Gardner, *Catalogue of coins in the British Museum: GreeK and Scythian Kings of Bactrian and India*, 1971, p.71 and PL. XVII .5.

[6] A.K Coomarawamy, *The Origin of The Buddha Image*, p.16, fig.6, New Delhi, 1972.

萨）为模型而制作的。但是，对于二氏将迦腻色伽一世金币的释迦牟尼祖型，设想为犍陀罗佛像的这一点，因而个人又实在难以同意彼等的结论。”[1]兹将其论证摘述于下：

（1）田边胜美先生解析已公布的迦腻色伽一世金币图像的肉髻表现。①大英博物馆藏迪纳尔（Dinar）金币背面与正面（图1-1-34、图1-1-35）[2]。该币发掘于阿富汗阿因波休（Ahin Posh）佛塔。该像有圆形头光和椭圆形身光在肩部连接，两耳特大异常，面部磨灭，头部制作不明。右手掌上有一个轮（cakra），头发左右整齐对称，以简略的8条直线象征束发，肉髻大而平坦；肉髻上的发不是直线，而作鬈发。涡鬈状头发（近似螺发）作两列，每列有4—6个鬈状螺发。正面是迦腻色伽一世硬币的典型图像，即形象以左手持长枪，右手置于祭坛上。金币边沿顺时针铭刻希腊文（PAONANOPAOKANHPKIKOPANO，该诸王之王、迦腻色伽、贵霜之族）。②波士顿美术馆迪纳耳金币背面与正面。该币与上例基本相同，唯圆形头光为双重圆，表明是出自另一铸模（DIE）。佛像脸面磨灭，难以识别，仅依克利卜（Cribb）氏的图绘，犹可见两眉两眼，口及鼻。其头发与肉髻式样，

图1-1-34 大英博物馆藏迦腻色伽一世金币背面

图1-1-35 大英博物馆藏迦腻色伽一世金币正面

[1] [日]田边胜美，林保尧译：《迦腻色伽一世金币的释迦牟尼像》，载《艺术学》第3期，艺术家出版社1989年版，第225页。田边氏引用二氏的著作为：J.Cribb：*Kaniska Buddha Coins-The Official Iconography of Sakyamuni and Maitreya*, The Journal of the International Association of Buddhist Studies, Vol.3（1980），no.2，pp.79-88.参见G.Fussman，“*Monnaie d'or de Kaniska inēdite au type du Buddha*”，Revue Numismatique, VIes ē rie t.24（1982），pp.155-169.

[2] 迪纳耳（Dinar），即是伊斯兰帝国所流通的金币，公定的重量为4.29克（[日]田边胜美，林保尧译：《迦腻色伽一世金币的释迦牟尼像》，载《艺术学》第3期，艺术家出版社1989年版，第239页有详细附注，此处不赘）。

基本与上例相似。不过，金币边沿希腊文铭刻中，PA两字连接，又与前例相异（图1-1-36、图1-1-37）[1]。③ 巴黎国立图书馆藏的1/4迪纳尔金币正面与背面。背面佛头的细部，费思曼将佛陀特大异常的双耳解释为发带，即："佛陀，口上有髭，两眼为圆形。肉髻（是聚集在头盖骨之上的一束头发，四周绕着头巾）的下方，系有一缕发带，而且**两端作左右对称地垂至两耳之旁**（着重号为田边胜美加）。"费思曼认为金币上的佛像是模仿当时已经流传的著名佛陀尊像而来的（图1-1-38、图1-1-39）；但肉髻上有发带的例子尚未

图1-1-36　波士顿美术馆藏迦腻色伽一世金币背面

图1-1-37　波士顿美术馆藏迦腻色伽一世金币正面

图1-1-38　巴黎国立图书馆藏迦腻色伽一世金币正面

图1-1-39　巴黎国立图书馆藏迦腻色伽一世金币背面

[1]［日］田边胜美著，林保尧译：《迦腻色伽一世金币的释迦牟尼像》，载《艺术学》第3期，艺术家出版社1989年版，第227页。

发现。实际上，克利卜已将发带之物正确解读为佛陀的双耳（参见田边胜美所作的素描）（图1-1-40）。

图1-1-40 金币背面佛像头部素描

（2）田边胜美对传入日本的迦腻色伽一世金币的最新资料（镰仓，个人藏，与大英博物馆藏的系同一模铸）。该币直径约为2.07厘米，重量约为7.98克。正面为迦腻色伽一世立像。国王像的头部向左，其余身体则向正面，两脚成左右张开的姿势。左手执着饰有丝带的长枪，而右手正垂放于祭坛之上。右手背后，有一印度调象用的戟叉尖棒（ankus），为古代印度象征转轮圣王以及因陀罗（Indra）神驾御骑坐的白象蔼罗伐那（Airāvana Erāvana）的圣物。所以此棒正象征迦腻色伽一世是此世上的最高支配者。其面部蓄有腮胡、口髭、颚须，左颊有肉瘤；头戴冠或帽子，身着长袖且有带饰的上衣（caftan）与长裤，上面再披一件大型的外套（manteau）与小型的披肩外套。又，两肩之处，有冉冉升起的火焰，腰际之处还系有另外一条吊挂长剑的腰带，此挂剑腰带首见于贵霜王族。希腊文字的铭记，大致是从7点顺时回绕，为“PAONANOPAOKANHPKIKOPANO，其意即诸王之王、迦腻色伽、贵霜族的”。硬币的空白处，刻着无数的细细线条，这是遗留在铸模底上的痕迹（图1-1-41）。

背面为佛陀立像，面部造型为圆形，眉间突出一圆瘤为白毫，左右各一道直线作粗眉，其形式仿自贵霜国王，其下圆圆大大的圈即眼。白毫正下方有一大而完整的鼻子，其下又有两道左右对称的大髭，一条细横线代表嘴，下唇厚实。此类胡子，虽与犍陀罗片岩雕刻上的佛陀、菩萨像的胡子形成相为一致（图1-1-42），却是模仿硬币或雕刻上所表现的贵霜王、侯族胡子式样而来的。两耳因轮廓线粗大，显得极大而明显，不会产生如费思曼叙述巴黎藏品时将耳朵指认为发带的错误。

图1-1-41 迦腻色伽一世金币正面国王立像（日本私家藏）

图1-1-42 迦腻色伽一世金币背面释迦牟尼立像(日本私家藏)

田边胜美继又试述佛像的头发与肉髻。佛像的头发，如同前文所述两例藏品，也以8根纵分左右对称的直线表现，并只延伸至头上方的轮廓线之处，这有可能暗示此处为束系头发的发带。肉髻上的头发作上下两列，且与圆形小粒相互连接着，圆粒的数目，也与前文上述两例相同，上下各为四个。据此可以明确判断这些小粒表现的是螺发，或称作鬈发。佛像头光为两重圆，止于佛陀双肩处，身光为椭圆（舟形），与肩处、头光相交。在犍陀罗的雕刻上，极少见这种具有头光与身光的佛陀像，只有绘画及阿富汗的迦毕试（Kapisa）出土的雕刻作品尚可见到类似例子。

（3）佛陀有五指的右手举于胸前施无畏印相（abhaya-mudra），正面手掌中心有轮环（千幅轮相）；左手也有五指持握大衣下裾，位置低于右手。佛陀所着的大衣，随着身体的中心线，从颈部以下的衣纹雕刻呈连续的V字和U字形阶梯状线条。这种近似模式化（Stylezation）的衣纹褶襞，通常表现在佛传图浮雕或较小型的佛陀像上，大型单尊佛陀像的上、下半身衣褶多有区别，两脚至腰几乎为呈V字形衣褶的裙衣所覆盖。其大衣所覆盖的肉体，两脚呈180°张开，写实性暗示的却是贵霜王朝硬币上的国王像，及神像刻作所遵循的典型式样。

田边胜美根据自己对四枚迦腻色伽一世金币，及与犍陀罗片岩制佛头的肉髻与头发的表现的考察和研究，认为犍陀罗片岩制佛头肉髻与头发的表现有三种形式：一是头发为波纹状，而肉髻为鬈发（螺发）（图1-1-43、图1-1-44）；二是头发作弧状式的左右对称状，而肉髻作螺发式；三是头发为所谓的梯子状形（ladder-mode），而肉髻为鬈发式（图1-1-45）。但是，金币上佛陀有双重圆头光，常见于斯瓦特（Swāt）、第尔（Dir）等山麓地带佛寺遗址所出土的作品

图1-1-43 犍陀罗片岩制佛像头部（伦敦私家藏）素描

图1-1-44 犍陀罗片岩制佛坐像部分（日本私家藏）

图1-1-45 犍陀罗佛像头部（柏林印度美术博物馆藏）

图1-1-46 犍陀罗佛头部（白沙瓦博物馆藏）

上。所以，硬币上的光背式样应该是模仿当时流行的片岩石雕佛陀、菩萨像双重圆头光制作的。头发和肉髻的发样，作一对照性的描写，一定是为了肉髻再以形式化的螺发表现，所以完全可以预测，在此之前当有先行的式样。例如，形式二的例子，其肉髻部分的鬈发，应可推测出是来自更舒缓且又弯曲的头发（图1-1-46）。这尊佛头的眼睁得很大，口髭也粗。因此，将这一类型归结为最早佛像的见解，从形式学的立场而言，大概不会有错吧[1]。

田边胜美还指出：迦腻色伽一世的时代，迦腻色伽王的即位年代不能肯定，以致无法与公元历法相换算。犍陀罗地方所流行的佛陀像类型已经很明确了。所以克利卜所举的例子（图1-1-46）出自犍陀罗，白沙瓦（Peshawar）博物馆藏，或者是费思曼所举的同类型发式（图1-1-47、图1-1-48），在形式上，任何一尊的表现皆相异。由此可见，两位先生的见解实在是不够严密。

[1] 田边胜美先生的大作极有助于我们以新的观点去认识犍陀罗佛像的模式及年代和所处的地理文化圈，特别是启迪我们应该转换思维方式，从考古学和图像学角度，不囿于地缘限制，重新检讨对巴蜀钱树佛像型制和源流研究存在的失误！译者林保尧教授为台北国立艺术大学传统艺术研究所的教授。他在译文“附记”中指出：“长久以来，几近一世纪的古代中亚地域圈，因缘于近世西方考古学、钱币学、图像学等所掀起的东西艺术文明交涉史的研究，不仅是东西横向历史面上，探索中国与古代西域、波斯为主等的丝路艺术文明交流上，一道必须登临的首要课题；同时地，更是南北纵向文化面上，探究中国与古代西域，印度为主等的佛教艺术思想交融上，一门必须面临的最要课程。然而，临于此面的开发，向不为国人所重，且不为学界所振。故于今日，拟藉田边教授之文，引起小小的认识。”田边胜美先生的中文译文有2万字，论证精辟、严密，限于篇幅，笔者只能转述2 000余字，仅及1/10，犹恐未能将其风采尽展现给读者，只好请有志读者能参见原译文全文。

图1-1-47 佛传浮雕部分(出自斯瓦特)

图1-1-48 犍陀罗片岩制佛坐像部分 光背补修过(美国克里夫兰美术馆藏)

通过田边胜美对迦腻色伽一世金币上的图像的研究，我们认识到金币上的佛像并不是最早犍陀罗佛像的祖型，而是根据1世纪或之前犍陀罗地区就已产生的大型片岩佛陀类型制作的。我们现在把巴蜀摇钱树上的佛像造型与田边胜美所列举的犍陀罗片岩佛像相比对(图1-1-45、图1-1-46)，那么，前者的造型源流不就很清楚明白了吗?

至于巴蜀摇钱树佛像在摇钱树上的位置，为什么会从枝叶、树干逐渐升到了树冠，并夹以凤凰和璧，取代原来在这个位置上的西王母神像，这就是笔者在下节中所要讨论的其宗教意义。

四、摇钱树顶部佛像被尊称为“天中天”的源流和宗教意义

(一) 摇钱树上佛像位置的变化

笔者在前文作有“青铜摇钱树一览表”，从表中我们可以看出，在已介绍的21例青铜摇钱树佛像中，佛像在钱树上的位置，有三种形式：一种是佛像的位置处于钱树的树干上，有14例；一种是摇钱树顶部为西王母、凤鸟和龙，佛像在树干上，为美国旧金山亚洲艺术博物馆的藏品；一种是摇钱树的顶部为配在圆形璧上的佛坐像，如陕西城固县和四川安县的例子。在三种例子中，佛像位置在树干上的居多，时代为东汉中后期，或东汉末至蜀汉，表现了对佛像的一般崇拜和祭祀意义。至于摇钱树顶部表现配在璧上的西王母，并有凤鸟和龙，

佛像却表现在树干上，如旧金山亚洲艺术博物馆的例子，由此可以了知，其时对从西方传来的佛陀和住在昆仑山的西王母之信仰是混淆的，有可能是视佛像等同为西王母吧！但西王母又居于摇钱树树冠顶部，似乎又显示在某种程度上对西王母的崇拜要高于佛陀。

然而陕西城固县和四川安县的摇钱树是将佛像配以璧表现在树冠上，佛像旁有跪坐合掌头戴弗里吉亚（Phrygian）式尖顶帽的胡人。在这两例中，佛像取代了原来置于树冠顶部配以璧的西王母像。而这现存的两例摇钱树佛像实物可以视为制作于东汉晚期。如果单纯把佛像置于摇钱树顶部归之于是表现了胡人的祭祀形式，那么又如何诠释其源流和宗教意义呢？

城固县和安县的顶部有佛像配在璧上，该佛像也就同于西王母像，即有诸神所住的天界意象。特别值得注意的是城固县的范例，按罗二虎制作的复原图，可发现佛像被乘坐在璧上而由凤凰夹着。凤凰是天帝的使者，凤凰和璧的组合具有天界的意象。凤凰和璧组合的考古实物范例有：四川省泸州市东汉1号墓石棺的浮雕，和重庆市巫山县东汉墓出土的铜牌（图1-1-49）。前者在双阙之间可见有凤凰和玄武，不过凤凰下面有璧；后者凤凰和璧之间刻有“天门”的文字，这可以视作是表现天门的图像[1]，所以，凤凰和璧的组合无疑是象征天的。那么，城固县摇钱树上的凤凰和璧的组合，应无问题可视为具有同样的意义。依罗二虎的复原图，树顶上的佛像被这类图像夹着，且坐在璧上，那佛也一定是住在天上的神祇吧！

图1-1-49　四川巫山出土西王母铜牌

虽然这样的论证是成立的，但是若根据佛教教义，释尊是般涅槃（Parinirvāṇa）的，不用说，难以找出与天界的关系。恐怕以这样的理由来看，可以想象从来的讨论就是没有进展的。不过，再对东汉时期的汉译佛典做调

[1] 赵殿增、袁曙光：《天门考》，载《四川文物》1990年第6期。

查，可发现释尊被视为尤如住在天界的神并有“天中天”的一个美称。若说起佛陀的尊号马上会令人回想起佛的“十号”[1]，但却不包括这一称号，事实是以前对佛教这一传播的研究尚未完全触及之。因此，下文即对“天中天”尊称的出处做探讨。

（二）东汉时期中土汉译佛典中的“天中天”尊称

东汉时期“天中天”出现在中土的尊称最早可见于桓帝时（168—188）末期月氏国僧人支娄迦谶在洛阳所译的佛典中，如小品系般若经的最早译本《道行般若经》卷第一有：

> “舍利弗白佛言：天中天，菩萨学如是，为学般若波罗密。”[2]
>
> “须菩提白佛言：天中天，何因为菩萨，何故正字呼菩萨。”[3]

记佛弟子们称佛陀为“天中天”，这一称谓据大略统计，在该经中竟然有200余次之多。除此之外，支谶译的《阿閦佛国经》、《般舟三昧经》中也发现有被使用的许多例子[4]。

“天中天”的译语早有日本学者佐藤心岳和岩松浅夫的考论[5]。梵文本《八千诵般若经》相当于上述《道行般若经》的这个位置，有所谓“bhagavan”词语，该词语汉译意译可确认即是“世尊”，换言之，在中土译经时，支谶将“bhagavan”（“世尊”）这个词语替换为“devātideva”（“天中天”）。不过，对“天中天”的使用并非只限于其所译佛典，东汉时期其他外来僧的汉译经典中，也可见到。兹举数例如下：

> 安世高译《自誓三昧经》：“道教清且贵，释师天中天。”[6]
>
> 康孟详译《修行本起经》：“咸称太子，号天中天。”[7]

---

[1] 佛的“十号”为：如来、应供、正遍知、明行足、善逝、世间解、天上士、调御丈夫、天人师、世尊。丁福保：《佛学大辞典》，第126页B–C。

[2]《大正藏》第8卷，第427页上。

[3] 同上，第427页中。

[4]《阿閦佛国经》，《大正藏》第11卷，第751页下；《般舟三昧经》，《大正藏》第14卷，第902页中。

[5] 佐藤心岳：《支娄迦讖の出身地につぃて》，载《印度学仏教学研究》1978年第53期；岩松浅夫：《“天中天”考》，载《东方》1985年第1期。

[6]《大正藏》第15卷，第344页中。

[7]《大正藏》第3卷，第464页上。

由此可见，出身于安息的安世高于桓帝至灵帝时（148—188）到长安译经，以及出身于康居（Sogdiana）的康孟详于灵帝至献帝时（168—220）到洛阳译经，都在其译典中使用了这个词。可以确定的是，包括上面的有近20部那时的译典中都可见到该译语。因此，现在首先要考虑的是，在上述译经的僧人中，到底是哪一位想出并译出了异于中土汉地所能理解的这个词语，而且又可能流传并与此结果有关的呢？那就有必要探讨该尊称的源流。

（三）"天中天"尊称的源流

"天中天"这个词语，据岩松的研究可知是有其原语的，即梵文《法华经・化城喻品・第七》中所说的"devātideva"（"圣主天中天"）[1]，意即"诸神中的最胜者"、"诸神之神"的称誉。将佛陀称为"deva"（"天"），正如日本学者杉本卓洲和云井昭善所指出的，早就见于印度初期佛教时代的经典之中[2]。不过，"devātideve"这个词语，据岩松的考证，并非是起源于古印度的词语，而是在美索不达米亚伊朗文化圈中长期使用的。还有金币上，如迦腻色伽王金币上也刻有"诸王之王"、"王中王"的王者称号（参见本章第一节・三——笔者注），换言之，"天中天"译词的由来可上溯到释迦族和贵霜族居于统治地位的古印度西北部，即历史上的大夏国（Bactria）和犍陀罗地区。本地人们在接触到佛教时，随着自己的观念对教主释迦以"devātideva"的尊称之意称呼，这一尊称的使用是在贵霜王朝于公元前1世纪至公元3世纪中叶统治该地区期间。但是岩波依据经典的记述和有关资料所做的论证，却无实例佐证。所以，该尊称（即"天中天"）的使用似乎有可能只仅限于经典中或出家者之间。不过，考古发现的石板铭文暗示这一尊称曾被广泛使用。

（四）犍陀罗地区出土石板铭文中的"天中天"

库拉（Kura）位于距塔克西拉（Taxila，旧译作呾叉尸罗）100千米的南下山中，在此出土的砂岩石板上有铭刻，该石板现藏于拉合尔（Lahore）博

---

[1]《大正藏》第9卷，第23页下。原文为"圣主天中王"。

[2] 杉本卓洲：《神Devaと呼ばれた仏陀》，载《金沢大学文学部论集》1980年行动科学篇创刊号；云井昭善：《ブッダの呼称・异名》，载《成田山仏教研究所》1992年第15期。

图1-1-50　犍陀罗库拉出土石板铭文拓片

物馆（图1-1-50），最先为G. Bühler解读[1]。近年日本学者塚本启祥再次解读[2]。以下依塚本的解读知其概要。铭文有13行，以西北印度地域的俗语——普拉克利特（Purakrit）语刻记，字体类似于笈多时期呈钉状的婆罗谜（Brahmi）文字，可判断为4—5世纪之物，内容为当地僧院主人或管理者的儿子为建造僧院而寄赠的，依此祈愿获得福德。兹引用塚本启祥的译文如下：

“此僧院的建造……，对于以深受一切众生且非常慈悲的天中天（devātidevasya）世尊、佛陀的、佛为上首，且来四方的比丘僧伽……，由许多僧院主Rotta-Jayavrddhi有德的儿子供养的……”（“供养”，日文译本为“寄赠”——笔者注）

依塚本启祥的解读，“devātideva”的属格刻在铭文的第4行，时代似为4—5世纪，依石板铭文中的尊称，可确认实际上是被使用的，因而可清楚地了解

［1］G.Büler: *The New Inscription of Toramana Shaha, Epigraphia Indica*, Vol.1, 1892, pp.238-244.
［2］塚本启祥碑铭研究及翻译参照塚本译：《イニド仏教碑铭の研究》，平乐寺书店1996、1998、2003年版，Kura Ⅰ，第976—978页。

其原语为西北印度（历史上的大夏国和犍陀罗地区）长期使用的，因此就不存在“天中天”为中土汉地所造的可能性。那么就不难理解，东汉时代东西文化交流时，佛教东传之际，“devātideva”（“天中天”）尊称被前文所列举的东汉译经广泛使用的盖然性是极高的。

再者，中土汉地从西汉时代起便盛行神仙思想，反复重复着住在天上的天帝和西王母诸神，这方面不须赘言。事实上，皇帝即是天子，正如其相对应的“天人合一”，天则是一切。又如《穆天子传》中所道出的，西王母是天帝的女儿。若就当时的状况加以思考的话，中土汉地人们最初接触到西方传来的佛陀或佛像时，意味着“诸神中的最胜者”、诸神之神的“devātideva”（“天中天”）美称，即或是没有教义的说明，至少在最小限度内也是最易于被了解并能接受的，佛陀已不再是异国的神祇，而是足以与中土汉地最高层神祇相匹敌的神祇，如西王母这样的神祇。其次，当时人们自前代起便信仰诸神居住于天界，在理解“devātideva”的意义时，即对佛陀富于想象并抱有天界的意象，到中土的西域（广义）僧人将梵文“devātideva”译为等同于汉地词语“天中天”的时期，亦可想象在中土这一方会发生这样的事由吧！

现在再次回到对摇钱树上佛像的讨论，正如前文已论述的，树冠顶部佛像替代了具有天界意义的西王母像配在璧上，如城固县出土的例子，佛像被夹在象征天的凤凰和璧的组合上，那正是反映了中土以这种实例接受了把佛陀尊奉为“天中天”的历史真相。

（五）东汉时代犍陀罗佛教信徒死后的理想观

如前文所述，佛陀作为外来神祇被中土汉地接受，并被认为其地位可与中土天帝和西王母最高层神祇相匹敌，当然，没有相应的职能是不易被认可的。正如学术界研究已公认，造摇钱树置于墓中的目的就是祈愿富贵、祥瑞，长生不老的死后享乐生活，所以佛陀也就被视为可以达到这个愿望的神祇才被予以形象化的吧！如是这样，那么就会面临佛陀原本涅槃的性格与佛教本来教义相违背的问题。

关于这个问题值得注意的是，日本学者山田明尔对佛教初传时期布道者的研究，虽着重于在家信徒，但却未触及他们的信仰形态，而这就是巴利文本《大般涅槃经》（DNIIP.141）中所言的：

处理如来舍利，如来塔应建造在四个十字路口上，任何人都可以礼拜……,相信的人永得福利和安乐……,心灵清净,死后位于善处天上吧!

依佛塔的建造和供养,宣说在家信徒的现世福利安乐和来世升天,山田明尔认为佛教教理肯定否认了这类世俗倾向。但是信徒在佛教初传时期,却有佛教接受异文化世界的过程,是最为重要的,而且是有效果的因素。毋庸直言,上引文字是有关佛塔崇拜或舍利信仰的内容。因此山田明尔推测,不仅佛塔,就是佛像,也存在着对现世和死后的幸福威力,不过没有相应的考古实物作具体论证。以下就摇钱树佛像的源流,即犍陀罗地区在家信徒对佛教和佛像实际祈愿什么做具体的探究。

在塔克西拉博物馆藏有当地达磨拉吉卡(Dharmarajika)出土的有铭文的银薄板,上面铭刻有当地居民奉安舍利的题记,且发现铭刻有“52年”的纪年(图1-1-51)[1]。铭文共5行,犍陀罗语,刻的是佉卢(Khrostshi)文字,其内容引用塚本启祥解读的日译本,汉意译为:

Aya(Azes)的(治世)136年,……Noce的都市住民,Urasaka将世尊舍利奉安在Taksasila(即“塔克西拉”——笔者注)的Dharmarajika僧院,彼自身复合体的菩萨堂内,为maharaja、rajatir,devaputra Khusana(大王、王中王、天子Kusana)赋予无病,为一切诸佛,为供养诸独觉,为供养诸罗汉,为供养一切众生,为供养父母,为供养朋友、亲属、血族、血缘,为自身赋予无病,你的正确喜舍即为成就涅槃。

图1-1-51 塔克西拉达磨拉吉卡大塔西屋室G出土银薄板铭文

[1] S.Konow Kharosthi Inscriptions, C Ⅱ Vol. Ⅱ pt, Vranasi, 1996, pp.70-77, plate ⅩⅣ. 铭文日译本参见前引塚本书(1996),Taxila3,第1088—1089页。

奉安舍利的记述之后，有大王及一切众生和家族的回向文，最后画线的部分"你的正确喜舍即为成就涅槃"。这个铭文有某种程度的格式化，不过供养者的目的却是完全可以理解的吧！其中的"涅槃"是指有余涅槃，抑或是无余涅槃，还难以断定。但是若考虑到祈愿者是在俗的话，并不是在含混叙述死后的愿望吧！限于篇幅，许多铭文无法介绍。不过，依塚本启祥的研究，综观现存的犍陀罗佛教碑铭，在家信徒的祈愿铭文，可认为大多是舍利容器与佛像的供养铭文。再者，有关升天的发愿文，却完全未见，这就与前文引山田所引的涅槃经相扞格。

图1-1-52 犍陀罗出土佛陀三（右胁侍缺损）

其次应特别注意的是，佛罗里达藏的林林（Ling）美术馆所藏的佛三尊像（右胁侍缺损）的铭文，在浮雕的坛基部分有一行犍陀罗语，刻有佉卢文字。萨洛摩（R. Salomon）调查此尊像时对铭文作了解读，近年为宫治昭所翻译介绍，兹引用如下（图1-1-52）[1]：

ォロィシュパテのダミトテの供养[2]……为佛陀弥特拉的不死。

从中可知，因供养佛像而祈愿"不死"，铭文中的"不死"是解读自犍陀罗语的"amridae"。据萨洛摩的解读可知，该词相当于梵文的"amrta"、巴利文的"amata"。"a"为否定词，"mrta"、"mata"意为死，"amrta"、"amata"意为不死，汉意译为"甘露"。例如中村元的《广说佛教大辞典》该条项目（第248页），著名的不死灵药苏马（Soma）酒，其他的有"觉悟、同于涅槃"，

[1] R.Salomon and G.Schopen On an alleged Reference to Amitabha in a Kharipsthi Inscription of Buddhist Studies, vol.25, No.1–2, 2002, pp.3–31。宫治昭：《舍卫城之神变和大乘佛教之起源》，载《美国学术史研究论集》2002年第20期。

[2] "供养"，日文原文为"寄进"。

“不死、永远生命”，皆视为不死和涅槃的同义词。

至于涅槃和不死的关系，云井昭善和井上博文有详细的论考，不赘[1]。据其研究可知，“不死”（amrta）相对“死”（mrta）可见于印度《黎俱吠陀》以来的古文献，那是意指古代印度人对人生终极目的所标榜的解脱境地，因而见于印度原始经典中的“不死”竟为佛教文献所吸收，成为究极境地，即涅槃的同义语。因此铭文中的“不死”即合于佛教的意义。还有就是浮雕的捐赠者有可能被认为是出家人，那这样就无法从字面上理解“不死”。

但是另一方面，也无法断定所有的信徒是否可正确或严密地理解涅槃和不死的佛教奥义。毋庸说，大部分信徒对所谓涅槃，正如他们亲眼所见的佛塔和多数涅槃图浮雕所显示的，假想那是释尊死后所住的世界，理想的死后世界此时正如字面上的不死意义，释尊住在死后的理想世界，认为供养佛像就是祈愿死后的不死。这其中值得注意的是近年来田边胜美对犍陀罗出土浮雕内容所表现的世俗性解释[2]。

拉合尔博物馆藏有犍陀罗出土的1—3世纪飨宴图浮雕，两侧面有狮子足的雕刻，可以视为表现佛像的狮子座。浮雕正面有两组相对呈半裸的男女像，这是沿袭希腊统治大夏时代而传来的戴奥尼索斯神（Dionysus）信仰题材（图1-1-53）。据田边胜美的研究可知，这类飨宴图是贵霜王朝时代的佛教徒为表现其理想的死后乐园，采用了在当地流传的地中海诸神图像内容制作的。如众所周知，在犍陀罗诸寺院遗址就出土了不少有相同内容的浮雕。尤其是田边胜美对1960年代在原犍陀罗布特卡拉（Butkara）寺院遗址出土浮雕的研究，当是值得注意的，这块浮雕是意大利考古队发掘的。

该浮雕的制作时代，据意大利考古队主持者华生纳（D. Fanccenna）的报告，似雕刻于1—3世纪[3]，浮雕上半段图像为半裸相互爱抚的男女形象，下半段为佛立像。上段尖塔形拱上为拿着花绳的爱罗斯（Eros），下段圆弧

[1] [日]云井昭善：《原始佛教用语としてのamata（amrta）の概念について》，载《印度学佛教学研究》1955年第6期；井上博文：《ブッダの般涅槃について》，载《印度学佛教学研究》2000年第96期。

[2] [日]田边胜美：《ガソノテのいわゆる飨宴图浮雕について——新资料の绍介を中心纪》，载《佛教艺术》1981年第137期。同《ガソダノテガら正仓院へ》，同朋出版，1988，同〈波罗蜜（多）· 到彼岸の最古の造型と佛像の起源〉，《古代オソエント博物馆研究纪要》ⅩⅪⅡ（2003），第75—105页。

[3] D.Fancenna: *Sculpture from the Sacred Area of Butkara I (Swat, West Pakistan)*, vol. Ⅱ, Part2, Roma, 1962, P1. CCLXXXIX’ 同Excavations of the Italian Archarological Mission（Is MEO）in Pakistan: Some problems of Gandharan Art and Architecture, *Central Asian in the Kushan Period*, vol. Ⅰ, 1974.

图1-1-53 犍陀罗出土狮子座飨宴图

拱形有类似鸠的鸟(图1-1-54)。而这正如众所周知的:爱罗斯和花绳常见于犍陀罗出土的浮雕,及罗马葬礼的美术石棺上,这是象征生、往生的主题。其次在犍陀罗美术上鸟的意义,如鸽子所代表的正是往返此岸和彼岸等。根据大英博物馆所藏一件出土于塔克西那的制作于1世纪的鹅鸟形舍利容器,其材质是水晶,上面镶嵌的金薄板上铭刻有"父母再生此世,此鸽子为父母之魂的住处",据此可认为鸽子象征死者的灵魂[1]。因此,加上这类表现死后男女爱抚形象主题内容来思考,下段表现的佛立像,可视为该浮雕并非表现现世,而是死后所住的理想世界吧!换言之,贵霜时期的犍陀罗佛教不仅是只有本来的教义涅槃,而且并存着满足这类人的心情,即死后仍有世俗性、享乐性的乐园,借此事实也可发现这个才是普遍在家佛教信徒所祈愿的涅槃,换言之,即其死后的理想观。这样的观念透过在家信徒与佛教一起东传的话,在中土汉地,正如在巴蜀特有的铜摇钱树上,出现了具有享乐意象的佛像,其位置逐次从树干上升到树顶上,并配以夹着凤凰的璧,取代了原来的西王母像,并被认为具有与该神祇相应的职能,可说那是没有什么不可思议的吧!

最后,还要提示的是,即斯瓦特(Swat)出土有两铺装饰佛塔的浮雕,上面有以手腕相扣拥抱接吻的男女形象(图1-1-55、图1-1-56)[2]。不过,令人

[1] 拿着花绳的爱罗斯有:宫治昭:《ガンノテ美术のはじまり》,载《ガンノテ佛の不思议》,讲谈社1996年版;名曲四郎《石棺浮雕雕刻》,载《世界美术大全集5》,小学馆1997年版,第345—352页。至于鸟的意义参见前引田边胜美的书和论文(2003)。再者,详细的金薄板铭文参见前引塚本书(1996),Taxila 4,第1009—1010页。

[2] D·Fanccenna, Sculpture from the Sacred Area of Butkara I (Swart, West Pakistan), vol. Ⅱ, Part3, Roma,1964, PL.DCⅩⅩⅩⅡa, DCⅩⅩⅩⅩⅩⅣ.

图1-1-54　布特卡拉寺院遗址出入口出土浮雕

感兴趣的是在中土汉地也发现了几乎完全相似的图像。综览中国东汉时代以表现性爱为主题的画像石图像，可发现几乎都是表现露骨的交媾图像，图像内容是表现中土汉地的生殖崇拜和“秘戏”[1]。那么，是否有像斯瓦特的那样仅以牵手程度作保守表现的呢？在四川省考古发现有如上述斯瓦特出土浮雕上的男女拥抱接吻图像，可确认有4铺。一是彭山寨子山第550号东汉墓门楣上男女并肩拥抱接吻的图像[2]。其次是乐山麻浩崖墓的1号墓和22号墓。1号墓的图像是门楣上浮雕有拉着手且身体紧密接触的接吻[3]。位于附近22号墓有相互拥抱接吻的男女像（图1-1-57、图1-1-58）[4]。还有一例见于荥经县出土的石棺侧壁上[5]。值得注意的是，彭山550号汉墓与出土了陶塑台座佛像的豆芽房166号汉墓，仅相距1.5千米。至于麻浩崖墓，如众所周知，在同墓的前室入口门楣上也有浮雕佛像。截至目前的考察报告，四川省发现的这类拥抱接吻浮雕图像可确认有4铺，其中的3铺图像极为相似，而且与前列举的斯瓦特两例图像内容和形象都十分相似，完全可以视为佛教初传时期的佛教图像，当不会有错。

[1] 高文、王锦生编著：《中国巴蜀汉代画像砖大全》，六五“野合图”、六六“野合图”、六七“交媾图”，均为画像砖。六五、六六出土于四川新都县新繁镇，内容表现生殖崇拜；六七出土四川德阳市黄许镇，内容表现“秘戏”，国际港澳出版社2002年版。

[2] 南京博物院：《四川彭山汉代崖墓》，文物出版社1991年版。

[3] 罗二虎：《中国汉代の画像と画像墓资料编》，（日本）东京庆友社2002年版，第203—204页。

[4] 中国画像石全集编委会编：《中国画像石全集》（四川画像石），河南美术出版社2000年版，第7页。

[5] 该浮雕为男女正座，手拉手接吻图像，但二人之间稍有距离，与前三例比较，其表现保守，从周围的图像可推知其场所为神仙世界，该图像也可认为是表现死后的理想世界。

图1-1-55　吻　斯瓦特出土片岩浮雕之一

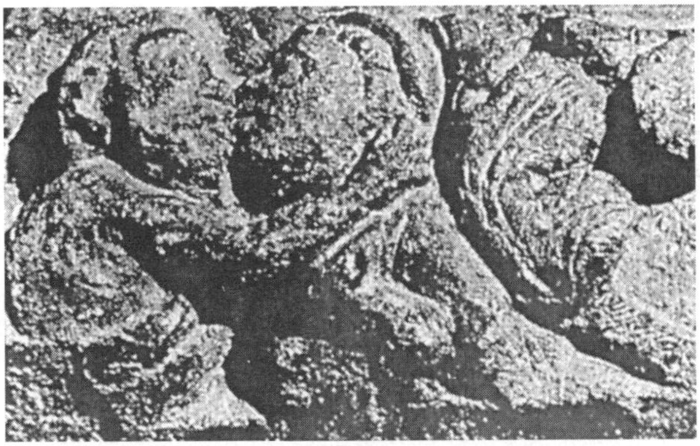

图1-1-56　吻　斯瓦特出土片岩浮雕之二

图1-1-57　吻　四川彭山县寨子山550号崖墓门楣浮雕

图1-1-58　吻　四川乐山市麻浩第22号崖墓门楣浮雕

根据迄今的田野考察，这些难道不是有可能作为随佛教一起传入而反映了犍陀罗世俗性的死后理想观吗？当然，这类图像传播路线问题有待今后的考古发现。不过，前文的研究讨论已经确认了摇钱树上的佛像造型来自犍陀罗，那么我们就应该承认其相互关联性是成立的吧！

综合而言：迄今通过考古发掘及其他方式获得的巴蜀地区有佛像的铜摇钱树实物，其制作时代，上限为东汉中期，下限为蜀汉时期。本节通过这些实物重新研究探索摇钱树树冠佛像的源流和宗教意义，可以得出这样的结论：第一，佛像由树干逐次位居摇钱树树冠位置，寓意有天界的意象，被视为等同于住在天上的中土汉地最高神阶的神祇——天帝和西王母；第二，佛像被那时中土汉地的信徒视作为可以在死后理想世界中长生不老而享乐生活的神祇。其中由第一个结论可以发现相当于东汉时代的犍陀罗地区（即古印度西北部），不论出家或在家信徒都尊奉佛陀为“诸神中的最胜者”、“诸神之神”的“devātideva”，这就启示西域至中土的译经僧将之译为汉意能理解的“天中天”尊称。至于第二个结论，根据几个可以确认的考古发现的实例，在犍陀罗地区佛教信徒中，不仅祝愿佛教和佛像为世俗的、享乐的死后理想观，而且还将祈愿赋予视觉化（Viseulazition）的图像。第三，可以确认的正史和佛教文献及《华阳国志》等有关巴蜀的史料，都无东汉时代对巴蜀地区佛教信仰的记述。墓葬中的摇钱树佛像及门楣上的男女并肩拥抱接吻图像，以考古实物弥补了文献记载的不足[1]。

五、结语

巴蜀（包括陕西、贵州与之接壤的）地区东汉—蜀汉佛教遗迹，以重庆丰都镇江镇槽房沟砖室墓出土的有东汉“延光四年”铭的铜钱树佛像为

[1] 关于巴蜀地区东汉时代至蜀汉摇钱树佛像居于钱树树顶的缘由和性质，台北国立艺术大学林保尧教授2010年9月审读《巴蜀佛教雕刻艺术史》第一卷打印稿时，指出笔者应该深思摇钱树的佛像为何被摆在“天中天”（devātideva）的问题，应笔者请求，特寄来［日］金子典正《中國仏教初傳期に於ける仏像受容の實態に關する一考察——仏像付揺錢樹の視座から》（《美术史》No.2（160）Vol.LV，页316—332，日本东京美术史学会，2006年3月）的论文（约3万字），并附上他授课《佛教美术文献解读》的五个学生：林秋玟、金恩庆、戴裕、庄子渊、曹真，分段对这篇论文的中文合译本，篇名为：《中国佛教初传时期的佛像受容及其实态考察——摇钱树佛像的视点》。由于译文中使用的中文词语、句式习惯与大陆之间有所差异（例如：译文中的“受容”意为大陆词语：“形象”或“造型”；“寄进”即为大陆词语“供养”，等等。限于篇幅，不赘），所以笔者在转述译文中有关“天中天尊称”这节的论证时（约5千字），对关键词语，语言叙述和句式等，做了相应的调整，以便大陆读者理解。笔者特在此说明。

“标型”，与之时代相当、相近或较晚的钱树枝叶、树干佛像；以及画像石佛像，陶树座佛像，造型基本上都已经程序化（Stylization），并且都已在印度犍陀罗、早期贵霜秣菟罗、犍式秣菟罗（78—161）佛像模式中寻觅到了对应的“原型”，确证是实实在在的中土最早的佛像。那么，某些学者关于中国早期佛像的传入时间和地点，以及宗教性质的观点和论证，显然不能成立。兹列举具有代表性的观点及其论述于下，供读者参考：

（一）三国时期东南长江流域（东吴所辖地区）的佛教遗迹是中国最早有纪年的佛像

持此观点的代表学者为阮荣春，他认为：

“南方的长江流域迄今发现的早期佛造像，三国、西晋的即达60例左右，但在北方同时期的造像，几乎是一片空白。”“从这10处（指湖北、江浙——笔者注）造像的时间看，集中于262年至296年这30几年，而三国时期的40年以及西晋后期约30年未见纪年造像，颇值得注意！当然现在尚不能肯定三国前期的40年或汉末没有造像，但可以说，中国佛造像至三国后期才开始逐渐兴起的。那种认为汉桓、灵间即已产生大批佛造像，纯属主观推测，是没有多少根据的（着重号系原作者所加——笔者注）。”[1]

笔者认为：20世纪80年代中期至90年代初，巴蜀地区考古发现的东汉时期至蜀汉墓葬中的铜摇钱树佛像，其考察报告均公之于世，只是没有专文研讨佛像的造型和源流。其时，铜摇钱树佛像发现的数量较少。所以，学术界对此没有引起高度重视，应该是可以理解。

（二）巴蜀早期佛教造像为道教造像说

持此观点的为美国芝加哥大学巫鸿教授，他认为：

“根据不断增加的考古材料，我们基本可以认为四川所发现的二世纪至三世纪的‘佛像’实际上是当地道教美术的一个组成部分，与其把它们叫作早期佛教图像不如把它们称为早期道教图像。在各地发现的早期‘佛像’中，四川的几件可以说在地域上最集中，也是在形态上最接近佛像原形的。但根据文献记载，在这些形象出现的二世纪末至三世纪初这一时期内，佛教并没有在四川流行，相反地倒是道教在这里占有统治地位。我们发现这些

[1] 阮荣春：《早期佛教的南传系统》，载《中国南方佛教造像艺术》（《朵云》第60集），第28—29页。

外来神像往往与传统神仙家或道教题材混用；这些形象多用来装饰与四川道教信仰大有关系的崖墓、钱树和钱树座；而且这些形象目前只在五斗米道中心地区的川西平原发现。”[1]

笔者认为：东汉末年张陵在大邑鹤鸣山创立道教，是否就伴随有道教图像产生？汉代巴蜀（乃至陕西、贵州、云南）崖墓和砖室墓中的铜摇钱树和陶摇钱树座产生的时代，是属于前道教时期（the Pre-Taoist），抑或是“五斗米道”创立之后？它与“五斗米道”是否有密切的宗教关系？再则，巴蜀汉代画像砖上最早出现的“西王母”神像是否属于原始“五斗米道”的神祇系统？这些问题都尚未得到具有充分说服力的论证，怎么能将四川东汉—蜀汉佛教造像轻率地归之于“道教美术的组成部分”呢？而且《老子想尔注》中严厉批判设偶像崇拜是“伪技”，在“第十四章”中说：“道至尊，微而隐，无状貌形象也；但可以其诚，不可见知也。今世间伪技指形名道，令有眼色名字、状貌、长短，非也，悉耶伪耳。”[2]这段文字也在巫鸿教授论证五斗米道的正统派反对偶像崇拜时引用过，怎么在此处又要违背自己原来的旨意呢[3]？！

（三）巴蜀铜摇钱树上的佛像是“太上老君”

持此说者为温玉成。温先生为了证明摇钱树佛像是“太上老君”像，曾经撰文说：“中国最早的佛教图案‘老子浮屠镜’（93）早已在洛阳孟津县发现。上面的浮屠像乃是中国人以神仙为原型创作的仙佛模式。”包括摇钱树佛像在内的沂南画像石佛像和连云港孔望山1、2号像，均由孟津“老子浮屠镜”演变而来[4]。笔者对温玉成列举的“永元五年（93）”银壳铜镜上的图像辨析研究认为：该面铜镜上头戴三角形小冠，面有长髯的男像，不是温氏定名的“老子”，而应是“东王公”；铜镜上的另一头戴“三山式”莲花冠的主像，其身份既不是“佛像”，也不是“浮屠”（Stūpa），应是“西王母”。现今存世的东汉“仙人车马铜镜”上两个对置的主像，身份都是“东王公”和

---

[1] 巫鸿：《地域考古与对“五斗米道”美术传统的重构》，载《汉唐之间的宗教艺术与考古》，文物出版社2000年版，第448页。

[2] 刘昭瑞：《考古发现与早期道教研究》，附录一《老子想尔注》写卷录文，文物出版社2007年版，第469页。

[3] 同前注引，《汉唐之间的宗教艺术与考古》，第443页。

[4] 参见温玉成：《中国的仙佛模式再探》对“永元五年（93）的老子浮屠铜镜”的论述，载《2000年敦煌学国际学术讨论会文集·考古卷》，第481—485页。

“西王母”[1]。温玉成将钱树佛像的身份定为“太上老君”，只不过是一种“无根之木”的虚拟之说！

（四）巴蜀早期佛像取代西王母是作为地狱救赎者的形象被组合在昆仑信仰系统中

持此说者为段玉明，他认为：“而当佛像取代西王母正式坐于墓穴门楣上时，此种注入明显是获得了进一步的增强。佛陀并非如某些学者所说只是一个奇异的‘胡神’，在庞大的昆仑神系中无关紧要，而是一个非常重要的地狱救赎者。”段先生的唯一根据是，“出土于陕西城固东汉砖室墓中的摇钱树顶端，璧上坐佛手持一轮，轮之下部用线条分为三瓣，同样的图像也见于安县摇钱树顶端”，“此轮即应是佛教六道轮回之‘轮’（即地狱、饿鬼、畜牲三道）。轮回之‘轮’操持于佛陀之手，向我们传达了地狱救赎的信息。”“之后，佛陀作为一种独特的信仰体系方才逐渐从昆仑信仰体系中独立出来，而其表现则是佛陀取代西王母堂而皇之地坐上了摇钱树顶端。”[2]段玉明将城固、安县摇钱树顶端佛像双手下方的一块物体断认为佛教“六道轮回”的“轮”，“轮”的下部有“三瓣”代表佛教地狱的“三恶道”；而罗二虎最早解说城固摇钱树佛像时将这块物体认作是“玦”[3]。其实罗、段两位都未曾解说清楚。这块物体原来的形状并不非常清晰，在缺乏图像学方面的参照物时，不能凭空想象臆断；特别是在比之时代更早的印度佛像中也寻觅不到类似的图例；而且安世高虽然在东汉桓、灵时期（147—188）译出了《佛说罪业应报教化地狱经》（一卷）、《佛说十八泥犁经》（一卷）等[4]，但经文中都未有“六道轮回”之说。实际上，“六道轮回”之“轮”，即“生死轮”，最早说法见于《冥祥记》王球被系于狱中，梦中见一车轮，名“此五道轮也”，后转载《法苑珠林》卷二十三，又转录于《古小说钩沉》，《根本说一

[1] 参见洛阳博物馆编：《洛阳出土铜镜》，图57，镜面上的相对二区雕刻呈阳纹的王公、王母形象，并题榜“王公”、“王母”，文物出版社1988年版；王纲怀编著：《三槐堂藏镜》，第147、148、150页上的图103、104、106“车马人物镜”铭文中有“东王公”、“西王母”，这些铜镜图像都与温玉成所列举的“永元五年”（93）铜镜图像大同小异，文物出版社2004年版。再参见何志国《汉魏摇钱树初步研究》，第232页“四、摇钱树佛像不是太上老君”，科学出版社2007年版。

[2] 段玉明：《从出土文物看巴蜀早期佛教》，载《四川文物》2008年第3期。

[3] 罗二虎：《陕西城固出土的钱树佛像及其与四川地区的关系》，载《文物》1998年第12期。

[4] 分别参见《大正藏》第17卷，第450、528页。

切有部毗奈耶》卷第三十四中也转载了此传说[1]。其实,佛教地狱说形成和在中土传播最早的时间是在南北朝初期;而最早祈愿已亡故眷属远离地狱"三恶道"(三涂)之苦的发愿文则见于北魏太和二十三年(496)姚伯多的道教造像碑[2]。所以,段玉明将东汉至蜀汉时期,置于摇钱树顶端视为相当于西王母地位的佛像论证为地狱救赎者的观点和见解,严重超越了时代,不能成立!

既然蜀地早期佛像遗迹,特别是摇钱树佛像,较为鲜明地表现出受了1—3世纪贵霜犍陀罗、早期贵霜秣菟罗造型艺术影响的特征,那么它们是如何从遥远的异域,通过什么样的途径,最早输入蜀地的呢?我们认为:不是从大多数学者认同的"滇缅道",即通过"南方丝绸之路"传入的,而是由早在汉代(甚至时代更早)就开通了从益州(成都)沿岷江河谷,经茂州、松州西北行,翻越甘肃西南部积石山,渡黄河上游,沿青海湖穿过柴达木盆地,越阿尔金山口,再与传统丝路西域南道汇合,度葱岭(帕米尔),经瓦罕走廊(今阿富汗境内)通往犍陀罗、大夏,及西域(广义)的国际交通路线输入的。这条交通路线的存在,已得到重要的考古资料证实。有关这条联系蜀印的交通路线,此处限于篇幅,不再赘述。

本节作者简介:

胡文成,男,重庆大学外国语学院英语系副教授。1988年研究生毕业于四川大学外文系,获英语语言文学硕士学位。1995年受英国文化委员会资助,赴英国阿斯顿大学学习,1996年毕业获应用语言硕士学位。

胡文和,男,四川省社会科学院文学所研究员。主要研究方向为宗教美术考古。1980年,被中国社会科学院录取并分配到四川省社会科学院历史所从事藏学研究,1984年调该院文学所从事宗教考古艺术研究。20年来致力于收集中国道教、佛教石刻和石窟艺术、建筑方面的图文资料,逾60篇。1994年以来,出版专著5部、校注1部。

[1]《大正藏》第23卷,第811页上、中、下。

[2] 胡文成:《中国道教石刻艺术史》(上册),"北朝道(佛)教造像碑发愿文中的佛教地狱思想",高等教育出版社2004年版,第281—285页。

第二节 北朝佛教石窟艺术样式西传及流变的区域性特征

——以麦积山第127窟与莫高窟第249、285等窟的比较研究为中心

就佛教石窟艺术研究而言，必当涉及一类或一时代造像“样式”源与流的关系，因此也就存在着不同地区的相互影响；另一方面来讲，佛教石窟艺术所表现出的“区域性”即地方性特征颇为明显，不容忽视，此一特性也正是佛教石窟艺术的另一要素。就佛教石窟艺术区域性特征的比较研究而言，专题性的研究并不多见，这也是日后石窟研究的一个方向。此方面的研究，当首推李裕群先生的《北朝晚期石窟寺研究》[1]，该书对诸如邺城附近诸石窟、太原附近诸石窟、固原须弥山石窟、天水麦积山石窟、敦煌莫高窟等五处北朝石窟群进行了区域类型研究，并在区域类型研究的基础上，进行了诸石窟群之间的横向比较及区域成因的诸要素的分析。此种研究，不仅使我们看到了北朝各石窟的区域特征，而且通过比较研究使得各石窟之间的联系与区别清晰可见，并深入分析了形成区域差异的原因。受此启发，笔者拟从相关角度，就类似的问题谈谈自己的看法。

佛教石窟“样式”，常青先生认为即是指“每一所洞窟，每一幅壁画，每一件雕塑，都有它们自身的内容、形制与风格。如果一个X群体对当时乃至后代产生了重大影响，我们总结出了它的综合样式，就可称之为‘X样式’。因为它是一些地区竞相模仿的样版，故又可称之为‘X模式’”[2]。其实在这

[1] 李裕群：《北朝晚期石窟寺研究》，文物出版社2003年版。
[2] 常青：《浅谈石窟考古断代方法与样式研究》，载《考古与文物》2003年第5期。

里，“样式”与“模式”区别不大，均表示特定时代的特定石窟艺术，代表着一个时代一类石窟造像的群体特征，不仅包括宏观的洞窟形制、造像题材（雕塑、壁画），还包括微观的造像风格特点等诸多方面。

就笔者目前所见，学者们对石窟艺术“样式（模式）”的总结研究，以1986年宿白先生对“凉州模式”的提出为发端，对我国新疆以东现存最早的佛教石窟“模式”即“凉州模式”进行了讨论[1]。紧接其后，1987年宿白先生撰文对“云冈模式”的形式与发展做了极其详细的论述[2]。由此使我们看到了北朝时期我国北方佛教石窟艺术的两大体系及其影响。北朝龙门石窟的造像独具风格，表现出较强的地方性特征，因此也就有了所谓的“龙门样式”[3]。隋唐时期，随着全国政治、经济、文化中心向长安的集中，继凉州、平城、洛阳之后，佛教艺术也向长安地区集中，于是又形成了以长安地区佛教造像为代表的“长安模式”。对此，常青、李松、罗世平、王建新等先生均有讨论[4]。由此可见，佛教造像样式的产生是以历史上的都城作为区域性关系纽带的，也因此而必然形成佛教造像的“区域性”特征。其实无论是“凉州模式”、“云冈模式”，还是后来的“龙门样式”、“长安模式”，均代表着一个特定地理区域内的佛教造像的样式关系。因此佛教造像的“样式”也就必然与区域地方产生密切的关联。

对于一个时代、一个区域的“样式”研究，学者们注意较多；而“样式（模式）”的传播所表现出的区域性选择和变化，似乎没有引起人们太多的注意。有鉴于此，本节以北朝佛教石窟艺术为基础，通过对麦积山第127窟和敦煌莫高窟第285、249窟等具有代表性的洞窟的比较，以期说明佛教石窟艺术样式的西传及其所表现的流变的区域性特征。挂一漏万，敬希方家教正。

---

[1] 宿白：《凉州石窟遗迹与“凉州模式”》（原载《考古学报》1986年第4期），载《中国石窟寺研究》，文物出版社1996年版，第39—51页。

[2] 宿白：《平城实力的云集和“云冈模式”的形成与发展》（原载《中国石窟·云冈石窟（一）》，文物出版社1991年版），载《中国石窟寺研究》，文物出版社1996年版，第114—144页。

[3] 宿白：《洛阳地区北朝石窟的初步考察》，载《中国石窟寺研究》，文物出版社1996年版，第153页。

[4] 常青：《大佛寺石窟与唐代长安的造像样式》，载《彬县大佛寺造像艺术》，现代出版社1998年版，第242—258页；李松：《陕西古代佛教美术》，陕西人民教育出版社2000年版；罗世平：《四川唐代佛教造像与长安样式》，载《文物》2000年第4期；王建新：《试论佛教造像的长安模式与盛唐风格》，载西北大学考古专业等《慈善寺与麟溪桥》，科学出版社2002年版，第142—152页。

一、讨论对象的历史性选择

因为是要考察石窟艺术在传播路线上的流化的区域性特征，所以必然地要选择在空间上相差较远的地方，方能更加说明问题。麦积山和敦煌相隔千里之远，它们在自然环境等方面区别很大，完全具备这一前提条件。

又因为是对不同地区造像传播的观察，所以只能选择具有大量新题材、新因素的“原创性”（original）洞窟进行比较研究。“所谓‘原创性’，是指这些石窟的设计和装饰引进了以往不见的新样式。这些样式有的是昙花一现，未能推广；有的则成为广泛模拟的对象。”[1]之所以要选择“原创性”洞窟，是因为传统样式的洞窟并不代表外来样式的特征，更谈不上考察一种样式在本地区变异的区域性因素。麦积山第127窟和莫高窟第249、285窟，有大量的新因素的出现，分别代表了两地北朝石窟造像变化的最强音，毫无疑问可作为“原创性”洞窟的代表。

“样式”的比较，选择对象在时代上同样要有共性，两个不同时代的造像一般不具“样式”特性；如果存在，则只能说明一类样式在较长时间内的影响关系，但并不具备称为“样式”、“模式”的前提和条件。敦煌莫高窟第285窟因为有明确的供养人发愿文题记，记载其建于西魏大统四、五年（538、539）间，所以时代关系确定。莫高窟第249窟同属西魏洞窟，经樊锦诗等先生断代分期研究表明是与第285窟为同一期的洞窟[2]。这两所洞窟也是莫高窟同期以至北朝的代表洞窟，而且由于洞窟内特殊题材与样式的出现而使其在北朝石窟研究中具有极其特殊的意义。

麦积山第127窟，1953年被国家文化部天水麦积山石窟勘察团初步定为“魏晚期”即北魏晚期至西魏时期的洞窟[3]，其后在阎文儒先生主编的《麦积山石窟》中被定为北魏晚期的洞窟[4]。董玉祥先生在进行麦积山石窟分期研究时，定第127窟为北魏最后一期洞窟[5]。李西民先生定之为北魏洞

---

[1] 巫鸿：《敦煌323窟与道宣》，载《佛教物质文化：寺院财富与世俗供养国际学术研讨会论文集》，上海书画出版社2003年版，第333—348页。

[2] 樊锦诗、马世长、关友惠：《敦煌莫高窟北朝洞窟分期》，载《中国石窟·敦煌莫高窟》（一），文物出版社1982年版。

[3] 麦积山石窟勘察团：《麦积山石窟内容总录》，载《文物参考资料》1954年第2期。另见天水麦积山文物保管所、麦积山艺术研究会：《麦积山石窟资料汇编初集》，1980年版，第43、44页。

[4] 阎文儒主编：《麦积山石窟》，甘肃人民出版社1984年版，第189页。

[5] 董玉祥：《麦积山石窟的分期》，载《文物》1983年第6期。

窟[1]。在大型图录《中国石窟·天水麦积山》中，无论是由蒋毅明、李西民、张宝玺、黄文昆编写的图版说明，还是后附由李西民、蒋毅明整理的《麦积山石窟内容总录》，均定之为西魏时期的洞窟[2]，著名的美术史家金维诺先生明确指出第127窟为西魏初年窟，并通过实地考察，以考古学层位与打破关系进行比对，指出有题记的北魏晚期洞窟第120窟与北魏洞窟第121窟二小窟分别被第127窟打破的情况，得出了可信的结论[3]。张宝玺先生在进行麦积山石窟壁画研究时，把第127窟界定在北魏晚期至西魏之间[4]。傅熹年先生在进行麦积山石窟建筑研究时，认为第127窟是西魏时期的洞窟[5]。项一峰在《麦积山西崖西上区石窟内容总录》中定第127窟为北魏时期的洞窟[6]，相同的观点也反映在他的相关研究当中[7]。近年张宝玺先生在有关论著中再次确认了麦积山第127窟为北魏至西魏时期的洞窟，且明确标明是“六世纪中”[8]。

综观学者们的研究和观点，大家基本一致认为麦积山第127窟为西魏时期的洞窟，部分为北魏晚期至西魏时期的界定，应是受当初国家文化部勘察团的影响。其实当初的断代只是个初步推断与大概认识，由于受时间与认识的限制，是可以理解的。而结合金维诺先生翔实的研究，以及董玉祥先生的科学分期，还有以上其他学者们的近于一致的意见，我们认为把麦积山石窟第127窟定为西魏时期所建洞窟，是可以成立的。为此我们也曾撰文对此做过专题研究，表明第127窟不仅是西魏时期的洞窟，而且具体即为乙弗后在麦积山的功德窟[9]。

---

[1] 李西民：《论麦积山石窟艺术史上的六个高潮》，载天水麦积山石窟艺术研究所编：《石窟艺术》，陕西人民出版社1990年版。

[2] 天水麦积山石窟艺术研究所编：《中国石窟·天水麦积山》，文物出版社1998年版，第238—240页、第286页。

[3] 金维诺：《麦积山石窟的兴建及其艺术成就》，载麦积山石窟艺术研究所编：《中国石窟·天水麦积山》，文物出版社1998年版，第165—180页。

[4] 张宝玺：《麦积山石窟壁画叙要》，载麦积山石窟艺术研究所编：《中国石窟·天水麦积山》，文物出版社1998年版，第190—200页。

[5] 傅熹年：《麦积山石窟所见古建筑》，载麦积山石窟艺术研究所编：《中国石窟·天水麦积山》，文物出版社1998年版，第201—218页。

[6] 项一峰：《麦积山西崖西上区石窟内容总录》，载《敦煌研究》1998年第2期。

[7] 项一峰：《〈维摩诘经〉与维摩诘经变——麦积山127窟维摩诘经变壁画试探》，载《敦煌学辑刊》1998年第2期。

[8] 张宝玺：《甘肃石窟艺术壁画编》，甘肃人民美术出版社1997年版。

[9] 郑炳林、沙武田：《麦积山与乙弗后有关之洞窟》，载郑炳林主编：《麦积山石窟艺术文化论文集》（上），兰州大学出版社2004年版，第27—48页。

因此在时代上麦积山第127窟与敦煌莫高窟第285、249窟相一致，可资比较。

宿白先生指出："探讨敦煌石窟的东方因素时，就不能不注意麦积。"而麦积山石窟的发展应有长安与凉州的双重影响[1]。这是个极其富有启发性的命题，明确告诉我们北朝时期佛教石窟艺术由长安而麦积，再到敦煌的传播路线。那么其实际情形又是如何呢？

太和十八年（494）北魏迁都洛阳，洛阳及其附近约自景明（500—503）以来，就发展成当时北中国佛教艺术的中心。北魏洛阳佛教艺术的发展及其盛况，《洛阳伽蓝记》有详细的原始记录[2]。就石窟艺术而言，龙门石窟北魏洞窟代表了武周山石窟（即云冈石窟）之后的又一个高峰，即所谓的"龙门样式"正式形成。影响所及除洛阳周边地区的石窟艺术之外，长安地区佛教造像、麦积山石窟、炳灵寺石窟均有鲜明的表现。同时也可在西魏、东魏和北周、北齐造像和石窟艺术中得到反映，但也存在各自地区的变化与时代的差异。正如宿白先生所言："（东西魏、北齐周时期）洛阳地区已是一片寥廓，佛教工程随北魏的分裂而分散东西，主要迁向东魏、北齐领域，所以洛阳地区北朝洞窟的某些特点，继续出现在河北响堂山石窟和山西太原天龙山石窟，并有所发展。甘肃天水麦积山和宁夏固原须弥山一部分洞窟出现接近洛阳地区洞窟的一些情况，可能比响堂、天龙更为复杂。"[3]而宿白先生又认为包括窟龛造像在内的洛阳佛教艺术变化的重要因素来源于南朝，无疑受到南朝的深刻影响[4]。冈田健先生则认为长安地区西魏政权下的佛教造像样式，"几乎是完全模仿了曾经在以洛阳为中心地区流行的北魏造像样式"，要比东魏的造像更加保守[5]。不管怎样，仅仅是造像样式的互动，也表明了北魏样式的西传及其变化的区域性因素存在的事实。正如"距长安较近的炳灵寺窟龛较多的大乘图像，除了西方于阗及其以东的影响外，很可能比凉州系统的其他石窟更多的受到来自东方长安的影响。关于迄五世纪前期的长安佛教及其造像，既有向西影响凉州的迹象，又有南下影响南方的

[1] 宿白：《敦煌莫高窟早期洞窟杂考》，载《中国石窟寺研究》，文物出版社1996年版，第217页。

[2]（魏）杨衒之，周祖谟校释：《洛阳伽蓝记校释》，上海书店出版社2000年版。

[3] 宿白：《洛阳地区北朝石窟的初步考察》，载《中国石窟寺研究》，文物出版社1996年版，第171页。

[4] 同上，第174页。

[5] 冈田健：《关于慈善寺1号窟造像样式的问题》，载西北大学考古专业等《慈善寺与麟溪桥》，科学出版社2002年版，第122页。

文献记录"[1]。

以上情形多表现在以单个造像为主体的图像比较当中，而要讨论一类"样式"及其流传情况，则不能局限于单个或一类尊像的比较，也不能人为地缩小观察的视野。特别就石窟艺术"样式"的研究，涉及诸如大到洞窟建筑形制、洞窟造像如雕塑与壁画，小到图案的联系与比较。

二、比较研究的前提

下面就同时代背景下的麦积山第127窟与敦煌莫高窟第285、249两窟，着眼于洞窟内容题材、造像艺术风格等宏观的比较，谈一下佛教石窟艺术样式在北魏西魏时期的西传及其流变的区域性特征。

（一）麦积山第127窟的基本概况

前文已述，北魏分裂为东魏和西魏，佛教艺术也以洛阳为中心向东西扩散。东魏和西魏的佛教均延续北魏的格局，统治阶级仍然对佛教信仰有加，大力支持佛教的发展。其中向西随着政治经济文化中心向长安的移动，则使得离长安地区较近的麦积山石窟成了西魏统治下的一处佛教胜地，保留下了大量北魏到西魏期间的洞窟和造像遗存，成了我们研究西魏佛教艺术的重要资料。总体上来讲，麦积山石窟的西魏石窟艺术并没有超出北魏的基础，"西魏统治仅二十多年，佛教造像仍然继承了魏晋以来的'秀骨清像'风格，表现出人物清俊、通脱、潇洒的风度。佛、菩萨身穿褒衣博带式袈裟或交领襦袍，比例修长，脚穿云头履，面带温婉亲切的微笑"[2]。需要注意的是，无论是西魏佛教艺术，还是东魏佛教艺术，其源头均来自北魏，政治的分裂并没有割裂文化与艺术的紧密联系。但我们也并不能因此而否定西魏时期麦积山石窟艺术的新成就与独特的贡献。

麦积山第127窟位于西崖上部窟龛群的最高处东上角，旁邻西魏第123窟，是麦积山石窟中并不多见的一所大型洞窟，有一较长的甬道，主室为盝顶长方形窟，三壁凿龛，高4米、宽8米、深4米（图1-2-1）。为西魏时代所建

[1] 宿白：《凉州石窟遗迹与"凉州模式"》，载《中国石窟寺研究》，文物出版社1996年版，第50页。

[2] 孙纪元：《麦积山雕塑艺术的成就》，载《中国石窟·天水麦积山》，文物出版社1998年版，第183页。

洞窟。洞窟内三面有造像：正壁龛内为一石雕结跏趺坐佛一尊，左右两侧为石雕胁侍菩萨各一尊，佛项光中央为一大朵莲花，左右两侧为相向而飞的浮雕伎乐天各六身，构成项光的外周装饰；又在佛的背光两侧浮雕弟子二身、供养天四身、供养人四身。左壁龛内泥塑结跏趺坐佛一尊，左右两侧各塑供养菩萨各一尊。右壁龛内也同为泥塑结跏趺坐佛一尊，左右各塑胁侍菩萨一尊。另外在窟中正后有晚期宋时加塑的结跏趺坐佛一尊和左右的胁侍菩萨各一尊。第127窟是麦积山石窟保存最为丰富和最为精美壁画的洞窟之一。窟顶藻井正中画帝释天与帝释天妃，左右坡分别画萨埵太子舍身饲虎，正坡画未知名本生故事图，前坡画睒子本生。正壁上画有涅槃经变一铺，左壁上画维摩诘经变一铺，右壁上画西方净土变一铺，前壁上画七佛，下部门两侧画十恶十善图。门右侧下角画战骑图。

图1-2-1　麦积山第127窟内景

对于麦积山第127窟营建的历史背景和功德主，我们曾撰文详细做过考察，认为“麦积山第127窟当是乙弗后功德窟，而洞窟主要的主持营建者是乙弗后之子、秦州刺史武都王戊，洞窟内的所有内容有一个明显的主题，就是对乙弗后之死的深切怀念，是与当时的社会历史背景密切相关，由此我们也看到了佛教洞窟营建强烈反映社会历史现实的一面”[1]。如此作为功德主的两位人物都是来自长安的西魏皇室成员，特别是乙弗后本人就是先被削发为尼后又被发来秦州的，则正如我们在文中所提出的那样，第127窟从洞窟的各个方面均表现出受到来自长安因素的影响，诸如画工画匠、壁画粉本等。而长安因素本身则又是反映着佛教艺术由洛阳至长安再到麦积的一个西传的过程。

[1] 郑炳林、沙武田：《麦积山与乙弗后有关之洞窟》，载郑炳林主编《麦积山石窟艺术文化论文集》(上)，兰州大学出版社2004年版，第45页。

（二）与麦积山第127窟功德主相同历史背景的佛教石窟功德主在敦煌

同为来自京城的功德主，更远的敦煌也有来自北魏都城洛阳的人物。《圣历碑》和《莫高窟记》记有在莫高窟“建大窟一所”的北魏宗室元荣。孝昌元年（525）九月之前，北魏明元帝四世孙元荣出任瓜州刺史，从洛阳来到敦煌，“永安二年（529）八月封瓜州刺史元太荣（即元荣）为东阳王”（《魏书·孝庄纪》）。东阳王元荣任瓜州刺史迄西魏大统八年（542）十一月以前。继元荣刺瓜州者，为其子康和邓彦，大约至大统十年或十一年（545）。元荣本人十分佞佛，是个十足的佛教徒，在敦煌期间由他发愿抄写了大量的佛经，计有10余种2 200余部（卷），其中大量的写经题记给我们研究元荣及其在敦煌的佛教活动提供了珍贵资料，代表如：

日本中村不折氏藏元荣于普泰二年（532）敬造《律藏初分》第一四卷尾题：“……敬造无量寿经一百部，四十部为毗沙门天王，三十部为帝释天王，三十部为梵释天王。内律五十五卷，一分为毗沙门天王，一分为帝释天王，一分为梵释天王。造贤愚一部为毗沙门天王。观佛三昧一部为帝释天王。大云一部为梵释天王。原天王等早成佛道……”

S.4528《佛说仁王般若波罗蜜经》尾题：“大代建明二年（531）四月十五日，佛弟子元荣既居末劫，生死是累，离乡已久，归慕常心。是以身及妻子奴婢六畜，悉用为毗沙门天王布施三宝，以银钱千文赎。……入法之钱即用造经。愿天王成佛……”

S.4415《大般涅槃经》卷三一尾题：“大代大魏永熙二年（533）七月十五日，清信士使持节散骑常侍开府仪同三司都督领西诸军事车骑大将军瓜州刺史东阳王元太荣，敬造涅槃、法华、大云、贤愚、观佛三昧、祖持、金光明、维摩、药师各一部，合一百卷，仰为毗沙门天王，愿弟子所患永除，四体休宁。所愿如是。”

P.2143《大智第廿六卷释论》第一四卷尾题，同样记有元荣发愿写《无量寿经》一百部。

元荣写经题记贺世哲先生有专门的研究[1]，主要有《仁王般若经》、《无量寿经》、《内律》、《摩诃衍经》、《贤愚经》、《观佛三昧经》、《大云

[1] 贺世哲：《敦煌莫高窟第285窟西壁内容考释》，载《敦煌石窟论稿》，甘肃民族出版社2004年版，第89—121页。

经》、《涅槃经》、《法华经》、《祖持经》、《金光明经》、《维摩诘经》、《药师经》等。元荣所抄佛经，当与他本人的信仰密切相关，更是与他及其北魏宗室在洛阳的佛教推动不可分，因此同样表现出佛教西传的特征与影响。而且事实上，他所抄经在麦积山石窟有十分成熟的相应经变画的存在（对此后有论及）。

贺世哲先生认为莫高窟第285窟极有可能即为元荣的功德窟[1]，马德先生则进一步肯定此说[2]。如此就为我们的比较研究提供了洞窟功德主的共性。另外，宿白先生认为莫高窟第249窟极有可能即是元荣的功德窟[3]，同样考虑到了洞窟内全新的中原画风与内容的出现。本节不论其是否元荣功德窟，仅考虑到莫高窟此二窟在一些新因素上的一致性关系，因此本节选此二窟与麦积山第127窟进行比较研究。因为在莫高窟此二窟内所反映出的完全不同风格与题材画样的存在，使得学者们极易把它们与从中原来的元荣联系到一起，因为在当时的敦煌，如此的变化只有元荣是最为适合的人选。也就是说在莫高窟第249、285二窟内所表现出的新样式的绘画，当是元荣从中原带来的粉本或画匠所为，即如同麦积山第127窟与乙弗后的关系。

（三）敦煌莫高窟第249、285窟基本概况

作为比较的基本资料，就莫高窟第249、285二窟洞窟内容做一简单介绍如下：

莫高窟第249窟，西魏（535—556）初建造，清代重修。位于九层楼以北的石窟群中段。窟平面方形，覆斗形顶，西壁开一大龛，为殿堂窟（图1-2-2）。西壁圆券龛内塑一佛二菩萨，善跏坐佛居中，龛壁绘飞天，供养菩萨，婆薮仙和鹿头梵志。龛外塑二菩萨。窟四壁上部画天宫伎乐绕窟一周。中部西部画飞天和供养菩萨，南北壁中央画说法图，飞天化生、供养菩萨，四周围绕千佛。南北壁下部上画供养人，下画药叉。东壁残存天宫伎乐。窟顶莲花藻井，西坡画阿修罗、赤身，四目四臂，手托日月，足立大海，水不过膝，身后须弥山忉利天宫，侧有雷公、电母、风神、雨师、乌获、朱雀、羽人；与之相对的东坡是二力士捧摩尼宝珠，两侧是飞天、朱雀、孔雀，下有胡人与乌获百戏，

[1] 贺世哲：《从供养人题记看莫高窟部分洞窟的营建年代》，载《敦煌莫高窟供养人题记》，文物出版社1986年版。
[2] 马德：《敦煌莫高窟史研究》，甘肃教育出版社1996年版，第67—69页。
[3] 宿白：《东阳王与建平公（二稿）》，载《中国石窟寺研究》，文物出版社1996年版，第250、251页。

图1-2-2　莫高窟第249窟

及龟蛇相交的玄武和九首人面兽身的开明；南坡画乘风车的西王母（大梵天），在浩浩荡荡的巡天队伍下方，有狂奔的野牛、黄羊和虎；北坡画东王公（帝释天）乘四龙车，下方绘山林、黄羊等。四坡壁画内容丰富，既有神话传说、佛道两教人物、天宫，又有古代建筑、人间生活、游牧狩猎的场景，四壁画千佛及说法图等。绘画技法上运用中原传统晕染法，人物清秀，面颊红润；线描更加熟练、潇洒、遒劲有力。

莫高窟第285窟，位于九层楼以北，西魏开凿，中唐、宋、西夏、元重修。窟内北壁有西魏大统四、五年（538—539）的发愿文题记。它是莫高窟最早有纪年的洞窟，也是早期内容最丰富的洞窟。窟形平面方形，覆斗形顶，西壁开三个圆券龛，南北壁各开四禅窟（图1-2-3）。前室西壁门上为第286窟，门北为第287窟、甬道和前室壁画（五代重绘）。西壁主龛内塑坐佛一身，胁侍菩萨两身，两侧龛塑结跏坐禅僧像。北壁四禅窟内画有禅僧像；窟顶四披绘飞天、飞廉、雷神、朱雀、乌获、开明、伏羲、女娲等，边沿画山居禅僧像三十五身；西壁龛外画供养菩萨、诸天、神将、力士；南北壁壁画上下分段，各段分组，各自内容独立，但又有总体布局：上部画伎乐飞天十二身，奏乐或散花，飘逸多姿，气韵生动；下方一横幅故事画《五百强盗成佛》，画有战争、受审施刑、剃度等场面，为我们提供了兵器、刑法、建筑、服饰等形象资料；中部画佛本生故事和因缘故事；下部画药叉。北壁上部画最早的七佛说法图七铺，每铺下方有愿文和供养人，中部画佛和菩萨。东壁门两侧画观无量寿佛，下画供养人，并有愿文榜题。所绘人物身体修长、俊秀，眉目疏朗传神。绘画技法上是西域艺术风格的北魏手法与中原的艺术风格的结合。

图1-2-3　莫高窟285窟实测图

（四）可资比较的前提条件

初步观察发现，麦积山第127窟的壁画风格与敦煌莫高窟西魏同时代洞窟如第285窟在诸多方面可资比较。在绘画风格方面，两地两所同时代洞窟均强烈地表现着原南朝画风，人物姿态舒展，画面动感极强，两窟的飞天伎乐的造型一致。另外那种褒衣博带式的服饰特点也是相同的，窟顶的神怪画在两窟内有同样的表现。莫高窟第285窟内五百强盗成佛因缘中的官兵与所骑马的装饰，与麦积山第127窟内好几处画面中的士兵装饰一致，均为鲜卑甲骑具装铠的典型形式[1]。还有麦积山第127窟内人物部分所戴之冠，也与莫高窟西魏第288窟（位于第285窟北侧，时代相当）供养人之所戴冠相同，即笼冠[2]。再者，麦积山第127窟顶中心画帝释天，同样的题材在莫高窟西魏第429窟内有更为丰富和完美的表现。在洞窟建筑形制方面，麦积山第127窟与莫高窟第285、249窟也是大同而小异的，均为方形主室、帐形顶，同时窟顶帐形又均是在窟形的基础上，以或

[1] 杨泓：《敦煌莫高窟壁画中军事装备的研究之一——北朝壁画中的具装铠》，载《1983年全国敦煌学术讨论会文集·石窟艺术编（上）》，甘肃人民出版社1985年版。
[2] 段文杰：《敦煌壁画中的衣冠服饰》，载《段文杰敦煌艺术论集》，甘肃人民出版社1994年版，第252页。

画或塑的形式表现。莫高窟第285窟有明确的题记表明是建成于西魏大统四五年前后，这一时间也正好与麦积山乙弗后功德窟第127窟的修建时间相当，乙弗后是在大统六年（540）被赐死，因此第127窟的修建正在进行当中，两者的时间是相当的，作为艺术的变化更应是相一致的，不会有特别大的变化。此外我们必须注意，在上述有关莫高窟西魏有关洞窟中与麦积山第127窟可资比较的内容，在莫高窟是新出现的现象，而不是固有的东西，这无疑增加了我们比较的可信度。

三、比较研究

既然如此，相同时代，在麦积山和莫高窟这样两处完全不同地区，同为来自中原长安洛阳皇室成员作为功德主，或者说至少受他们深刻影响下营建的洞窟，如何通过它们看到佛教造像样式的传播及其区域性特征呢？

（一）洞窟建筑形制的比较

洞窟建筑形制是一所洞窟内容与思想性格的载体，因此首先就在这一方面做一比较与观察。麦积山第127窟主室为长方形盝顶，作三壁三龛式，而且以雕刻绘画的形式完全以帐形表现窟顶，使洞窟显得极为庄严华贵。莫高窟第249窟为方形主室覆斗顶窟。第285窟的形制比较复杂，同为方形主室覆斗顶，又南北两壁各开四小龛，表现其作为禅窟的性质，同时主室中间设一方形小坛，又体现该洞窟作为当时莫高窟最早出现的一处戒坛的可能性[1]。经过比较可以发现，这三所洞窟形制有一个共同点，即洞窟形制总体上均可认为是覆斗顶殿堂窟的早期形式，但在具体的洞窟有不同的表现形式。麦积山第127窟突出表现其作为帐形顶的形式，更加能够体现一种富丽堂皇的感觉。而莫高窟第249窟是比较标准的殿堂窟形制，虽然窟顶也尽可能表现其作为近似于帐的形式，但要比麦积山第127窟就差多了，到了第285窟这种差距则更大。事实上莫高窟第285窟的洞窟形制从大的方面考察更贴近敦煌当地的传统形制，这种形制早在莫高窟“北凉三窟”之一的莫高窟第272窟就已出现。更深远的影响来自敦煌当地自魏晋十六国以

[1] 释慧谨：《敦煌莫高窟第285窟的部分石窟功能探讨》（未刊稿），2005年8月甘肃石窟考察活动口头发表，本次活动由台湾圆光佛学研究所主办，兰州大学敦煌学研究所协办。

来墓葬常见的方形室穹窿顶建筑结构，敦煌祈家湾、佛爷庙、飞机场及酒泉嘉峪关一带大量这一时期墓葬均为如此。而在第285窟所体现的禅窟和戒坛的性格，就更是敦煌地方的创造性结果，因此强烈地体现着洞窟建筑形制西传过程中的区域性特征。

（二）雕塑艺术比较

雕塑艺术方面，受魏晋玄学士风的影响而产生的一种以清瘦为美即“秀骨清像”的“褒衣博带”式造像艺术，形成了北魏西魏时期麦积山石窟雕塑艺术十分明显和代表性的风格，其中表现最为明显的是位于麦积山西崖顶部的第127窟。第127窟窟内三壁所存造像，其中正壁的一佛二菩萨是石雕而成，是一铺精致的石刻说法图，中间坐佛高达1.69米，两侧的胁侍菩萨也高达1.22米（图1-2-4），如此高大而精美的大型石雕，在当时的条件下运到最高的洞窟谈何容易，足以表明建窟者雄厚的力量。另外这几身造像的风格与我们近年在山东青州龙兴寺发现的大致同时期石雕佛教造像[1]极为相似，在人物的神情面貌、衣着装饰、雕刻技法等方面，特别需要引起我们注意的是，第127窟主佛背光和身光中的飞天伎乐、化佛、供养人等的题材与表现形式，与青州龙兴寺西魏东魏同类造像几无二样。这一比较的结果也告诉我们一个重要的历史问题，就是西魏时期麦积山佛教艺术与东面的中原固有的佛教艺术紧密相关，也就是说无论是西魏或是东魏的佛教及其佛教艺术，均与北魏有不可分割的关系。北魏佛教之兴盛我们早

图1-2-4　麦积山第127窟石雕像

[1] 中国历史博物馆、北京华观艺术品有限公司、山东青州市博物馆：《青州龙兴寺出土佛教造像精品》，1999年。

已十分了解，致佛教史者之论证清晰明了[1]，而北魏之佛教艺术有著名的大同云冈石窟和洛阳龙门石窟及其他多处石窟寺艺术，也有《洛阳伽蓝记》留给我们关于当时北魏都城洛阳佛寺造像盛极一时之记载。需要注意的是，无论是西魏佛教艺术，还是东魏佛教艺术，其源头均来自北魏，政治的分裂并没有割裂文化与艺术的紧密联系。由此看来，麦积山第127窟的这几身石雕造像，应是从东面中原一带来的工匠所为，而作为与乙弗后有关的洞窟，极有可能就是从长安前来专门为乙弗后建功德窟的工匠所为，而这些工匠又应是北魏时佛教艺术的制作者，本身对这一时期最为流行和具有明显时代风格特征的造像烂熟于心，由此便有了第127窟这几身石雕像的产生。事实上第127窟内左右壁的泥塑造像，只是材料的不同而已，其他与正壁造像是一致的，反映着同样的问题。根据金维诺先生的研究："第127窟当为西魏初年窟。""第127窟正壁主尊石造像一龛，光背浮雕飞天，姿态生动，似随音乐翱翔于天宇；佛作说法像，仪容庄严，广袖悬裳纹饰富于韵律；菩萨端严秀丽，恬静感人。此龛无疑是麦积山造像的精品。""门上方七佛图中之侍者中有落发之女尼，举止文静，形容秀丽，独有闺阁之姿。其他壁画中，除供养人，少有比丘尼形象入画，绘制也无此精丽。如上述，此窟出现比丘尼形象当与乙弗后在此出家为尼有一定关系，从全窟壁画内容之新颖，构图之完善，绘制之精美，也应与来自京师的匠师有关。所以此窟似是武都王元戊为母后乙弗后建造之功德窟。"[2]此论正与我们对该洞窟的研究相一致[3]。如此，麦积山石窟第127窟应是由西魏京师的工匠建造的，其艺术风格深受北魏造像艺术的影响。这一看法为研究麦积山的学者普遍接受，"窟内艺术风格亦属西魏大统年间的典型样式，绘塑精湛，修饰富丽。大统初年乙弗后、武都王在秦州的活动或与此窟有关。正壁一龛内置石雕坐佛及二胁侍菩萨，是一铺精致的石刻说法图"。正、左、右龛内菩萨属于秀骨清像类型，代表着西魏塑匠师的高超技艺[4]。表明天水麦积山石窟佛教艺术受到中原文化的影响，

[1] 汤用彤：《汉魏两晋南北朝佛教史》，北京大学出版社1998年版。

[2] 金维诺：《麦积山石窟的兴建及其艺术成就》，载天水麦积山石窟艺术研究所编：《中国石窟·天水麦积山》，文物出版社1998年版，第165—180页。

[3] 郑炳林、沙武田：《麦积山与乙弗后有关之洞窟》，载郑炳林主编：《麦积山石窟艺术文化论文集》（上），兰州大学出版社2004年版。

[4] 蒋毅明、李西民、张宝玺、黄文昆：《图版说明》，载天水麦积山石窟艺术研究所编：《中国石窟·天水麦积山》，文物出版社1998年版，第230—246页。

在中原佛教艺术风格的影响下，成为中原佛教艺术风格的辐射圈，形成麦积山石窟雕塑艺术的又一特点。

同为受中原佛教艺术深刻影响的莫高窟二窟，麦积山第127窟的雕塑艺术具有如此之高的艺术成就，但在莫高窟第249、285窟却有比较不同的表现。的确，我们在莫高窟第249窟的彩塑一佛二菩萨像上，看到了那种秀骨清像式的风格（图1-2-5），但相比麦积山第127窟，则显得更加敦厚朴素一些，衣纹的处理没有那么复杂，在表现美的方式和力度上明显要比麦积山落后许多，更加接近北魏敦煌本有的特色，或许这也是敦煌本地匠师一脉相承的结果。

图1-2-5　莫高窟第249窟彩塑

（三）壁画艺术比较

我们知道，佛教艺术，特别是佛教壁画或绘画艺术，发展到西魏时期，仍处在初期阶段，并没有完全成熟。特别是在表现大型经变画方面，基本上仍停留在探索尝试阶段。如在较早的武威天梯山石窟、敦煌莫高窟、永靖炳灵寺、大同云冈石窟、洛阳龙门石窟以及麦积山，基本上西魏及其之前的题材均以本生、佛传、因缘故事、千佛、说法图、尊像画为主，且均表现得较为原始而简单，同时又有一部分仍与西域中亚一带的佛教造像风格有相承之关系。即使在以壁画著称的敦煌莫高窟，大型成熟的经变画也是晚到初唐时期才大量表现于洞窟，隋代的经变画均为小幅或并不完全成熟，如莫高窟第420窟的窟顶壁画，虽然是法华经变的情节，但在表现形式上明显没有摆脱之前沿袭下来的故事画风格技法的影响。因此应该说麦积山第127窟多幅大型成熟经变画的绘制，是一个极为特殊的现象，也是应当引起我们重视的问题。毫无疑问,第127窟的绘画在佛教艺术特别是壁画、绘画艺术史上有着特殊的地位和深远的意义。这些特征,虽然表明麦积山处在东西南北交通要道的十字路口的文化优势,充分显示特殊地理位置的影响。但是有一点应当不能忘记,那就是在第127窟的这些重要特点当中,强烈地表明了这些绘画粉本与画匠成分来源的特殊性因素,如此伟大而杰出的作品,在当时也只有作为王朝都城的地方才会拥有,一般地方不大可能存在的。因此再一次表明第127窟的功德主是乙弗后,在西魏时期的麦积山石窟,只有她才是唯一被记载具有如此条件的人物。可以想见,当时为了修建乙弗后的功德窟,肯定是从关中长安的皇室工匠中派出了一个阵容可观的队伍,而且他们大多又是前朝北魏时期的佛教艺术专家,正因为这样,我们才在第127窟内看到了十分成熟精美而又极为新鲜的壁画内容。因此佛教艺术样式的西传起了很大的作用。

下面就本节所论主题,在洞窟壁画方面的比较着重作一交代。

麦积山第127窟每一幅壁画均为所见最为早见的或最为成熟的相应题材与绘画品,而且这些造像题材与内容也多在同时期或前后的敦煌石窟中有相应的表现,两地在表现这些壁画方面的具体联系与区别依次分别叙述如下[1]。

1. 涅槃经变

麦积山第127窟正壁画涅槃经变(图1–2–6),上部中间为佛说法图,一佛二菩萨;整个故事情节是从左向右展开的,左侧依次画释迦临终遗教;释迦仰卧在七宝床上,并为迦叶示现双足;天、人、飞禽走兽俱来劝请释迦莫般涅槃;前来分舍利的各国王子。右侧主要画的争分舍利的战斗,包括有火化、战争、运舍利、起塔供养等情节。下部龛两侧对称构图,画的均为车骑仪仗行进的场面,残破严重,当与押运舍利有关。石窟艺术中出现涅槃经变,早期2世纪的犍陀罗浮雕中就已出现,并且这一地区延续了三个多世纪,表现的内容情节主要为释迦牟尼涅槃像和其他相关人物[2]。从4世纪开始在新疆地区出现,流行至约7世纪,在内容与情节上除了继承印度艺术之外,又加入

[1] 关天麦积山127窟壁画研究请参见张宝玺:《麦积山石窟壁画叙要》,载《中国石窟·天水麦积山》,第190—200页。张宝玺:《甘肃石窟艺术壁画编》,甘肃人民美术出版社1997年版。

[2] 宫治昭著,金申译:《犍陀罗涅槃图的解读》,载《敦煌研究》1996年第4期。

图1-2-6 麦积山第127窟八王分舍利

了其他的一些较为复杂的情节[1]。另外在中国其他地方如云冈石窟、敦煌莫高窟等处,北朝石窟涅槃经变极少,且情节简单[2]。同时以上各处较早的或与麦积山第127窟大约同时代的涅槃经变,多数称不上是经变,只是突出涅槃造像而已,复杂的至多也不过是简单的情节与少数的相关人物的描绘。而敦煌石窟中涅槃经变也同样是只有发展到初唐时期如莫高窟第323等窟,才可以与麦积山第127窟涅槃经变相媲美。总括以上的介绍发现,不管怎样,麦积山第127窟涅槃经变在艺术成就上如此之高,竟然要石窟艺术发展到初唐时才有同等水平的作品,由此可以想见到当年绘画第127窟壁画的画工的高超技艺,如果不是出自皇室,也必当与中原洛阳等曾为佛教艺术繁盛之地或南朝文化艺术极为发达的地区的影响不无关系。而敦煌最早的北朝涅槃造像均为北周作品,分别为莫高窟第428窟和西千佛洞第8窟,按照贺世哲先生的研究,莫高窟第428窟涅槃造像的样式是从中原传来的[3],这与李玉珉先生对第428窟部分图像的源流考相一致[4]。很明显所传样式与麦积山第

[1] 贾应逸:《克孜尔与莫高窟的涅槃经变比较研究》,载新疆龟兹石窟研究所编:《龟兹佛教文化论集》,新疆美术摄影出版社1993年版。

[2] 贺世哲:《敦煌壁画中的涅槃经变》,载《敦煌研究》1986年第1期;另见敦煌研究院编:《敦煌研究文集·石窟经变篇》,甘肃民族出版社2000年版,第68—126页。

[3] 贺世哲:《敦煌壁画中的涅槃经变》,载《敦煌研究》1986年第1期。

[4] 李玉珉:《敦煌四二八窟新图像源流考》,载《故宫学术季刊》1993年第4期。

127窟同类题材区别较大，或可认为是两种样式的西传，也或许是为了适应第428窟整体造像布局关系的区域性变化。

2. 维摩诘经变

麦积山第127窟左壁画维摩诘经变（图1–2–7），主要包括对坐的文殊与维摩诘及其众眷属，为《问疾品》；中间为施法力散花取笑佛弟子的天女，为《观众生品》；文殊与维摩诘下前来听法的中国帝王与群臣和各国王子，为《弟子品》；另有《香积品》等，下部佛龛两侧残破不清。维摩诘经变在中国石窟艺术中出现，最早见于现存有石窟寺最早纪年题记的炳灵寺，西秦建弘元年（420）前后开凿的第169窟北壁，画有维摩诘与文殊菩萨像，中间为释迦牟尼佛，具体表现的应是《维摩诘经变》中的"问疾品"，画面十分简单原始，是石窟艺术中维摩诘经变的雏形，但却形成了以后大型维摩诘经变的基本构图形式与结构布局。其后北魏时代的维摩诘经变，据贺世哲先生的研究可知，无论是在石窟艺术或造像碑等形式中，均较为简单[1]。而敦

图1–2–7　麦积山第127窟维摩诘经变

[1] 贺世哲：《敦煌壁画中的维摩诘经变》，载敦煌研究院编《敦煌研究文集》，甘肃人民出版社2000年版，第8页；另见敦煌研究院编：《敦煌研究文集·敦煌石窟经变篇》，甘肃民族出版社2000年版，第8—67页。

煌壁画中的维摩诘经变最早则出现于隋代，而且也是规模较小，情节简单，远不比麦积山第127窟维摩诘经变精美与恢宏。敦煌石窟中的维摩诘经变只有发展到初唐时期如莫高窟第220、103等窟（图1-2-8）时才可以与麦积山第127窟维摩诘经变相媲美。因此可以看出麦积山第127窟维摩诘经变在当时乃至以后较长的时间内，代表了佛教造像艺术维摩诘经变的最高水平。但据画史记载，十分复杂的维摩诘经变出现也较早，如《历代名画记》卷六记，南朝刘宋时的袁倩始画“维摩诘变一百卷，百有余事，运思高妙，位置无差”[1]。由此可知该维摩诘经变一定为十分复杂、内容丰富的经变画，这样就为麦积山第127窟的维摩诘经变找到了风格样式来源。这种奇特的现象也表明了第127窟绘画粉本来源的中原南朝特色，当与乙弗后的个人因素不无关系，否则从时间和空间上来讲，当时麦积山出现如此风格与成就的维摩诘经变是较难理解的。更何况在麦积山北朝石窟中也存在有传统形式的维摩诘经变如西魏第133窟造像碑上的维摩诘经变，也有属于麦积山石窟富有特色的维摩诘经变形式，即西魏第123窟与北周第4窟的塑像维摩诘与文殊，构成独特的维摩诘经变，而第123窟又与第127窟位置相近。因此第127窟新形式新风格维摩诘经变的出现，必当是外来因素所致。而且这种本地区的同一经变画的完全不同样式的存在，也应属一类独特的佛教石窟艺术样式在传播过程中的区域性变化的表现。

图1-2-8　莫高窟第103维经维摩

3. 西方净土变

麦积山第127窟右壁画西方净土变（图1-2-9），上部绘有楼阁、殿堂、树

[1]（唐）张彦远：《历代名画记》卷六。

图1-2-9　麦积山第127窟西方净土变

木、莲池等，人物众多，有一百余身；中间佛殿内为阿弥陀佛与两侧的菩萨弟子等；中间殿前为乐舞；下面横带中画净水，中有莲花、水鸟。同时代莫高窟第285窟东壁有明确的造像题记为“无量寿佛”的说法图一铺，当属敦煌最早的西方净土变，但看不到任何表现净土变的迹象，完全是一般意义上的说法图。但在莫高窟第249窟的南北两壁千佛中有说法图一铺（图1-2-10），该图中有象征净土变的宝池与莲花，据此，学者们一般认为是莫高窟净土变的雏形[1]，而贺世哲先生则从佛教思想和义理的层面，通过详细的考证分析表明实为表示三世佛思想[2]。含义明确的西方净土变在莫高窟出现于隋代洞窟，而内容完整和表现成熟的净土变在莫高窟则出现于唐代初年洞窟如第431窟（图1-2-11）。由此可知，麦积山第127窟西方净土变也是现存最早且最完整、表现最成熟的净土变。宁强先生在研究中国佛教天国形象时，也认为麦积山第127窟此铺经变画是相当有代表性的作品[3]。这种特

[1] 见《中国石窟·敦煌莫高窟》（一）图版说明第96条；另见《段文杰敦煌艺术论文集》，甘肃人民出版社1994年版，第7页。

[2] 贺世哲：《敦煌图像研究——十六国北朝卷》，甘肃教育出版社2006年版，第154页。

[3] 宁强：《从“偶像崇拜”到“观想天国”》，收入《段文杰敦煌研究五十年纪念文集》，世界图书出版公司1996年版。

图1-2-10 莫高窟第249窟说法图

图1-2-11 莫高窟第431窟净土变

殊的现象似乎表明其绘画粉本和工匠来源的不同。麦积山第127窟的净土变无疑是从长安中原传来的粉本画稿，代表了当时最为成熟的样式。而莫高窟第285窟无量寿佛说法图一铺（图1-2-12）虽也似与中原的样式关系密切，却仍更多地和敦煌当地所流行的说法图保持一致的样式，而第249窟的说法图则更能体现本应在第285窟表现绘画的风格样式，却是以净土变式表现代表当时敦煌非常重要造像思想的三世佛题材，这大概也表明了佛教造像样式在西传过程中的地方性变化。

图1-2-12 莫高窟第285窟无量寿佛说法图

4. 七佛与地狱变

麦积山第127窟前壁画七佛与地狱变(图1-2-13),上部画七佛两侧均有菩萨与供养菩萨、比丘、比丘尼。下部门两侧分别画十恶十善图。在七佛中的比丘尼形象,金维诺先生认为可能与乙弗后有关,我们持相同的观点。对于地狱变,由画史可知多出现于唐代,另外我们在敦煌壁画中见到的地狱变也是最早出现于唐代的洞窟。而麦积山第127窟西魏地狱变、十恶十善图的表现和构图、布局以及内容十分成熟。如此完整而成熟又至为早见的地狱变,也当与窟主人的特殊身份有关,绘画粉本当来自佛教绘画早已发达的洛阳南朝等地。

5. 萨埵太子本生

第127窟窟顶正坡、左右坡画萨埵太子本生(图1-2-14),这是目前为止所见规模最大的一幅萨埵太子本生故事画,当属同类题材的代表作。故事是从左坡开始,转向正坡,再转向右坡,采取顺时针构图方式。详细故事情节和敦煌莫高窟北周第428窟大致相同,但是在表现形式上比第428窟规模更大且富有气势,特别是对国王及其宫殿、车行、仪仗等的集中突出描绘,整个壁画虽然是本生故事画,却是超出了传统连环画的表现形式,而走向了大幅经变画的构图与布局,画风明显地反映出南朝的影响。萨埵太子本生,在莫高窟最早见到的是在北魏第254窟南壁,表现手法十分独特,异景同图,

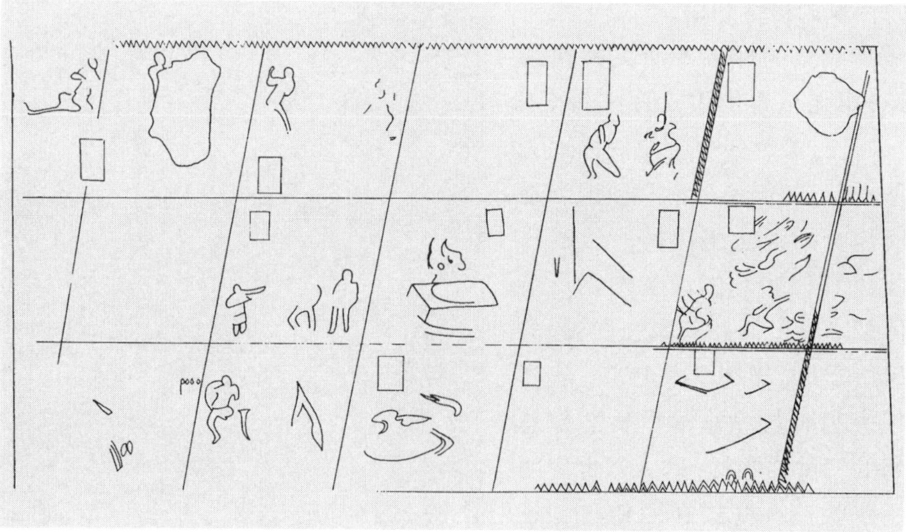

图1-2-13　麦积山第127窟地狱变

图1-2-14 麦积山第127窟萨埵太子本生

是在同一画面上反映不同地点、不同时间发生的事情，是以极其巧妙的技法把本来十分复杂的事情情节组合到一米余见方的空间，这种样式是其前后或同时期所仅见，当为敦煌本地艺术家的创造。但到了北周莫高窟第428、299、301窟的三铺萨埵太子本生图，三幅画面大同小异，可见所据绘画样式相同（图1-2-15）。从较早一些的第428窟绘画（也是最有代表性的）可知，其以长卷连环画式构图，故事情节顺序发展，以自然景物作为绘画的分界。整个画风与表现样式更多地体现出来自诸如龙门石窟等地北魏相同造像的影响，与同洞窟的对称位置即第428窟东壁门北所画受中原画样画风深刻影响的须达那太子本生的表现形式与画样画风完全一致，再次表明其样式的渊源关系，同时也应与敦煌本地流行之故事画的表现形式相适应。因此此类本生故事画样式的西传，在麦积山和莫高窟两地表现出明显的地域特色。

6. 睒子本生

麦积山第127窟窟顶前坡画睒子本生（图1-2-16），这幅画也是佛教石窟现存睒子本生绘画品中内容最为丰富、规模最大、最有代表性的一幅作品。整个画面分为右、中、左三段，分别顺序画中王出行、狩猎、误射睒子、睒子诉说、国王至盲父母处、盲父母大恸等情节。贺世哲先生认为“若论艺术

图1-2-15　莫高窟第428窟萨埵太子本生

图1-2-16　麦积山第127窟睒子本生

性之高超，无过于此图”[1]。整个画面气势非常壮观，场面宏大，人物丰杂，似为一帝王出游图；运笔自如，生动流畅，人物服饰洒脱，具有明显的南朝风度，毫无疑问是来自长安内地的艺术家所为，同时也同样代表了当时同类题材绘画艺术的最高水平。敦煌石窟中的睒子本生晚于麦积山第127窟，

［1］贺世哲：《敦煌图像研究——十六国北朝卷》，甘肃教育出版社2006年版，第193页。

始见于北周，绘于莫高窟第461窟西壁、第438窟窟顶北坡、第299窟窟顶三坡、第301窟窟顶北坡、西千佛洞第12窟南壁，画面要比麦积山第127窟简单多了，基本上仍是以连环画式表现各情节。李崇峰先生认为莫高窟北周的睒子本生是受到麦积山第127窟的影响，只是要比麦积山更为简单一些[1]。其实这种简单化是敦煌本地的一种选择，是要地方化，也是要适应敦煌的特色。

四、比较的结论

上面的分析告诉我们一个十分重要的历史事实，那就是第127窟内的那一铺经变画，在同类题材中，在中国佛教艺术占有十分重要的地位，有相当一部分甚至是此前此后的代表作，多数又是石窟艺术中某一方面的源头。这些都又与当时麦积山石窟艺术的一般现象格格不入，表现出一种新的样式的出现。而这种特殊的现象在当时的麦积山，也只有正在此生活的乙弗后才是最佳人选。也就是说只有她才可以为麦积山的佛教艺术带来如此彻底的变化和新鲜的气息。

由此表明，麦积山第127窟是以大型经变画与故事画为主要表现形式与题材选择的，但在莫高窟西魏二大窟第285、249窟，虽有受元荣从洛阳带来的粉本画匠的影响，但是相比之下则有明显的不同。首先成熟的大型经变画在此时的敦煌不见踪影，而且要等到好多年后的不同时代才表现出来；唯有故事画可资比较，即莫高窟第285窟南壁“五百强盗成佛因缘”、“沙弥守戒自杀缘品”、“弊狗因缘”等，可以明显地看到无论是在表现手法、还是结构规模方面均要大大逊色于麦积山第127窟的萨埵太子本生与睒子本生图。麦积山第127窟的这二铺故事画更似大型经变画的形式表现，而在莫高窟第285窟或以纯粹的连环画形式表现（如“五百强盗成佛因缘”），或以补白穿插式夹杂其中（如“沙弥守戒自杀缘品”、“弊狗因缘”等）。

麦积山第127窟窟顶藻井帝释天（图1-2-17）。画中帝释天乘坐龙车，张伞盖，有旌旗飘扬，四周有众多的乘龙飞天围绕；在前方有一天人在众仗

[1] 李崇峰：《敦煌莫高窟北朝晚期洞窟的分期与研究》，载敦煌研究院编《敦煌研究文集·敦煌石窟考古篇》，甘肃民族出版社2000年版，第69页。

图1-2-17　麦积山第127窟顶帝释天

图1-2-18　莫高窟第249窟窟顶

乐天围绕下飞行；整个画面以无数的飘带和流云造成强烈的动感。专家们认为这幅画在诸多方面与东晋顾恺之的《洛神赋图》十分相似，意在表明此类画的流行。同样的内容在同时代莫高窟第249窟窟顶也有表现，但内容更为复杂和全面（图1-2-18）。其他莫高窟第249窟窟顶的壁画内容明显是与莫高窟当时传统的和占主流地位的绘画风格完全不同的，明显具有中原南朝的影响，虽然我们并无法苟同段文杰先生关于莫高窟第249窟窟顶壁画内容为道教的观点[1]，但是先生对于该洞窟艺术成就等的论述，仍对我们

[1] 段文杰：《道教题材是如何进入佛教石窟的》，载《段文杰敦煌石窟艺术论集》，甘肃人民出版社1994年版，第318—334页。

具有很重要的启发意义，表明第249窟窟顶内容为当时敦煌绘画艺术中传自中原南朝色彩的开始。麦积山第127窟相同内容也有同样的问题，也是由当时专门从长安朝廷来麦积山为乙弗后建功德窟的工匠们的杰作。

就第249窟窟顶壁画所反映的真实内容与本来面貌的认识与讨论，形成了敦煌石窟艺术研究的一大热点，是敦煌研究中争议最多的问题之一，或认为是中国传统神话题材中的“东王公”、“西王母”[1]，或认为是借用汉民族神话的表现形式来表现佛教中的“帝释天”与“帝释天妃”[2]或佛教护法神[3]，还有的以“上士登仙图”命名[4]，认为是一种特殊的升仙图[5]，又有学者以《维摩诘经》内容进行考察，定名为《维摩诘经变》[6]。对第249窟窟顶壁画的研究仁者见仁、智者见智，这本身就说明一类全新绘画在洞窟壁画中的出现，当非敦煌本地画样画稿所作用并可以规范的，一定是受到外来因素的影响所致，笔者更同意贺世哲先生最新的研究成果，他认为是佛教二天神帝释天与梵天[7]。因此也让我们看到了与麦积山第127窟共同作品的存在，而且莫高窟第249窟的时代又比麦积山第127窟略晚。但是在莫高窟第249窟与帝释天相关的人物均已出现，而且画面的空间内容要占去窟顶的三坡，因此明显看到在莫高窟此类题材比麦积山更受到重视和热爱，一直到隋代仍在大量地表现于洞窟壁画中。马世长先生的研究表明，莫高窟第249窟窟顶南北两坡的内容，与东晋著名画家顾恺之《洛神赋图》在图像构图与内容风格等各方面均极其相似，当应为莫高窟第249窟的人物出行画面模仿

---

[1] 孙作云：《敦煌画中的神怪画》，载《考古》1960年第6期；段文杰：《早期莫高窟艺术》，载《中国石窟·敦煌莫高窟（一）》，文物出版社1982年版，第179、180页；段文杰：《略论莫高窟第249窟壁画内容和艺术》，载《敦煌研究》创刊号；段文杰：《道教题材是如何进入佛教石窟的——莫高窟249窟窟顶壁画内容探讨》，载敦煌文物研究所编：《1983年全国敦煌学术讨论会文集：石窟·艺术编》上，甘肃人民出版社1985年版，第1—16页。

[2] 参见贺世哲：《关于莫高窟第249窟北、南坡主神的商榷》，载《2000年敦煌学国际学术讨论会论文提要集》，敦煌研究院2000年编印，第40—41页。

[3] [日]斋藤理惠子，贺小平译：《敦煌第249窟天井中国图像内涵的变化》，载《敦煌石窟》2001年第2期。

[4] 宁强：《上士登仙图与维摩诘经变——莫高窟第249窟窟顶壁画再探》，载《敦煌研究》1990年第1期。

[5] 刘永增：《莫高窟第249窟天井画内容新识》，载《2000年敦煌学国际学术讨论会文集·石窟考古编》，甘肃民族出版社2003年版，第1—24页。

[6] Dunhuang Cave 249: A Representation of the Vimalakirtinirdesa, by Chungwa Ho, Yale Unversity, 1985. 张元林：《净土思想与仙界思想的合流——关于莫高窟第249窟窟顶西披壁画定名的再思考》，载《敦煌研究》2003年第4期。

[7] 贺世哲：《敦煌图像研究——十六国北朝卷》，甘肃教育出版社2006年版，第269—294页。

或抄袭了《洛神赋图卷》[1]。贺世哲先生则通过详细的比较研究，进一步肯定了两者之间的借鉴或移植关系。而且贺世哲先生同时也把麦积山第127窟窟顶帝释天造像一同比较，表明了几者之间的同源关系，只是麦积山第127窟的帝释天是单独出现，而发展到莫高窟第249窟则对称出现梵天（或为帝释天妃）[2]。也就是说借鉴或移植东晋顾恺之《洛神赋图》等中原大画家同类图像（另如萧梁张僧繇画帝释天像[3]）而分别先后在麦积山第127窟和莫高窟第249窟窟顶的帝释天、梵天（或帝释天妃）图像，在麦积山与莫高窟有极其明显的传承关系，也反映出二地完全不同的选择和表现方式，在莫高窟加入了新的图像内容，同时这种形式被地方化，成了后来莫高窟的艺术家们在洞窟中表现的重要题材之一，主要反映在隋代洞窟壁画当中。

另外，莫高窟第249、285二窟窟顶画，从画面内容与表现形式上完全具有民族传统色彩的神话、神仙类题材，是敦煌壁画中第一次出现画样与画风完全不同于同时代前后者，显示出完全不同的画样画稿的进入与影响。此类题材如此大规模地出现于佛教洞窟中，莫高窟第285、249窟为集大成者，毫无疑问此类题材当与在中原一带墓葬中的类似绘画关系密切，似与元荣的到来和作为洞窟功德主不无关系。

五、结语

作为北朝时期佛教石窟艺术样式的西传和流变的区域性特征的另一方面，最后欲就佛教洞窟壁画题材与画风的选择等方面略谈一二。

莫高窟第249窟窟顶与其他四壁的壁画内容区别很大，前文有言，窟顶是全新的民族特色或东来的画样画稿，而四壁则完全延续敦煌北魏以来洞窟的传统内容即千佛与说法图，画法也不是窟顶的南朝风格，仍为敦煌已有画风的继续。而到了莫高窟第285窟，虽然元荣与中原的影响几乎遍布了整个洞窟，绘画风格上人物的“秀骨清像”和“褒衣博带”的中原南朝风格比比皆是，但是洞窟西壁全新的密教题材的出现、东壁近似于敦煌传统壁画无量寿佛说法图等的存在，仍然强烈地体现了敦煌地方性因素的积极参与。

---

[1] 马世长：《交汇、融合与变化——以敦煌第249窟、第285窟为中心》，载巫鸿主编《汉唐之间文化艺术的互动与交融》，文物出版社2001年版，第304—305页。

[2] 贺世哲：《敦煌图像研究——十六国北朝卷》，甘肃教育出版社2006年版。

[3]（唐）张彦远，范祥雍点校：《历代名画记》卷三，第60页。

麦积山第127窟作为当时在特殊情形下为乙弗后所建的洞窟，特殊的题材与来源，还有特殊的画工成分等，这些必将对麦积山同时代及其后的石窟艺术产生深刻的影响，也就是说与乙弗后有关的社会历史在麦积山的活动，无疑会给麦积山石窟艺术活动带来一些新的现象和因素，这一点是学者们所较为共同一致的认识，而这些新内容的源头又是与中原洛阳长安等地密不可分的。因此作为佛教石窟艺术的传播，麦积山第127窟内的造像及其风格特征，基本上形成了麦积山一个时代的要素，对此考察麦积山大量的西魏洞窟造像艺术，可以得到一个全新的认识与感受。

但与麦积山第127窟的影响不同的是，在莫高窟第249、285二窟内所见到的来自中原的粉本画稿所作用下的艺术创造，绝大多数基本上仅见于此二洞窟中，并没有形成莫高窟同时代的艺术样式，莫高窟西魏及其以后的造像样式，仍然顽强地延续着敦煌的本地特色。当然，并不能因此而全面否定敦煌北朝佛教艺术中不断受到的外来画样画稿的影响，对此笔者另文已述，在此不赘[1]。

本节作者简介：

沙武田，男，陕西师范大学历史文化学院教授、博士生导师，中国敦煌吐鲁番学会理事，陕西历史博物馆特聘研究馆员。主要研究方向为佛教石窟考古、敦煌学、丝绸之路文化交流等。西北大学考古专业本科，兰州大学敦煌学研究所硕博连读、博士后出站，历史学博士后。1996—2014年先后在敦煌研究院考古所、文献所工作，曾任敦煌研究院文献所研究馆员、副所长。先后主持完成国家社科基金项目（3项）和各类省部级项目10余项，发表学术论文110余篇，出版专著《敦煌画稿研究》（第二批《国家社科基金成果文库》，中央编译出版社2007年版）、《吐蕃统治时期敦煌石窟研究》（2012年度《国家哲学社会科学成果文库》，中国社会科学出版社2013年版）、《敦煌石窟艺术概论》（合著，甘肃文化出版社2005年版）、《榆林窟第25窟——敦煌图像中的唐蕃关系》（商务印书馆2016年版）等7部。曾担任10集大型纪录片《河西走廊》学术总顾问和学术总统筹。

[1] 郑炳林、沙武田：《敦煌石窟艺术概论》，甘肃文化出版社2005年版，第338—353页。另见沙武田：《敦煌画稿研究》，民族出版社2006年版、中央编译出版社2007年版。

第三节　宁夏固原九龙山隋墓出土金冠饰宗教意义及墓主人身份考察

固原地区在历史上一直是连接中原与西域的重要孔道，从秦汉时期开始，就是中西文化交流的重要窗口，独特的地理位置决定了这一地区承载了更多的历史文化内容。

魏晋南北朝时期，随着大量少数民族南迁，特别是以商队形式和以粟特人为代表的西域、中亚少数民族大量进入中原地区，固原作为丝绸之路北路东段的重要地区，更是成为一个重镇。从20世纪80年代开始，固原南郊陆续发现大量北朝隋唐时期的墓葬，这些墓葬出土的文物及所反映的葬俗、葬制，为我们提供了极其丰富的资料。

2004年，为配合福银高速公路的建设，宁夏文物考古研究所对位于固原九龙山的一处墓地进行了考古发掘，在编号为M33的墓葬中，出土了一套包括金颔托在内的金冠饰，由于其独特的形制而引起了众多学者的高度重视。本节拟通过对金冠饰形制、造型的解读，对其文化内涵进行初步研究。

一、金冠饰的图像解析

金冠饰出土时佩戴于北侧的男性墓主人头骨上，由上、下两部分组成，即头部的金冠与下颔的颔托。金冠饰主题图案位于前额正中，末端用细绳绾结于脑后，颔托位于下颔，两端由耳前向上至冠下，亦由细绳索绾系。由于挤压，出土时有部分变形，但其佩戴方式基本可以观察到[1]（图1–3–1）。

[1] 宁夏文物考古研究所编著：《固原九龙山汉唐墓葬》，科学出版社2012年版，第127页。

金冠饰下部为弧形长条金片，其上分为三组从背面打压的小连珠纹，两端有穿孔，右侧稍残。其上正中有一浅月牙形横托，周边有从背面打压的连珠纹。托上有一半月形装饰，其中间为圆形装饰，周边有连珠纹，中间有一条凸纹。圆形装饰上有两周连珠纹。正中横托两侧有一组对称的飞鸟装饰，呈叶状，较大，其腹下有一道连珠纹。鸟形装饰下端有一组对称的半月形装饰，中间托一个椭圆形装饰。其下端有一组对称的鸟形装饰，较小。上端有一道连珠纹。弧形长条金片宽3.8厘米，厚0.31厘米；半月形装饰直径4.2厘米，中间圆形装饰直径4.3厘米，总重17.5克[1]（图1-3-2、图1-3-3）。

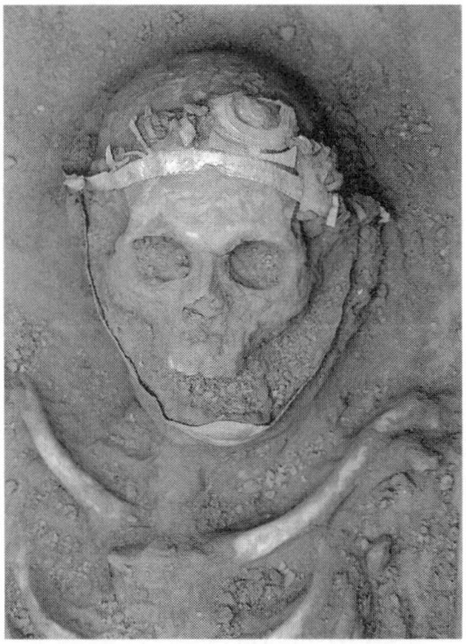

图1-3-1　金冠饰出土状况

从平面看，整个金冠饰呈半圆形，可以明显看出分为上、下两部分，下半部分为圆弧形的冠带，上半部分为镂刻的图案。镂刻的图案以中间的图案为中心，左右对称排列为三组图案，从中间向两侧，高度逐渐降低、图形逐渐变小。从出土时的照片可以看出，金冠饰佩戴在头部时，中间的图案居于额

图1-3-2　金冠饰佩戴复原图

图1-3-3　金冠饰及下颌托展开图

[1] 宁夏文物考古研究所编著：《固原九龙山汉唐墓葬》，科学出版社2012年版，第129页。

头正中，左右三组图案位于头部两侧。整个器物简洁明快，图案高度抽象，具有很高的艺术性。

中间的图案分为三层：最下层为浅月牙形托，下方内圆；中间一层为近乎圆形的半月，半月之上环抱着一个较小的圆形，圆形又用连珠纹分为内外两个圆。可以看出此图案为仰月抱日的图案。

以仰月抱日为中心，左右各有三组图案：

第一组，可以看出是一对飞鸟图案，飞鸟的身体以曲线化的形式表现，整个身体呈向日月倾斜的“S”形，“S”形的上部较短且较为纤细，表现飞鸟的头部和颈部；而下部则为身体，较为宽大，其上有宽窄不一的流苏，表现飞鸟的羽毛，接近头部的流苏自然向头部弯曲。

第二组和第三组图案较为抽象，其中第二组图案的形状与中间的仰月抱日图案非常相似，也分为三层，最下一层为一向上的圆弧状装饰，其上为一半月形图案，内抱一圆形装饰。唯一与正中图案不同的是，最上面的圆形装饰略呈椭圆，而且椭圆形装饰表现出上大下小的特点。笔者认为，该图案所表现的内容应该与正中的图案所表现的内容截然不同，这一点后文将详细解析。

第三组图案是整个金冠饰图案中最小的一组，猛一看，只是半圆形冠带上的一个凸起，其表现手法更加抽象、简单，只有简单的两个部分：头部和身体的前部为钝方形，向后延伸以长尖形的尾部结束；其下是一条与身体基本平行的条带。这似乎仍然是一组高度抽象的飞鸟图案。

金颚托两侧为长条形，其上有从背面打压的连珠纹，两端有穿孔。中部形似枣核外凸，“枣核”的两端有从背面打压的呈三角形的凸棱，其外有一周连珠纹。宽4.1厘米，长11厘米，重12.3克。

金冠饰所表现的三组图案，无论位置、大小均具有明显的主次性，最中间的仰月抱日图案无疑是整个图案造型的主题。

二、金冠饰图案的来源及宗教意义

冠饰，特别是王冠，作为君王和贵族象征身份和地位的装饰品，与其服饰一起，成为君王和贵族独享的符号性象征物，在古代社会普遍存在，其形制也是各种各样。以日月为中心图案的冠饰图案主要见于波斯萨珊王朝。

日月形装饰在波斯萨珊王朝的王冠上非常普遍。在出土的波斯银币上表现的王冠装饰图案相对较多，萨珊王朝自建立至651年灭亡的四百余年中，在位诸王都发行钱币，而铸币中诸王王冠样式各不相同。因此，人们可以通过王冠形制来辨识萨珊诸王。王樾在《萨珊银币上的王冠》一文中，对上海博物馆所藏萨珊王朝时期的银币上的王冠进行了系统分析，他将银币正面王冠分为38式，对王冠形制中的规律性现象进行了归纳、整理，并对其变化做了总结分析，这为认识萨珊银币正面王冠的形制和发展提供了途径[1]。萨珊王朝所有国王的王冠上几乎都有仰月抱日的图案。从沙普尔一世到霍尔姆兹德四世，王冠上的日轮形状硕大，呈圆球状，而之后诸王直到库思老二世（Khusraw II，531—579）之前，诸王王冠的共同特点是正前方装饰弯月，弯月上环抱日轮。自库思老二世后至叶兹迪齐德三世（Yazdijird III，632—651），乃至法鲁汗（Farrukhān, isbahbadh of Tabaristān, 709—722），王冠样式发生了一定的变化，一个共同的主题是，王冠正面两侧为展开鸟翼，中间托以日月轮。可以看出，日月形图案在王冠上的装饰在萨珊王朝时期已经是一种传统。值得注意的是，萨珊诸王银币背面的琐罗亚斯德教祭司形象，其头上通常也戴着装饰有日月轮的冠饰（图1-3-3）。祆教祭司也戴日月冠，应该是与他们的特殊身份和崇高地位有关。

除萨珊王朝银币外，我们还可以找到许多反映波斯王冠形制的典型例证。法国巴黎图书馆所藏的一件水晶、金制作的“库思老一世杯”，国王头像上就戴有弯月抱日的王冠[2]；在俄罗斯圣彼得堡艾尔米塔什博物馆所藏的一件6世纪的银盘上的瓦拉赫拉纳狩猎像，头冠上有日月装饰图案[3]（图1-3-4）；日本MHO MUSEUM所藏的一件6世纪萨珊王朝的王侯头像的银

图1-3-4　爱米尔塔什博物馆藏6世纪银盘（采自罗丰：《胡汉之间——丝绸之路与西北历史考古》）

［1］王樾：《萨珊银币上的王冠》，载《上海博物馆集刊（第9期）》，上海书画出版社2002年版，第146—156页。

［2］柳宗玄：《岩波美术馆》，载《中世纪东方·天与地的赞歌》，（日本）东京岩波书店1982年版。

［3］《国立艾尔米塔什博物馆图录》，莫斯科，1987年，第114图，伊朗银盘（NO.S252）；罗丰：《胡汉之间——丝绸之路与西北历史考古》，文物出版社2004年版，第57页，图四5。

图1-3-5-1　MHO MUSEUM藏6世纪银盘（采自《MHO MUSEUM 南馆图录6》）

图1-3-5-2　芝加哥艺术馆藏萨珊波斯卡瓦德一世（Kav dh I）头像

图1-3-5-3　日本奈良法隆寺藏唐连珠狮文锦

盘，头冠上也装饰有与上述银盘相似的日月[1]（图1-3-5-1）；美国芝加哥艺术馆收藏的萨珊王朝卡瓦德一世（Kavādh Ⅰ，499—531）头部塑像的日月冠表现得十分突出（图1-3-5-2）；日本奈良法隆寺收藏品中有一件来自7—8世纪的唐代"连珠狮子狩文锦"[2]（图1-3-5-3）。这件锦上的连珠纹中绣有四个戴鸟翼日月冠的骑射者像，所反映的应该就是库思老二世的形象。这表明萨珊波斯王者的形象还曾经一度流传到中原地区。

来自波斯的日月冠也常见于中亚地区一些神祇形象。娜娜女神（Nāna）是中亚地区伊斯兰化以前崇拜的主要神祇之一，同时也被视为片治肯特城的保护神[3]。一般认为，中亚地区的娜娜对应于波斯的水神阿纳希塔

[1]《MHO MUSEUM南馆图录》，日本写真印刷株式会社1997年版，第107页，图版49。

[2]［日］百桥明穗、中野彻编：《世界美術大全集》东洋编第4卷《隋・唐编》，日本东京都小学馆1997年版，图版250。

[3] W.B. Henning: "A Sogdian God", BSOAS, 1965, XXVII, 2, p.252; Guitty Azarpay: Sogdian Painting, Berkeley: University of California Press, 1981, pp.134-140.

图1-3-6-1 大英博物馆藏贵霜王朝娜娜女神印章

图1-3-6-2 大英博物馆藏贵霜王朝胡维色迦（Huvishka）金币娜娜女神像

（Anahita）。阿纳希塔是阿胡拉·马兹达的女儿，伊朗人和图兰人的勇士向她献祭，以祈求赐予力量。阿纳希塔的典型形象是一个仪态端庄的少女，头戴镶有日月星辰的金冠，身着金线缝制的水獭皮外衣，驾着四匹骏马拉曳的战车[1]。中亚地区娜娜女神的典型形象是头戴日月冠，手持日月，坐骑狮子。贵霜钱币、印章上的娜娜女神也无一不是头戴日月冠（图1-3-6-1、图1-3-6-2），大英博物馆藏呼罗珊出土的镀金银盘上的娜娜女神头冠上除日月图像外，还外加装饰有雉堞图案。片治肯特壁画中娜娜女神骑着狮子，四臂分别擎着日、月、权杖、银盆，授权给前面跽跪的王者（图1-3-6-3）。

图1-3-6-3 片治肯特（Pendjikent）壁画骑狮娜娜女神像

最近数年在中国出土的几个具有粟特人背景的墓葬石椁、石榻及墓门上面，也还可以找到类似的形象。西安北周史君墓石椁前壁护持圣火的穆护头上所戴正是日月冠（图1-3-7-1）。西安北周安伽墓石榻右侧屏风第1

[1] Aban Yast, The Zend-Avesta, vol.XXIII, pp.52–84.

图1-3-7-1　北周史君墓石椁前壁穆护图像

图1-3-7-2　北周安伽墓石榻右侧屏风第1幅狩猎图

图1-3-7-3　太原隋虞弘墓石椁壁浮雕第9幅

图1-3-7-4　北周安伽墓石榻正面屏风第1幅

图1-3-7-5　北周安伽墓石榻正面屏风第4幅

幅狩猎图下方骑马逐猎者头上所戴的也是同样的冠饰(图1-3-7-2)。隋虞弘墓石椁壁浮雕第9幅上骑马者头戴雉堞日月冠,脑后有背光,无疑是祆教的神祇(图1-3-7-3)。安伽墓石榻有两处画面帐屋顶上也着弯月托日轮图像(图1-3-7-4、图1-3-7-5)。陕西靖边县统万城出土的唐墓墓门中有两幅胡人武士像。该图案为浅浮雕,红色底,白色人体,左右各有一西域武士像,右边武士着大翻领服装,重束腰带,一手执三叉戟,一手执长剑;左边武士着胡袍,胸前有甲胄,一手执三叉戟,背后挂长剑,两人俱着长筒皮靴,其形象均为高鼻、卷发、蓄须,两武士均带日月冠,冠饰飘带。该日月冠有两组新月——日形组成,一组在前额,一组在脑后[1]。我们有理由认为这样的安排

[1] 冯庚武、周天游主编:《三秦瑰宝——陕西新发现文物精华》,陕西人民出版社2001年版,第133页。

肯定与祆教崇拜有关。宁夏固原发掘的唐代史氏家族墓中的史道德墓出土的金覆面上也出现了日月形象，史氏墓葬被认为是来自中亚的“昭武九姓”的粟特人[1]（图1–3–7–6）。

此外，在中亚和中国境内的佛教雕塑中也大量见到日月装饰的头冠形象：法国巴黎集美博物馆藏一件阿富汗哈达出土三四世纪佛陀头像，肉髻前方装饰仰月托日，而在中国境内的敦煌石窟、云冈石窟、麦积山石窟以及北朝至隋唐时期各类佛教遗迹、单体佛教造像中也都发现了为数不少的仰月、日月冠饰[2]。这些仰月、日月形冠饰普遍被认为来自波斯，受到波斯王朝冠饰的影响[3]，属于与波斯或粟特人有关的图像[4]。

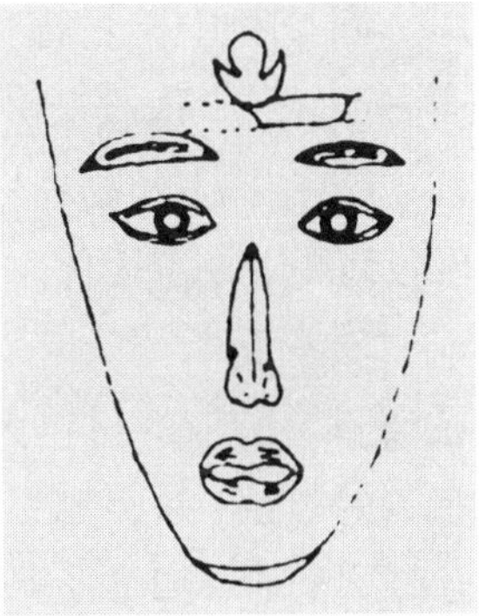

图1–3–7–6　固原史道德墓出土金覆面

以日月为中心的冠饰在波斯萨珊王朝非常普遍，是萨珊王冠上特有的装饰，具有一定的象征意义，中亚地区广为流传，进而随着丝绸之路进入中国。

日月形图案来自琐罗亚斯德教崇拜，这与波斯地区的宗教信仰有着直接的联系，以信仰琐罗亚斯德教为代表的古代伊朗人把日月崇拜作为最高信仰。日神和月神是琐罗亚斯德教的重要神祇，琐罗亚斯德教的经典《阿维斯塔》中的《亚什特》第六篇《胡尔希德亚什特》，意为太阳神颂；第七篇《马赫亚什特》，意为月亮神颂。日月崇拜在琐罗亚斯德教信仰中具有重要地位，《阿维斯塔》的很多章节都有称颂太阳和月亮的内容，因此，如《阿维斯塔》第一卷《伽萨》第三篇《赛潘特马德 · 伽萨》就有“那信奉正教，安分守己、向太阳顶礼膜拜之人”[5]。《阿维斯塔》第三卷《亚什特》第八篇《蒂尔 · 亚什特》记有阿胡拉 · 马兹达，对斯皮塔曼琐罗亚斯德说道：“我赞颂月亮、马亚兹德和家庭，并祈求威严的蒂什塔尔星与月亮一起，恩赐勇士们

[1] 罗丰编著：《固原南郊隋唐墓地》，文物出版社1996年版，第213页。

[2] 魏文斌：《也谈仰月、日月菩萨冠饰——以麦积山石窟为例展开》，载《敦煌学辑刊》2007年第4期。

[3] 姜伯勤：《敦煌宗教与礼乐文明》，载《莫高窟隋说法图中龙王与象王的图像学研究》，社会科学出版社1996年版，第142—143页。

[4] 刘永增：《莫高窟北朝期的石窟造像与外来影响——以第275窟为中心》（上、下），载《敦煌研究》2004年第3、4期。

[5] [伊朗] 贾利尔杜斯特哈赫选编，元文琪译：《阿维斯塔——琐罗亚斯德教圣书》，商务印书馆2005年版，第65页。

以威严。”[1]中国古籍中在记载古代波斯宗教的特点时也有同样的记载,《旧唐书西域传》称波斯国“俗事天地日月水火诸神”[2]。《新唐书西域传》也记载:“波斯国祠天地日月水火。”[3]在古代波斯及信仰琐罗亚斯德教的广大地区发现的古代图像中,日月崇拜是一个非常普遍的主题。

琐罗亚斯德教起源于古代波斯,因此目前我们所见的以日月为中心的冠饰图像最早的材料大多来源于波斯地区。琐罗亚斯德教在波斯地区有着悠久的传统,是萨珊王朝的国教,传到中亚地区,又从中亚地区由粟特人经丝绸之路带入中国。

神鸟图案在古代波斯和中亚地区也是一种常见的装饰图案,拥有特殊的地位。前述波斯萨珊王朝银币上王冠的图像就有很多带有鸟翼。

据研究,装饰全鸟形式的王冠最早见于安息王朝时期[4]。哈特拉(Hatra)位于伊拉克摩苏尔市西南50千米处,是安息王国北方军事重镇。公元前1世纪安息人占据哈特拉之后,城市规模不断发展扩大。2世纪,哈特拉成为帕提亚帝国的军事要塞,长期以来都是东西方商队的主要会聚地之一。列王在此统治连绵不断,在哈特拉经常会发现安息列王的雕像。207年,波斯萨珊王朝的国王沙普尔一世攻陷哈特拉,此后不久该城便沦为废墟。

伊拉克国家博物馆所藏安息诸王像中有一尊萨那吐鲁克一世(Sanat.uq I)石雕。萨那吐鲁克一世曾自称为“阿拉伯之王”(King of the Arabs),他的统治时代是2世纪中后期[5]。这尊萨那吐鲁克雕像神态安详,右手上举,做施无畏印样,左手下垂,执一鸟羽,其王冠上赫然立一只鸟的形象(图1-3-8-1)。由于哈特拉出土了大量鹰的雕塑,所以也有人认为萨那吐鲁克王冠上的鸟为雄鹰。萨那吐鲁克的几个继承人也采用同样形制的王冠。类似的形象还见于哈特拉出土的其他神像。哈特拉出土的一件大理石上刻有冥神纳伽尔(Nergal)和女神阿斯塔提(Astarte)(图1-3-8-2、图1-3-8-3)。纳伽尔是西亚地区神谱中重要的神祇之一,他既被视为太阳的化身,也常被当成是所向无敌的战神。阿斯塔提女神也是西亚神话中的重要人物,在被

---

[1] [伊朗]贾利尔杜斯特哈赫选编,元文琪译:《阿维斯塔——琐罗亚斯德教圣书》,商务印书馆2005年版,第144页。

[2]《旧唐书》卷一百九十八,中华书局1975年版,第5311页。

[3]《新唐书》卷二百一十一下,中华书局1975年版,第6258页。

[4] 陈凌:《突厥王冠考——兼论突厥祆教崇拜的有关问题》,载《欧亚学刊》2008年第12期。

[5] Yarshate上揭书,p.496。

图1-3-8-1　哈特拉出土萨那吐鲁克一世雕像

图1-3-8-2　哈特拉出土冥神纳伽尔石刻

图1-3-8-3　哈特拉出土女神阿斯塔提石刻

视为爱情、丰饶的象征的同时，她还被认为是战神。哈特拉出土的国王和神祇雕像上的鸟形可能就是战神崇拜的反映。中亚地区的鸟形王冠在两汉时期由大量东来的安息人传入西域，经由西域进入中原地区[1]。

在琐罗亚斯德教经典中，战神韦雷斯拉格纳的化身就是一只神鸟[2]。他是袄教中一个重要的神祇，在萨珊诸王王冠中两侧所托的双翼正是代表战神韦雷斯拉格纳的化身瓦蓝加纳鸟。中亚地区传入的鸟形王冠本身就具有强烈的袄教色彩。

在明显具有袄教色彩的图像中，鸟形装饰出现的频率也是很高的。

[1] 陈凌：《突厥王冠考——兼论突厥袄教崇拜的有关问题》，载《欧亚学刊》2008年第12期。

[2] The Zend-Avesta, trans. by James Darmesteter, Sacred Books of the East, vol.IV, XXIII, XXXI, Oxford University Press, 1884-1887, vol. XXIII, pp.231-238。

在阿富汗发现的贵霜迦腻色迦时期（2世纪）的苏尔赫——考塔尔火坛遗址上就塑有“对鸟火坛”形象[1]；法国卢浮宫博物馆展出的半人半鸟的石雕像属于古波斯时代（图1-3-9-1）；阿富汗巴米扬石窟群中，有一幅太阳神驾战车壁画，在密特拉神的旁边，各有一位持火炬的半人半鸟神（图1-3-9-2）。

中国境内近年发现的西安北周史君墓“石堂”南壁石门两侧[2]、西安北周安伽墓墓门门额[3]、安备石棺床[4]、安阳石棺床[5]、Miho石棺床[6]以及太原虞弘墓石椁[7]等与火坛在一起的人首鸟身的形象。史君、虞弘、安伽三座

图1-3-9-1　法国卢浮宫博物馆展出的半人半鸟的石雕

图1-3-9-2　阿富汗巴米扬东大佛窟顶太阳神驾战车壁画

[1] J. M. Rosenfield, The Dynastic Arts of the Kushan, Berkeley and Los Angeles, 1967. pp.159-160。
[2] 西安市文物保护考古所：《西安北周凉州萨保史君墓发掘简报》，载《文物》2005年第1期。
[3] 陕西省考古研究所：《西安北周安伽墓》，文物出版社2003年版，第15页。
[4] 葛承雍：《祆教圣火艺术的新发现——隋代安备墓文物初探》，载《美术研究》2009年第3期。
[5] 姜伯勤：《安阳北齐石棺床画像石的图像考察与入华粟特人的祆教美术》，载中山大学艺术史研究中心编：《艺术史研究》第1辑，中山大学出版社1999年版，第151—186页。
[6] 荣新江：《Miho美术馆粟特石棺屏风的图像及其组合》，载中山大学艺术史研究中心编：《艺术史研究》第4辑，中山大学出版社2001年版，第241—259页。
[7] 山西省考古研究所：《太原隋虞弘墓》，文物出版社2005年版，第17页。

墓葬为近年来国内考古发掘出土；安备石棺床据称于2007年出土于河南；安阳石棺床为20世纪初出土于河南安阳，流失境外后分藏于德国科隆博物馆、法国吉美博物馆以及美国波士顿博物馆。弥弘石棺床现为日本弥弘博物馆所藏。这种祭祀火坛的形象，是典型的粟特祆教的宗教场面，说明鸟形图案来自波斯，在中亚地区广泛存在，经过西域，传播到中原地区。神鸟崇拜是琐罗亚斯德教——祆教的主要崇拜物之一。

连珠纹作为一种装饰图案，在波斯萨珊王朝就被广泛使用。而在中国境内，早在新石器时代就已出现，到北朝隋唐时期，受到西方文化的影响，连珠纹作为一种装饰纹饰适用范围更加广泛。

有学者在研究中国古代的连珠纹装饰纹样时特别指出，中国古代连珠纹的渊源较为复杂，既有本地的传统，又有外来特别是波斯萨珊的风格融入，判断其性质与来源，必须与连珠纹所伴随的其他装饰纹样综合分析。具体到九龙山M33出土的金冠饰上的连珠纹纹样，是以日月为中心、以鸟形装饰为辅助的图案，我们可以明显地感受到琐罗亚斯德教的风格。

从金冠饰的宗教内涵我们可以清楚地看出，九龙山M33的墓主人应该是一个虔诚的琐罗亚斯德教或按照中国古籍的说法叫祆教徒。

三、从金冠饰的宗教特征考察墓主人的身份

如果我们仅仅依金冠饰的图案进行分析，看到的只是一个带有明显祆教特色的装饰物，表明该墓主人是虔诚的琐罗亚斯德或祆教徒，但我们将与之配套的下颌托及墓葬形制和出土物以及墓主人的人种特征综合分析，就其所表现的墓葬的诸多特点进行解析，即会对墓主人的身份有一个比较清晰的认识和大致的判断。

（一）金冠饰与金颌托的成套出土凸显了墓主人的宗教身份

九龙山M33所出土的金冠饰是与同为金质材料的下颌托一起出土的，其装饰风格和制作工艺完全相同，佩戴成组合，应该是完整的一套。在古代波斯及中亚地区，我们见到很多带有下颌托的图像资料，据研究，下颌托与琐罗亚斯德教的宗教仪式有关，目前我们可以看到许多下颌托的图像资料和实物资料，这些下颌托的形式分为多种。

中国境内亦发现了众多的下颌托实物。从地处西域的新疆[1]、宁夏的固原[2]，到北魏的平城(大同)[3]，再到北朝、隋唐时期的长安、洛阳周边[4]，长江流域的重庆[5]、湖北[6]，甚至远到岭南的广东[7]都有发现。部分学者认为下颌托应当是祆教徒的专用器具[8]，另有部分学者则认为下颌托是萨满教特有的宗教遗物[9]，无论怎样，有一点是一致的，均认为我国境内发现的下颌托其来源应该是西方，具有宗教用品的性质[10]。

圣火崇拜在琐罗亚斯德教中具有重要地位，因此，在祆教初入华时，文献均以火祆教称之，张小贵先生在其《中古华化祆教考述》第三章"派提达那与入华祆教的火崇拜"一章中，专门就"派提达那"与入华祆教的关系进行了论述，他指出：琐罗亚斯德教认为人身所排出的诸物都是不净的，人的呼吸会带来污染；因此当祭司当值，甚至平时信徒祈祷时，必须戴口罩，以免自己的气息触及圣火。琐罗亚斯德教礼仪专用口罩在该教经典《阿维陀斯经》(Avesta)中叫作"派提达那"。"派提达那"的形制是："包括两条白布，从鼻边下垂，至少至嘴下两寸，用两条带系于头后。"派提达那在琐罗亚斯德教中是祭司所专用的宗教器具[11]。

---

[1] 八音格楞蒙古自治州：《且末县扎洪鲁克古墓葬1989年清理简报》，载《新疆文物》1992年第2期；新疆文物考古研究所：《新疆尉梨县营盘墓地1995年发觉简报》，载《文物》2002年第6期；新疆文物考古研究所：《新疆尉梨县营盘墓地1999年发觉简报》，载《文物》2002年第6期。

[2] 宁夏固原博物馆：《宁夏固原唐史道德墓清理简报》，载《文物》1985年第11期；罗丰编著：《固原南郊隋唐墓地》，文物出版社1996年版。

[3] 山西大学历史文化学院、山西省考古研究所、大同市博物馆：《大同南郊北魏墓群》，科学出版社2006年版。

[4] 陕西省文物管理委员会：《西安任家口M229号北魏墓清理简报》，载《文物》1955年第12期；西安市文物管理委员会：《西安唐金乡县主墓清理简报》，载《文物》1997年第1期；负安志：《陕西长安县南里王村与咸阳飞机场出土大量隋唐珍贵文物》，载《考古与文物》1993年第6期；张正岭：《西安韩森寨唐墓清理记》，载《考古通讯》1957年第5期；中国社会科学院考古研究所河南二队：《河南偃师县杏园村的四座北魏墓》，载《考古》1991年第9期；洛阳市博物馆：《洛阳关林唐墓》，载《考古》1980年第4期；洛阳市文物工作队：《洛阳市东明小区C5M1542唐墓》，载《文物》2004年第7期。

[5] 重庆市文物局、重庆市移民局编：《奉节宝塔坪》，科学出版社2010年版。

[6] 湖北省荆州博物馆：《巴东县雷家坪遗址2003年发掘报告》，载《湖北库区考古报告集第四卷》，科学出版社2007年版。

[7] 广州市文物管理委员会：《广州皇帝岗唐木椁墓清理简报》，载《考古》1959年第2期。

[8] 冯恩学：《下颌托—— 一个被忽视的祆教文化遗物》，载《考古》2011年第2期。

[9] 吴小平：《论我国境内出土的下颌托》，载《考古》2013年第8期；付承章：《中国北方民族下颌托问题探讨》《赤峰学院学报(汉文哲学社会科学版)》2014年7期。

[10] 国内出土的下颌托分布地域非常广泛，时代差距很大，材质不同，形制各异应该具有不同的性质，不能一概而论，关于这一点，笔者将另文论述，在此不再赘述。

[11] 张小贵：《中古华化祆教考述》，文物出版社2010年版，第99—101页。

戴口罩的祭司形象也同样出现在众多的墓葬图像中。

现藏于日本弥弘博物馆的北齐墓出土的石雕屏风画上，桥头旁站立着一个祭司模样的人，身着长袍，口唇部位带有口罩，站于火坛一侧，双手执棍在管理火坛[1]（图1-3-10-1）。西安北周凉州萨宝史君墓石椁东壁浮雕图中在长桥的桥头亦有火坛，两个祭司拿着棍，祭司面部的下半部分也戴着口罩，与安伽墓的图像有着相同的含义[2]（图1-3-10-2）；德国科隆东方艺术博物馆藏的据传为北齐墓出土的石棺床双阙的浮雕上也可以看到戴口罩的祭司形象[3]（图1-3-10-3）；而在史君墓石椁门的左右，各有一个圣火坛，坛下有祭案，旁边各有一位戴口罩、人首鸟身的形象，可以看出应该是主管祭司的神灵[4]（图1-3-10-4）；西安北周安伽墓石门额上的浮雕图，中心是巨型的三驼背负火坛，两侧有两个摆满金银器皿的祭案，案旁各有一位人首鸟身的祭司神，戴口罩，执棍伸向祭案[5]。太原隋虞弘墓棺座前壁正中的浮雕也是一对人首鸟身的祭司神在管理火坛[6]（图1-3-10-5）。

图1-3-10-1　日本弥弘博物馆藏北齐石雕屏风

图1-3-10-2　西安北周史君墓石椁东壁浮雕

[1] 韩伟：《北周安伽墓围屏石榻之相关问题浅见》，载《文物》2001年第1期。
[2] 西安市文物保护考古所：《西安北周凉州萨保史君墓发掘简报》，载《文物》2005年第3期。
[3] 陕西省考古研究所：《西安发现的北周安伽墓》，载《文物》2001年第1期。
[4] 山西省考古研究所：《太原隋代虞弘墓清理简报》，载《文物》2001年第1期。
[5] 陕西省考古研究所：《西安发现的北周安伽墓》，载《文物》2001年第1期。
[6] 山西省考古研究所：《太原隋代虞弘墓清理简报》，载《文物》2001年第1期。

图1-3-10-3　科隆东方艺术博物馆藏北齐石棺床双阙浮雕

图1-3-10-4　西安北周史君墓石椁门旁浮雕

图1-3-10-5　太原隋虞弘墓棺座前壁正中浮雕

从以上出土材料我们可以看出，口罩是祆教祭司所必备的宗教用品，它不但在墓葬图像中与祆教的圣火火坛相伴，而且也与祆教的鸟神崇拜同时出现。虽然我们还没有充分的证据认为，下颌托就等同于祆教祭司所带的口罩，也就是所谓的“派提达那”。目前材料所见的以日月和鸟形装饰的冠饰与颌托组合出现的实物材料非常少。但九龙山M33墓中金冠饰与下颌托的组合出土，尤其是金冠饰图案的浓重祆教色彩，对我们认识该墓下颌托的性质，具有强烈的指示作用。金冠饰和金下颌托配套出土非常耐人寻味。

（二）九龙山M33的墓葬形制与出土物和国内目前发现的能够明确身份的入华粟特人墓葬有所不同

截至目前，我国境内发现了数座带有墓志的粟特人的墓葬，从中我们可以了解入华粟特人的丧葬习俗。

从墓葬形制来看，九龙山M33的墓葬形制符合中原地区北朝隋唐时期墓葬的特点，这一点与时代稍早的明确为粟特人墓葬的北周史君墓[1]、北周安伽墓[2]、北周康业墓[3]及太原出土的隋代虞弘墓[4]是一致的，说明入华粟特人在进入中原地区后，已经完全采用了中原地区汉族墓葬形制，从原报告我们可以看出，该墓由墓道、过洞、天井、甬道、墓门及墓室等部分组成，虽然遭到破坏，墓道的长度和天井的数量已不可知，但其规模显然已经不算小[5]，与同为粟特人的上述墓葬规模相当。该墓也未见葬具的痕迹，其中出土的罗马金币和金带銙在上述墓葬中也同样出土。

但与上述墓葬不同的是，该墓未见出土墓志，也未见在上述墓葬中常见的石刻门楣、围屏石榻或石椁，同时也没有见到壁画。但金颌托和金冠饰这样凸显祆教特色的遗物在上述可以明确界定身份的粟特人的墓葬墓主人的骨骼上没有发现。值得特别注意的是上述粟特人墓葬的墓主人从出土的墓志可以得知均为入华粟特人中的官宦人士，具有较高的身份和社会地位。因此其墓葬规格显然较高，而九龙山M33的墓主人生前的社会地位或者说世俗地位显然无法与之相比。

（三）墓主人的人种特征及北朝隋唐时期固原地区的粟特人聚落

九龙山M33墓葬中佩戴金冠饰的人骨为男性，属于白种人[6]，在该墓地同时发掘的四座隋唐墓葬中，九龙山M4中的人骨也属于白种人[7]。近年来，在固原发掘的诸多北朝隋唐墓葬中，经鉴定，已经确认了多具白种人的

---

[1] 西安市文物保护所：《西安北周凉州萨保史君墓发觉简报》，载《文物》2005年第3期。
[2] 陕西省考古研究所：《西安北郊北周安伽墓发觉简报》，载《考古与文物》2000年第6期。
[3] 西安市文物保护考古所：《西安北周康业墓发掘简报》，载《文物》2008年第6期。
[4] 山西省考古研究所、太原市考古研究所、太原市晋源区文物旅游局：《太原隋代虞弘墓清理简报》，载《文物》2001年第1期。
[5] 同注[1]。
[6] 韩康信、谭婧泽：《固原九龙山——南塬古墓地人骨鉴定报告》，载《宁夏古人类报告集》，科学出版社2009年版，第182—199页。
[7] 同注[6]。

骨骼[1]。韩康信先生在《唐史道洛墓》第七章鉴定结论和讨论中提到:“史道洛头骨背向蒙古人种而与西方高加索人种趋近。暗示其种族的西缘关系,固原地区隋唐时期的史姓和康姓家族祖先很可能出自中亚的昭武九姓之地,其地望在今两河(阿姆河和锡尔河)流域。从种族人类学的资料来看,这个地区在铁器时代以后的主要居民为短颅化的高加索人种。前苏联学者将这种成分的人中命名为中亚两河类型。”[2]

粟特人在入华后,伴随着商业活动和移民,在中原地区形成了众多的粟特人聚落,而原州正是众多粟特人聚落中的一个。近年来包括南郊史氏家族墓地在内的考古发现也充分说明了固原从北朝开始就有大量的粟特人活动[3]。

粟特人受到波斯人的影响,笃信祆教,在中亚地区的众多粟特人遗迹中,发现了大量的祆教遗物。

固原史氏墓地中,也有大量的含有祆教特征的遗物,安伽墓、史君墓、虞弘墓中都有大量的代表祆教特征的石刻或壁画,说明祆教是入华粟特人主要信奉的宗教。

(四)墓主人的身份考察

(1)墓主人应该是一个笃信祆教的祆教徒,虽然没有像安伽墓、史君墓或虞弘墓那样出土墓志,详细记载墓主人带有浓厚粟特人身份的“萨宝”官职,但从日月和鸟形装饰的金冠饰所代表的宗教意义来看,墓主人的身份有着浓厚的祆教背景。

(2)该墓的墓葬规模和随葬品与同时或后期的具有明确粟特人身份的墓葬有着明显的差别,这也许暗示墓主人的确身份比较特殊,起码他不像虞弘或安伽抑或史君那样属于粟特人中的官宦或入仕人士。

(3)经人骨鉴定,该墓主人属于白种人。来自中亚的粟特人,其人种本身就属于白种人,虽然隋唐时期入华的白种人未必一定就是粟特人,但应该可以肯定墓主人至少是来自西方笃信祆教的入华人士,而这一时期在固原

---

[1] 原州联合考古队:《唐史道洛墓》,文物出版社2014年版;宁夏文物考古研究所:《九龙山汉唐墓葬》,科学出版社2012年版;宁夏文物考古研究所:《固原南塬墓葬》,科学出版社2009年版;宁夏文物考古研究所:《宁夏地区墓葬发现人骨鉴定报告》,科学出版社。

[2] 原州联合考古队:《唐史道洛墓》,文物出版社2014年版。

[3] 陈伟:《中古胡系民族之流动——对公元5—10世纪宁夏区域粟特人的历史考察》,载《亚洲研究》2010年第5期。

所谓白种人的墓葬发现很多，尤以固原南郊史氏墓地最为闻名，史氏墓地大多均有墓志出土，可明确是属于“昭武九姓”的粟特人，那么，对于该墓的墓主人，也可基本认定为粟特人。

（4）日月冠在信奉瑣罗亚斯德教的古代波斯地区，除了国王外只有祭司能够佩戴，这一点，在目前我们发现的无论是中亚地区还是国内的信奉祆教的墓葬中均未发现墓主人头戴日月冠可以说明。

（5）无论是冠饰上的鸟形图案，还是配套的下颌托，都具有浓厚的宗教色彩，特别是下颌托，更是与祆教祭司所佩戴的“派提达那”有着密切的关联，因此墓主人的身份有更多宗教成分。

基于以上观点，笔者认为，九龙山M33墓主人的身份可以确定为信奉祆教的粟特人，其具有的浓厚祆教背景，表明他很可能是祆教中的神职人员，但是否就是入华祆教徒中的祭司或穆护，目前还缺乏足够的证据，等待将来同类材料的更多发现进行印证。

四、结语

固原地区从两汉开始就是丝绸之路上的一个重要枢纽。至北朝隋唐时期，随着绿洲丝绸之路的繁荣，作为绿洲丝绸之路北道东段的重要一环，固原在商业贸易上的重要地位日益凸显，成为长安西出的重要驿站。曾经有“劝君更尽一杯酒，西出阳关无故人”，而“今日别离原州去，明日不闻丝竹声”则是对固原与长安关系的最好写照。作为汉唐长安的门户，甚或说是整个中原的门户，固原承担了中外贸易和文化交流中介地的角色。南北朝时期，随着大量胡人的东进，固原地区自然聚集了大批来自西域甚至中亚的商人，而这其中，入华的粟特人占了很大的比例，形成了很多聚落。

20世纪80年代以来，在固原地区发现了大量的与粟特人有关的墓葬和遗迹，主要集中在固原南郊至九龙山一线，其中以20世纪80年代至90年代发掘的史氏家族墓葬最为著名；之后在南郊又陆续发现和发掘了一批隋唐时期的墓葬，虽然没有确凿的证据证明和粟特人有关，但出土的器物特征和人种分析都与粟特人有着不可分割的关系，即使在属于北朝至隋唐时期具有明确身份不属于粟特人的墓葬中，也出土了数量众多的具有浓厚中亚甚至波斯风格的器物，充分证明了固原地区在这一时期生活着大量的来自中亚地区的人群并深受西方文化的影响。

粟特人是一个善于经商的民族，虽然他们的家乡远在中亚的两河流域，但在丝绸之路沿线都留下了他们的足迹，到南北朝时期，更是有大量的粟特人进入中原，形成了众多的粟特人聚落。在宁夏及相邻地区到了唐代，为了更好地管理这些粟特人，唐王朝专门设立了“六胡州”。“六胡州”虽然不全是粟特人，其中也包括归降的突厥人等其他民族，但不可否认的是粟特人占了很大的比例，这些粟特人在进入中原地区后带来了他们的生活习俗和宗教信仰，同时也迅速接受了中原文化。这一点在目前发现的粟特人墓葬的丧葬习俗上表现得非常充分，一方面，从墓葬形制到丧葬方式都已经高度汉化，另一方面，粟特人墓葬中还保留着大量与粟特人生活习俗和宗教信仰有关的信息，特别是出土的图像中，更是充分反映了粟特人的文化面貌。

目前国内所知的属于粟特人的墓葬大多都是属于粟特上层贵族的墓葬，其地位较高，因而在墓葬规格上也较高，能够具备墓志、石棺床，并能够在墓葬的相关部位和石椁棺床上雕刻图像，但可以肯定的是，由于入华的粟特人数量相对庞大，还有大量的下层民众的墓葬未被发现或无法甄别。九龙山M33发现的金冠饰和金颌托所具备的祆教特征为我们研究粟特人的文化、宗教信仰提供了更多的信息，也为我们了解祆教在中国的传播提供了翔实的资料，随着更多考古资料的出土和发现，对入华粟特人、对祆教在中国的传播的研究会更加全面和深入。

本节作者简介：

陈伟，男，宁夏文物考古研究所副研究馆员。主要研究方向为美术考古和汉唐丝绸之路考古。1983年毕业于西北大学历史系考古专业。曾主持或参加固原北周李贤墓、菜园新石器时代遗址、西夏王陵陵邑遗址、宁夏灵武横城汉墓、宁夏中卫宣和汉墓、宁夏中宁龙坑汉墓、固原九龙山汉唐墓葬以及三峡工程重庆丰都境内考古发掘和南水北调工程河南辉县境内考古发掘等重大考古项目的发掘工作；主持或参与《宁夏文物地图集宁夏分册》、《宁夏盐池冯记圈明墓》、《固原九龙山汉唐墓葬》等考古报告的编写工作，发表论文20余篇。

第二章

模式与样式

第一节 北魏佛道造像系统万年样式及其相关问题的讨论

自19世纪德国建筑家戈特弗里德·森佩尔(Gottfried Semper)(图2-1-1)提出“材料、技法、使用目的为确定样式的三要素”[1]、20世纪初期德国佛教艺术史学者格林威德尔(A. Grünwedel)、勒柯克(A. von Le Coq)等人又对中亚艺术风格领袖涉足讨论[2]以来，有关佛教艺术样式、风格等问题的讨论渐次增多。

图2-1-1 [德]戈特弗里德·森佩尔(1803—1879)

初《语石 语石异同评》观察东魏、北齐与西魏、北周两种国祚系列分别传递中造像样式的差别，即称“北周与西魏一体，陕右石刻与关东迥异”[3]。1935年，中国美术理论学者滕固

[1] [德]戈特弗里德·森佩尔(Gottfried Semper，1803—1879)，新文艺复兴建筑代表人物。出生于汉堡，毕业于格廷根大学。代表作品有森佩尔歌剧院、城堡剧院、维也纳艺术史博物馆等。其样式“三要素”理论参见[日]长广敏雄：邓慧伯译：《什么是美术样式》，载《美术》1980年4期。

[2] 滕固译“格林威德尔”作“格留威特尔”，并对“格留威特尔”、勒柯克、槐格斯贝苟等人最早对中亚艺术风格讨论的学术轨迹有所阐述。称：“对中亚艺术的发展行程，德国格留威特尔勒柯克、槐格斯贝苟(Wachsberger)诸人，先后试过风格的分析，而企图编列出异同变化的理路。”参见滕固：《西陲的艺术》，载沈宁编《中国美术小史·唐宋绘画史》，吉林出版集团有限责任公司2010年版，第533页。滕固其文原载1936年1卷7—8期《西陲宣化使公署月刊》，收入1936年中华书局出版《蔡柳二先生寿辰纪念集》。据笔者不完全统计，格林威德尔、勒柯克等人相关艺术风格等问题的论述，大致有格林威德尔的Alt-Buddhistische KultstatteninChinesisch-Turkistan(Berlin：1912)及Alt-Kutscha，Tafelwerk(Berlin：1920)；阿尔伯特·冯·勒柯克(Albert von Le Coq，1960—1930)的Kokturkisches ausTurfan(Leipzig：1909)及Sprichworter und Lieder AusTurfan(Leipzig：1911)，Chotscho：Koniglich Turfan-Expedition(Berlin：1913)与Die BuddhistischeSprtantik in Mittelasien(Berlin：1922—1924)等。

[3] 叶昌炽撰，柯昌泗评，陈公柔、张明善点校：《语石 语石异同评》，中华书局1994年版，第323页。

图2-1-2　滕固（1901—1942）

（图2-1-2）还在该年《中央大学文艺丛刊》第2卷第1期发表的《唐代艺术的特征》一文中，注意到北魏造像（含造像碑）供养人形象的程式化雕凿与布局形式，称“这里的人物大抵是整齐的同一调子的侧面形（Profile），衣纹皆为有规律的垂直线所构成，宛如出水之状”，且将其与绘画领域内具有“曹衣出水”风格的北齐曹仲达的作品相联系[1]。1954年、1966年，日本学者松原三郎分别刊布《北魏の鄜県样式石雕につぃて》[2]、《中国仏教雕刻史论》[3]，前者通过“鄜县”地区石雕技艺风格的考察，将视角投向北魏关中地区的区域石雕艺术样式；后者“根据有造像记的作品，编年排列，深入地分析北魏至五代的佛教造像时代风格的演变”，指出“图像和风格上的区域特点”[4]，成为佛教风格、样式研究的基础性资料。1980年，日本学者长广敏雄甚至注意到样式与“时代、地域、流派”的“深厚关系”，指出“样式必须保持稳定性”，只有“成为百分之百的稳定性”，才能“使这种样式成为‘样’、‘型’之类的标准”，并且认为样式须借助“风格”才能表现“更加深奥”的内涵[5]。尽管他所阐释的样式内涵已远远扩展至“美术”的范畴。1987年，宿白更集思撰写《平城实力的集聚和“云冈模式”的形成与发展》一文[6]，在充分肯定云冈石窟在中国石窟艺术史上特有的地位、影响的同时，也将佛教艺术模式、样式的研究推展到一个新的高度。

坦诚地说，上述相关著述虽不乏其例，学术氛围也相对浓郁。尽管著述较多，学术氛围浓郁，但受到研究基础相对薄弱、信息传播速度较慢、研究对象与研究区域又广博、复杂等因素的制约影响，导致这一阶段有关佛道艺术模式、样式的研究仍存在诸多问题，“精密的体系并没有建立”[7]起来。

---

[1] 滕固：《唐代艺术的特征》，载沈宁编《滕固艺术文集》，上海人民美术出版社2003年版，第198页。

[2] [日] 松原三郎：《北魏の鄜県样式石雕につぃて》，载《国华》（第753号），1954年。

[3] [日] 松原三郎：《中国仏教雕刻史论》，日本东京吉川弘文馆1966年初版，1970、1995年增订再版。

[4] 李玉珉：《中国佛教美术研究之回顾与省思》，载《佛学研究中心学报》1996年第1期。

[5] [日] 长广敏雄，邓慧伯译：《什么是美术样式》，载《美术》1980年第4期。

[6] 载宿白：《中国石窟寺研究》，文物出版社1996年版，第119—120、125页。

[7] 李玉珉：《中国佛教美术研究之回顾与省思》，载《佛学研究中心学报》1996年第1期。

进入21世纪以来，随着国际化、信息化趋势的加剧，此类问题的讨论上升至前所未有的高度。而以中国佛道教艺术为观察中心，围绕朝代更易、政权对峙、地理区划、造像中心、都邑州郡县等级、崇奉对象、信仰群体、雕凿背景、雕凿技艺、图像风格等主题、背景分别综合分析相继提出的造像模式、样式，也如缤纷璎珞，成果喜人。

如阿布贤次的《陕西省的北魏雕刻：来源、赞助、愿望》、裴建平的《从关中出土的北魏佛造像看长安模式佛造像的形成》、宋莉的《北魏至隋代关中地区造像碑的样式与年代考证》、费泳的《中国佛教艺术中的佛衣样式研究》、王敏庆的《北周佛教美术研究——以长安造像为中心》[1]等一批论述，都是值得重视的研究成果。王敏庆还着眼帐龛、袈裟等细部图像样式深化北周佛教造像样式内涵，并注意到同时期北周、北齐两种地域造像样式之间比例关系的差异。

应该说，在特殊历史背景与良好学术环境下，上述这些有益的学术研究实践，均“筚路蓝缕，所得已觳”[2]，它们对造像艺术“作品断代贡献良多”[3]，有力地丰富、提升了中国佛道教艺术研究的品质与位格。

缘此，聚焦佛道教造像模式、样式，凸显强烈国家政治色彩[4]，重视鲜明“宗教行为”[5]，携带“敷导民俗”[6]、“鼓动愚俗”[7]、“启导粗近”[8]重任的北魏时期，以及承载中国历史从动荡分裂走向基本统一主流轨辙，具有控扼丝路腹地枢纽，连接贯通凉州、云冈、龙门三大佛教艺术模式与融合、链接六朝政治、经济、文化精髓余绪，享有北方佛教中心独特地位，蕴涵浓郁

[1] 阿布贤次：《陕西省的北魏雕刻：来源、赞助、愿望》，载巫鸿《汉唐之间的宗教艺术与考古》，文物出版社2000年版；裴建平：《从关中出土的北魏佛造像看长安模式佛造像的形成》，载《碑林集刊》（十二），2006年，第79—89页；宋莉：《北魏至隋代关中地区造像碑的样式与年代考证》，2011年西安美术学院博士论文；费泳：《中国佛教艺术中的佛衣样式研究》，中华书局2012年版；王敏庆：《北周佛教美术研究——以长安造像为中心》，社会文献出版社2013年版。

[2] 钱穆：《国学概论》，商务印书馆1997年版，第322—325页。

[3] 李玉珉：《中国佛教美术研究之回顾与省思》，载《佛学研究中心学报》1996年第1期。以上部分示例李文虽未直接对应，但从总体而言，它们也应适应李文的评介。

[4] 业露华：《论北魏佛教的几个特点》，载业露华著《法海一得》（宝庆讲寺丛书·中国佛教学者文集），宗教文化出版社2007年版，第42页。

[5] 汤用彤在阐释南北朝佛教艺术分野标志时指出：“南方偏尚玄学义理，上承魏晋以来之系统。北方重在宗教行为，下接隋唐以后之宗派。”汤用彤：《汉魏两晋南北朝佛教史》，中华书局1983年版，第350页。

[6]（北齐）魏收：《魏书·释老志》，中华书局1974年版，第3030页。

[7]《弘明集》卷六载东晋末道恒《释驳论》：“世有五横，而沙门处其一焉。何以明之？乃大设方便，鼓动愚俗……。”

[8]《弘明集》卷三《答何衡阳书》之一，《大正藏》卷五二，18页下。

图2-1-3　正光四年(523)师氏合宗邑子七十一人造像碑发愿文“佛道合慈，无为是一”信息

释道“相激相生”[1]、“佛道合慈，无为是一”[2](图2-1-3)特色，拥有多民族融合复杂信仰群体，保持独特地域宗教艺术风格的关中地区，便自然进入我们的观察视线，成为不可小觑的研究主题。

于是，关注北魏时期关中地区的佛道造像，检索相关的学术研究成果，我们注意到长安以北的北地郡、长安东北的冯翊郡以及长安以东的华山郡等相关地域，应是主要的流行区域。如以郡级行政单位佛道混合造像主题而论，无论是种类、数量，还是内涵、特质，这一扇形区域的历史地理单元，均明显跃居同时期国内前列[3]。

还应当看到，得益于各自不同地理环境、雕凿背景、经济基础、供养人群体、发展脉络等诸多因素的制约影响，在相互融合、共性清晰的前提下，三郡地域的北魏佛道造像，亦均保持着鲜明、独特的地域特色与样式风格。

笔者认为，北魏佛道造像，尤其是郡县村邑佛道造像，基本遵循“择形胜之地”[4](图2-1-4)而建的理念，呈现立足郡治、县治“形胜之地”或村落“路首边”[5]、“大路显敞之处”[6]

[1] 姜伯勤:《敦煌艺术宗教与礼乐文明》，中国社会科学出版社1996年版，第266—267页。关于道释“相激相生”的解释，姜文先后引用方东美《中国大乘佛学——引论》(载《中国大乘佛学》，台北黎明文化事业公司1991年版，第23页)及[日]福井文雅《道教和佛教》(见《道教》第二卷《道教的展开》，东京：平河出版社)观点进行阐述。如方东美认为：六朝隋唐之世，中国学术文化上面有一个大的复兴，这个复兴“凭藉老庄的精神，去吸收外来的大乘佛学般若学里面高度的智慧，形成高度的哲学，然后以这类哲学重新振作起来，把中国人颓废的精神激扬了之后，变成创造的精神”。福井文雅进而解释道释关系:“以往的研究者着重关心的是发现道教和佛教的相似点。”“如相反从道教立场来考虑，则会研究佛教从道教中吸取了什么。”进而认为“这方面的研究成果几乎是零，而在论述佛、道二教的相互关系中，这一问题是无法回避的”。

[2] 临潼博物馆藏北魏正光四年(523)合宗邑子七十一人等造像碑发愿文。

[3] 此类研究数据颇多。如张燕《北朝佛道造像碑精选·序言》认为5世纪至9世纪道教与佛道混合造像碑约70余通，而关中地区就有50余通，占“全国已知同类资料的百分之八十以上”。见陕西省耀县博物馆等合编:《北朝佛道造像碑精选》，天津古籍出版社1996年版。尽管这些数据尚存检测、校勘或提升、弥补的空间，但关中地区，特别是北魏北地、冯翊、华山三郡佛道混合造像的优势数据地位仍是显而易见的。

[4] 詹望:《北魏宕昌公晖福寺碑概说》，载西安碑林博物馆编《陕西碑石墓志资料汇编》，西北大学出版社1995年版，第366—367页。另参见汤用彤:《魏晋南北朝佛教史(下)》第十九章《禅窟与山居》，中华书局1983年版，第558页。

[5] 如陕西耀县药王山博物馆藏北魏神龟二年(519)邑老田清等七十人造像碑发愿文:“刊石出真容，辍收路首边。”

[6] 如陕西耀县药王山博物馆藏北魏永熙二年(533)北雍州宜君郡黄堡县邑主儁蒙文姬、甞姬娥合邑子卅一人等造像碑发愿文:“……大路显敞之处敬造石像一区。”

图2-1-4　太和十二年(488)宕昌公晖福寺碑碑阳“择形胜之地”信息

图2-1-5　永熙二年(533)儁蒙文姬卅一人等造像记发愿文“大路显敞之处”信息

图2-1-6　显示“路冲”信息的锜氏合邑子廿人等造像碑发愿文拓本局部

(图2-1-5)、“路冲”[1](图2-1-6)、“迪冲”[2]等冲要更为集中的生长态势与存储规律,风格属性也较为活泼鲜明。

一般来说,当北魏之际,行政级别愈高,地理环境与文化背景愈佳,供养人群体结构愈丰富,且造像数量愈多、造像品格愈高。如无其他原因,一般呈现连续出品、集群存储、热烈供养、长期生长的态势。至北魏关中地区三郡属下县级行政单元,则更集中、准确、形象地表现了此类特色,呈现出既趋向同期、同种行政级别所蕴藏的共性,又保持浓郁地域特色的规律。这些状态与规律,对于我们深入进窥此一时期佛道造像地域样式源流、内涵、结构、特色、脉络、价值来说,无疑提供了诸多的便利与启迪。

如是,我们尝试选择北魏冯翊郡万年县佛道造像作为观察中心,审慎确定北魏佛道造像系统万年样式及其相关问题讨论这一主题作为我们本次的研究任务,并希望通过文献、实物对勘,相关信息统计,图像结构分析,相关

[1] 如陕西耀县药王山博物馆藏北魏神龟三年(520)锜双胡等廿人造像碑发愿文:“雕克成就,与真容并(?)应。安放路冲,高平显唱(敞)。讨邑恭养,随时不阙。”

[2] 参见西魏大统元年(535)诸邑子等造像碑:“敬造石像一区,慈颜端妙。立在‘迪冲’。”

区域比较等方法，来分析探究北魏佛道造像系统万年样式的源流、内涵、题材、技艺、特征、价值以及其与相关地域样式之间的互动关系等问题，从而对探寻北魏关中地区佛道造像地域样式系统研究路径产生裨益。

之所以要认同、确定这一选择，主要基于以下五种原因：

（1）目前可以确定现存西安市临潼区（原属临潼县）博物馆的至少三通北魏佛道造像碑，曾共处冯翊郡万年县[1]一地，具有时地清楚、接续出品、相互联系、集群存储的特性，且样式稳定、内涵丰富，符合前述长广敏雄等人样式认定的约束标准。

（2）就地理区位、造像样式、体量内涵、造像品级言，冯翊郡万年县毗邻长安，积淀丰厚，位处同期北地、华山、白水诸郡中端，能够代表冯翊郡乃至关中地区佛道造像中坚，堪为“造像之大观”[2]。不仅具备可以沟通北地、冯翊、华山、白水诸郡互动联系的功能与意义，并且因其耀眼于同期关中道教造像组群序列之中，得风气之先[3]，观其一便可尽窥中国佛道教融合造像艺术之渊薮。

（3）根据体量、形制、内涵、特征及供养人题名、图案装饰等综合因素，将可以认定的至少三通曾共处冯翊郡万年县一地的佛道造像碑与西安碑林博物馆藏北魏田良宽四十五人等造像碑等相关实物资料、信息进行对比、联系，可以发现诸多微妙的共性特征。因此在挖掘、扩展后者此前诸多未知元素的同时，也可以有机扩展、延伸至少三通曾共处冯翊郡万年县一地佛道造像碑为中坚的万年样式的内涵、品质，从而扩充、延伸此前我们对于三通冯翊郡万年县造像碑的认识。

（4）目前可以确定的至少三通佛道造像碑曾共处北魏冯翊郡万年县，其地大致以现今西安市临潼区栎阳镇为中心，包括西安市阎良区武屯镇西南、临潼区渭河以北西部等地区。据笔者田野调查，今栎阳镇至县西村一线的地理区间，应为北魏冯翊郡万年县重要区域所在，其南距临潼县城25千米，西南距长安（西安）50千米。

---

[1] 临潼博物馆赵康民的《陕西临潼的北朝造像碑》一文称该馆藏正始二年（505）造像碑一，神龟二年（519）造像碑二“同出于今栎阳镇”（《文物》1985年第4期）。其中两通造像碑题铭分别有“万年县寇文安”、“雍州□（冯）翊郡万年县西乡人”等信息。姑且暂时不论其定名、分析与出土时间认定是否准确。

[2] 叶昌炽撰，柯昌泗评，陈公柔、张明善点校：《语石　语石异同评》中华书局1994年版，第69页。

[3] 如《语石　语石异同评》称：“造象之风亦以关中为始，西魏、北周，道象多出雍绛之间。”出处同上，第329页。

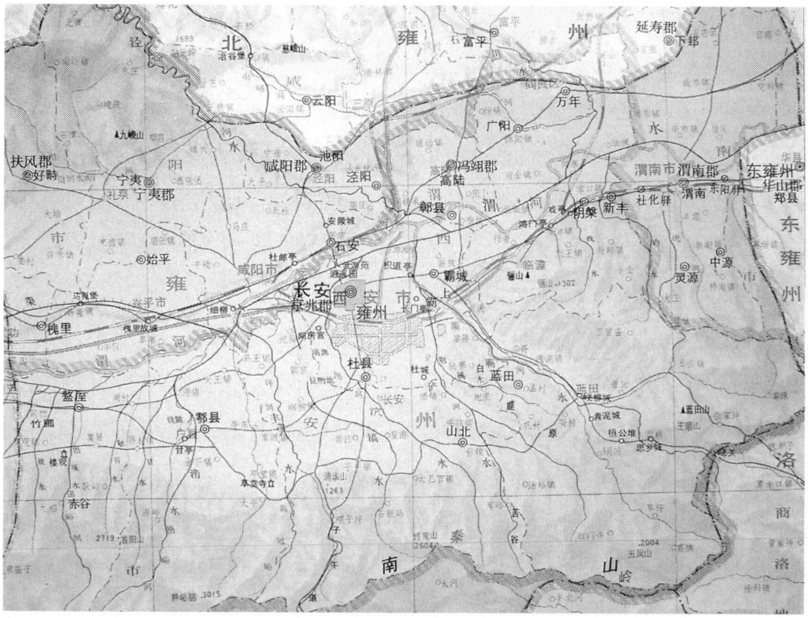

图2-1-7　北周时期关中地区局部地图（采自谭其骧《中国历史地图集》）

又按万年县一地，自秦至唐，隶属关系错综复杂，沿革频仍。如《魏书·地形志》《类编长安志》《舆地广记》《北周地理志》等文献记载州郡县设置沿革，称北魏孝文帝太和二十二年（498）、宣武帝景明元年（500）先后分雍州冯翊郡万年县地置障县与广阳县[1]，并称北周明帝时（559—560）又将万年、障县并入广阳。其后万年县置于长安城中，广阳县则仍属冯翊郡（图2-1-7）。

诸说与《元和郡县志》卷二“栎阳县”条记载相较，内涵大致吻合。即“（栎阳县）西南至（京兆）府一百里。本秦旧县，献公自雍徙居焉，属左冯翊。项羽立司马欣为塞王，亦都之。按高帝既葬太上皇于栎阳万年陵，遂分栎阳置万年县以为陵邑，理栎阳县城中，故栎阳城亦名万年城。后汉省栎阳入万年，后魏宣武帝又分置广阳县，周明帝省万年入广阳，更于长安城中别置万年县，广阳仍属冯翊郡。隋开皇三年（583）罢郡，广阳县属雍州。武德

[1] 如《魏书·地形志》：“障，太和二十二年（498）置。”又《魏书·志第七·地形二（下）》：“广阳，景明元年（500）置。”又《元和郡县志》：“万年县，赤。本汉旧县，属冯翊，在今栎阳县东北三十五里。周明帝二年（558），分长安、霸城、山北等三县，始于长安城中置万年县。隋开皇三年（583）迁都，改为大兴县，理宣阳坊。武德元年（618），复为万年。乾封元年（666），分置明堂县，理永乐坊，长安三年（703）废。天宝七年（748），改为咸宁，乾元元年（758）复为万年县。”再《类编长安志》：“咸宁县，按旧长安志本汉万年县，《三辅黄图》汉太上皇葬栎阳北原，起万年陵，因置万年县，隋开皇年徙都大兴城，取万年县以配长安县，天宝七年（748）改万年为咸宁县。”

元年（618）又改为栎阳县。"

上述文献记载尽管曲折多变，但却大致勾勒出北魏景明元年（500）至北周明帝（559—560）雍州冯翊郡万年县的基本沿革轨迹。

究其焦点，均在万年一地，区别又只在万年县沿革期间与广阳县、障县、栎阳县等相关地理区划发生的分合关系。换言之，历史沿革、地理区位以及北魏孝文帝分置障县、宣武帝"分置广阳县"等举动，都自万年发生。万年的符号价值与母体地位，于此可见一斑。

针对共处冯翊郡万年县一地的至少三通佛道造像碑，笔者在《中国佛道造像碑研究》中有粗略分析，将其归属于"栎阳样式"的范畴[1]。此种划分虽与现今"栎阳镇"地名吻合，却易与西安市阎良区武屯镇关庄与御宝村之间的战国秦都栎阳遗址名称、地望发生混淆。如取"万年"一名替代"栎阳"，不仅可规避两种"栎阳"称谓易混淆的矛盾，还可吻合至少三通佛道造像碑原生长地域的人文氛围与时代背景，使其更具客观真实性，更符合时代生活气息。

此外，鉴于冯翊郡地接长安，内涵丰富，高陆、万年、广阳、障县等属地相较北地郡属地人口密集，风格多样。以笔者目前掌握的资料与研究能力，还无力对位冯翊样式的考察。因此，万年样式的提出与探讨，除风格明晰以及限于资料、研究能力等外，一种旨在凸显地域样式的探讨与研究，或许还将是冯翊样式探讨的阶段、准备与前奏。

在《中国佛道造像碑研究》中，笔者曾有关于"栎阳样式"的初步研究结果，但收揽近年调查研究所获，并受学界研究成果滋养，学术感悟已有所增强，以此来重新考究原在北魏万年县的至少三通佛道造像碑蕴涵的诸如北魏"万年县寇文安"（图2-1-8）、"雍州□（冯）翊郡万年县西乡人"[2]（图2-1-9）等信息，确定"万年样式"并进一步实施探讨研究的机遇、基础已经具备。

其中"万年县寇文安"、"雍州□（冯）翊郡万年县西乡人"等关键信息的出现，为确定万年样式及万年县地理区划提供了可靠的实物证据。不管北魏孝文帝如何自万年县分置障县、北魏宣武帝如何自万年县"分置广阳

[1] 罗宏才：《中国佛道造像碑研究——以关中地区为考察中心》，上海大学出版社2008年版，第209—213页。

[2] 三通北魏佛道造像碑其一正始二年（505）冯神育等二百廿人造像碑碑阴龛外左下供养人题名、神龟二年（519）张乾度七十人等造像碑发愿文。另分别参见龚鹏程《張澤珣〈北魏道教造像碑研究〉序》；台北"中央研究院"历史语言研究所颜娟英等编：《北朝佛教石刻拓片百品》（"中央研究院"历史语言研究所珍藏史料暨典籍系列之三），台北"中央研究院"历史语言研究所2008年版，第46—49页。详见下文相关讨论。

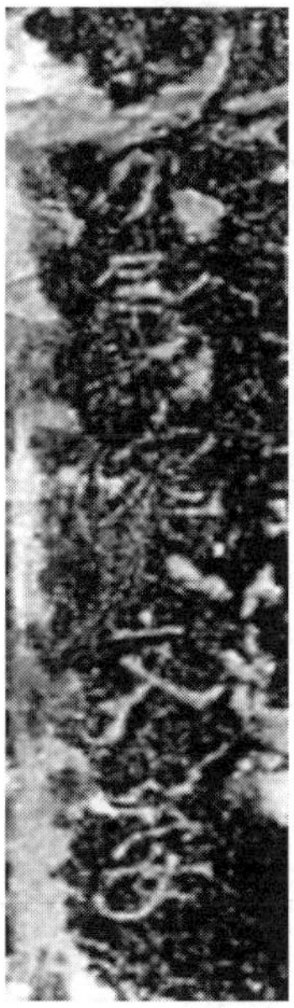

图2-1-8 正始二年(505)冯神育等二百人造像碑碑阴龛左下部“万年县寇文安”题名

图2-1-9 神龟二年(519)张乾度七十人等造像碑发愿文“雍州□(冯)翊郡万年县西乡人”信息

县”,至少在正始二年(505)至神龟二年(519)间,万年县之名并未撤销。唯《北周地理志》“冯翊郡”条称该郡“领县六”,独空置“万年”不录[1],或有困惑。故“万年县寇文安”、“雍州□(冯)翊郡万年县西乡人”等资料信息的发现,可补缺憾。

(5)自拙著《中国佛道造像碑研究》出版以来,新考古资料层出,新视角观点频现,新感悟认识增多,促使前次浅显的“栎阳样式”研究亟须补充、提升,北魏佛道造像系统万年样式及其相关问题讨论主题的确定,客观上更趋向此种现实需求。

基于此,本节就北魏佛道造像系统万年样式及其相关问题进行讨论。

一、相关信息的清理与甄别

前述共存北魏冯翊郡万年县一地的至少三通佛道造像碑,1985年第4期《文物》杂志刊布临潼博物馆赵康民《陕西临潼的北朝造像碑》一文(以下简称《陕碑》),称其“一为正始二年(505)造,二为神龟二年(519)造”,合称“三道士造像碑”。该文并根据神龟二年(519)造像碑其一“碑阴”镌

[1] 王仲荦:《北周地理志(上)》,中华书局1980年版,第24—29页。

图2-1-10　陈树藩（1885—1949）

刻陈树藩其人与知临潼县事阮贞豫题跋（以下分别简称"陈跋"、"阮跋"），称其"清嘉庆戊午年（1798）同出于今栎阳镇。第二年，由阮贞豫及李凤翔、栾锐等人，将其由栎阳运至县署内保存。不知何时又从衙署徙置于华清池碑亭内。十年浩劫中，被搬出碑亭砌了台阶。1975年9月，从台阶拆下，树立于临潼县博物馆"[1]。

《陕碑》提及的陈树藩（1885—1951）（图2-1-10），字伯森，一字伯生，陕西安康王彪店人。1909年入保定陆军部陆军速成学堂学习炮兵，1910年毕业后任陕西新军陆军混成协（旅）某标（团）军械官。1911年参与陕西辛亥革命起义，事定任陕西陆军独立第四混成旅旅长。后任陕南镇守使、陕北镇守使等职。1916年5月9日任陕西护国军总司令、陕西都督兼民政长。同年6月10日得段祺瑞北洋政府任命为汉武将军督理陕西军务兼陕西巡按使，7月6日改任陕西督军兼省长。1918年3月23日免兼省长。段祺瑞失势后，其陕西督军一职于1921年5月25日为直、奉系北京政府罢免，陈势力旋被直系武装逐出西安。

陈树藩任陕西督军、省长时，因积极依附段祺瑞北洋政府，故遭陕西靖国军起义反对，关中战火炽烈，戊午、己未年间（1918—1919）尤甚。己未"阴正月"，陈军更"麾精锐逾万，横渭河各渡口来攻"渭北靖国军防地，致秦川腹地"战事剧厉，炮火动原野"[2]。神龟二年（519）造像碑其一"碑阴"龛左镌刻己未年（1919）春陈跋所谓"临潼县出土石像三区，一为魏正始二年造；二为神龟二年造。共得二千四百余字，可谓造像之大观。是时丧乱既久，士大夫皆好言鬼神祈祷之事，故其为文类古雅可颂，而书法尤擅绝千秋。此碑未知何时入土，迄今乃发见。迨其神灵不能终閟[3]，欲出而为吾民禳此浩劫也"

[1] 临潼博物馆赵康民：《陕西临潼的北朝造像碑》，载《文物》1985年第4期。

[2] 此段引文均参见1949年出版铅印本《西北革命史征稿·陕西靖国军纪事（上卷）》，载中国社会科学院近代史研究所《近代史资料》编译室主编《一九一九年南北议和资料》（近代史资料专刊），知识产权出版社2013年版，第506页。

[3]《陕碑》释陈树藩跋"閟"作"闷"。参见临潼博物馆赵康民：《陕西临潼的北朝造像碑》，载《文物》1985年第4期。

（图2-1-11）。正基于此种时代背景。

而时任临潼县知事的阮贞豫在己未年（1919）春神龟二年（519）造像碑其一“碑阴”底部中段题跋称戊午年（1918）“（临潼）邑北农人掘土，得造像凡有三”，“闻于余，舁至城[1]，摩字而读之。其一为魏正始二年造；二为神龟二年造”（图2-1-12）。所述三碑发现经过与移运县城情形，也与当时背景基本吻合。

图2-1-11　神龟二年（519）邑老田清七十人等造像碑碑阴龛左　陈树藩题跋

阮贞豫（1878—？），字奥伯，一字翱伯，合肥人。晚清生员。后毕业于奉天法政学堂[2]。1914年始历官陕西镇巴、白河、汉阴、临潼、南郑、汉中等地，政声颇著。1920年3月30日大总统令因称其“器识宏通，循良之选”[3]。与本节相关者，如1916年、1918年两任临潼知事[4]；1917年、1921年两任南郑知事；1924年又任陕西南道（汉中道）道尹。

民国五年（1916）夏正六月十八日张扶万《在山草堂日记》[5]故记：“访阮翱伯，合肥人。”己未年（1919）阮贞豫题临潼造像跋故记其“戊午（1918）再篆斯土（临潼）”。又己未年（1919）五月二十日《鲁迅日记》：“上午寄临潼知事阮翱伯信并拓片四枚。”又民国十一年（1922）“南郑县知事合肥阮贞豫”《续修南

[1] “城”字赵文空而未释。临潼博物馆赵康民：《陕西临潼的北朝造像碑》，载《文物》1985年第4期。

[2] 沈云龙主编：《近代中国史料丛编第三编 · 清末民初中国官绅人民录》，台湾文海出版社，第211—212页。

[3] 1920年3月30日《政府公报 · 大总统令》：“据陕西省长刘镇华呈称，……试署临潼县知事器识宏通，循良之选。现署南郑县知事。”

[4] 如1916年3月20日政事堂奉　策令：“陕西巡按使吕调元奏请任命贾遯试署蒲城县知事；阮贞豫试署临潼县知事知事。……应照准此令。”

[5] 张扶万（1867—1943），名鹏一，字扶万，号一叟，树叟，一翁，又一翁，在山草堂主人等。陕西富平人。光绪二十三年（1897）丁酉科陕西乡试举人。历任山西长治知县、山西大学堂庶务长、中国银行秘书长、陕西吏治研究所所长、陕西孔教会会长、陕西省政府与北平研究院合组陕西考古会委员长、西北史地学会理事长、西安碑林管理委员会主任、陕西省临时参议会参议员等职。通内典，擅长金石考古。著《在山草堂日记》《在山草堂诗抄》《在山草堂文集》《吕刻唐长安宫城图考》《唐长安城金石考》等。其《在山草堂日记》，手稿，未刊，稿藏陕西省政协文史办。

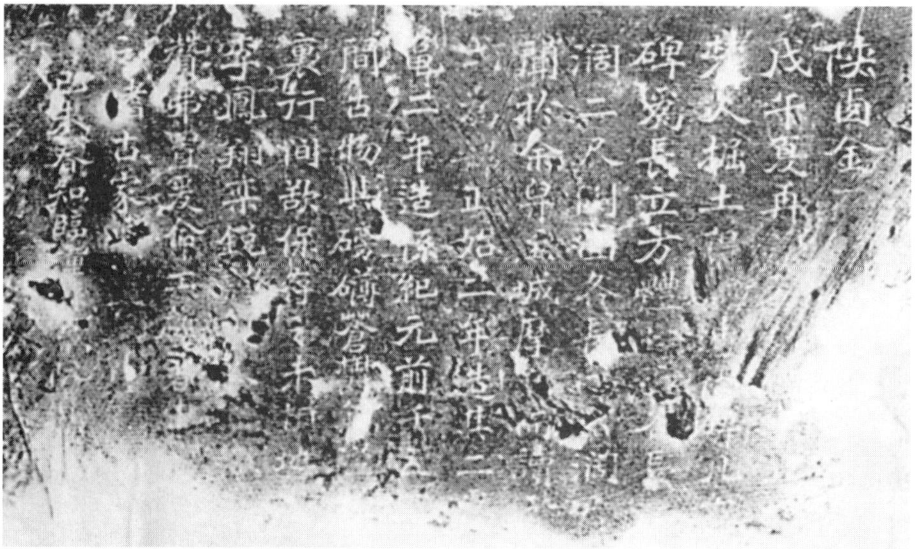

图2-1-12　神龟二年（519）邑老田清七十人等造像碑碑阴下部　阮贞豫题跋

郑县志》序言称其“客冬随七师入汉，再权邑事”[1]；再汉中藏《汉中道署十景诗碑》，落款亦署“中华民国十四年（1925）岁次乙丑夏闰四月合肥阮贞豫题并书”。

搜相关文献，知陈树藩、阮贞豫皆嗜古、擅书。如阮贞豫跋谓三通佛道造像碑“系纪元前一千五百年间古物，其磅礴苍郁气溢于字里行间。欲保存之，未相地址。会李凤翔、栾锐诸友人奉徼□止，赞弗置，爰命工树署中，以饷□（之）嗜古家”。再民国五年（1916）十二月十七日谢彬《新疆游记》：“早膳后，往访陈柏生督军，晤于签押房。其状短小和平，颇知书法，时适为人书寿屏。言论风采，似非治世之良才。”[2]民国七年（1918）六月一日无锡侯鸿鉴[3]《西秦旅行记》：“室中见阮知事大书静字，下注以幢幢往来，朋从尔私，生机息矣，

[1] 指1921年10月7日北洋系吴新田（1886—1945，字芑荪，安徽合肥人）任陆军第七师师长，同年11月率部进入汉中，阮贞豫随之，再次任南郑县知事。

[2] 谢彬：《新疆游记》，杨镰、张颐青整理，新疆人民出版社2013年版，第31页。谢彬（1887—1948），号晓钟，湖南衡阳人。1905年入同盟会。1912年赴日本早稻田大学攻读政治经济学。1916年归国，任职于湖南督军府。同年受北洋政府财政部委派以财政部委员身份，赴新疆及阿尔泰特别区调查财政状况并推行印花税，《新疆游记》即为本次调查之产物。

[3] 侯鸿鉴（1872—1961），字保三，号梦狮、铁梅、病骥、沧一，江苏无锡人。曾留学日本，致力教育。任竣实校长、南菁学监、蚕业校长及江苏、江西诸省视学与集美学校校长、福建教育厅秘书、上海致用大学校长等职。擅指画，喜旅游。著《古今图书馆考略》《无锡图书馆先哲藏书考》《塞外纪游》《西秦旅行记》《西北漫游记》《南洋旅行记》《环球旅行记》《嵇古旅行记》等。

死亡随之。当下猛醒，惺尔良知，湛定莹澈，无心在兹。知阮知事于宋学颇有根底者。”1928年，阮贞豫还于汉中道尹任间邀集汉上名士为王世镗[1]《稿诀集字》注释并刻石嵌宝峰寺壁上（图2-1-13）。1935年4月30日，《徐旭生陕西考古日记》更记：“杨兆璜君（即前数日（何）乐夫所见之杨老先生）来谈。彼言民国二年（1913）时，陈树藩为旅长时，曾在纸房头发掘一月，得铜器十九件。县志止载其一件。其大鼎内有周莒子作诸字。”[2]（图2-1-14）

复将陈、阮跋文与其他陈、阮书法作品比较，其间结体、风格等诸种元素，亦相吻合。

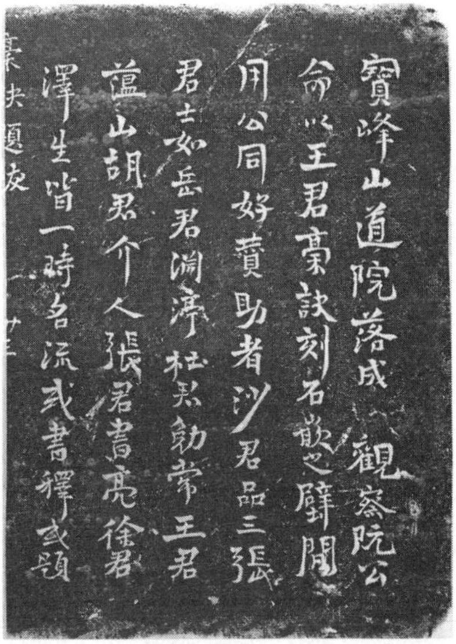

图2-1-13　阮贞豫助力王世镗《稿诀集字》注释并刻石嵌宝峰寺壁间证据

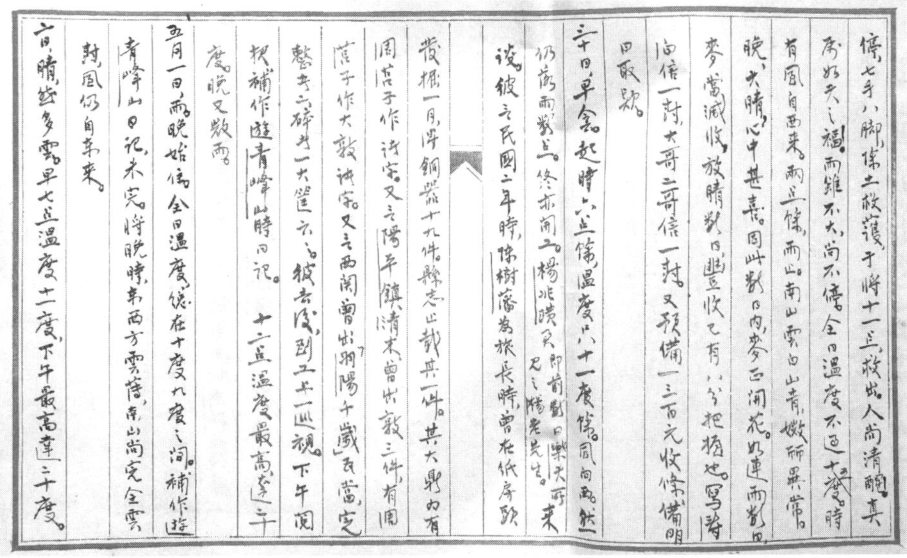

图2-1-14　1935年4月30日《徐旭生陕西考古日记》片段

[1] 王世镗（1868—1933），字鲁生，号积铁子、积铁老人，天津人。曾任镇巴、西乡县知事。擅书法，章草尤为一绝。所著《稿诀集字》风行一时。

[2]《徐旭生陕西考古日记》手稿藏徐旭生哲嗣徐桂伦处，由笔者校注、整理，即将由陕西师范大学出版社出版。

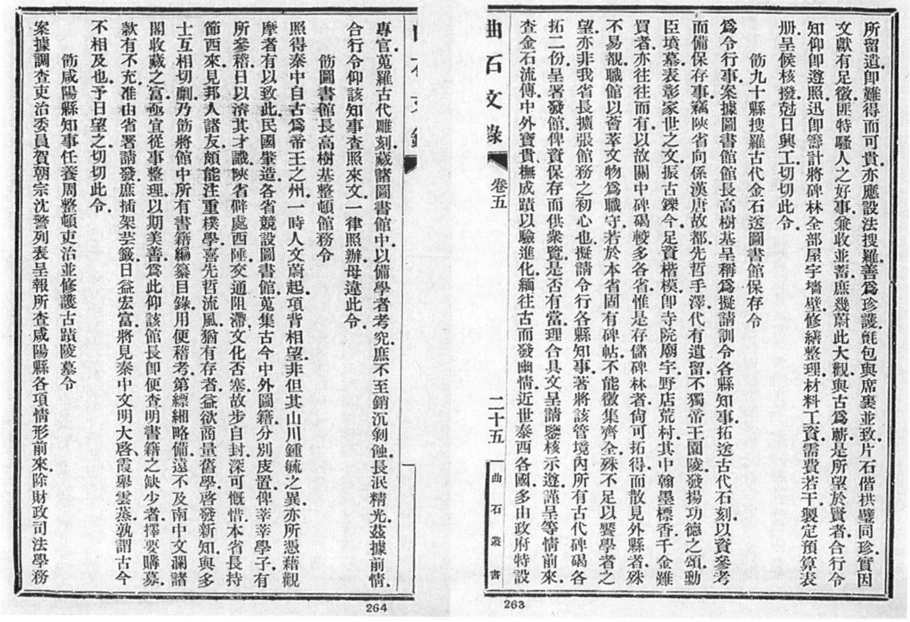

所留遺，即難得而可貴，亦應設法搜羅，善爲珍護，毋包與席裹，並致片石偕拱璧同珍，實因文獻有足徵，匪特騷人之好事，兼收並蓄，庶幾蔚此大觀，與古爲新，是所望於賢者，合行令知，仰即遵照，迅即籌計，將碑林全部屋宇牆壁，修繕整理，材料工資，需費若干，覈定預算表冊，呈候核撥，剋日興工，切切此令。

飭九十縣搜羅古代金石送圖書館保存令

爲令行事，案據圖書館館長高樹基呈稱，爲擬請訓令各縣知事，拓送古代石刻，以資參考而備保存事，竊陝省向係漢唐故都，先哲手澤，代有遺留，不獨帝王園陵，發揚功德之頌，勳臣墳墓，表彰家世之文，振古鑠今，足資楷模，即寺院廟宇，野店荒村，其中翰墨標香，千金難買者，亦往往而有，以故關中碑碣，較多各省，惟是存儲碑林者，尚可拓得，而散見外縣者，殊不易覩，職館以薈萃文物爲職守，若於本省固有碑帖，不能徵集齊全，殊不足以饜學者之望，亦非我省長擴張館務之初心也，擬請令行各縣知事，著將該管境內所有古代碑碣各拓二份，呈署發館，俾資保存而供衆覽，是否有當，理合具文呈請鑒核示遵，謹呈等情前來，查金石流傳，中外寶貴，撫成蹟以驗進化，緬往古而發幽情，近世泰西各國，多由政府特設

曲石文錄　卷五　二十五　曲石叢書

263

專官，蒐羅古代雕刻，藏諸圖書館中，以備學者考究，庶不至銷沉剝蝕，長泯精光，茲據前情，合行令仰該知事查照來文，一律照辦，毋違，此令。

飭圖書館館長高樹基整頓館務令

照得秦中自古爲帝王之州，一時人文蔚起，項背相望，非但其山川鍾毓之異，亦所憑藉觀摩者有以致此，民國肇造，各省競設圖書館，蒐集古今中外圖籍，分別庋置，俾莘莘學子，有所參稽，日以濟其才識，陝省僻處西陲，交通阻滯，文化否塞，故步自封，深可慨惜，本省長持節西來，見邦人諸友，頗能注重樸學，蓄先哲流風，猶有存者，益欲商量舊學，啓發新知，與多士互相切劘，乃飭將館中所有書籍，編纂目錄，用便稽考，第繚細略備，遠不及南中文瀾諸閣收藏之富，亟宜從事整理，以期美善，爲此仰該館長即便查明書籍之缺少者，擇要購募，款有不充，准由省署請發，庶插架芸籤，日益宏富，將見秦中文明大啓，霞舉雲蒸，孰謂古今不相及也，予日望之，切切此令。

飭咸陽縣知事任養周整頓吏治並修護古蹟陵墓令

案據調查吏治委員賀朝宗沈警列表呈報所查咸陽縣各項情形前來，除財政司法學務

264

图2-1-15　李根源《曲石文录》卷五《饬九十县搜罗古代金石送图书馆保存令》(依曲石精庐1932年刊行铅印本)

按三通佛道造像碑移运临潼县城并得以竖立保护，知临潼县事阮贞豫固功不可没，但此前1917年陕西省长李根源(1879—1965)《饬九十县搜罗古代金石送图书馆保存令》根据“图书馆馆长高树基呈称：……‘拟请令行各县知事，着将该管境内所有古代碑碣各拓二份，呈署发馆，俾资保存而供众览’”，指出“查金石流传，中外宝贵。抚成迹以验进化，缅往古而发幽情。近世泰西各国，多由政府特设专官，蒐罗古代雕刻，藏诸图书馆中，以备学者考究。庶不至销沉剥蚀，长泯精光。兹据前情，合行令仰该知事查照来文，一律照办，毋违。此令”[1](图2-1-15)，其时代背景，恐亦不能率意省却。

[1] 李根源：《饬九十县搜罗古代金石送图书馆保存令》，收录于李根源《曲石文录》卷五，铅印本，曲石精庐1932年刊行，第25页。收入沈云龙主编《近代中国史料丛刊续编第三辑·曲石文录》，台湾文海出版社1974年版，第263—264页。李根源(1879—1956)，字印泉，又字养溪、雪生，号曲石，别署高黎贡山人。云南腾跃(今腾冲)人。清末秀才，1904年赴日本东京振武学校留学。翌年在东京加入同盟会。1908年又入日本陆军士官学校步科学习，同年年底毕业。1909年回国，任云南陆军讲武堂监督兼步科教官、总办。1911年参与辛亥革命，事定任云南大汉军政府军政部总长兼参议院议长、云南陆军第二师师长兼国民军总统。1913年当选国会众议院议员。1916年任陕西省省长。1922年黎元洪复任总统职后又邀他担任北京政府航空督办、农商部总长。1939年任国民政府云贵监察使。1949年后任西南军政委员会委员、政协第二、第三届全国委员会委员等职。著《曲石文录》《曲石诗录》《雪生年录》等。

揆以情理，这可能是阮跋所谓“会李凤翔、栾锐诸友人奉徹□(益)止，赞弟置爰，命工树署中，以饷□嗜古家”之潜藏原委了。

阮跋谓民国戊午年(1918)“(临潼)邑北农人掘土，得造像凡有三”，但此消息只是“闻于余”，并非一概无误。实陕籍学者张扶万早在1904年就发现三通佛道造像碑其一的正始二年(505)造像碑。民国三年(1914)夏正十月初一日张氏《在山草堂日记》不仅依据新得拓本逐录该碑发愿文及题名，尚对发现经过有所记述。文记：

“此造像当光绪三十年(1904)余应县令李云生先生之聘主讲横渠学堂[1]时车经栎阳东门外，见此石卧道旁，而字画奇古，知为造像，曾为云生言之，欲拓而未果。时丙昌从学，知之。今逾十年，乃得拓纸，特记之。”(图2-1-16)

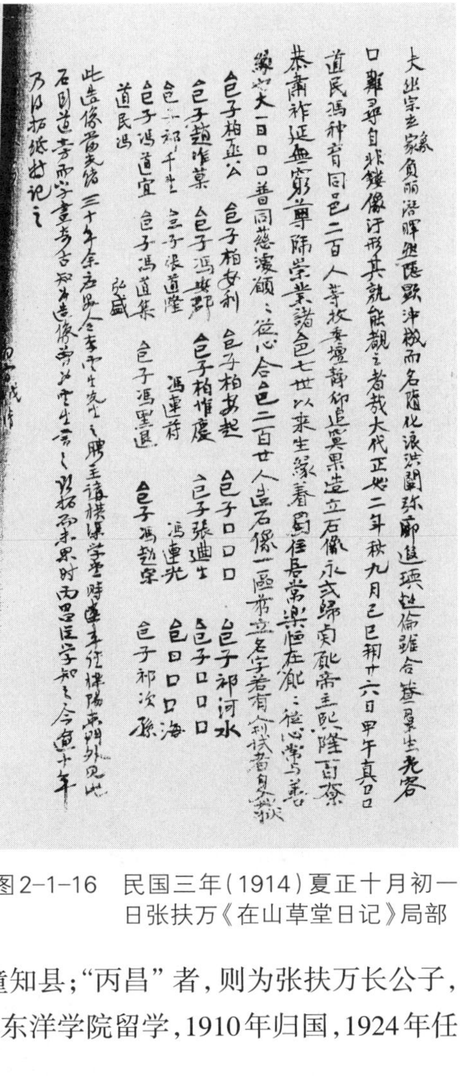

图2-1-16　民国三年(1914)夏正十月初一日张扶万《在山草堂日记》局部

日记所谓“李云生”者，时任临潼知县；“丙昌”者，则为张扶万长公子，字午中，晚清附生，1906年4月入日本东洋学院留学，1910年归国，1924年任醴泉县知事。

如《在山草堂日记》记载，张扶万1904年即于栎阳东门外发现“卧道旁”的正始二年(505)造像碑，“欲拓未果”，1914年才有机缘获得拓本。可见至晚自1904年至1914年，该碑尚未湮没入土。故知阮跋所谓1918年临

[1] 即横渠书院。以宋理学家、关学创始人张载(1020—1077，字子厚，凤翔郿县横渠镇人，世称横渠先生)之名得名。创始于宋，历代沿革。一在陕西郿县横渠镇；一在陕西临潼县城。后者按清崔继撰《重修横渠书院》所谓：“夫张横渠张子、千古之大儒也，生于郿邑，而临潼实座谈经之地，书院之修，岂顾问载?”略知其梗概、沿革。张扶万于光绪三十年(1904)应临潼县令李云生聘请主讲之横渠学堂，即为后者。

潼“邑北农人掘土，得造像凡有三”信息，并不准确。或掘土属实，但掘得者并非三碑，或系正始二年（505）造像碑以外的其他两碑。

至于三碑湮没之原因，或应与历史上大规模废佛事件有关。

张扶万、陈树藩、阮贞豫之外，近代学者柯昌泗另言“丁巳年（1917），临潼栎阳镇民，掘得三尊”[1]造像，曾将发现时间提前一年，笔者以为，此说显与重要当事人陈、阮跋文抵牾，当系误记。

综上，知三通佛道造像碑不当在“清嘉庆戊午年（1798）同出于今栎阳镇”，亦不当系“丁巳年（1917），临潼栎阳镇民，掘得三尊”，而应系民国戊午年（1918）“同出于今栎阳镇”。陈树藩、阮贞豫者，也自然不能视为嘉庆时人，而民国初年的一次金石文物发现，更不能贸然推展至清代中期。

有趣的是，笔者在20世纪80年代末于手稿本《在山草堂日记》中发现正始二年造像碑线索，先以复印件送李淞，李遂据此在《泾渭流域北魏至隋代道教雕刻详述》一文中对《陕碑》错误提出疑问[2]。但在2006年三秦出版社出版赵康民、李小萍编著《临潼碑石》（以下简称《临碑》）的“冯神育造像碑”条目中，此前“嘉庆戊午年（1798）”出土说又易为“清咸丰八年（1858）”，嘉庆己未年（1799）迁徙说，则易为“清咸丰九年（1859）”[3]。

图2-1-17　临潼栎阳镇西门　摄于20世纪30年代初

检笔者2003年11月29日栎阳镇调查记录，知栎阳一地南、北门外原各有古寺一座，俗称“南寺”、“北寺”。西门（图2-1-17）内另有老君殿、佛爷庙等，庙宇门外尚有铁旗杆。其中南寺位于南门外东南角，名庄园寺，规模宏大，据

[1] 叶昌炽撰，柯昌泗评，陈公柔、张明善点校：《语石　语石异同评》，中华书局1994年版，第69页。

[2]《泾渭流域北魏至隋代道教雕刻详述》，载李淞：《长安艺术与宗教文明》，中华书局2002年版，第435页。

[3] 赵康民、李小萍编著：《临潼碑石》（临潼文史资料，第十五辑），三秦出版社2006年版，第59页。

说至晚在唐代已经存在。曾有唐钟一口，已毁。各寺、庙院建筑，亦在清同治年间陕西回汉战事时遭兵燹损坏，今则圮毁无迹。闻1949年前，此地佛道信仰尚有延续。故知如张扶万《在山草堂日记》记载不误，其1904年所见栎阳东门外“卧道旁”之正始二年（505）造像碑，或即原在庄园寺内，寺毁同治兵燹后，遂倒卧东门外道旁。

不管如何，当三碑显现于世后，各家一时纷起著录，21世纪前后，此种现象尤为热烈。但究其定名，歧义岔集，因此颇有甄别、整理之必要。

为行文、检索方便，兹择与此三碑称谓相关的10种代表性著述列表统计，并分别确定其对应简称。

表2-1-1　与万年样式系统三通佛道造像碑相关10种代表性著录信息统计

序号	著录者与著录名称	出版者与出版时间	简称	备　注
1	宋伯鲁修、吴廷锡等《续修陕西通志稿》	陕西通志馆，1934年	《续通》	
2	武树善《陕西金石志》	陕西通志馆，《续修陕西通志稿》单行本，1934年	《陕志》	
3	开发西北协会《西北文物展览会目录》	开发西北协会编印，1936年	《西目》	
4	张彦生《善本碑帖录》	中华书局，1984年	《帖录》	《考古学专刊·乙种第十九号》
5	临潼县博物馆赵康民《陕西临潼的北朝造像碑》	《文物》，1985年4期	《陕碑》	
6	李惠主编《陕西石刻文献目录集存》	三秦出版社，1990年	《陕目》	
7	陕西省药王山博物馆等《北朝佛道造像碑精选》	天津古籍出版社，1996年	《北碑》	
8	李凇《长安艺术与宗教文明》	中华书局，2002年	《长艺》	
9	赵康民、李小萍《临潼碑石》	三秦出版社，2006年	《临碑》	《临潼文史资料》（第十五辑）
10	台北“中央研究院”历史语言研究所颜娟英等《北朝佛教石刻拓片百品》	台北“中央研究院”历史语言研究所，2008年	《百品》	“中央研究院”历史语言研究所珍藏史料暨典籍系列之三

先是张扶万1914年夏历十月初一日《在山草堂日记》自拓本迻录正始二年（505）造像碑发愿文及供养人题名时，将其称作“造像”，并误将发愿文“道民冯神育同邑二百人等”，释作“道民冯种育同邑二百人等”。继则柯昌泗改“种”曰“神”，却空“育”未识，定名“正始二年九月冯神□等二百廿人造像”[1]。后《西目》、《帖录》（页72）等相继沿袭《在山草堂日记》错误，将“冯神育”记作“冯种育”。《陕目》更将此碑误作两碑著录，且一种去“育”作“冯神”[2]。《北碑》（页129）则延续《陕碑》错误，将该碑视为清嘉庆三年（1798）出土。

读此碑碑侧发愿文，有“正始二年秋九月己巳朔廿六日甲午”时“道民冯神育同邑二百人等，投委坛静，仰追寘[3]果，造立石像，永式归虔”；“合邑二百廿人造石像一区”等语。定名应为“正始二年道民冯神育同邑二百人等造像碑”或“道民冯神育同邑二百人等造像碑”、“道民冯神育等二百廿人造像碑”、“冯神育等二百廿人造像碑”。简称应作“冯神育造像碑”。查《百品》收录此碑，即取“冯神育等二百廿人造像碑”之名[4]。

另外，1918年夏历六月一日侯鸿鉴《西秦旅行记》尚择选供养人题名各一，分别称三碑，其二“一为邑子王凤姐造像；一为邑老田清造像”。辨供养人题名，“邑老田清”题名在一种神龟二年造像碑正面道教造像龛下香炉左侧仙童旁；“王凤姐”题名，不在两种神龟二年造像碑上。检正始二年造像碑背面龛下供养人皆女性，首排正中瞩目处对立有“邑子杨凤姬（左）、邑子王清姜（右）”两供养人题名，或许侯氏倏忽间将此二题名交叉误读，亦未可知。

陈、阮跋后，《陕志》卷六（页17—18）、《续通》卷一四〇（页13）或趋同侯鸿鉴《西秦旅行记》释读思维，称具有“邑老田清”题名一种为“邑老田清等造像”。

察“邑老田清”题名之神龟二年造像碑，其发愿文颇类汉魏骈文及诗歌、民谣色彩的长篇演绎，五言句式尤为瞩目[5]。开首骈文体，“托身投道

---

[1] 叶昌炽撰，柯昌泗评，陈公柔、张明善点校：《语石　语石异同评》，中华书局1994年版，第316页。

[2]《陕目》一称“北魏冯种育等二百人造像”，另一称“邑子冯神等二百二十人造像”。见李惠主编：《陕西石刻文献目录集存》，三秦出版社1990年版，第11页。

[3] 颜娟英等编《北朝佛教石刻拓片百品》误识为“冥”，见台北“中央研究院”历史语言研究所颜娟英等编《北朝佛教石刻拓片百品》（“中央研究院”历史语言研究所珍藏史料暨典籍系列之三），台北“中央研究院”历史语言研究所2008年版，第26—29页。

[4] 台北“中央研究院”历史语言研究所颜娟英等编：《北朝佛教石刻拓片百品》（“中央研究院”历史语言研究所珍藏史料暨典籍系列之三），台北：“中央研究院”历史语言研究所2008年版，第26—29页。

[5] 相关资料颇多。如《魏书》卷八十四录当时民谣“升平不满斗，隆和那得久”，“虽复改兴宁，亦自无聊生”等。

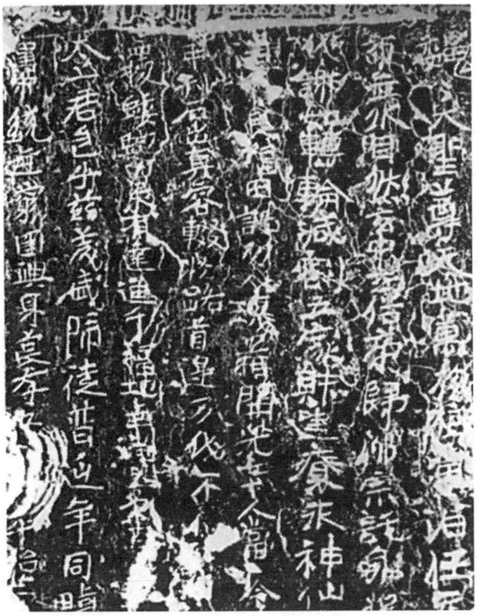

图2-1-18 神龟二年（519）邑老田清七十人等造像碑碑侧发愿文（局部）

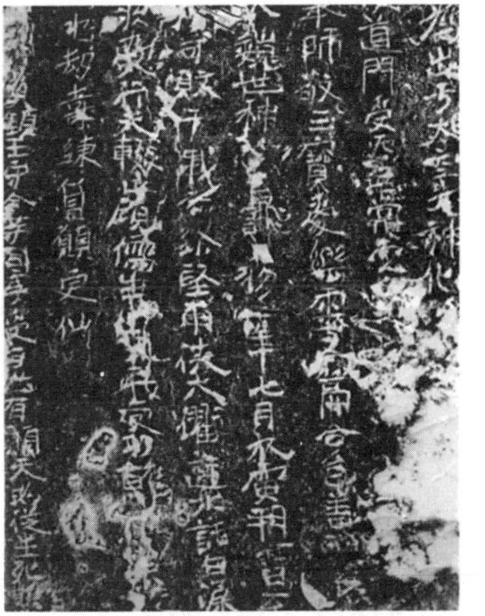

图2-1-19 神龟二年（519）邑老田清七十人等造像碑碑侧发愿文（局部）

门”一句后为五言体。所谓“托功入玽籍，开光七十人。当今大魏世，神龟初二年。七月戊寅朔，廿日至申”，以及“邑子兹茂盛，师徒普延年”与“皇帝统无穷，国兴身长存。……镇王守令等，同年□□□。有愿天必从，生死□□□”（图2-1-18、图2-1-19）等，虽俚句张扬，但朗朗上口，极具生活气息与地域特色。

其中“开光七十人”一句，指该造像参与者邑义人数、规模；“当今大魏世，神龟初二年”一句，显示该造像碑雕凿时间；“镇王守令等”一句，则为地方各级军事行政长官名称一种综合性浓缩称谓，凸显彼时自镇将、王侯以至郡守、县令等依次下降的统治机构层序。类同称谓，尚有“州郡令长”、“郡守令长”、“牧守令长”[1]等（图2-1-20）。

但《北碑》可能受诸多同期造像发愿文常见某某等造像语境影响，倏忽

[1] “州郡令长”称谓见于正光五年（524）仇臣生造像碑、北魏吴洪标造像碑（以上在陕西耀县）、天保八年（557）夏庆孙等法仪三十二人造像（参见侯旭东《五、六世纪北方民众佛教信仰》，中国社会科学出版社1998年版，第222页）；“郡守令长”称谓见于耀县药王山博物馆藏正光四年（523）三县邑子二百五十人造像碑；“牧守令长”称谓见于《魏书·释老志》、《魏书·高祖记》等记载。姚伯多造像碑及与此碑同时发现的另一神龟二年（519）造像碑发愿文皆有“牧守令长”称谓。参见下文讨论。

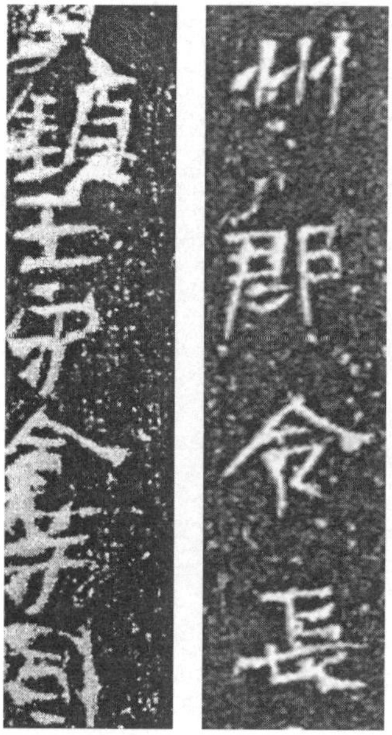

图2-1-20　神龟二年(519)邑老田清等七十人造像碑发愿文“镇王守令等”信息(左)与正光五年(524)仇臣生造像碑发愿文“州郡令长”信息(右)比较

间未审造像碑定名规律与途径,即将“镇”字去掉,独留“王守令等”字对应该造像碑定名,称之曰“王守令佛道造像碑”。

于该碑发愿文释读中,可能同样的心绪影响《北碑》在重要区段亦未敢轻易断句,致留“当今大魏世神龟初年七月戊寅朔廿日至申”等粗疏不断记录,且将“神龟初二年”句“二”字脱掉,定该碑雕凿时间在“神龟初年”[1]。

自此,“王守令佛道造像碑”一名得以正式出现。先是《长艺》、《临碑》[2]等著录未审其误,相继沿用。后多家著录继续跟进,几成定式。除此以外,《临碑》还在“王守令造像碑”一条附加按语,认为“《陕西金石志》卷六存目称此碑为‘邑老田清’,非也”。并否定自己前在《陕碑》一文中关于“神龟二年”的判定,进而认同《北碑》“当今大魏世神龟初年七月戊寅朔廿日至申”不断程序,认为“此碑刊刻年代在神龟初年,即公元518年”[3]。

显然,这里所谓的“神龟初年”,在研究者看来,即指神龟元年(518)。于是较前之神龟二年(519)断代,遂再被人为地提前一年。

细勘原石发愿文,“初”、“年”二字中,并非空隙无字。其相应位格内,“二”字笔触上一横虽漫漶模糊,但下一横尚清晰可辨(图2-1-21),不应轻易排除。此外,将同期“年”字相较(图2-1-22),相同“年”字轮廓外,双横线组成的“二”字轮廓,又不知究应归属“初”、“年”二字哪一个?如否定这一辨识,是否有证据说明,“神龟初年”即是当时人们代替“神龟元年”(518)的一种表示?是否其他一些属于神龟元年(518)的北魏造像,也有“神龟初年”的实证表现例举?

[1] 陕西省药王山博物馆等:《北朝佛道造像碑精选》,天津古籍出版社1996年版,第63—68、129—131页。

[2] 李淞:《泾渭流域北魏至隋代道教雕刻详述》,载《长安艺术与宗教文明》,中华书局2002年版,第378—380页;赵康民、李小萍:《临潼碑石》,三秦出版社2006年版,第65—70页。

[3] 赵康民、李小萍:《临潼碑石》,三秦出版社2006年版,第70页。

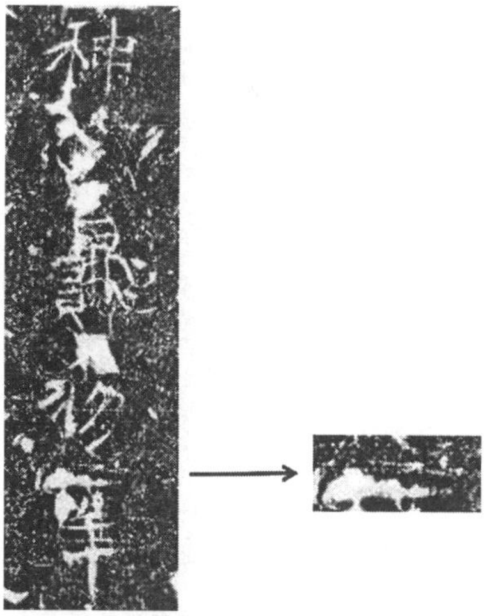

图2-1-21　邑老田清七十人等造像碑碑侧发愿文“神龟初二年”句中“二”字轮廓状态

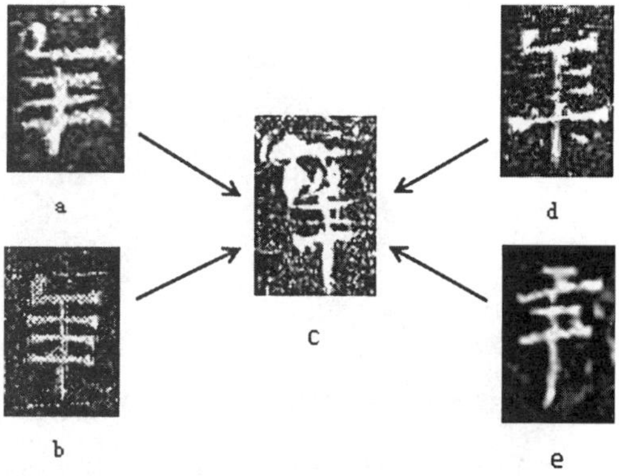

图2-1-22　五种北魏造像碑“年”字比较：
a景明元年（500）杨阿绍造像碑
b正始二年（505）冯神育造像碑
c神龟二年（519）邑老田清造像碑
d延昌三年（514）张乱国造像碑
e神龟三年（520）锜双胡造像碑

整理相关资料，答案显然是否定的。因为在《魏书》、《北史》等相关文献中，“神龟初”称谓多见，“神龟初年”者则未见。况前者指向并非专指“神龟元年”；属“神龟元年”者，也不必特用“神龟初”替代。另外，在已经确定为神龟元年雕凿的佛道造像中，其铭记指向亦均为“神龟元年”，而非“神龟初年”。

如上海博物馆藏神龟元年卢边之造观世音鎏金造像、南京博物院藏神龟元年邑主吕双等造像、山东省博物馆藏神龟元年孙宝憘造背屏三尊像、日本藤田美术馆藏神龟元年夏□造交脚弥勒骑鸟像、法国巴黎吉美博物馆藏神龟元年金铜二佛并坐像、日本大阪藤田美术馆藏神龟元年交脚弥勒菩萨坐像等。

如果说以上例证还难以确指与北魏万年样式究有何直接关系，则毗邻这一样式的龙门石窟及长武、洛川等地存在的神龟元年杜安迁等廿三人造像（龙门石窟）（图2-1-23）、神龟元年郭始树造像[1]（长武县博物馆藏）、神龟元年千佛造像碑（洛川博物馆藏），亦未以“神龟初”字样实施时代属性

[1] 刘双智：《陕西长武出土一批北魏佛教石造像》，载《文物》2006年第1期。

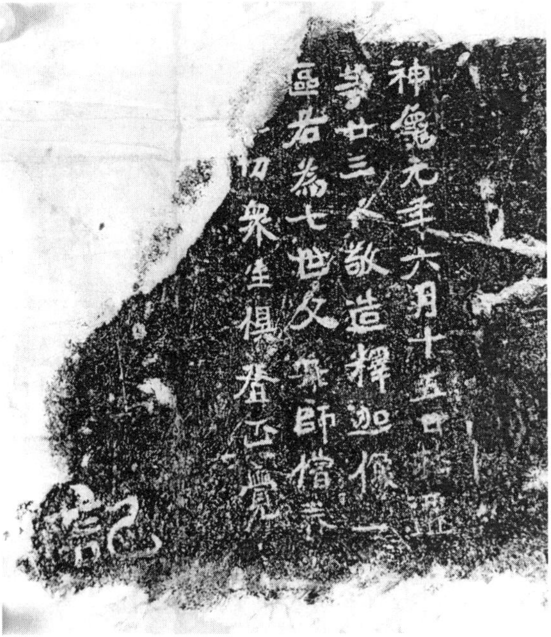

图2-1-23　龙门石窟神龟元年(518)杜安迁等廿三人造像铭记

图2-1-24　神龟二年(519)邑老田清七十人等造像碑(左)与龙门石窟神龟三年(20)慈香造像记(右)年款形态比较

表达。同样，在台北“中研院”史语所典藏诸多北魏纪年佛教石刻拓本目录内，属神龟元年造像铭记图像指向，亦分别阐述了这一共同的时代指向规律[1]。倒是龙门石窟神龟三年(520)慈香造像记“大魏神龟三年”与此碑“当今大魏世，神龟初二年”之“三”、“二”两字轮廓形态，呈现出更强的相似性(图2-1-24)。

事实上，该碑碑侧发愿文“开光七十人”句，完全可作为底定“邑子七十人造像碑”一名的依据。以“七十人”之数为北魏邑子造像人数组合模式最常见单位，如为规避与其他“七十人造像碑”名混淆起见，可援引该碑发愿文“神龟初二年”句，另作“神龟二年邑子七十人造像碑”。如再以为“神龟二年邑子七十人造像碑”名还未充分展现独特个性，还可再选择该碑碑阳供养人群体中最尊贵者——“邑老田清”，命名为“邑老田清七十人

[1] 台北“中央研究院”历史语言研究所佛教拓片研读小组:《“中央研究院”历史语言研究所藏北魏纪年佛教石刻拓本目录》，台北“中央研究院”历史语言研究所2002年版，第54—55页。

等造像碑”。

后之判定，大概更符合北魏道教“尊奉老者”[1]的教义。因为在全碑供养人题名中，“邑老田清”资历最高，且有邑义负责职司，其位故在碑阳龛下首排左组近仙童之首要尊贵位置。

笔者认为，在发愿文领衔人空缺前提下，择选供养人首位尊者与领导者，符合当时题名位序规制、标准[2]，应是不谬的选择。因此，我们更倾向“邑老田清七十人等造像碑”称谓。想侯鸿鉴《西秦旅行记》与《陕志》定其名作“邑老田清等造像”，恐亦出于这种考虑。

另一神龟二年造像碑，《续通》卷一四〇（页17）、《陕志》卷六（页17）据是碑有发愿文一面龛下第二排供养人“道民刘道生”题名，称“道民刘道生等七十人造像”。《西目》则据与有发愿文一面对称之另一侧面龛下供养人“道民刘始乐”题名，定名“刘始乐造像”。《陕目》（页12）更援引《陕志》卷六（页17—18）、《帖录》（页72）所谓，将此碑分两碑记载，一称“道民刘道生等七十人造像”；另一则取“邑正刘丑奴”图像、题名，作“北魏刘丑奴等七十人造像”。《临碑》独选“道民刘道生”题名，定名“刘道生造像碑”[3]。临潼博物馆陈列说明更含糊定名“四面造像碑”。

此碑初拓本发愿文，尚称清晰，其后拓本发愿文虽稍差，但亦可辨识。唯《长艺》不知出于何种考虑，谓“未见该碑发愿文”、“未见年号”，定为“刘田氏造像碑”[4]。在早前刊布的《关中一带北朝道教造像的几个基本问题》一文中，研究者同样认为应以“刘田氏造像碑”一名命名该碑[5]。

笔者以为，在碑铭没有确切信息的前提下，选择主要供养人题名等其他辅助信息确定碑名，未尝不是一种选择。但检《百品》所录与西安碑林陈根远藏是碑拓本，发愿文宛然瞩目。中有“于今大魏门师张乾度、师道妙率邑子七十人等”明确信息，且附加“各自竭家珍，故（雇）匠刊石，造刑（形）像一傴”，以及“大代神龟二年”等补充信息，并非没有定名依据（图2-1-25）。

---

[1]《道藏》卷四十说戒部三“说百病”。

[2] 罗宏才：《中国佛道造像碑研究——以关中地区为考察中心》，上海大学出版社2008年版，第106—116页。

[3] 赵康民、李小萍：《临潼碑石》，三秦出版社2006年版，第70页。

[4] 李凇：《泾渭流域北魏至隋代道教雕刻详述》，载《长安艺术与宗教文明》，中华书局2002年版，第380页。

[5] 李凇：《关中一带北朝道教造像的几个基本问题》，载《新美术》1997年第4期。

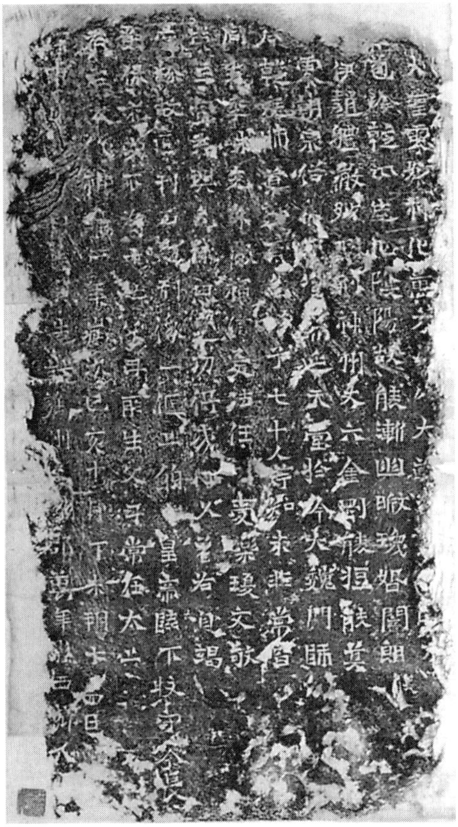

图2-1-25 神龟二年(519)张乾度七十人等造像碑发愿文拓本(台北"中央研究院"历史语言研究所藏)

因此,是碑应定名作"神龟二年大魏门师张乾度、师道妙率邑子七十人等造像碑"或"张乾度、师道妙率邑子七十人等造像碑"、"张乾度率邑子七十人等造像碑"、"张乾度七十人等造像碑",简称亦可作"张乾度造像碑"。查《百品》著录,更有"张乾度七十人等造像记"[1]一名。

笔者以为,以"张乾度七十人等造像记"为名,并非谬误。但考虑到后者散发的更多传统金石学意味,笔者更倾向前述的相关称谓。

如是,三碑雕造、立置并首次宗教活动时间,根据各自发愿文提供信息,排序如下:

(1) 冯神育等二百廿人造像碑,"正始二年(505)秋九月己巳朔廿六日甲午"。

(2) 邑老田清七十人等造像碑,"神龟初二年(519)七月戊寅朔廿日至申"。

(3) 张乾度七十人等造像碑,"神龟二年岁次己亥十月丁未朔十四日庚申"。

二、材料、师匠与传统

戈特弗里德·森佩尔(Gottfried Semper)提出的样式"三要素",不外"材料、技法"与"使用目的"。但具体研究涉及某一地域或某一时代样式,

[1] 台北"中央研究院"历史语言研究所颜娟英等编:《北朝佛教石刻拓片百品》("中央研究院"历史语言研究所珍藏史料暨典籍系列之三),台北"中央研究院"历史语言研究所2008年版,第46—49页。

则有效对接、分析这三种要素，却非易事。

以万年样式流行时代、流行区域、邑义结构、内涵特征来看，其中蕴涵的“三要素”应该相互依赖、血肉联结，存在着更强的胶结性、连续性与跳跃性，故还不能施行简单的区划与分割。总体的学术观察，尚须借助更广博的历史、文化视野和更多元的方法、途径。

按以上叙述，三通佛道造像碑雕凿时间，分别为正始二年（505）、神龟二年（519），处505—519年区间，时间跨度为15年。

究其材质，均石灰岩（Limestone），亦称灰岩（关中民间一般俗称“青石”）。考其取材地域，应为关中北部东西向寒武—奥陶系（Ordovician System）石灰岩山体。察其整体形状，皆粗大雄浑，正视皆呈四面柱状体。各面上部正中，均开辟一龛。并皆在通体三分之二高度以上，略呈缓向收分趋势。如是意匠设计，或许主要考虑到立置稳定、雕造便利等诉求目的（图2-1-26）。

从各碑正、背两面及两侧面视角分别观察形态、体式，知其并非一概趋同后期之规整、标准。部分区段尚显欹斜与曲折，其中邑老田清七十人等造像碑尤为明晰。一些区段为规避石材疤痕或石质不良部位起见，还有意变化切割线走向，如冯神育等二百廿人造像碑上部等。凸显中国石雕艺术在逐步蜕去汉魏选材对象、相石标准、雕刻体式等窠臼后，还随着雕凿工具、师匠技艺、选材相石与时代交融及审美风尚的转变，开始逐渐向新规制体式积极过渡的重要时代痕迹。

图2-1-26　万年样式造像碑整体形态观察——以冯神育等二百廿人造像碑为例

笔者认为，这一感悟，应该成为我们进一步观察万年样式的重要视角。

对位造像碑立置规律与诉求表达，三碑本体原来均应有基座装置，

图2-1-27 神龟二年(519)邑老田清七十人等造像碑碑顶佚失、榫部暴露现状(从碑阴方向观察)

惜均佚。另从邑老田清七十人等造像碑顶部存留石榫现状推测，该碑上部原当有顶(图2-1-27)。由此推测其他二碑或应有相应遮护装置，惜今已难辨附属痕迹。

三碑现存状态，依笔者2002年田野调查实测数据，冯神育等二百廿人造像碑高150厘米、宽70厘米、厚35厘米；邑老田清七十人等造像碑高176厘米、宽74厘米、厚25厘米；张乾度七十人等造像碑高172厘米、宽57厘米、厚35厘米。平均高度在150—176厘米之间，平均厚度则在25—35厘米之间。

其中邑老田清七十人等造像碑与张乾度七十人等造像碑高度基本类同，冯神育等二百廿人造像碑与张乾度七十人等造像碑厚度则完全相等。这种高度、厚度之间的类同现象，大体于不尽完全统一规范的前提下，透析出特定时代流行规制限定下的鲜明个性。

相应的体式、风格，在同期或稍晚的北地、华山、白水、敷城、新平等郡，也有不同程度的反映，区别在于石材、邑义、技艺、风格等方面的差异。

譬如华山郡造像材质多属华山南麓硬度较高的火成岩(igneous rock)系统之辉长岩或橄榄岩石材，高硬度限定了雕造者对天然火成岩石形的依赖性，并可能因此束缚匠师的技艺发挥与意匠表达(图2-1-28)。敷城、白水、新平诸郡造像材质多属洛、渭河流域砂岩(sandstone)质地，虽易于雕造，但相对疏松的石质结构，也同时束缚诸类地域样式不能广泛流行类似北地、万年样式那样深减地、剔刻、斜刀等多样技艺风格[1]。或许它还是这些区域样式系统一些造像比例失调[2]、图像扭曲(图2-1-29)的另一种解释。

[1] 罗宏才:《中国佛道造像碑研究——以关中地区为观察中心》,上海大学出版社2008年版,第200—219页,第五章第二节“集群模式与地域样式”。

[2] 靳之林:《延安地区发现一批佛教造像碑》,载《考古与文物》1984年第5期。

图2-1-29　北魏新平郡造像碑碑首图像扭曲形态（残）显示（陕西彬县文化馆藏）

图2-1-28　北魏朱黑奴造像碑 1959年陕西省华县瓜坡出土（现藏西安碑林博物馆）

相较而言，仅从材质、尺寸、形态、区位等方面考虑，由于时代背景、崇奉对象、供养诉求、地理区划、地质构造等方面的类同性与联系性，北地郡样式在诸种层面与万年样式之间表现出更强的一致性。

事实上，大量现存的同期造像实物也证明了这种一致性的存在。如冯神育等二百廿人造像碑正面龛左侧“泥阳县傅永洛造”铭记[1]（图2-1-30）等信息，即有理由说明，正是具备“雇良匠”[2]、“故（雇）匠刊石”[3]（图2-1-31），“求福田绕益”，“穷土木之功”[4]，举世造像，万众烧香这样的宗教文化消费需求，以及特殊的时代背景，诸多类似北地郡傅永洛这样的雕刻匠师才有缘登

[1] 罗宏才：《中国佛道造像碑研究——以关中地区为观察中心》，上海大学出版社2008年版，第321—336页，第七章第四节“师、匠题名、位序与‘北地样式’的讨论”。《百品》误识“泥阳县”作“渥阳县”。见台北“中央研究院”历史语言研究所颜娟英等编：《北朝佛教石刻拓片百品》（“中央研究院”历史语言研究所珍藏史料暨典籍系列之三），台北：“中央研究院”历史语言研究所，2008年，第29页。《北周地理志》载北魏有泥阳县，地在“陕西富平县西北，去耀县十七里”。北地郡属。西魏废帝三年（554）立通川郡，领泥阳县，郡治于泥阳。王仲荦：《北周地理志》（上）卷一，中华书局1980年版，第67页。另耀县药王山有北魏北地郡泥阳县吴洪标兄弟等七十一造像。

[2] 耀县药王山博物馆藏神龟二年（519）夫蒙文庆造像发愿文。

[3] 临潼博物馆藏神龟二年（519）张乾度七十人等造像碑发愿文。

[4] 汤用彤：《汉魏两晋南北朝佛教史》，中华书局1983年版，第365—366页。

图2-1-30 冯神育等二百廿人造像碑碑阳主龛左侧“泥阳县傅永洛造”信息

图2-1-31 北魏关中地区造像雇匠信息示例
左神龟二年(519)夫蒙文庆造像“雇良匠”信息
右神龟二年(519)张乾度七十人等造像碑“故(雇)匠刊石”信息

上雕刻艺术的历史舞台，促成北地、冯翊两个毗邻区域造像在材料、雕技等方面的类同，同时促成万年样式凸显趋同一致性前提下的个性地域特征。

揆以实际，冯翊郡缺乏适合造像碑雕凿的石灰岩资源。依当时普遍存在资源、需求、工巧相互依赖的产业链规律[1]，当然亦缺乏依赖此类资源世代为生的良匠、“像师”等相关人才[2]。于是拥有此类资源，并能够充分利用此类资源世代为生的诸如傅永洛等北地郡一带的石雕巧匠，或者说是“像师”一类的石雕艺术匠人得以顺利补位。

虽然两汉以至魏晋南北朝，石刻雕造伎巧者有“石师”、“像师”、“巧匠”、“名工”、“名匠”、“良匠”、“神工”[3]等多种称谓，但考虑到这些称谓

[1] 此类材料颇多，如《魏书·帝纪第二·太祖纪》：“(徙)百工伎巧十万余口，以充京师。”又《魏书》列传第八十四：“工巧又以郊甸未实，城邑空虚，工匠器械，事用不足，乃徙民三丁已上于成都，兴尚方、御府，发州郡工巧以充之。”(分别见中华书局1974年版，第32、第2111页)

[2]《魏书·帝纪第四·世祖太武帝纪》记太平真君五年(444)春正月诏曰：“今制自王公已下至于卿士，其子息皆诣太学。其百工伎巧、驺卒子息，当习其父兄所业，不听私立学校。违者师身死，主人门诛。”(中华书局1974年版，第97页)

[3] 侯旭东：《五、六世纪北方佛教信仰》，中国社会科学院出版社1998年版，第279页。

的特指性、限定性、溢美性以及北魏关中地区石雕艺术的特殊性，我们依据临潼博物馆藏正光四年（523）师氏合宗邑子七十一人等造像碑碑阳主龛内右侧题名“南面像主师匠儁（镌？）”示例，特综合“像师”、“巧匠”（含“名工”、“名匠”、“良匠”、“神工”诸类称谓）两种称谓，简化选择最具代表性的“师”、“匠”主题，并参照《魏书》卷一百一十四《释老志》载“后有沙门常山卫道安性聪敏，且诵经万余言，研求幽旨，慨无师匠”；《大宝积经》百十二又有“无量禅定福德业成，善积调心，以为师匠”等记载，酌用“师匠”这一名称来综合指代，至特殊需求，则例外。

需要说明的是，就佛教经典而言，这一称谓向来被佛教视为具有高深教义修养之人，其与本文设定石雕工匠意义方面的“师匠”，存在一定意义上的区别。

应该说，至少石材、师匠等诸种因素的参入，对万年样式风格的形成起到了至关重要的作用。并且，冯翊、北地两地毗邻、相近的事实，也为石材、师匠等诸种因素的切入提供了便利与可能。

类同的判断，还可以从神龟三年（520）北地郡云阳县像师荔非道酋对泾州新平郡白土县邑师晏僧定合邑子六十七人造像碑雕凿活动的参与（图2-1-32），以及可能亦为北地郡师匠儁（镌？）对毗邻万年地区正光四年（523）师氏合宗邑子七十一人等造像碑雕造活动的参与（图2-1-33）中找到答案[1]。

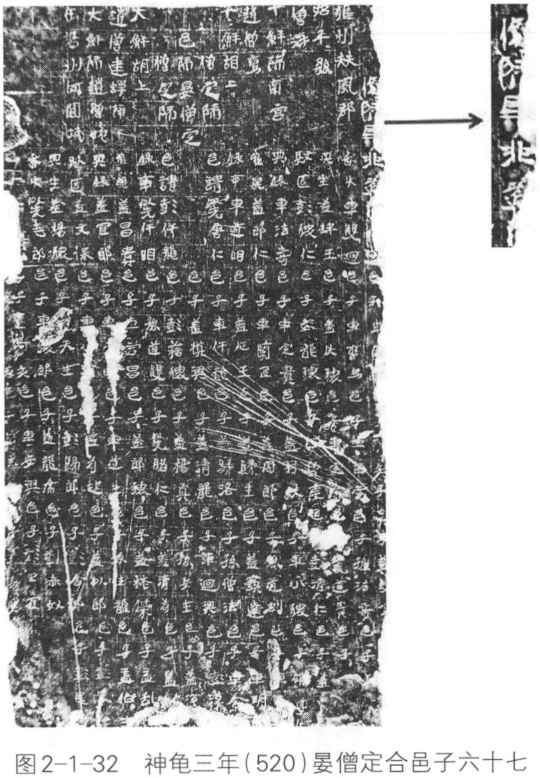

图2-1-32 神龟三年（520）晏僧定合邑子六十七人造像碑碑阴供养人题名及局部

[1] 罗宏才：《中国佛道造像碑研究——以关中地区为观察中心》，上海大学出版社2008年版，第330页，第七章第四节“师、匠题名、位序与‘北地样式’的讨论”附录《关中地区北魏造像碑工匠题名概况统计表》。

图2-1-33　正光四年(523)师氏合宗邑子七十一人等造像碑碑阳主龛内右侧"师匠"题字

因此推知这一时期以万年县为核心，包括新平、万年、障县在内的广大关中区域的佛道造像艺术的塑造，应该都需要依赖立足北地郡、受雇多个相关地域的北地系石雕艺术师匠的参与和助力。这对于我们重新认识北魏时期北地郡石雕艺术师匠系统、技艺风格，重新考量北魏时期至少是长安西北、东北与北地郡之间地域造像艺术的共性特征及个性化差异，无疑有重要的指导意义。

将上述荔非道酋其人再与曾毅公《石刻考工录》一书辑录太延元年(436)华岳庙碑出现的荔非薄非、荔非东肩两个"石师"题名[1]相联系，推想在举世礼拜、狂热造像的北魏时期，荔非氏家族应是北地郡"石师"系统的中坚力量。至少自太延元年(436)至神龟三年(520)的80余年间，这个世代传承的石雕艺术家族均活跃在广大关中区域，雕凿了大量石雕艺术精品，对于同期关中地区造像艺术风格的塑造，起到了重要的助力作用。故今后我们如欲甄别、厘定这一时期关中石雕艺术品的作者、技艺以及体系、风格等，荔非氏石雕艺术家族当不容忽视。

遗憾的是，今观冯神育等二百廿人造像碑四面龛像上部(图2-1-34)、碑阴底部两侧直角三角形位置处已全部毁坏。两侧面一中部边侧、一下部边侧，亦显多处不规则残损痕迹。与《百品》相较，《北碑》拓本两侧面下部缺损严重，左侧面下部一排供养人几乎全失。邑老田清七十人等造像碑底部两侧与两侧面边缘及一侧顶部外缘三角形处，更有较大块面残缺破损，碑阴表面大部已模糊漫漶，底部两排供养人以上尤为严重。

与前二碑相较，张乾度七十人等造像碑运至临潼县署时，已断为两截，

[1] 曾毅公:《石刻考工录》，书目文献出版社1987年版，第3页。

图2-1-34 冯神育等二百廿人造像碑龛像毁损状态观察（2002年罗宏才摄）

图2-1-35 神龟二年（519）张乾度七十人等造像碑残断处水泥修复痕迹

致残断处图像、题名大面积损毁。其中一侧中断处外缘尖状破损痕迹尤甚，最外题铭竟至全失，图像块面仅存其半。幸椎拓时阮贞豫等人注意邀请西安翰墨堂、博古堂[1]老拓匠出场，故拓本质量尚显不劣。唯十余年前临潼博物馆为保护文物计，曾采取水泥糊接措施，反造成更大块面图像、题铭为水泥遮蔽，无法观察（图2-1-35）。此台北“中研院”史语所藏1935年冬石璋如获得本与今本差异较大之原委。但石璋如所获拓本，又以彼时拓工不重图像、纹饰，致各碑龛像一概空白未拓（图2-1-36）。而冯神育等二百廿人造像碑碑阳龛像失拓，碑阴仅拓龛下图像、题名，致龛内雕像、龛外两侧铭记全部缺失（图2-1-37）。

显然，这些不良保存状态与诸种缺憾，对我们顺利释读三碑图像、题铭，造成了很多的困难与障碍。

[1] 均西安碑林外府学巷清末至民初著名碑帖铺。前者又称段翰墨堂，主人段氏，后者又称李博古堂，主人李氏，藏拓、拓技与鉴定水准，均称一绝。参见罗宏才：《西安碑林被贴业史略》（上、下），分载《碑林集刊》1998年第5辑、2000年第6辑。阮贞豫经营三碑椎拓诸事，则采自笔者1985—1989年多次采访西安碑林老拓工赵敏生等人记录。

图2-1-36　神龟二年(519)张乾度七十人等造像碑龛像未拓示例(拓本藏台北“中央研究院”史语所)

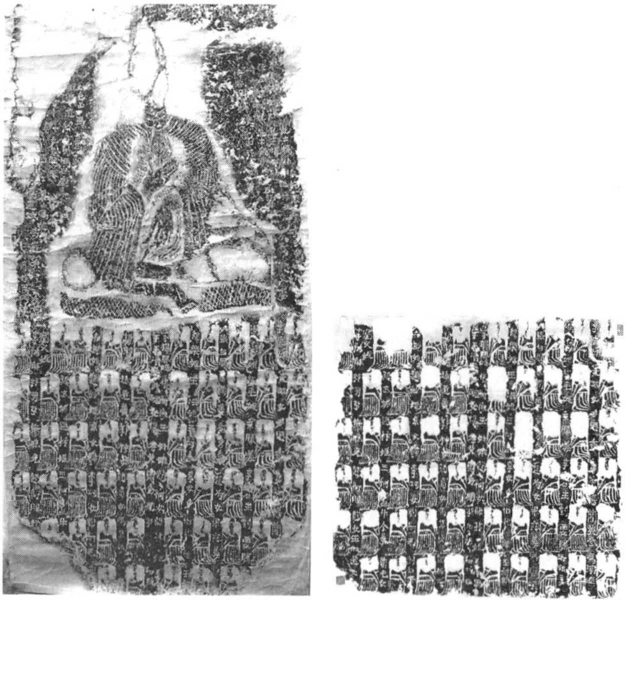

图2-1-37　《北碑》(左)、《百品》(右)录正始二年(505)冯神育等二百廿人造像碑碑阴拓本形态比较

客观而言，三碑囿于意匠设计、雕刻诉求、工师技艺、生长环境等相关因素的不同，致保存现状各有差异，整体显现冯神育等二百廿人造像碑，则相对良好，图像、题铭亦相对清晰完整。

对应戈特弗里德·森佩尔（Gottfried Semper）确定样式的“三要素”，我们在基本廓清三碑造像材料与相关问题的基础上，拟着手围绕技法、使用目的等要素考察万年样式的内涵、特征。

考虑到这两种因素的复杂性与特殊性，以下讨论将主要围绕造像诉求、邑义形态、宗教活动、技艺风格等方面进行阐述。

阐述的途径，首先仍须借助图像、题铭。底本的选择，冯神育等二百廿人造像碑、张乾度七十人等造像碑主要依《百品》著录，但两碑龛内造像及冯神育等二百廿人造像碑碑阴龛外铭记，则需借助《北碑》著录予以补充。邑老田清七十人等造像碑因《百品》未录，故考虑参照《北碑》收录拓本等相关资料。大凡《百品》、《北碑》释读错误处，依据笔者以往田野调查所获资料适当予以校正、补充。

按北魏邑义造像类别，一般有合邑（诸邑）邑子造像、同邑邑子造像、合宗邑子造像、家庭造像、个人造像诸类。但合邑（诸邑）与同邑之间界线并不清楚，发愿文辞中也常常交叉混用，严格意义上讲，主要有四类。

将此四类对位本节涉及的万年样式，三通佛道造像碑发愿文首先带给我们三种有益的启示：

（1）正始二年（505）冯神育等二百廿人造像碑：“道民冯神育同邑二百人等，投委坛静，仰追寘果，造立石像，永式归虔。……诸邑七世以来……合邑二百廿人。”

（2）神龟二年（519）邑老田清七十人等造像碑：“减割五家财……开光七十人。……合邑□□□……邑子滋茂盛，师徒普延年。”

（3）神龟二年（519）张乾度七十人等造像碑：“于今大魏门师张乾度、师道妙率邑子七十人等，各自竭家珍，故（雇）匠刊石，造刑（形）像一傴。……雍州冯翊郡万年县西乡人。”

观察上述信息，第一种明显有“同邑”、“诸邑”、“合邑”诸种信息，属同邑或合邑（诸邑）类型。第二种虽未确指，但观察是碑供养人姓氏、身份，共有田、张、王、姜、刘等“五家”系统供养人姓氏，其均明署邑子头衔，发愿文并称“减割五家财”、“开光七十人”、“合邑□□□”、“邑子滋茂盛”，因此无疑也应归属合邑或同邑邑子造像的类别序列；第三种前有“率邑子七十人等”，后有“雍州冯翊郡万年县西乡人”。如无其他原因，应属“雍州冯翊郡万年县西乡”同邑邑子造像。

“万年县西乡”地望，从现今西安市阎良区武屯镇与临潼区栎阳镇两地历史沿革来看，大致在武屯镇以西、栎阳镇以北。《元和郡县志》载“万年县，赤。本汉旧县，属冯翊，在今栎阳县东北三十五里”，大体与之吻合。

问题在于，同处北魏天师道与佛教信仰根据地与大本营，共享根基万年、广阳一带玄高、寇谦之两位释道领袖人物[1]所鼎力创造的“佛道共慈”、“相激相生”、“无为是一”等融融宗教信仰氛围，三通佛道造像碑所蕴含的宗教、历史与文化、艺术信息，散发出迥异于同期其他地区的诸多鲜明个性特征。

廓清这些信息所蕴含的特征与规律，我们仍期望在掌握相关图像、题铭信息的基础上，施行综合观察、图文比对、重点解析、数据统计以及图文信息与文献资料互证等研究方法。

总括整理，大致有三种认识需要首先廓清：

（1）北魏关中地区，尤其是北地郡一带邑义造像，一般遵循30—80人等规模程式[2]，独冯神育等二百廿人造像碑邑义人数升至220人。其后神龟年间两通佛道造像碑邑义规模虽遽然收缩，但仍稳定保持六七十人的规模程式。说明至迟在正始二年（505）前后，天师道大本营地区万年县一带已具有较强的佛道信仰力量，具备有效、稳定的组织能力。同时也说明，地理条件与文化背景相对优越的万年县地区，还具有优于北地郡邑义规模、信仰力量与信仰品质等诸多优势。

扩展联系与万年县相关的正光四年（523）师氏合宗71人等佛道造像碑、孝昌三年（527）庞氏合宗邑子70人等佛道造像碑[3]等相关示例，我们更有理由相信，即使神龟以降关中地区邑义规模更趋平均化、模式化、规律化、稳定化，但以万年县为核心的地域性70人等佛道邑义造像模式，仍具单位

[1]《高僧传》卷十一：“释玄高，姓魏，本名灵育，冯翊万年人也。母寇氏，本信外道。”汤用彤且认为：“按寇谦之亦为冯翊万年人，玄高与之同县。”后者参见汤用彤：《汉魏两晋南北朝佛教史（上）》，中华书局1983年版，第352页。

[2] 陕西省药王山博物馆等编辑《北朝佛道造像碑精选·序言》，天津古籍出版社1996年版。

[3] 分别参见陕西省药王山博物馆等编辑《北朝佛道造像碑精选》，天津古籍出版社1996年版，第86—91、95—99页。其称两碑均藏临潼区博物馆，师氏合宗七十一人等佛道造像碑原在临潼区徐阳乡邓王村，1981年移入临潼博物馆；庞氏合宗邑子七十人等佛道造像碑原在临潼区代王乡张贾村，1962年移入临潼博物馆。后者《北碑》称“庞双佛道造像碑”，今据碑铭、图像释作“庞氏合宗邑子七十人等佛道造像碑”。

地域邑义数量最多、规模最大、造像供养最热烈、个性艺术特征保存力度最大等优势。

（2）上述优势的存在，凸显早期万年县地区佛道信众对玄高、寇谦之共同营造“佛道共慈”、“相激相生”、“无为是一”等宗教信仰氛围、核心特质执着的认同力与独特的传感力。

其中冯神育等二百廿人造像碑发愿文显示“真□（君）道民冯神育同邑二百人”（图2-1-38）信息，即是此碑立置时万年地区佛道信仰体系中以道为主、以道为上，“佛道共慈”、两相和谐，“相激相生”、“无为是一”等佛道秩序、氛围的自白与缩写，也是整个万年样式的主旨与灵魂。

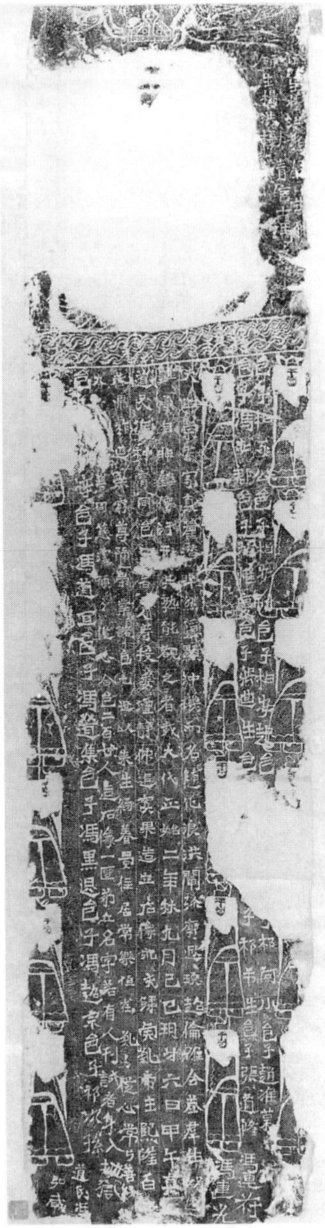

图2-1-38 冯神育等二百廿人造像碑发愿文“真□（君）道民冯神育同邑二百人”信息

“真□（君）道民”释读，《北碑》、《百品》均以“真”字后一字漫漶，故皆空而未释。但《北碑》“真□”后句断，附连上句，致与“道民冯神育同邑二百人等”一句脱节。李凇《临潼六通北朝造像碑考释》则弃“□”留“真”，释为“真道民”，并随之进行了一系列讨论[1]。

笔者认为，《北碑》空“□”不释，非特有谬，但附上离下断句之误，却不可取。但《临潼六通北朝造像碑考释》弃“□”留“真”，单独组词“真道民”进行议论，更值得商榷。理由是：

第一，《北碑》“真□”释读出现附上离下句断，导致原发愿文上、下两句人为割裂，难以卒读。

第二，“真”字后一字虽漫漶，但字体轮廓尚可辨析，细审应为“君”字。择太和二十年（496）姚伯多造像碑、正始二年（505）冯神育等二百廿人造像碑、神龟二年（519）邑老田清

［1］李凇：《临潼六通北朝造像碑考释》，载《中国道教》1996年第2期。

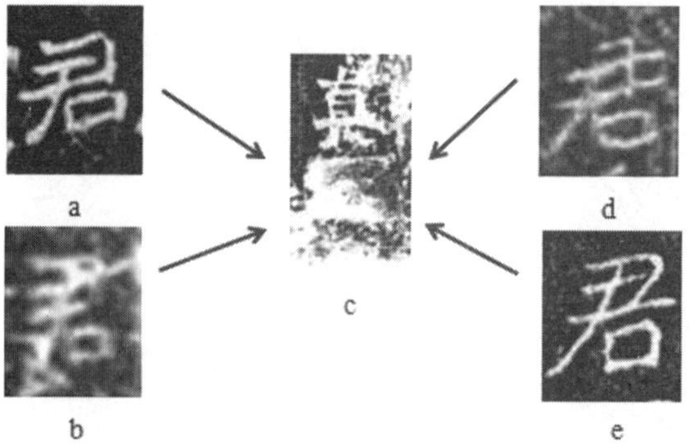

a. 太和二十年(496)姚伯多造像碑碑阳

b. 正始二年(505)冯神育等二百廿人造像碑碑阳龛内左侧“典录”冯安君题名

c. 正始二年(505)冯神育等二百廿人造像碑左侧发愿文

d. 神龟二年(519)邑老田清七十人等造像碑侧面发愿文

e. 永熙二年(533)蒙文姬一人等造像发愿文

图2-1-39　冯神育等二百廿人造像碑发愿文“真□(君)”图像与相关造像“君”字形态比较

图2-1-40　《中岳嵩高灵庙碑》拓本局部“辅导真君成太平”信息

七十人等造像碑、永熙二年(533)儁蒙文姬卅一人等造像记等示例存储“君”字形态与之对勘,其上部笔画有明显契合痕迹。因此,不当轻易弃“□”或弃“君”而单独留“真”,组词发论(图2-1-39)。

第三,寇谦之家乡天师道大本营万年县出现的冯神育等二百廿人造像碑,如无特殊原因,理论上应体现寇谦之“真君”思想,客观上亦应践行新天师道规制仪轨。

《魏书》卷二十三《崔浩传》显示,寇谦之早年曾对崔浩言:“吾行道隐居,不营世务,忽受神中之诀,当兼修儒教,辅助太平真君,继千载之绝统。”他本人因此定字“辅真”,北魏《中岳嵩高灵庙碑》亦有“辅导真君成太平”(图2-1-40)诸语。

于是时势促北魏太武帝拓跋焘在440年正式接受道教,改年号为“太平真君”,拓跋焘本人还亲至道坛接受符箓。兴光元年(454)、天安元年(466),文成帝拓跋浚,献文帝拓跋弘,又相继“至道坛,登受图箓”[1],“幸道坛,亲受符箓”[2]。

[1]《魏书·帝纪第五·高宗文成帝》,中华书局1974年版,第113页。

[2]《魏书·帝纪第六·显宗孝文帝》,中华书局1974年版,第126页。

应该说，此时的天师道炙手可热，赫然国教。至少十余年的“真君”辉煌，亦弥漫中土，影响至深。直到正始二年（505）冯神育等二百廿人造像碑雕造时，天师道大本营万年县一带的信众应该还不会淡忘昔日辉煌，抛弃信念。他们自号“真君道民”，期望“重回政教合一型态”[1]，祝“愿帝主熙隆，百□（僚）恭肃”[2]，正是流连、回味以及坚守、认同的心语留露。

第四，冯神育等二百廿人造像碑发愿文“投委坛静，仰追寘果”句，既是寇谦之“真君”思想传播、发展的反映，亦是北魏太武帝拓跋焘“太平真君”年间“真君”辉煌余绪的显现，更与冯神育等二百廿人自豪认为“真□（君）道民”身份吻合。

第五，《魏书·释老志》：“其中能修身练药，学长生之术，即为真君种民。”可作“真□（君）道民”释读佐证。

（3）统计三通佛道造像碑碑铭显示供养人姓氏信息，可确定属万年县系统者，大致有冯、赵、杨、王、祁、李、张、柏、刘、孙、郭、袁、尹、牛、兰、辛、真、寇、焦、梁、姜、董、萧、段、郗、洛、纪、田、魏、刘、常等30余种之多。考其族属，基本上都是汉族。

这些不同北地郡邑义族属多为氐、羌种类[3]的众多汉族家族，其居里、族系、婚姻、友朋、信仰、诉求与家族势力，以及更广阔的社会生活空间，到底呈现出怎样的内涵形态，其间又有着怎样的内在联系，凸显出怎样的社会问题，均应引起我们的关注。

三、图像、题铭与风格：以冯神育等二百廿人造像碑为中心

诚然，要廓清上述问题，困难是比较大的。不过可尝试通过对储存历史文化信息最丰富的冯神育等二百廿人造像碑相关题名信息的统计分析，来寻找途径。至于其他两碑及相关碑石存储资料信息，也将适当考虑配合参入。

需要说明的是，受漫漶难辨、残毁无迹等相关原因限制，实际释读发现该碑题名人数仅有204人，不符发愿文显示的“二百廿人”。

为分析讨论便利起见，我们将204人基准单位，分为整体姓氏组合、单体冯氏组合、女性供养人组合三种类型，并分别统计作表2-1-2、表2-1-3、表2-1-4。

[1] 龚鹏程：《张泽珣〈北魏道教造像碑研究〉序》。
[2] 参见冯神育等二百廿人造像碑发愿文。
[3] 马长寿：《碑铭所见前秦至隋初的关中部族》，中华书局1985年版。

表2-1-2　冯神育等二百廿人造像碑邑义姓氏组合信息统计[1]

序号	姓氏	人数（人）	比例（%）	重要人物	备注
1	冯	108	52.9	（1）碑阳龛外左侧录生系列题名如冯伯瑞、冯世绍等几乎全为冯姓，可释读者至少7人 （2）碑阳龛外右侧录生题名系列如冯元□、冯世安、冯洪族、冯洪英等几乎全为冯姓，可释读者至少13人 （3）碑阳龛下香炉右侧题名第1人“邑师冯宏欃” （4）碑阴龛外左侧题名“典录冯□□”、“典录冯安君”、“侍者冯仪世”、“侍者冯神护” （5）碑阴龛外右侧题名“邑正冯道景”、“唯那冯道钦”、“邑正冯世庆”、“邑老冯天□”	
2	赵	16	7.8	碑阴龛外左侧题名“（道士）赵及宗”、“（道士）赵林及”、“道民赵林□”等	
3	杨	13	6.4	碑阴龛外左侧题名“道士杨伯怀”、“道士杨阿洛”、“道士杨永洛”等	
4	王	10	4.9		
5	祁	10	4.9	碑阴龛左题名“邑正祁□智”	
6	张	7	3.4		
7	柏	7	3.4		
8	李	6	2.9		
9	刘	6	2.9	碑阳龛左题名法师刘□□	
10	郭	3			
11	袁	3			
12	牛	2		碑阳龛左题名“三洞法师牛垂荫”	
13	尹	2			

[1] ① 按释读得204人为基数。
② 序号凡24，按人数多寡进行排序。
③ 相同人数按所处位序左右、前后尊卑次序排列。
④ 四面按正、背、左、右次序排列。
⑤ 同处一面者，龛左、右题名按自上而下、左上右下、内尊外卑排序。
⑥ 同处一面，龛下图像、题名按自上而下序排，每排以香炉为中心分左（上）组、右（下）组，同在一组者，自香炉正中分序按自内向外依次位置排序。

续 表

序号	姓氏	人数（人）	比例（%）	重要人物	备注
14	郗	1		碑阳龛左题名“三洞法师郗□孙”	
15	真	1			
16	寇	1		碑阴龛外左侧题名“万年县寇文安”	《北碑》释为“□□□寇文安”，张泽珣释为“万年县寇文安”。细审“文安”二字清晰，“万年”、“寇”三字依稀可辨，“县”字漫漶难辨
17	焦	1			
18	孙	1			
19	辛	1			
20	萧	1			
21	梁	1			
22	蔺	1			
23	姜	1			
24	董	1			

（1）表2-1-2统计所获供养人题名序列，冯氏一族人数高达108人，占比为52.9%，名列第一。显要位序的邑师、邑正、邑老、典箓、唯那等主要人物几乎全为冯姓，录生系列也几乎全系冯姓（图2-1-41）。说明这一时期万年县内，冯氏家族是当之无愧的世家大族，有着较强的号召力、影响力和统治力，其郡望、威势及文化品质，也应优于毗邻的其他姓氏家族。

表2-1-3　冯神育等二百廿人造像碑显示冯氏一族男性供养人字辈信息统计[1]

序号	字辈	人数（人）	比例（%）	备注
1	道	28	30.1	

[1] ① 按释读得93人为基数。
② 序号凡29。
③ “神”字辈前5位统计占比。
④ 各字辈人数依正、左、右面及每面自上而下每排左、右组顺序依次释读。
⑤ 暂不论题名位序字辈顺序是否准确。

续 表

序号	字辈	人数(人)	比例(%)	备　　注
2	世	10	10.6	
3	伯	3	3.2	
4	洪	7	7.4	
5	神	12	12.8	“神”字辈系列中,冯神育题名在正面龛下3排右组第1人位序及发愿文领衔位置两次出现,本表只统计正面1人1次位序信息
6	文	4		
7	思	2		
8	树	2		
9	安	2		
10	元	1		
11	仵	1		
12	大	1		
13	同	1		
14	光	1		
15	天	2		
16	今	1		
17	龙	1		
18	真	1		
19	还	1		
20	洛	1		
21	黑	1		此字辈序列冯黑退题名在左侧面龛下5排左组第3位序、右侧面4排右组位序分别出现,只选1面、1人、1次位序
22	连	2		
23	仪	2		
24	兴	1		
25	超	1		
26	市	1		
27	子	1		

续 表

序号	字辈	人数（人）	比例（%）	备　　注
28	弘	1		
29	显	1		

表2–1–4　冯神育等二百廿人造像碑碑阴女性供养人姓氏信息统计[1]

序号	姓氏	人数（人）	比例（%）	备　　注
1	赵	8	3.6	碑阴龛外左侧题名“（道士）赵及宗”、“（道士）赵林及”、“道民赵林□”等
2	杨	8	3.6	碑阴龛外左侧题名“道士杨伯怀”、“道士杨阿洛”、“道士杨永洛”等
3	王	6	3.2	
4	李	5	2.3	
5	刘	5	2.3	碑阳龛左题名“法师刘□□”
6	冯	4	1.5	
7	袁	3		
8	张	3		
9	柏	3		
10	尹	2		
11	郭	2		
12	祁	1		碑阴龛左题名“邑正祁□智”
13	辛	1		
14	焦	1		
15	梁	1		
16	兰	1		
17	萧	1		
18	姜	1		
19	孙	1		
20	牛	1		碑阳龛左题名“三洞法师牛垂荫”
21	董	1		
22	段	1		

[1] 释读得60人。排序按龛下自上而下各排、左右组及每组自内而外位序依次确定。

图2-1-41 冯氏家族显要人士图像题名信息主要存储于冯神育等二百人造像碑碑阳

（2）表2-1-3题名统计显现冯氏一族字辈序列共29种。虽不敢贸然按正、背、左、右，上、下、前、后，左组、右组，自内而外等题名位序释读标准简单分割，但从题名相关字辈大略聚集，仵、洪、世、伯、神、道、龙、始等字辈基本遵循上下、左右、前后、内外、尊卑等排序原则，“第立名字”[1]、“世”、“伯”[2]字辈一般居前，天师道经典又规制“神道”[3]秩序等现象观察，冯氏一族尊卑、高下、前后、老幼等字辈规制依稀可辨。反映出这一世家大族在血缘、世袭、等级、辈分等封建宗亲系统规制中的严肃性、规制性、系统性与延续性。也暗示冯氏一族世代聚居万年县一带，是地道的世家大族。就中各字辈序列中，还应该隐藏着父老子孙、昆仲兄弟等多重血缘关系信息。

（3）表2-1-4女性供养

[1] 冯神育等二百廿人造像碑发愿文：“合邑二百廿人造石像一区，第立名字。”

[2] 如“世”字辈，《左传·宣公三年》：“王孙满曰：卜世三十，卜年七百，天所命也。”《说文》：“世，三十年为一世，从卅而曳长之，亦取其声也。”如“伯”字辈，按伯仲叔季排行顺序，“伯”字辈居长。

[3]《三洞众戒文》卷下：“六情恬夷，神道归也。”《太上老君说常清静经注》：“能清静者，与太极同德，与天地同邻，与神道并行。”《文始真经注》卷一：“物物咸具神道，故云无一物非神也。”由此推测，至少“神”、“道”字辈得名均与天师道经典有关。

人题名得22种，以赵、杨、王、李、刘、牛诸种姓氏题名最多。考其族系，基本也应属汉族（图2-1-42）。

这些姓氏比例及赵、杨、刘、牛等姓氏男性佛道职事与男性邑子的多寡等，除传递冯氏之外其他各姓家族在万年县地域的郡望、势力等信息外，还不排除他们可能与冯氏族系具有长期联姻、频繁交往等亲近关系信息。

换言之，大概正是这种仅次于或接近于冯氏一族郡望、势力的门第阶次，才能有机缘构成她们与冯氏一族发生同结邑义、共同信仰的亲近组合关系。碑阴龛左题名“邑正祁□智”，不仅暗示其与碑阴女性祁氏之间的血缘联系，还暗示其等同“邑正冯道景”、“邑正冯世庆”等乡长身份的资质，因而相信他们在实际社会生活空间有过更多关于乡村管理、宗教活动等方面的合作与联谊。

因此，我们似乎不能轻易排除汉族世家系统冯氏一族与上述姓氏家族存在一定血缘相接、一荣俱荣、一损俱损、门第相类、感情相依的亲缘纽带关系。

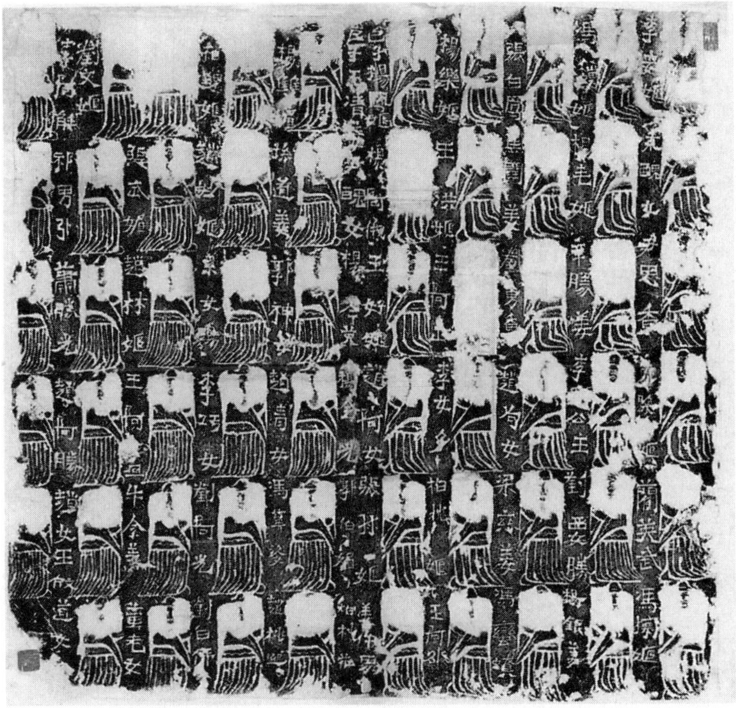

图2-1-42　冯神育等二百廿人造像碑碑阴女性供养人图像、题名

显然，这与同时期北地郡造像活动中大量氐、羌部族成员的参与[1]，以及汉民族与氐、羌等少数部族融合现象相比，明显区隔为不同的两种系统。

联系碑阳类同姓氏的较多呈现，整体造像碑还可能潜藏存续姑舅姨表及更多元、深厚、错综复杂的血缘宗亲或世谊戚友并乡邻友好等关系形态。

（4）考冯氏一族字辈系统，以神、道辈人数为最，成为整体造像碑题名的中坚。推测他们应属冯氏家族系统中年轻一辈，有着勃勃向上的气度与力量。其中冯神育其人题名位序虽在碑阳龛下三排右组第一，发愿文中却赫然成为邑义二百廿人领袖“造石像一区”，非有精力、财力、家世、威望及一定组织领导能力，难以出现这样的显著变化。

事实上，碑阳三排右组第一“邑子”题名位序一跃上升为“道民”身份（图2-1-43）并位居二百廿人之首来领衔造像等信息，在系统揭示了冯氏一族字辈组合、宗亲关系、婚姻形态、信仰追求、文化传统等社会学特质外，也透析出这一家族蓬勃向上的活力与勇气。

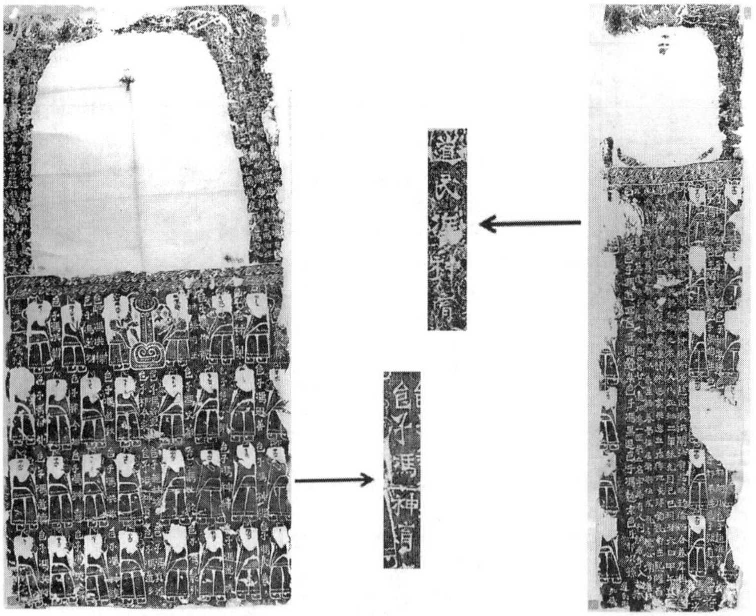

图2-1-43　冯神育等二百廿人造像碑碑阳“邑子冯神育”、碑侧发愿文“道民冯神育”信息

[1] 此类示例颇多，如药王山博物馆藏神龟二年（519）夫蒙文庆造像碑、正光四年（523）三县邑子二百五十人等造像碑（俗称“青龙魏碑”）等。

（5）这种以汉族为主体的邑义造像特色，在真实反映汉魏以来万年县地区汉民族系统诸种家族势力世代繁衍、纯净文化风格执着传承、延续的同时，也使得北魏时期在特定历史环境下出现的地域佛道造像样式，能够相对保持自己独特的个性风格。进一步推论，上述至少30余种家族系统，应是这一时期万年县佛道造像艺术风格的创造者、享有者以及消费者和维护者。

（6）冯神育等二百廿人造像碑显示的刘、张、王、姜、纪等姓氏，在邑老田清七十人等造像碑、张乾度七十人等造像碑铭记中亦频频出现。这种长期延续、多次参与、合邑造像、热烈供养的佛道传统信仰示例，既是上述诸种认识的反映，也折射以上姓氏15年间于万年一地热烈、执着的佛道信仰追求频次，以及相对专业的宗教情感向度和相对和谐的族群关系质量。

（7）作为北魏天师道与佛教信仰根据地与大本营，共享根基万年、广阳一带玄高、寇谦之两位释道领袖人物所鼎力创造的"佛道共慈"、"相激相生"、两相和谐、"无为是一"等融融宗教信仰氛围，三通佛道造像碑题名姓氏系统寇谦之宗族题名，目前却仅发现冯神育等二百廿人造像碑携带"万年县寇文安"等微量信息。其他相关载体携带的寇氏家族信息，亦仅知临潼博物馆藏寇谦之宗族寇阿智家族造像碑可作补充。至于玄高魏氏家族的供养人题名，目前于万年县一地所发现者，亦凤毛麟角。其余可在消退至万年县以北相对偏僻北地郡一带少数魏氏造像中追溯归宿。这与当年玄高、寇谦之促动的佛道威势相比，反差是很大的。

究其原因，大概与太平真君五年（444）九月十五日玄高失势遇害，太平真君十二年（451）太武帝又终止"真君"年号，改元"正平"，调整宗教政策等复杂历史背景有关，间或还有其他的原因。

表2-1-5统计显示，三通佛道造像碑均蕴藏门师、邑师、录生、道民等多种佛道教职事身份人员系统信息。其中冯神育等二百廿人造像碑表现最为突出（图2-1-44）。

图2-1-44 存储门师、邑师、录生、道民等佛道教职事身份人员系统信息最丰富的冯神育等二百人造像碑正面主龛两侧铭记

表2-1-5　3通佛道造像碑主要宗教职事身份题名信息统计

名　称	雕造时间	职司	姓氏	人数（人）	合　　　计
冯神育等二百廿人造像碑	正始二年（505）	法师	刘	1	（1）合计冯氏16人，杨氏2人，其余姓氏各1人，总计24人 （2）法师系统3人中，王、牛二姓为“三洞法师” （3）录生系统冯姓为最
			王	1	
			牛	1	
		门师	张	1	
		邑师	冯	1	
		录生	冯	15	
			杨	2	
			真	1	
			郭	1	
邑老田清七十人等造像碑	神龟二年（519）	法师			（1）合计王氏8人，其余姓氏各1人，总计12人 （2）“法师”系统空缺 （3）门师题名漫漶残缺，难以辨识
		门师			
		邑师	王	1	
		录生	王	7	
			刘	1	
			冯	1	
			张	1	
			姜	1	
张乾度七十人等造像碑	神龟二年（519）	法师			（1）合计刘氏6人，田氏2人，其余姓氏各1人，总计13人 （2）“法师”系统空缺 （3）“邑师”位序为“师道妙”，以其尾随“门师”张乾度故，应为“邑师”，俗姓不详
		门师	张	1	
		邑师		1	
			刘	6	
			田	2	
			王	1	
			姜	1	
			常	1	

图2-1-45　“弹官”、“侍者”、“仙童”等信息集聚于邑老田清造像碑碑阳龛下香炉两侧

究其要端，高级宗教职事身份者主要有“法师”、“三洞法师”、“坛卫”等；邑老田清七十人等造像碑尚有“弹官”、“侍者”、“仙童”(图2-1-45)；张乾度七十人等造像碑还有“□檀卫主”等佛道教职事身份人员题名信息。

三碑相较，冯神育等二百廿人造像碑冯姓职事身份人员题名信息最为丰富。按碑中透析相关信息分析，该族系佛道信仰力度、热度，大致在正始二年前后达到高潮。另外，在冯神育等二百廿人造像碑、张乾度七十人等造像碑中，张姓一族均显示“门师”一职，说明这一家族至少15年间皆有此类职事活跃在万年县地区，是地道以“道”为崇奉主体的汉代士大夫家族。

有意味的是，三碑中仅以“邑老”、“邑正”、“录生”、“道民 ”、“邑子”等身份显现的田姓一族，在目前被视为正始至延昌年间(504—515)雕造的田良宽四十五人等佛道造像碑(图2-1-46)中却不同凡响。类同的判断，至少还可从西安碑林博物馆藏北魏田僧敬造像(图2-1-47)等实物例证中获得支持。

释读田良宽等佛道造像碑发愿文及图像、题名，此碑或可称邑子四十五人等佛道造像碑。其原在位置，《咸宁长安两县续志》认为在咸宁

图2-1-46 北魏田良宽四十五人等佛道造像碑碑阳（西安碑林博物馆）

县[1]，考地望为今西安市东部一带。

此碑正面龛下香炉左右侧显要位置图像、题名，一为“田良宽”，一为“邑师主田阳仁”（图2-1-48）。其下邑正、唯那、道士等重要人物图像、题名，多田姓；其余普通供养人图像、题名，亦多田姓（图2-1-49）。反映出田氏一族在这一邑义造像中的重要主导地位。

田氏一族，自两汉以至隋唐，主要居住冯翊一带，为世家大族，信仰佛道。如永济县博物馆藏北魏正光五年（524）假安定令赵猛墓志铭：“夫人冯翊田氏，父背，秦姚中书博士，冯翊太守。”[2]1983年临潼栎阳镇发现西魏大统六年（540）吉苌命造像右侧田氏供养人题名（图2-1-50）；陕西考古研究院隋唐研究室披露隋开皇九年（589）田悦墓志，称田悦“冯翊广阳人，礼三宝于一心，……”隋开皇十三年（593）前立置《宋文彪造沣水石桥碑》录“冯翊将军司马田威，冯翊广阳人”[3]。

由此推断田良宽等佛道造像碑显示田氏亦为“冯翊田氏”，北魏以至隋唐，主要居住在万年、广阳、障县等冯翊郡辖地。如《咸宁长安两县续志》记田良宽等佛道造像碑原在地咸宁县东不谬，则冯翊郡治及障县县治之南，万年县治、广阳县治西南，或为北魏“冯翊田氏”的中

［1］宋联奎：《咸宁长安两县续志》补遗卷一二，排印本，1936年，第1页。
［2］赵猛墓志铭1987年春山西永济蒲州镇侯家庄村南出土，载陈继瑜等《河东出土墓志铭》，山西人民出版社1994年版，第1页。
［3］华林甫：《论杨守敬考证〈隋书·地理志〉的成就与不足》，载《江汉论坛》2012年第7期。

图2-1-47 北魏田僧敬造像（左）发愿文（右）（西安碑林博物馆藏）

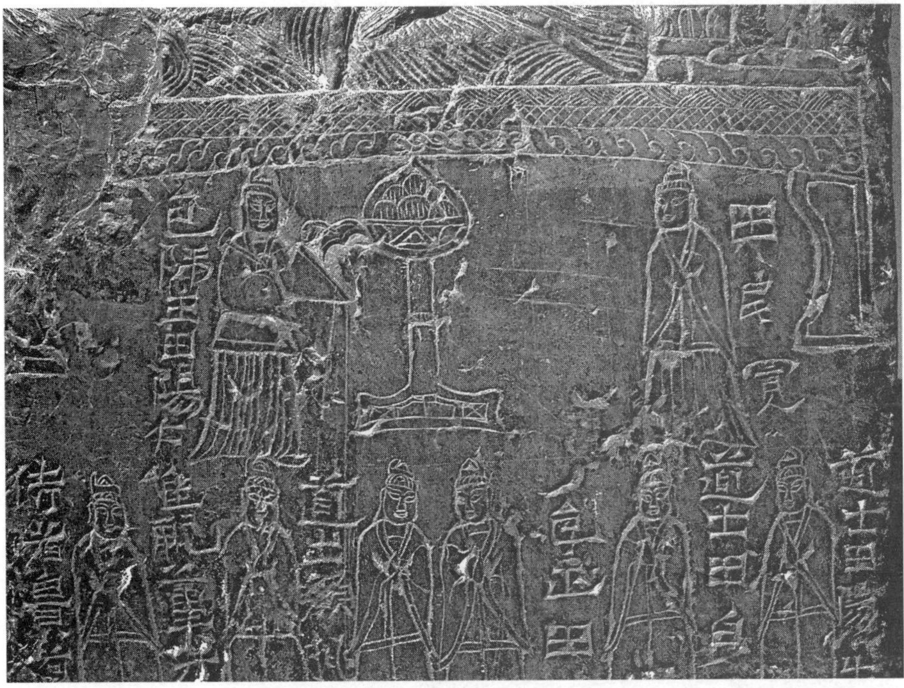

图2-1-48 北魏田良宽四十五人等造像碑碑阳龛下香炉两侧显要位置图像、题名

图2-1-49　田良宽四十五人等造像碑左侧田姓供养人图像题名及发愿文局部

图2-1-50　西魏大统六年(540)吉苌命造像右侧田氏供养人题名

心聚居区域。这样的推断，尚祈今后考古调查发掘中能有新的资料来补充、证实。

观察三通佛道造像碑书法风格，基本循隶、楷间结体规制，以方笔欹斜灵动运转动势取胜，于奇诡中求虚实变化和自然妙趣。以故《语石 语石异同评》缘此生发“书法奇逸”[1]之赞誉；近代陕西学者党晴梵又谓其“方笔疏宕，逸趣横生”[2]。这些发论者的主要观察，虽皆在姚伯多一碑，但推之于三通佛道造像碑以及其他同期相关佛道造像铭记，也应基本适合。

对照陈寅恪所谓“东西晋南北朝天师道为家世相传之宗教，其书法亦往往为家世相传之艺术”[3]理论。推知上述所谓的北魏关中地区佛道造像书法风格，亦应为北魏关中地区天师道“家世相传之（书法）艺术”风格，故万年样式之内涵序列内，当不应排除他们的参入与融合。

区别在于，作为北魏佛道艺术万年样式重要组成部分，三通佛道造像碑书法艺术风格向以冯神育等二百廿人造像碑最瞩目。是碑之中，又以“邑”字顶部三角形体式，以及分裂跃动的变化趋势与点、钩等笔画建构中较多呈现的“三角形”体式最具特色。

也就是说，特定时期、特定地域、特定载体呈现的规制性三角形书法体式，有理由成为万年样式的一种重要代表性形象符号。

为阐释说明这一问题，我们拟对北魏关中地区佛道造像铭文“邑”字顶部三角形体式衍变轨迹、北魏关中地区佛道造像铭文点、钩等笔画“三角形”形态信息进行统计分析。

表2-1-6　北魏关中地区佛道造像铭文“邑”字顶部三角形体式衍变统计表

序号	碑　名	时　间	图　像	图像来源	出土地区	备　注
1	姚伯多等造像题碑	北魏太和廿年（496）		侧面	铜川市耀州区	原属铜川市耀县

[1] 叶昌炽撰、柯昌泗评，陈公柔、张明善点校：《语石　语石异同评》，中华书局1994年版，第329页。

[2] 党晴梵：《论书》之四十四，1926年，收入李克明、邓剑主编《党晴梵诗文集·华云丛书》第一卷下，陕西人民出版社，第198页。

[3] 陈寅恪：《天师道与滨海地域之关系》，收入陈寅恪《金明馆丛稿初编》，三联书店2001年版，第39页。

续表

序号	碑名	时间	图像	图像来源	出土地区	备注
2	冯神育等二百廿人造像碑	北魏正始二年(505)		碑阳	西安市临潼区	原属西安市临潼县
3	冯神育等二百廿人造像碑	北魏正始二年(505)		碑阳	西安市临潼区	原属西安市临潼县
4	冯神育等二百廿人造像碑	北魏正始二年(505)		碑阴	西安市临潼区	原属西安市临潼县
5	冯神育等二百廿人造像碑	北魏正始二年(505)		侧面	西安市临潼区	原属西安市临潼县
6	冯神育等二百廿人造像碑	北魏正始二年(505)		侧面	西安市临潼区	原属西安市临潼县
7	邑老田清七十人等造像碑	北魏神龟二年(519)		碑阳	西安市临潼	原属西安市临潼县
8	邑老田清七十人等造像碑	北魏神龟二年(519)		碑阴	西安市临潼区	原属西安市临潼县
9	邑老田清七十人等造像碑	北魏神龟二年(519)		左侧	西安市临潼区	原属西安市临潼县
10	张乾度七十人等造像碑	北魏神龟二年(519)		之一	西安市临潼区	原属西安市临潼县
11	张乾度七十人等造像碑	北魏神龟二年(519)		之一	西安市临潼区	原属西安市临潼县
12	张乾度七十人等造像碑	北魏神龟二年(519)		之二	西安市临潼区	原属西安市临潼县
13	张乾度七十人等造像碑	北魏神龟二年(519)		之三	西安市临潼区	原属西安市临潼县

续 表

序号	碑　名	时　间	图　像	图像来源	出土地区	备　注
14	锜双胡廿人等造像记	北魏神龟三年（520）		碑阳	铜川市耀州区	原属铜川市耀县
15	锜双胡廿人等造像记	北魏神龟三年（520）		碑阴	铜川市耀州区	原属铜川市耀县
16	锜双胡廿人等造像记	北魏神龟三年（520）		碑阴	铜川市耀州区	原属铜川市耀县
17	锜双胡廿人等造像记	北魏神龟三年（520）		侧面	铜川市耀州区	原属铜川市耀县有发愿文一侧
18	锜双胡廿人等造像记	北魏神龟三年（520）		侧面	铜川市耀州区	原属铜川市耀县无发愿文一侧

表 2-1-7　北魏关中地区佛道造像铭文点、钩笔画“三角形”形态信息统计

序号	碑　名	时　间	图　像	图像来源	存在地区	备　注
1	姚伯多等造像碑	北魏太和廿年（496）		碑阳	铜川市耀州区	原属铜川市耀县
2	姚伯多等造像碑	北魏太和廿年（496）		碑阳	铜川市耀州区	原属铜川市耀县
3	姚伯多等造像碑	北魏太和廿年（496）		碑阳	铜川市耀州区	原属铜川市耀县
4	姚伯多等造像碑	北魏太和廿年（496）		碑阳	铜川市耀州区	原属铜川市耀县
5	姚伯多等造像碑	北魏太和廿年（496）		碑阳	铜川市耀州区	原属铜川市耀县

续表

序号	碑　名	时　间	图　像	图像来源	存在地区	备　注
6	姚伯多等造像碑	北魏太和廿年（496）		碑阳	铜川市耀州区	原属铜川市耀县
7	冯神育等二百廿人造像碑	北魏正始二年（505）		碑阳	西安市临潼区	原属西安市临潼县
8	冯神育等二百廿人造像碑	北魏正始二年（505）		碑阳	西安市临潼区	原属西安市临潼县
9	冯神育等二百廿人造像碑	北魏正始二年（505）		碑阴	西安市临潼区	原属西安市临潼县
10	冯神育等二百廿人造像碑	北魏正始二年（505）		侧面	西安市临潼区	原属西安市临潼县
11	冯神育等二百廿人造像碑	北魏正始二年（505）		侧面	西安市临潼区	原属西安市临潼县
12	冯神育等二百廿人造像碑	北魏正始二年（505）		侧面	西安市临潼区	原属西安市临潼县
13	邑老田清七十人等造像碑	北魏神龟二年（519）		碑阳	西安市临潼区	原属西安市临潼县
14	邑老田清七十人等造像碑	北魏神龟二年（519）		侧面	西安市临潼区	原属西安市临潼县
15	张乾度七十人等造像碑	北魏神龟二年（519）		之一	西安市临潼区	原属西安市临潼县
16	张乾度七十人等造像碑	北魏神龟二年（519）		之二	西安市临潼区	原属西安市临潼县
17	张乾度七十人等造像碑	北魏神龟二年（519）		之二	西安市临潼区	原属西安市临潼县

续表

序号	碑名	时间	图像	图像来源	存在地区	备注
18	张乾度七十人等造像碑	北魏神龟二年（519）		之三	西安市临潼区	原属西安市临潼县
19	张乾度七十人等造像碑	北魏神龟二年（519）		之四	西安市临潼区	原属西安市临潼县
20	锜双胡廿人等造像碑	北魏神龟三年（520）		碑阳	铜川市耀州区	原属铜川市耀县
21	锜双胡廿人等造像碑	北魏神龟三年（520）		碑阴	铜川市耀州区	原属铜川市耀县
22	锜双胡廿人等造像碑	北魏神龟三年（520）		碑阴	铜川市耀州区	原属铜川市耀县
23	锜双胡廿人等造像碑	北魏神龟三年（520）		侧面	铜川市耀州区	原属铜川市耀县

表2-1-6显示，北魏关中地区造像铭文“邑”字顶部三角形体式在神龟二、三年前尚保持端正谨严状态，其中尤以冯神育等二百廿人造像碑最具特色。大致从神龟二、三年开始，出现明显裂变跃动。但这一裂变跃动的趋势，仅仅只表现在某些地域或某种邑义造像方面。而在北地郡由书人夫蒙显达[1]操刀的永熙二年（533）儁蒙文姬卅一人等造像记中，神龟三年（520）前“邑”字端正谨严的状态仍依旧顽强存续（图2-1-51）。

同样，观察表2-1-7统计信息，点、钩等笔画呈现的“三角形”形态变化，亦以神龟三年（520）锜双胡廿人等造像记为中界。前者规制谨严，后者则灵动欹斜。这里，两种不同体位上的图像形态变化，同时在一个时代节点上发生微妙契合，应当引起我们的注意。

另外，只限定北魏关中地区，特别是万年县地区天师道“家世相传之

[1] 罗宏才：《中国佛道造像碑研究——以关中地区为考察中心》，上海大学出版社2008年版，第316—318页。

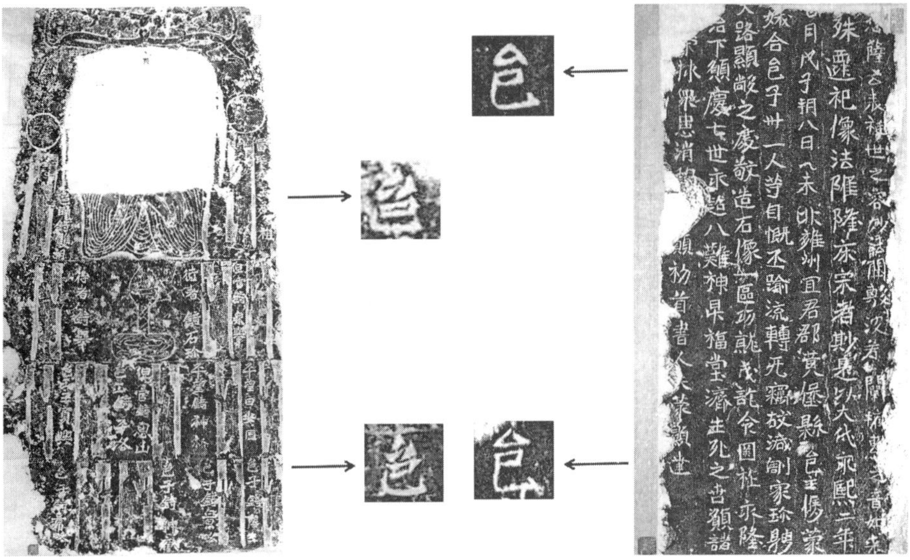

图2-1-51　神龟三年(520)锜双胡廿人等造像碑与永熙二年(533)儁蒙文姬卅一人等造像"邑"字形态比较

(书法)艺术"风格,与同期毗邻万年县地区冯翊郡治的佛教造像书法艺术风格,以及稍晚时期由书人夫蒙显达经营的北地郡永熙二年(533)儁蒙文姬卅一人等造像记书法艺术风格对立、迥异。从严格意义讲,后者更趋同于同期河洛地区上层阶级的书艺风格。如将冯神育等二百廿人造像碑与儁蒙文姬卅一人等造像记及河洛地区佛教造像书法做一比较,其间的差异是显而易见的(图2-1-52)。

呼应传统佛道信仰、"三洞法师"、"门师"、"邑师"、"典录"、"唯那"、"侍者"、"录生"、"道民"等佛道职事身份题名以及天师道"家世相传之(书法)艺术"风格等相关背景,三通佛道造像碑显示的独特佛道位序、造像组合、雕刻技法以及诸如飞鸟、交龙、铎铃、香炉等标志性图像元素与着袍、戴冠、执扇、擎板、烧香、飞仙、合气等丰富宗教文化信息,也从不同方面分别阐释了万年样式的内涵与特征(图2-1-53)。

除此以外,雕造意匠的神秘奇诡、雕造技法的丰富多样,更是万年样式显著的气质与特色。

在内容、形式上,这一样式明显汲取两汉以来传统雕刻的技艺精髓,着力营造"佛道共慈"、"相激相生"、"无为是一"的庄严宗教氛围,其基本雕刻技艺,大致分减地平雕、点式深凿、细线阴刻、斜坡剔刀四种。

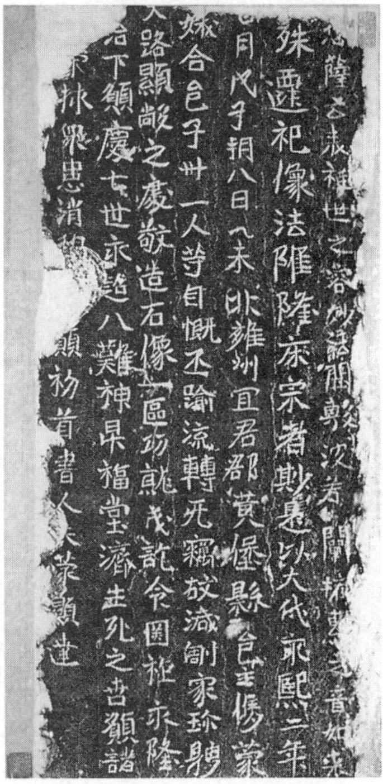

图2-1-52　自左至右：神龟二年（519）冯神育等二百廿人造像碑、洛阳出土神龟二年（519）元瓒墓志、冯翊郡治高陆发现争光三年（522）袁永等五十人造像记（《百品》所录）、永熙二年（533）儁蒙文姬卅一人等造像书法风格比较

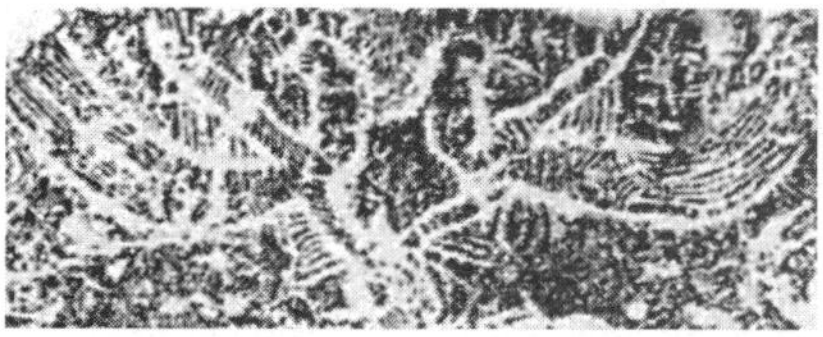

冯神育等二百廿人造像碑左侧面龛楣飞仙图像

冯神育等二百廿人造像碑右侧面龛楣飞仙图像

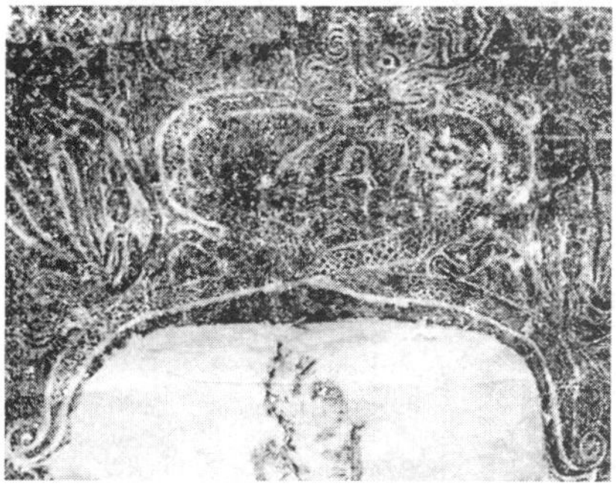

邑老田清七十人等造像碑碑阳龛楣交龙图像

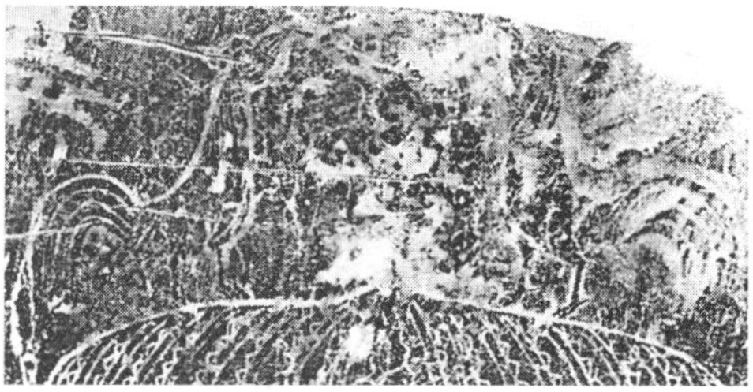

张乾度七十人等造像碑“邑正刘丑奴”题名一面龛楣“飞鸟”图像

图2-1-53-1　三通佛道造像碑龛楣飞仙、交龙、飞鸟图像

冯神育等二百廿人造像碑碑阳龛下香炉图像

邑老田清七十人等造像碑碑阳龛下香炉图像

张乾度七十人等造像碑“邑正刘丑奴”题名一面龛下香炉图像

图2-1-53-2　三通佛道造像碑龛下香炉图像

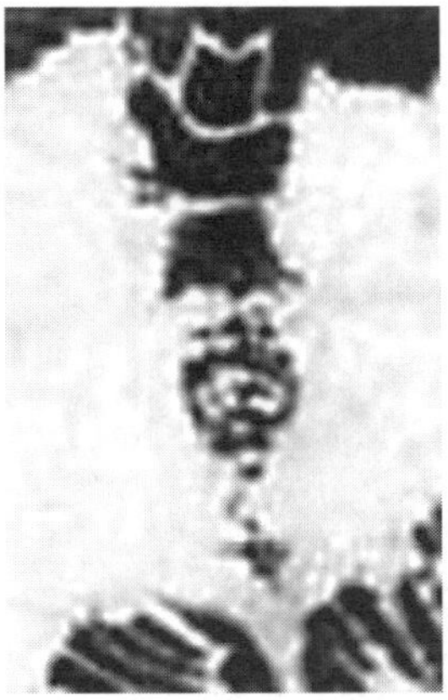

冯神育等二百廿人造像碑碑阳戴冠图像

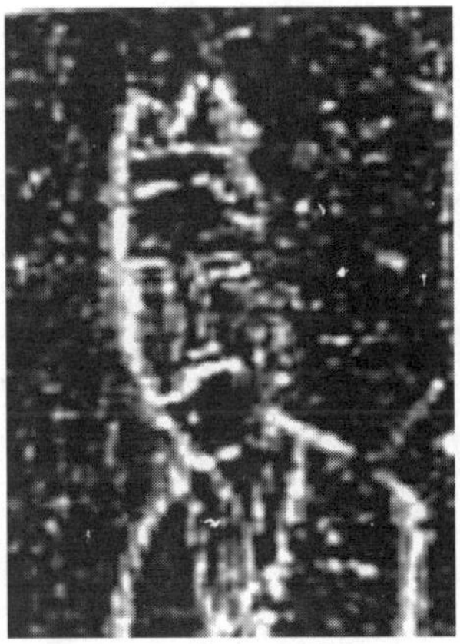

邑老田清七十人等造像碑碑阳戴冠图像

张乾度七十人等造像碑侧面戴冠图像

图2-1-53-3　三通佛道造像碑供养人戴冠图像

邑老田清七十人等造像碑碑阳龛下仙童侍香图像

冯神育等二百廿人造像碑碑阳龛下邑师冯洪标添香图像

图2-1-53-4　三通佛道造像碑侍香、添香图像

冯神育等二百廿人造像碑碑阳龛下“门师张明玉”振铎图像

张乾度七十人等造像碑侧面擎板图像

图2-1-53-5　三通佛道造像碑振铎、擎板图像

其中减地平雕、点式深凿最为瞩目。一般通过浅地、平地、斜坡、剔地等手法表现阐释，简拙强劲。供养人头部外侧块面实施点式深凿，形成整齐划一的方块式凹槽。衣袖用深入浅出的曲折线刻画人物的身姿动态；裤腿、裙摆只以平行阴线勾勒轮廓，借以突出主题视觉图像的稳定与张扬。在这一方面，冯神育等二百廿人造像碑表现得最为突出。

与减地平雕、点式深凿不同，细线阴刻在3通佛道造像碑中均有表达，其表达形式，又主要分为正反对应、分向对称、菱形交叉、绹索环扭、鳞纹叠加、平行线律动6种。其中正反对应、分向对称两种再分别通过a、b两种形态予以表现（图2-1-54、图2-1-55、图2-1-56、图2-1-57、图2-1-58、图2-1-59、图2-1-60、图2-1-61）。

冯神育等二百廿人造像碑碑阳龛像雕刻技法示例

图2-1-54　正反对应式（a）

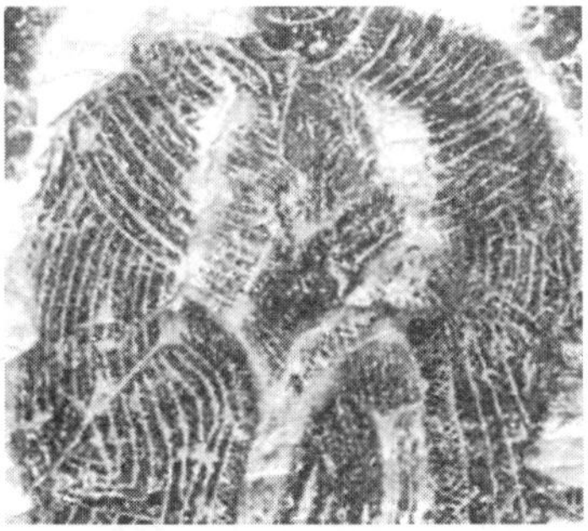

冯神育等二百廿人造像碑碑阳龛像雕刻技法示例

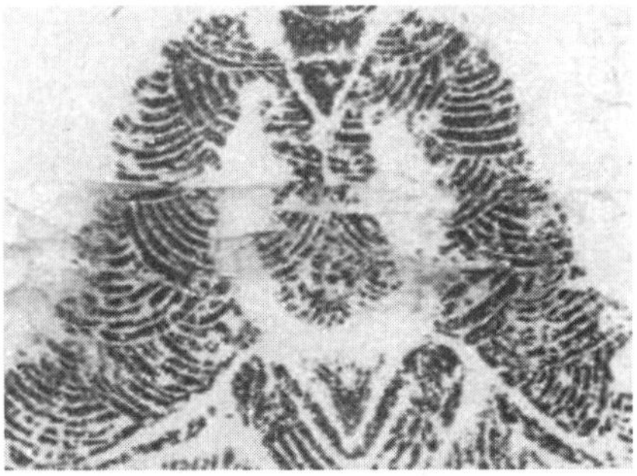

冯神育等二百廿人造像碑左侧面雕刻技法示例

图2-1-55 正反对应式(b)

冯神育等二百廿人造像碑碑阳龛下男性供养人图像、题名示例

冯神育等二百廿人造像碑碑阳龛下女性供养人图像、题名示例

张乾度七十人等造像碑碑阳龛下供养人图像、题名示例

图2-1-56 分向对称式(a)

冯神育等二百廿人造像碑右侧面男性供养人图像、题名示例

图2-1-57 分向对称式(b)

冯神育等二百廿人造像碑碑阳龛内主尊袍服外缘装饰纹样

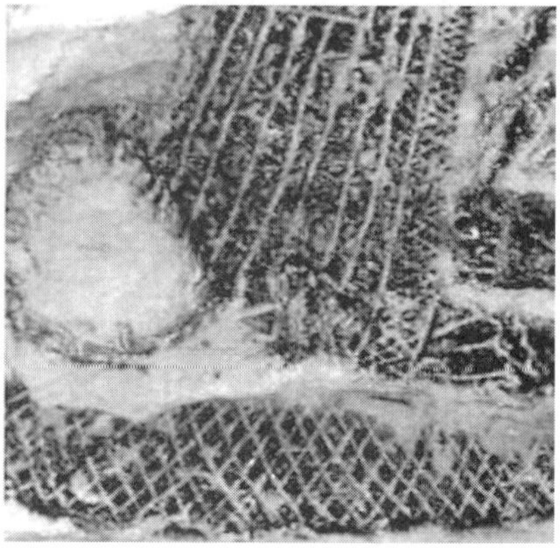

冯神育等二百廿人造像碑碑阴坐榻装饰纹样

图2-1-58　菱形交叉式

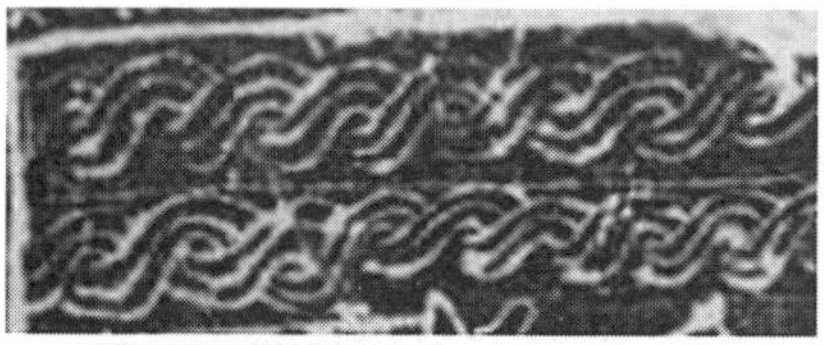

冯神育等二百廿人造像碑碑阳绹索纹样

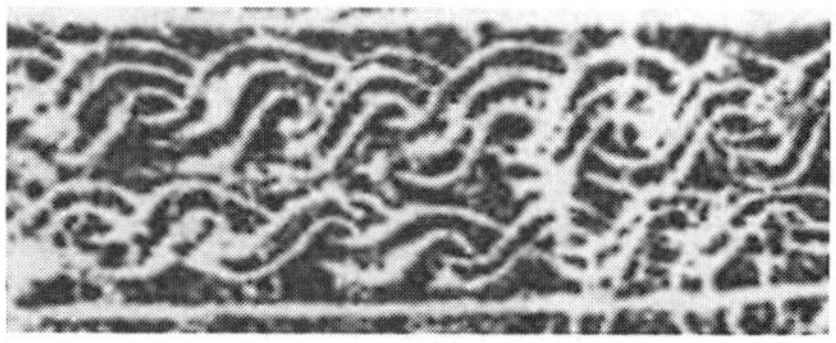

冯神育等二百廿人造像碑碑阳绹索纹样

冯神育等二百廿人造像碑碑阳香炉附缀绹索纹样

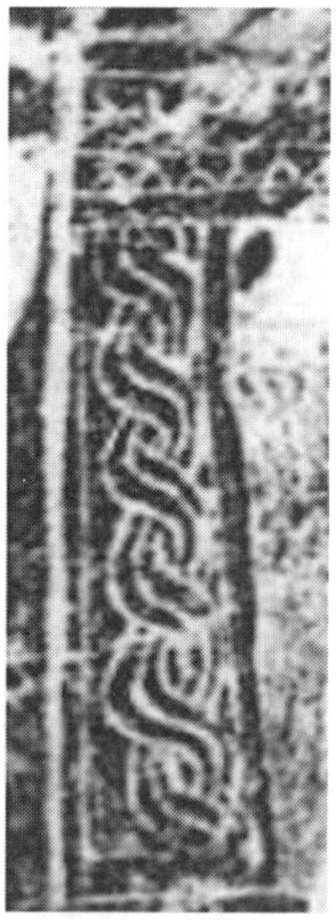

张乾度七十人等造像碑“道民田清”题名侧面龛像坐榻纹样装饰

图2-1-59　绹索环扭式

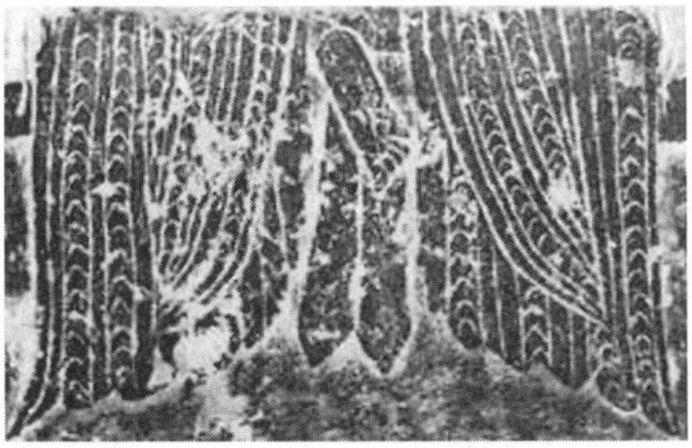

张乾度七十人等造像碑“邑正刘丑奴”题名一面龛内主尊坐榻袍服遮蔽状态

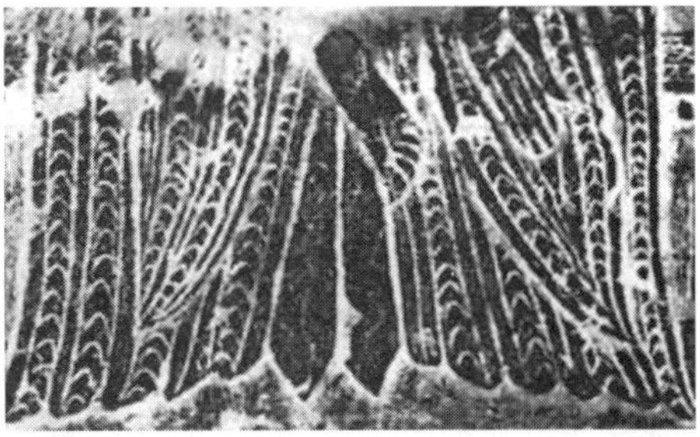

张乾度七十人等造像碑“道民田清”题名侧面龛内主尊坐榻袍服遮蔽状态

图 2-1-60　鳞纹叠加式

冯神育等二百廿人造像碑碑阳供养人图像

邑老田清七十人等造像碑碑阳供养人图像

张乾度七十人等造像碑侧面供养人图像

邑老田清七十人等造像碑碑阴供养人图像

图 2-1-61　平行线律动式

正反对应一种，再分斜线、弧线两类。不管哪一种，除过写实物象的客观限制外，恐怕还应与雕刻匠师减少雕刻阻力、省力方便等因素有关。而分向对称与菱形交叉两种，更多表现在冯神育等二百廿人造像碑供养人两序处置以及四面龛像的衣纹处理上；绹索环扭、鳞纹叠加两种，则更多表现在张乾度七十人等造像碑主尊袍服下摆与坐榻边饰图案装置方面。《北碑》认

图2-1-62　冯神育等二百廿人造像碑碑阳龛内主尊坐榻装饰（左）与张乾度七十人等造像碑碑阴龛内主尊坐榻（右）比较

为冯神育等二百廿人造像碑碑阳“龛下饰两层绳索边饰”[1]，大概疏忽了坐榻边饰图案装置这一观察主题（图2-1-62）。

六种形式中，平行线律动一种表现层面最为广泛，凡三通佛道造像碑男女供养人衣纹、服饰，皆可见及。尤以冯神育等二百廿人造像碑、邑老田清七十人等造像碑衣纹、服饰的阐释、表现，更为成功。

前者男性供养人裤腿技法如上所示，女性供养人衣裙平行线则呈分向律动，冀望于规制中求取自由变化，吻合了滕固所谓北魏“人物大抵是整齐的同一调子的侧面形（profile），衣纹皆为有规律的垂直线所构成，宛如出水之状”[2]的议论。后者得益于雕刻者对生活的细腻化观察和娴熟技艺运用，衣纹、裙摆的平行线间距、摆向处理得宜，较之前者更显舒展、自然。

此外，张乾度七十人等造像碑男性供养人长袍因雕造者设计统一平行线律动意匠的注入，造成整体人形结构纤细修长，袍袖宽大，颇类南朝秀骨清像，在强化写真新天师道道民精神内涵与宗教气质方面，显然是睿智的选择。征之于《历代名画记》卷六所谓“陆公参灵酌妙，动与神会，笔迹劲利，

[1] 陕西省药王山博物馆等编辑：《北朝佛道造像碑精选》，天津古籍出版社1996年版，第127页。
[2] 滕固：《唐代艺术的特征》，《中央大学文艺丛刊》第2卷第1期，1935年，收入沈宁编《滕固艺术文集》，上海人民美术出版社2003年版，第198页。

如刀锥焉。秀骨清像，似觉生动”[1]的评介，无论是雕刻技法，还是人物造型，这通造像碑显然都是适合的。它可能暗示此一时期关中地区天师道与“以灵宝经为主的南方经道教”[2]已经有了某种深度的交流与契合。

四、整体风格与阶段风格

对北朝造像风格的关注与批评，早期中国文化语境内主要集中在书法与文辞方面，基本上持否定的态度。

如《颜氏家训·杂艺篇》杂艺第十九：“北朝丧乱之余，书迹鄙陋，加以专辄造字，猥拙甚于江南。”

又如清人王昶《金石萃编》卷三十九《北魏造像诸碑总论》：“综观造像诸记，其祈祷之词，上及国家，下及父子，以至来生，愿望甚赊。其余鄙俚不经，为吾儒所必斥。”

抛却书法、文辞，推之于历史文化研究，梁启超甚至认为：“造像、经幢中文字，无关考史，不待问也。”[3]

近代海通以后，随着中国传统金石学理念、方法的转变以及西方图案、风格学方法、理念的传入，经久固化的北朝造像风格批评观念也开始发生显著变化。

突破书法、文辞窠臼，“奇逸”[4]、“逸趣”、“方笔疏宕”[5]等积极意义上的认同性评判，试图摆脱“鄙陋”、“猥拙”与“鄙俚不经”等否定性批判的历史羁绊，进行了很多的有益尝试。及康有为（图2-1-63）《广艺舟双楫》聊发“虽穷乡儿

图2-1-63　康有为（1858—1927）

[1]（唐）张彦远：《历代名画记》卷六，中华书局1985年版，第204页。
[2] 刘屹：《神格与地域》，上海人民出版社2011年版，第266页。
[3] 梁启超：《中国历史研究法》，华东师范大学出版社1995年版，第73页。
[4] 叶昌炽撰，柯昌泗评，陈公柔、张明善点校：《语石·语石异同评》，中华书局1994年版，第329页。
[5] 党晴梵：《论书》之四十四，1926年，收入李克明、邓剑主编《党晴梵诗文集·华云丛书》第一卷下，陕西人民教育出版社2007年版，第198页。

女造像，而骨血竣宕，拙厚中皆存异态，构字亦紧密非常”[1]之议论，则高屋建瓴，几成一时标新潮流。而西方图案学、风格学方法、理念的注入与影响，又使北朝造像风格的认识拓开一面，随之出现审美本质上的多位变化。至于双向和谐、中西合璧与多元深入、多维关照等方法、途径，更成为近年以来学界追求的趋势与中坚。

即便如此，由于文化背景、思维方式以及观察视角、问题意识、诉求目的、研究方法等多方面的差异，蓬勃向上的关于北朝造像风格等相关方面的研究，仍存在诸多的问题与争议。

如美国学者阿部贤次注意到欧美、日本一些学者对陕西关中地区北魏雕刻风格的批评，因针对其所谓“较之中原都会风格，其艺术技巧不足高超，宗教图像不足正确，总体来说不足先进”[2]的观点提出质疑，认为“区域性差别尽管重要，但也受到了多种因素的调节，诸如作品的功能，供养人的社会阶层和政治地位，赞助的组织形式，以及宗教政治动机等等”[3]。

与阿部贤次不同，日本学者石松日奈子在其《北魏佛教造像史の研究》一书中，则直接批评冯神育等二百廿人造像碑，认为其“造像部分雕工拙劣，与铭文内容很不相称”[4]。

我们认为，风格学意义上的图像比对，规律搜寻，生发技艺风格、艺术水准等方面的甄别、评判与结论塑造，向为风格研究之常用方法，有着很强的针对性与实用性。但如果抛弃多位或多向观察，仅拘泥某一视角、某一单位问题上的批判研究，却有可能会使丰富、复杂的问题趋于浅显与表面。当然，这样的批评，并不简单对位上述所谓的某一列举。

值得重视的是，目前进入研究者视阈的北魏造像，其本身融含丰富复杂的历史文化信息，客观、细致的研究指向，往往需要尽力照顾复杂的历史背景、多样的时空范围，因此区划、分辨构成这一看似简单的物理形态的全部

---

[1] 康有为：《广艺舟双楫》，上海书画出版社2006年版，第135页。

[2] 关于陕西早期雕刻的讨论，见Osvaild Siren,Chinese Sculpture from the Fifth to the Fourteenth Century, 4 vols. (London: Ernest Benn, 1925), 1：1–Liv.关于陕西周边地区风格的研究，见松原三郎两篇文章，《北魏の鄜県様式石雕》收入《中国佛教雕刻史研究》(东京：吉川弘文馆，1996，19—41)以及《北魏陕西派石雕の一系谱》收入《中国佛教雕刻史论》卷四(东京：吉川弘文馆，1995，1：35—52)。

[3] [美] 阿部贤次：《陕西省的北魏雕刻：来源、赞助、愿望》，收入巫鸿《汉唐之间的宗教艺术与考古》，文物出版社2000年版，第461页。

[4] [日] 石松日奈子：《北魏佛教造像史の研究》，ブリュッケ，2005年；另见[日] 石松日奈子著，筱原典生译：《北魏佛教造像史研究》，文物出版社2012年版，第182页。

因素，就必须在廓清整体、局部以及整体风格与阶段风格构成关系的基础上，寻找解决问题的途径。

若是，对位本节集中讨论的三通佛道造像碑，我们首先注意到至少四种有趣的图像、题名现象，并相信它们会带来有益的启示：

（1）冯神育等二百廿人造像碑中，领衔造像之冯神育其人题名共出现两次。一次是碑阳龛下第三排右组前首第一人的冯神育题名，署衔作“邑子冯神育”，其身份、头衔并未占据类似“邑老田清”那样的显要位置。但在发愿文中，却遽然变化，其一跃成为“道民”身份而间隔其与诸邑子阶层距离，从而领衔“同邑二百人等”之首，成为此通造像碑的中心人物（图2-1-64）。

（2）张乾度七十人等造像碑之上，领衔率“邑子七十人等”造像、发愿的“门师张乾度”与“（邑）师道妙”，没有类同冯神育等二百廿人造像碑碑阳龛下第一排香炉两侧左、右“门师张明玉”、“邑师冯洪標”那样的意匠设计，去分别占据不同的尊贵位置，仅仅只是出现在发愿文词句中。

（3）张乾度七十人等造像碑各面龛下图像题名规制对应的“录生”、

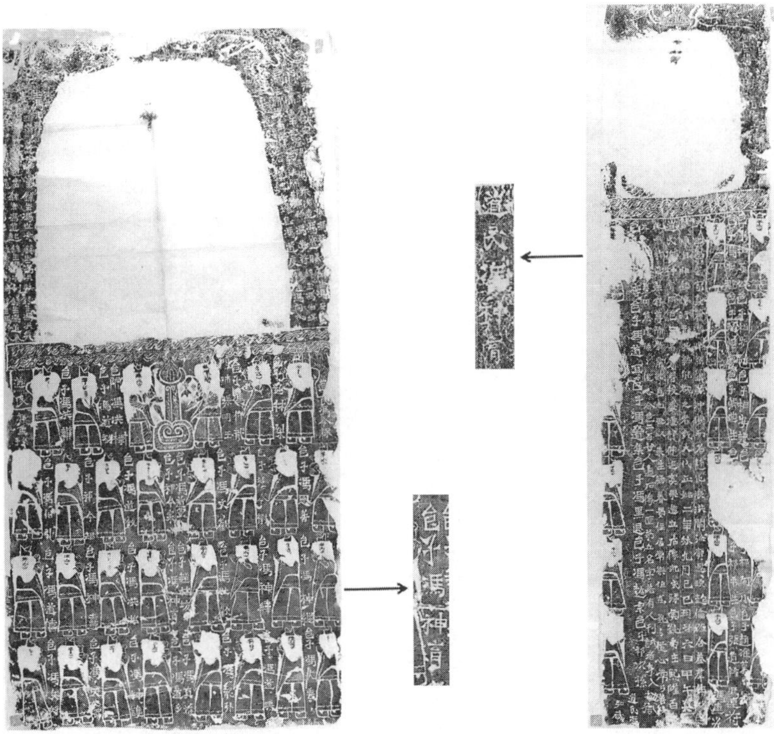

图2-1-64　冯神育作为普通“邑子”身份向领衔“同邑二百人等”之首位置变化对比

“道民”署衔，发愿文中一概易为“邑子”。对照《三洞珠囊》卷六《清戒品》引《正一法文》：“凡为道民，便受护身符，及三戒进五戒、八戒，然后受箓。”[1]又《老君音诵诫经》：“男女录生及道民。”推测邑子、道民与录生之间，应存在明显地位差异与一定递阶关系，吻合“南朝经教道教的法位阶制”[2]。实际三通佛道造像碑上，以四面面序与各面接近龛内主尊远近位序观察，也证实这种明显的地位差异与递阶关系的存在。但张乾度七十人等造像碑中“道民”、“邑子”不同位序的处置，客观上给人的感觉好像不仅仅只身份位序的差别。

（4）冯神育等二百廿人造像碑左、右两侧面，“邑子冯黑退”的图像、题名分前后两次显现（图2-1-65）。

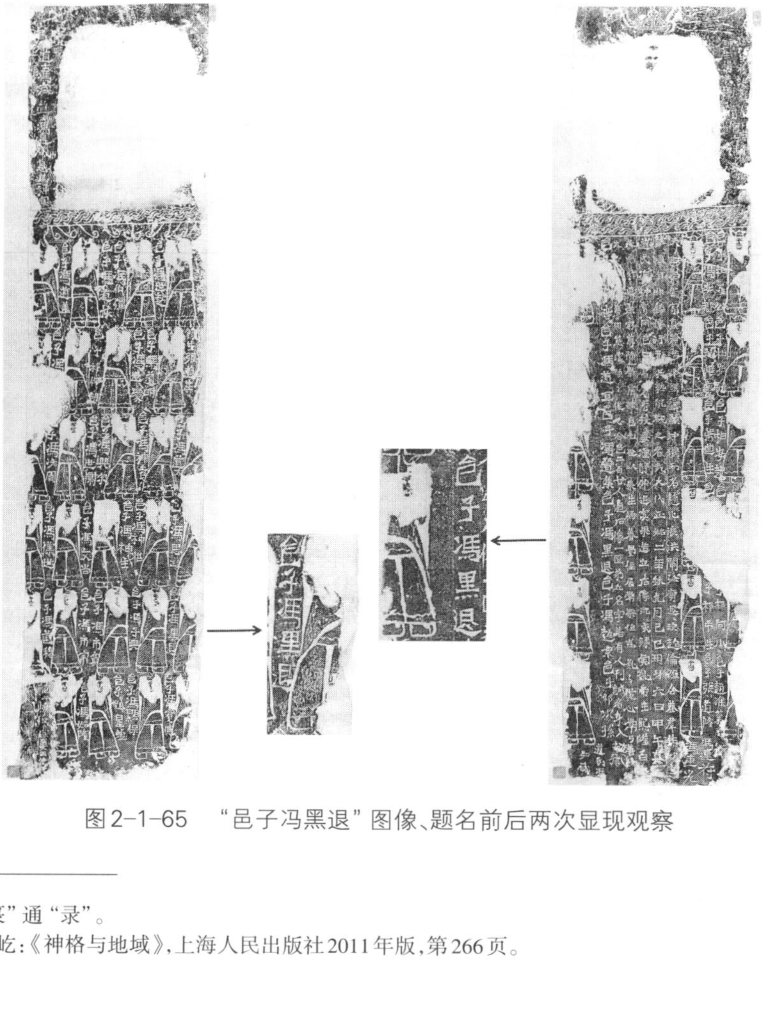

图2-1-65　“邑子冯黑退”图像、题名前后两次显现观察

[1]“箓”通“录”。
[2] 刘屹：《神格与地域》，上海人民出版社2011年版，第266页。

众所周知，当法雨普及、崇福热烈[1]之北魏时期，经郡县乡邑“敷导民俗”[2]者“鼓动愚俗”[3]所推动的众多中下层信仰群体“减割家珍”、“减妻子之揄粮”[4]才得以刻意雕造的佛道造像碑，历经“仰寻经文，内发慈心”[5]，“采石名山，调匠方外”[6]，“故（雇）匠刊石”[7]，“弟（第）立名字”[8]“雕克成就，写真容止”[9]，“严饰庄严”[10]、“镌饰周讫”[11]等诸多程序，凝结了动荡时期普通民众期望尽快脱离苦难、速成佛道，到达佛国世界以及天上仙界的虔诚情感，倾注了无数的心血、智慧，并敢以“若有人刊试者，身入地狱”的精神气度去刻意维护。

显然，这样的付出与祈求，是保证造像“雕剋成就，写真容止”后合乎一定质量、品质的前提与基础。

尽管在“敷导民俗”、“鼓动愚俗”过程中，常常会因“家珍”难舍、“揄粮”匮乏、“愚俗”未开等种种缘由，影响邑义生成过程中出现间断性的低潮或空缺。尽管还会在“雕克成就，写真容止”后，或整个佛道仪式结束后，一些原本因“家珍”难舍、“揄粮”匮乏、“愚俗”未开等种种缘由曾经迟滞、观望过的县、乡邑子，由于受佛道仪式、法师敷导、亲友鼓动等种种因素的影响，一时“愚俗”顿开，“思建功得（德）”[12]，愿割“家珍”而“托身投道门”，去“奉师敬三宝”[13]，最终忝列邑义行列之中。

揆以实际，冯神育等二百廿人造像碑之所以出现冯氏男性字辈组合看似规制严格，实则相对自由的小集中、大分散布局；无发愿文侧面右下

---

[1] 汤用彤：《汉魏两晋南北朝佛教史》第二部分第十四章“北朝造像”，收入《汤用彤全集》，河北人民出版社2000年版，第386页。汤氏原文曰：“北朝法雨之普及，人民崇福之热烈，可于造像一事见之。”

[2]（北齐）魏收：《魏书・释老志》，中华书局1974年版，第3030页。

[3]《弘明集》卷六载东晋末道恒《释驳论》：“世有五横，而沙门处其一焉。何以明之？乃大设方便，鼓动愚俗……。”

[4] 采自西安碑林博物馆藏北魏锜马仁造像碑发愿文。

[5] 耀县药王山博物馆藏北魏吴洪標兄弟父叔造像碑发愿文。

[6] 耀县药王山博物馆藏北周吕思颜造像碑发愿文。著录见［日］佐藤智水等：《4—6世纪に於ける华北石刻史料の调查・研究》，龍谷大学研究成果报告书，平成十七年（2005）3月，第66页。

[7] 张乾度七十人等造像碑发愿文。

[8] 冯神育等二百廿人造像碑发愿文。

[9] 耀县药王山博物馆藏北魏神龟三年（520）锜双胡造像碑发愿文。

[10] 耀县药王山博物馆藏北魏吴洪標兄弟父叔造像碑发愿文。

[11] 河南省博物院藏东魏武定元年（543）七月廿七日道俗九十人造像发愿文。

[12] 张乾度七十人等造像碑发愿文。

[13] 邑老田清七十人等造像碑发愿文。

空白处加刻“邑子冯世豪、妻王化”的图像、题名（图2-1-66），其风格、样式迥异于其他邑子的图像题名；有发愿文一侧右下角“道民冯弘威”题名（图2-1-67），其位序、形态不类同在一个侧面的其他邑子；张乾度七十人等造像碑还因邑义规模未到理想设定，造成正、背两面下部部分位序空格未填（图2-1-68）等种种现象，都应是上述原因的注脚与说明。

图2-1-66 补刻“邑子冯世豪、妻王化”图像、题名与毗邻位序供养人图像题名样态比较

图2-1-67 “道民冯弘威”题名

图2-1-68 张乾度七十人等造像碑正、背两面下部供养人图像题名空缺待填状态

类似的问题，侯旭东在《五、六世纪北方民众佛教信仰》一书中也有涉及。他认为当时还有“石匠预先雕好单体石像出售，由造像者出资购买刊记题名的情况”，并举例河南偃师发现正光四年（523）翟兴祖造像“由工匠先把佛像和线刻施主肖像刻好，尔后根据捐资者要求刻上造像铭记，再依捐资先后刻题榜姓名。所以造像记云法义卅人，而实际题名有82人之多，且官员亦因出钱晚而名字列于最后”。安徽亳县咸平寺旧址发现北齐造像碑“一碑正面额、佛龛均已完工，背面划以方格，但无铭文”。“同处出土的造像碑的铭文均界以方格，该碑尚未镌刻铭文，应是没有信徒出资购买刻记，也属于雕竣尚未售出的像”。且援引《中州金石记》针对《金石萃编》卷三一收录邑主石像颂“故佛弟子邑主”句下空八字，无人名现象认定“本非残阙，当时待填姓氏耳”结论作为证据[1]。

侯旭东所举案例，我们认为现象上确与三通佛道造像碑有些类似，但以三通佛道造像碑所处时代背景、宗教性质、图像信息、位序规制等因素观察，却似乎不存在刻竣待售的可能。

问题在于，“雕克成就，写真容止”的三通佛道造像碑，在整个佛道仪式程序中，仅仅只是基础性的第一步，并不代表整个碑体内涵、信息的全部。

依据佛道经典、造像铭记所谓“法容克就，因即造斋”[2]，《老君音诵诫经》所谓“便以手捻香着炉中”[3]，《弥勒上生经》所谓“造立形象，香花衣服，缯盖幢幡，礼拜系念”[4]；道民吴洪标兄弟父叔造像碑发愿文所谓“匠工既就，乃有斯愿”[5]等等记录，三通佛道造像碑应该恪守“佛道合慈，无为是一”的信念，遵循以道为主，为上，为尊，左旋；以佛为辅，为下，为卑，右旋等佛道规制，从而有机缘、有资质进入“雕克成就”后诸如立坛（天师道）、振铎、集会、执版（佛教擎花）、排序、旋绕（围绕造像碑）、侍香、烧香、歌诵、发愿等重要环节（图2-1-69）。

关乎这些环节，敦煌文献P.3562号卷如是披露：

“凡斋法，至斋家坐定，洗手转经了。令主人执香炉礼，三拜，长跪，坐，

[1] 侯旭东：《五、六世纪北方民众佛教信仰——以造像记为中心的考察》，中国社会科学出版社1998年版，第280页。
[2] 龙门二十品之一太和廿二年（498）北海王元详造像发愿文。
[3] 又名《云中音诵新科之诫》，北魏神端二年（415）寇谦之撰，收入《正统道藏》“洞神部戒律类”。参见《老君音诵诫经》（校释），中国人民大学出版社。
[4]《大正藏》卷一四，第420页中。
[5] 藏耀县药王山博物馆。

图2-1-69　自上至下：冯神育等二百廿人造像碑、邑老田清七十人等造像碑、张乾度七十人等造像碑主要宗教活动图像信息观察

令唱，行香。时至，即唱。人各恭敬，至心稽首太上无极大道。”

如认为敦煌文献P.3562号卷所记，尚只是道教斋法，所言皆道教中事，推之于佛教斋会之仪式经过，敦煌文献P.3829号卷则还有另外一段记述：

“夫为受斋，先启告请诸佛了，便（唱）道（导）一文，表叹使（施）主了，便说赞（诸？）戒等七门（廿七行）事科了，便说八戒了，便发愿施主了，便结缘念佛了，回向发愿，取散。”

类同的斋会仪式，敦煌本S.3516《历代法宝记》尚可择出道安其人与佛教斋会程式仪轨来施行助力：

“（道安）后又造讲说章门，作僧尼轨范，佛法宪章、受戒法则，条为三例：一曰行香定座，二曰常日六时礼忏，三曰每月布萨悔过。事相、威仪、法事、咒愿、赞叹等。”

诸种佛道斋仪中，造像雕就后法事末端施主愿事表白的“发愿”，一般居于最末的位置，这契合吴洪标兄弟父叔造像碑发愿文“匠工既就，乃有斯愿”所谓，以及“上愿……，中愿……，下愿……”的三愿递进之说。

按《续高僧传》卷二七《释大志》：“撰誓愿文七十余纸，意在供诸众生为善知识也。”知“发愿”结果，一般须要郑重留记。实际在佛道造像碑中，这种“发愿”留记多镌刻在旋绕终结的某一侧面[1]。

[1] 道教一般在左旋旋绕程式结束后于造像碑四面右面（西面）留刻发愿文；佛教一般在右旋旋绕程式结束后于造像碑四面左面（东面）留刻发愿文。

留刻程序的意义，是第一阶段在将要旋绕终结的某一侧面必须预留空白，以待佛道仪式结束后于此刊刻发愿文。此种规律，曾广泛存在于关中地区北魏造像中。从三通造像碑有发愿文风格、水准与其他各面供养人图像题名风格、水准迥异反差现实来看，证实发愿文雕刻时间应晚于其他龛像与供养人图像题名（图2–1–70）。

图2–1–70　自左至右分三组观察冯神育等二百廿人造像碑、邑老田清七十人等造像碑、张乾度七十人等造像碑发愿文风格、水准以及其他各面供养人图像题名风格、水准迥异反差的状态

也就是说，预留块面，不同于龛像及供养人图像、题名那样从容、稳定的另一种宗教氛围下的雕刻处置行动，造成了这种明显反差风格的客观存在。

以上讨论，大致勾勒出北魏万年地区佛道斋仪于造像碑上的基本时空位序。循此理论，我们重新整理三通佛道造像碑图像、题铭位序，还可以再发现以下有趣现象。

尝试仍以冯神育等二百廿人造像碑为例，发现其所有的图像、题铭，都明晰集中分割在四个不同的区位空间：

（1）四面顶部正中设置的主尊龛像。

（2）正、背及无发愿文侧面设置的供养人图像、题名。

（3）有发愿文侧面及边侧赘附的供养人图像、题名。

（4）四面龛外两侧镌刻的佛道职事身份人士题名。

看得出，四个不同的区位空间，对应佛道宗教仪式程序，呈现龛像、供养人图像、佛道职事身份人士题名、发愿文四个前后连接、一线贯穿的雕造节点，也构成了以龛内主尊为中心，四面排序，阳尊阴卑、左尊右卑，自龛以下层层延伸、逐阶下降、等级森严的佛道活动时空结构。

观察四个前后连接、一线贯穿的雕造节点，龛像、供养人图像与佛道职事身份人士题名与发愿文，又可分立为两个组系。而就两个组系各自技艺、形态、规制、水准、品质诸方面比较，其间差异也是非常明显的。

即便是在同一组系，因正、背两面男女供养人尊卑位序的不同，技艺、风格的差异也随之对立。而在两侧面中，有发愿文一侧发愿文与两侧供养人图像、题名之间，明显的差异也依然存在。

这样的差异，固然有宗教位阶、男女尊卑、字辈排序、年龄身份等方面的因素，但佛道仪式规制与特殊地域文化背景等原因，却应是不可忽视的主要的因素。

或者是说，由于斋仪前后宗教氛围与诉求目的区别，以及供养、生长过程中环境的差异，促使碑面最终呈现两种较大的反差形态组系。前述冯神育等二百廿人造像碑发愿文与两侧供养人图像题名的风格差异，就是一个有力的证据。

具言之，四面龛像与供养人图像题名一般在第一阶段完成；发愿文与四面龛像外左右两侧佛道职事身份人士题名则一般在第二阶段完成。尽管相同的师匠、书手对应了不同的时间阶段与不同的宗教氛围与宗教需求，但第二阶段特殊宗教氛围与特殊宗教需求限定下的粗疏性发愿文刊刻，最终还是因为风格的骤变而受到人们的关注与批评。

当然，我们这里所说的四个不同区位空间的相关图像、铭记信息，仅限于同代、同质文化元素的合理补位，不包括异代、异质文化元素的分向参入。比如冯神育等二百廿人造像碑无发愿文侧面右下空白处加刻“邑子冯世豪、妻王化”图像、题名当为同代、同质文化元素的合理补位；临潼博物馆藏正光四年（523）师氏合宗邑子七十一人等造像碑碑阳、碑阴额部分别续刻元祐八年（1093）、绍圣元年（1094）补刻寺院牒文诸事题记（图2-1-71），即可认定为异代、异质文化元素的分向参入示例。

于是，前后连接、一线贯穿的四个雕造节点，构成全部样式风格的基本内涵，每一节点的样式风格内容，都应是全部样式风格内涵的有机组成部分。

拓展观察与议论层面，在整体与局部、全部与阶段之间，这种有序分合的结构关系也能够成立。至于每一局部或每一阶段的样式风格，由于受限于每一时段的雕造背景，每一时段的雕造背景，都有可能影响到每一局部、每一阶段样式风格的内容与形式。

图2-1-71 临潼博物馆藏正光四年（523）师氏合宗邑子七十一人等造像碑碑阳（左）、碑阴（右）额部分别续刻元祐八年（1093）、绍圣元年（1094）补刻寺院牒文诸事题记

由此说开去，可能由于后期接受某位法师循循“敷导”等原因给予的感悟与“启彻”[1]，促使冯神育本人在最后某种困难面前脱颖而出，鼓动大家共结“善缘”[2]，对于雕造经费、邑义规模等邑义公益有赞助、推展的功绩，从而使他有可能得到天师道职官某氏的赞许，由“邑子”跃变为“道民”，继而从碑阳龛下三排右组第一普通位序，跃变为整个邑义领袖，并最终出现在令人瞩目的发愿文中。

“邑子冯黑退”图像、题名两次入位现象，除过刊刻失误等原因外，不排除“邑子冯黑退”其人在两次题名中不同的助益贡献。或者说，正是由于后期助益的贡献，他的图像、题名才得以第二次出现在发愿文的右侧。诚如此，与冯神育的功绩相比，对冯黑退来说，这已是不错的结局了。

同样，在“鼓动愚俗”方面，门师张乾度、邑师道妙或可能已成功将“七十人等”邑子教化成“道民”。这样的功绩、身份与现实，造成他们没有必要再次接受邑义邀请充当有关是碑佛道活动的“门师”、“邑师”角色。因此在此后接续的其他造像活动中，也就不必出现在常态的“门师”

［1］临潼博物馆藏师氏合宗邑子七十一人等造像碑发愿文。
［2］冯神育等二百廿人造像碑发愿文。

与“邑师”位序中，而是需要类同助推邑义的冯神育一类的领袖人物，于发愿文中留下自己倡首邑义的重要位序。至于原来常态规制限定下的“门师”、“邑师”位序，则转而易为“邑正王熹”、“邑正刘丑奴”一类的乡邑领袖。所谓“于今大魏门师张乾度、(邑)师道妙率邑子七十人等，知求非常，皆同生年。……敬崇三宝，共兴邑仪。思建功得(德)，成心久著。各自竭家珍，故(雇)匠刻石，造刑像一偪”诸语，大概正是这一邑义全部造像活动的潜台词。

图2-1-72　[瑞士]沃尔夫林(1864—1945)

于1899年成就的《艺术风格学》这部代表性著述中，瑞士著名艺术史学者沃尔夫林(Heinrich Wolfflin，1864—1945)(图2-1-72)曾着力阐释过局部风格与整体风格的关系，认为“只有在单独的局部好像是整体的一个必要的部分的地方，才谈得上有机体的接合方式，而且只有在被紧密联系在整体中的组成部分仍然被感到是一种独立地起作用的部分的地方，自由与独立的观念才有意义”[1]。

沃尔夫林发论的语境，虽然一直高立在广博的“艺术风格学”视野，但推之于三通佛道造像碑，关于整体风格与阶段风格，全部风格与局部风格之关系、比例等问题方面，笔者认为同样适合。多样性的统一和同一性的统一，没有理由排斥其带给我们的积极指导意义。

由此推想阿布贤次“诸如作品的功能，供养人的社会阶层和政治地位，赞助的组织形式，以及宗教政治动机等等”有意味的“多种因素的调节”，不仅可以多位照应一种独特的地域样式，而且还可以多位照应一种独特地域样式整体风格与阶段风格的甄别与利用。它使我们有可能不再只是简单的用一种眼光看待一种看似简单固化、实则丰富多样的艺术物体，从而将线性艺术创造进程中于不同阶段分别呈现出来的风格与样式，一概赋予机械、抽

[1][瑞士]沃尔夫林，潘耀昌译：《艺术风格学——美术史的基本概念》，辽宁人民出版社1987年版，第179页。

象的一种偏颇定语。

这样的议论，并不影响我们基于北魏地域造像艺术参差不齐，从而着力对某种“猥滥”[1]背景下出现的风格、样式，做全面、系统考量与关照。

五、结语

整理以上研究，可以从12个方面进行概括，其结论、价值，也将通过这12个方面来表现、阐释。

（1）现存西安市临潼博物馆的北魏正始二年（505）冯神育等二百廿人造像碑、神龟二年（519）邑老田清七十人等造像碑、神龟二年（519）张乾度七十人等造像碑，均属佛道造像碑。

排序为：

① 冯神育等二百廿人造像碑。

② 邑老田清七十人等造像碑。

③ 张乾度七十人等造像碑。

同一时间、同一历史文化背景、同一单元地理区域出现如此数量、如此时段、如此规模、如此品质与如此气度的同质化“佛道合慈”造像碑，这在全国范围内尚属罕见。应当引起历史学、文物考古学、宗教学、艺术学、社会学、历史地理学等相关学科研究者的高度重视。

（2）目前认为，三通佛道造像碑最初均在北魏冯翊郡万年县。其中正始二年（505）冯神育等二百廿人造像碑至晚在1904为陕籍学者张扶万发现，另外两通佛道造像碑则在民国戊午年（1918）为栎阳镇农人启土发现。三碑旋经临潼县知事阮贞豫（翱伯）等人负责自栎阳镇移运至临潼县衙。民国己未年（1919）春再由陕西省督军陈树藩、临潼县知事阮贞豫分别撰跋并镌刻于邑老田清七十人等造像碑碑阴龛外左侧、下部述其颠末。部分研究将三碑发现时间定为清嘉庆戊午年（1798），进而再易为清咸丰戊午年（1858）发现，并称咸丰己未年（1859）将其自栎阳迁徙至临潼县衙。这存在着明显的错误。

（3）按造像及造像碑命名，应紧密结合发愿文、关键图像题名位序、邑义结构、邑义成员姓氏等载体散发的多元信息，聚焦最关键、最准确、最具

[1] 侯旭东：《五、六世纪北方民众佛教信仰》，中国社会科学出版社1998年版，第279—289页。

体、最能代表该造像或造像碑内涵、特色的代表性语词，擢优确定。

基于此，三通佛道造像碑分别定名为冯神育等二百廿人造像碑、邑老田清七十人等造像碑、张乾度七十人等造像碑。

部分研究将邑老田清七十人等造像碑发愿文“镇王守令等，同年□□□”中“镇”字去掉，独留“王守令等”字对应该造像碑定名，称之曰“王守令佛道造像碑”，并将“当今大魏世神龟初二年七月戊寅朔廿日至申”一段堆置不断，将“神龟初二年”句“二”字脱掉，定该碑雕凿时间在“神龟初年”，均不符文意，且有损其价值，应予匡正。

（4）据《魏书・地形志》《类编长安志》《舆地广记》《北周地理志》等文献记载，知北魏孝文帝太和二十二年（498）、宣武帝景明元年（500）先后分雍州冯翊郡万年县地置障县、广阳县。

又三通佛道造像碑同在一地发现，冯神育等二百廿人造像碑碑阴龛外左下供养人题名有“万年县寇文安”；张乾度七十人等造像碑发愿文又有“雍州冯翊郡万年县西乡人”。依历史沿革、地理区位、三碑同位、佛道本质、碑铭等条件，以及北魏孝文帝分置障县、宣武帝分置广阳县等原委、举动综合分析，三碑都曾与万年县发生密切关系，其万年县符号价值与母体地位清晰可辨。以此对应北魏佛道造像系统地域样式规制标准，应择名“万年样式”。

因此，通过文献实物互证、类型划分、相关信息统计分析、风格比较等方法对这一样式相关问题进行研究，吻合三通佛道造像碑原生长地域人文氛围与时代背景，具有一定的客观真实性，更符合时代的生活气息。

（5）“万年县寇文安”、“雍州□（冯）翊郡万年县西乡人”等关键信息的出现，为确定万年样式及万年县地理区划提供了可靠的实物证据。可知不管北魏孝文帝如何自万年县分置障县、北魏宣武帝如何自万年县“分置广阳县”，至少在正始二年（505）至神龟二年（519）年间，万年县之名并未撤销。《北周地理志》“冯翊郡”条谓该郡“领县六”，独空置“万年”不书[1]，是其困惑。“万年县寇文安”、“雍州□（冯）翊郡万年县西乡人”等资料信息的发现，可补《北周地理志》之缺。

（6）目前确定属于“万年样式”的冯神育等二百廿人造像碑、邑老田清七十人等造像碑、张乾度七十人等造像碑，只是该样式的中坚与基干。随着

[1] 王仲荦：《北周地理志（上）》，中华书局1980年版，第24—29页。

文物考古工作的不断深入，相信属于这一样式的大量实物资料将会逐步发现，给于该样式内涵、特质以有力的支持与补充。

同时，随着该项研究的深入进行，与上述实物资料存在密切关系，原本游离于其他研究语境的相关佛道造像碑资料，也会逐步融入“万年样式”的范畴，是则“万年样式”的拓展、研究，应该有更广阔的前景。

（7）万年样式的出现，既有厚重的历史文化积淀滋养，又有独特的历史地理区位优势支持，还有特殊的历史时代背景限定。其中根基北魏天师道与佛教信仰的根据地和大本营，吻合举国上下法雨普及，崇福热烈的宗教文化气氛，共享根基万年、广阳一带玄高、寇谦之两位释道领袖人物[1]所鼎力创造的“佛道共慈”、“相激相生”、“无为是一”等融融宗教信仰氛围，是这一样式得以凸显、发展的主要因素。

（8）受上述因素制约，三通佛道造像碑在邑义建构、佛道信仰主题设定、相关图像题名位序安排，以及造像碑形态与内涵设计、佛道仪轨遵循、佛道文化消费等方面，都始终突出以道为主、为上、居阳、在左，以佛为次、为下、居阴、在右的主题。

其中正始二年（505）冯神育等二百廿人造像碑以雕造时间最早、邑义规模最大、地域世家大族族系结构最完整、天师道信仰气氛最浓郁、“佛道共慈”秩序最规制等优势，傲立三通佛道造像碑之首，彰显出北魏天师道与佛教信仰根据地与大本营“真君道民”的身份、责任与精神、气度。

在冯神育等二百廿人造像碑影响下，神龟二年（519）七月、十月相继在万年一地出现的邑老田清七十人等造像碑、张乾度七十人等造像碑，以更规制的佛道信仰主题设定、更准确的图像题名位序安排、更完备的造像碑形态与内涵设计、更具象的佛道仪轨遵循、更热烈的佛道文化消费来表达两个不同邑义团体的身份、责任与精神、气度。3通佛道造像碑由是共同构成万年样式的主体。

具象剖析，冯神育等二百廿人造像碑尚保持万年样式最基本、最原始形态与内涵。邑老田清七十人等造像碑、张乾度七十人等造像碑则在冯神育等二百廿人造像碑基础上，充分享受15年后万年一地佛道信仰经过深入发展所获新规制、新气氛、新形态与新内涵，并在新的时代背景下，推展延伸了

[1]《高僧传》卷十一：“释玄高，姓魏，本名灵育，冯翊万年人也。母寇氏，本信外道。”汤用彤且认为：“按寇谦之亦为冯翊万年人，玄高与之同县。”后者参见汤用彤：《汉魏两晋南北朝佛教史（上）》，中华书局1983年版，第352页。

万年样式的发展、变化轨迹。

（9）万年样式的凸显、发展到成熟，受到毗邻区域北地郡一带石材、师匠、形态、样式的助力与影响，因而在保持自己独特风格、样式的同时，与北地样式有着更强的一致性。不仅如此，万年样式在发展、变化的同时，还受到毗邻广阳、障县、高陆、富平等地域样式的影响，并同时给予上述样式主动、强力的反影响。

其中临潼博物馆藏1981年由临潼徐阳乡邓王村村南迁徙而来的正光四年（523）师氏合宗七十一人等造像碑、1962年自临潼代王乡张贾村迁徙而来的孝昌三年（527）庞氏造像碑、西安碑林藏北魏田良宽四十五人等佛道造像碑等，就是鲜活的例证。

它们在积极汲取毗邻地区佛道文化信仰、造像样式风格精髓的同时，也力图凸显、保持自己不同的样式风格，并共同融入北魏关中地区整个佛道造像系统样式风格序列。至于具体的样式结构、序列内涵、相互关系及历史、艺术价值，尚祈今后研究中逐步加以推展、深入。

（10）万年样式艺术风格的基本内涵，大致具有以下特征：

一是造像石材均来自关中北部东西向寒武—奥陶系（Ordovician System）石灰岩山体，与北地样式类同。

二是雕造师匠主要依赖北地郡等地的支持、助力。本地师匠力量弱小，与北地郡等地形成巨大反差。推测同期广阳、障县、高陆等地的师匠实力应大略等同于万年样式。

三是与北地样式类同，各碑正视皆呈四面柱状体。各面上部正中，均开辟一龛。并皆在通体三分之二高度以上，略呈缓向收分趋势。

四是初起邑义规模较大，冯神育等二百廿人造像碑邑义人数列目前关中地区同期之最。神龟二年（519）始趋向平均、规制，一般保持在六七十人的规模程式，与同期北地样式30—80人等规模程式有明显差异。

五是邑义成员几乎全属汉族族系的世家大族，整体文化素质较高，其中以冯、田、张、刘等家族最为瞩目。与同期广阳、障县、高陆等地基本类同，但与北地样式以氐羌为主体的多民族融合邑义特质，以及相对较低的总体文化素质有明显差别。

六是与邑义规模、结构、族属、品质等鲜明特质吻合，区域、单位三洞法师、门师、邑师、典录、唯那、邑正、邑老、录生、道民等佛道职事人员数量明显优于北地样式，其中冯、田、张、刘等家族佛道职事人员数量之多、活动范围之广，尤为瞩目，却与同期广阳、障县、高陆等地有较强的一致性。

其中道教造像仪轨、礼拜程序、道教经典、道官职衔、香炉铎铃器具等道教文化元素在3碑中浓郁显现，为同时期他碑所不及。

七是佛道面序之设定，“案循科条”，按“天有五纬，主奉阳施；地有五岳，主承阴化”[1]理念，严格遵循以道为主，为上，居阳，在左；以佛为次，为下，居阴，在右的规制。与广阳、障县等地基本类同，但与高陆等地以佛为主，北地郡一带佛道面序规制相对松弛有一定差异。

这种佛道兼摄且以道为主、为上的宗教信仰需求与信仰标准，反映了这一时期天师道信众中心聚居地理解佛道之水准以及佛道融合关系之态势。

八是碑面装置飞鸟、交龙、铎铃、香炉等典型图像元素与着袍、戴冠、执扇、烧香、飞仙、合气等丰富宗教文化信息，从不同方面分别阐释了万年样式的内涵与特征。与广阳、障县、富平、北地等区域碑额加缀日月、莲花、螭龙、饕餮等图案装饰有一定的差别。

九是充分体现北魏关中地区天师道“家世相传之（书法）艺术”风格瞩目感人。书体隶意浓厚，稍具楷风，波折高挑，强劲跳跃。尤以冯神育同邑二百人等道教造像碑、邑子七十人佛道造像碑为代表。其中“邑”字顶部三角形体式衍变轨迹及点、钩等笔画呈现的“三角形”形态变化现象尤具特色。

十是主尊造像突兀高起，造像服饰重在写实，供养人图像深凹减地，凿痕较深，刚劲有力，衣纹于平行线基础上，辄曲变为折曲或半体弧线，造成庄严神秘、端庄凝重等强烈视觉冲击。

具言之，其基本雕刻技艺大致分为减地平雕、点式深凿、细线阴刻、斜坡剔刀四种。广泛应用的细线阴刻，则又主要分为正反对应、分向对称、菱形交叉、绹索环扭、鳞纹叠加、平行线律动六种。

（11）由于斋仪前后宗教氛围与诉求目的区别以及供养、生长过程中环境的差异，促使三通佛道造像碑碑面最终呈现两种较大的反差形态组系。

这种不同阶段、不同诉求、不同氛围、不同环境下产生的两种较大的反差形态组系，形成整体造像碑的不同阶段性风格。尽管它们都应是整体风格的阶段性分支，但整体观察应置入不同阶段、不同诉求、不同氛围、不同环境等条件下综合考量，不应简单视为一个整体或一种风格来机械定位。艺

[1] 此处引文皆参见北魏《中岳嵩高灵庙碑》碑文。

术风格学视角下多样性的统一和同一性的统一，具有强烈艺术哲学辨析意味，或可带给我们关乎佛道造像样式风格考察一些标准化建设的启示，没有理由排斥其所能够带给我们的积极指导意义。

（12）围绕三通佛道造像碑并联系相关实物资料与文献记载，通过多种途径方法对万年样式及相关问题进行分析、讨论，其学术、现实意义不仅仅旨在一种地域样式方面，对于北魏时期佛道系统所有地缘样式以及整体佛道艺术而言，均应有重要补充与支持意义。

并且，因一种地域样式相对深入的分析、讨论，还有可能对其他相关地域样式的分析、讨论提供借鉴。由此获得的一些信息统计、类型划分、图像演变轨迹、规制化认识、风格鉴别、代表性元素提取等学术成果，还有可能为相关地域艺术样式专题数据信息集聚、利用，以及文物鉴定、文物修复、艺术设计、佛道仪轨复原等问题提供助益。

本节作者简介：

罗宏才，男，先后毕业于西北大学历史系考古专业、南京艺术学院美术考古专业，获学士、博士学位。现任上海大学中国艺术产业研究院执行院长，上海大学上海美术学院教授、博导，美术学博士后流动站合作导师，上海市人民政府发展中心决策咨询基地艺术市场研究工作室专家，文化部文化市场发展中心科技创新项目验收委员会主任委员，国家社科基金艺术学重大项目评审专家，教育部人文社会科学研究项目评审专家、教育部学位中心博士论文评审专家，日本国学院大学兼职研究员，《收藏》杂志专家咨询委员会成员，陕西艺术品交易所有限公司艺术品发行审核委员会专家委员，中国航海博物馆文物鉴定专家评审库专家，中国艺术金融数据库平台建设专家，西安美术学院、南京农业大学、陕西师范大学等高校兼职教授、研究员；陕西美术博物馆学术委员；广东美术馆、常熟博物馆等博物馆特聘研究员等。主要研究方向为美术考古、艺术管理及艺术市场教学与研究，策划重要学术论坛、展览项目30余项，主持国家级及省级重要课题10余项，于核心期刊发表论文20余篇，出版《探寻碑林名碑》、《中国佛道造像碑研究》、《西部美术考古》（主编）、《慈恩印象》、《从中亚到长安》（主编）、《卢是艺术年谱长编》、《陕西考古会史》、《西部美术考古史》等著述10余部。多项成果获省部级科技进步奖，学术一等奖等。

第二节 菩萨造像佩饰系统的“景明模式”

样“为式样字，像之假借也”[1]，指事物之形态；式则为“法也”[2]。合并样、式二字，样式的理解应侧重于事物相样形态的有关法则等。与之相应，对于事物样式的诸种研究，自然包含外在相样之描述以及此种相样有关法则的分析。对于菩萨造像佩饰系统的样式研究，亦应如此。

但在研究过程中，由于具体需要以及不同时空环境的限定，我们常常会接触宏观样式与微观样式、整体样式与局部样式、标准样式与个别样式、组合样式与单一样式等种种概念，对于研究的表达方式以及逻辑递进容易形成阻碍。所以为便于讨论，我们需要借助一种概念，更为清晰地表达宏观、整体、标准的样式——模式的意义与价值也便凸显了。模式，正是事物的宏观、整体、标准样式。

笔者之所以会关注模式并期望用其讨论一些问题，系受恩师罗宏才教授的极大影响。在多年的学习过程中，罗宏才教授不断教诲笔者在研究中不能沉迷于表象资料的搜集、查证与堆积，必须在充分的田野调查、文献搜集基础上，对丰富的资料进行深入思考并寻找其内在规律。而关于模式，罗宏才教授近年多有精彩应用。例如《西部美术考古史》一书中，罗宏才教授围绕大夏石马这一主题展开递进式系统讨论，提出并清晰地阐释了“真兴模式”等内容。其中，对模式一项就“出现”、“主题”、“区域”、“内涵”、“规制”[3]等诸多因素进行了全面的说明，在让读者兴趣盎然地理解相关概念的同时，充分展示了罗宏才教授活跃的学术思维和缜密、科学的研

[1]（汉）许慎撰，（清）段玉裁注：《说文解字注》，上海书店出版社1992年版，第243页。
[2] 同上，第201页。
[3] 罗宏才：《西部美术考古史》，上海大学出版社2015年版，第407页。

究态度。

相比之下，笔者对于模式与样式的理解则较为肤浅。就笔者拙见，在菩萨造像佩饰相关研究领域，模式凸显宏观、整体、标准价值与意义，而样式则能够展示微观、局部、个别方面的内涵。模式提供了一种理想化的规制与规范，样式则更多展示具象化的实例。样式相比模式，更为灵活、丰富，承载更多时代、区域、人为等痕迹。通过样式，能够总结、提炼出某种模式；相反通过模式，或能有益于具体讨论某种样式，补充、丰富对相关案例的认识。

本节所讨论的模式与样式，正是某一时代背景下相对宏观区域样式（模式）与某一具体区域样式之间的关系。研究目的，是通过样式分析与提炼探索出一种模式。基本思路，是首先对某一典型区域菩萨造像佩饰系统的样式展开深入、系统讨论，再对比其他区域相似案例分析探索其个性与规律，综合诸种内容进一步明晰相关样式所蕴含的共性内涵，最终确立一种模式。

另外需要说明的是，通过样式去探索一种模式，类似提炼与总结。但相比之下，通过模式去丰富对某种样式的理解则更为复杂，需要具体案例具体分析，强调严谨、科学的应用方式。或许，正因模式与样式之间的丰富关系与意义，促使《佛教艺术模式与样式》一书设置“源流与轨迹”、“模式与样式”、“调查与研究”、“资料与信息”四大板块，交相呼应彰显精心度量与全面关照的学术气质。

一、古阳洞菩萨造像佩饰系统样式的发展与转变

龙门石窟古阳洞（编号第1443窟），高1 120厘米，宽690厘米，深1 370厘米，坐西朝东，以天然溶洞为基础凿建，平面纵长呈马蹄形，穹隆顶，仿草庐形。其西壁（正壁）高台有一佛二菩萨造像，南、北两壁另排列有三层大龛。三层大龛中，上层八龛营建时间较早。

（一）古阳洞南北两壁上层八龛营建次序及相关造像服饰特征

古阳洞南、北两壁上层八龛，由窟门向西壁排列分别编号为北壁304、234、228、134号龛，南壁57、66、106、111号龛[1]（图2-2-1）。

[1] 本节所用龙门石窟各窟、龛编号，均参照刘景龙编著：《古阳洞龙门石窟第1443窟》，科学出版社2001年版。

北壁304龛
“比丘慧成造像龛”

北壁234龛“魏灵藏薛法绍等造释迦像龛”

北壁228龛
“杨大眼造像龛”

北壁134龛

南壁57龛

南壁66龛
“比丘法生造像龛”

南壁106龛
“孙秋生造像龛”

南壁111龛

图2-2-1　古阳洞南北两壁上层八龛对比图
图像来源：刘景龙编著《古阳洞 龙门石窟第1443窟》

八龛中，“比丘慧成造像”（北壁304龛）、“孙秋生造像”（南壁106龛）、“比丘法生造像”（南壁66龛）均有纪年，“邑主仇池杨大眼造像”（北壁228龛）亦能够借助邑主身份大致推测其营建时间。

因“比丘慧成造像记”落尾“太和二年”处，“二”字前残有一格，所以学术界对“比丘慧成造像龛”的营建年代尚有“太和二年（478）”[1]、“太和十二年（488）”[2]、“太和二十二年（498）”[3]三种不同观点。近年来，刘景龙依据现场观察与考证，认为造像记中“‘二’上两裂隙交汇处，有溶孔，无刻

[1] 相关观点可见张乃翥：《龙门石窟始平公像龛造像年代管窥》，载《中原文物》1983年第3期；刘景龙：《龙门石窟开凿年代研究》，载《石窟寺研究》（年刊）2010年。

[2] 宫大中指出“比丘慧成造像记”中“太和二年”的“二”前残泐一“十”，应为“太和十二年”。详见宫大中：《龙门石窟艺术》，人民出版社1981年版。

[3] 与前条“太和十二年”观点相似，结合孝文帝494年迁都洛阳指出“太和二年”的“二”前应残泐一“廿”字，应为“太和廿二年”。如日本学者上原和、石松日奈子等均认同太和二十二年（498）的观点。详见［日］石松日奈子著：《北魏佛教造像史研究》，文物出版社2012年版，第131页。

字条件，所以二年之前本无‘十’或‘廿’”[1]，因此“太和二年（478）”说较为合理。

“邑主仇池杨大眼造像”邑主杨大眼为北魏名将，“武都氐难当之孙也”[2]。造像记有：“南秽既澄，震旅归阙，军次□行，路径石窟，览先皇之明踪（纵）……遂为孝文皇帝造石像一区。”[3]杨大眼正始四年（507）进攻钟离（今安徽凤阳东北），战败后流放于营州。永平年间（508—512）后复用，历任中山内史、太尉长史、持节、假平南将军、东征别将等[4]，因此该龛营建应不晚于507年。而造像记所载“辅国将军、直阁将军、□□□□、梁州大中正、安戎（成）县开国子”[5]均为景明元年二月（500）南征裴叔业后加封，推测此龛具体营建时间应在景明元年（500）前后。

“比丘慧成造像”（北壁304龛）、“邑主仇池杨大眼造像”（北壁228龛）之外，依“孙秋生造像记”载南壁106龛始建于太和七年（483），至景明三年（502）完成。而南壁66龛“比丘法生造像龛”载：“景明四年（503）十二月一日比丘法生为孝文帝并北海王母子造。”[6]

借助以上信息并结合各龛布局加以推测，南北两壁上层八大龛的系列开凿，有可能自北魏太和二年（478）之前自窟口开始，基本遵循由外向内（由东向西）依序发展的扩展规律，并在景明年间（500—503）大部完工。

在确定八龛营建顺序的基础上，观察诸龛造像服饰，其样式的转变与发展趋势则较为特殊。

从太和二年（478）“比丘慧成造像龛”至景明四年（503）“比丘法生造像龛”，同龛佛与胁侍菩萨造像的服饰展露出西域式、南朝式特征混杂的矛盾现象，具体为：主尊佛着右袒式佛衣，佛衣边缘多装饰连珠纹与折带纹，与凉州、平城等地早期造像的佛装样式相似；菩萨造像则身披宽大X字形帔帛，搭双肩垂至腹前交叉，受到明显的南朝褒衣博带风尚影响。但是，其他稍晚营建的诸龛内，佛与菩萨造像服饰向两种不同方向转变并发展：

[1] 刘景龙：《龙门石窟开凿年代研究》，载《石窟寺研究》（年刊）2010年。

[2] （北齐）魏收：《二十四史全译·魏书》，汉语大词典出版社2004年版，第1369页。

[3] 详见“杨大眼造像记拓本”，引自刘景龙：《龙门二十品——北魏碑刻造像聚珍》图版115，中国大百科全书出版社1997年版。

[4] （北齐）魏收：《二十四史全译·魏书》，汉语大词典出版社2004年版，第1370页。

[5] 详见“杨大眼造像记拓本”。引自刘景龙：《龙门二十品——北魏碑刻造像聚珍》图版115，中国大百科全书出版社1997年版。

[6] 同上，图版188。

（1）佛衣样式南朝化。位于北壁内侧，应较晚开凿的北壁第134龛，主尊坐佛与其他七龛袒右肩佛衣样式完全不同。坐佛外穿对襟式佛衣，内着僧祇支，胸前系带，右襟搭于左臂，表现出南朝地区佛像的“褒衣博带”特征。

（2）菩萨佩饰样式西域化。位于南壁内侧，相对较晚完工的南壁111龛内，主尊坐佛及菩萨立像均展示出浓郁西域式特征。主尊佛像头残，身躯魁梧并着右偏袒佛衣，边缘装饰有连珠纹、折带纹。胁侍菩萨佩带项圈、蛇饰、腕钏，X字形璎珞腹前交叉，与其他龛内胁侍菩萨的南朝式帔帛之间反差鲜明。

（二）古阳洞早期造像服饰样式源流

景明年间（500—503）前后营建的古阳洞南壁111龛内，菩萨造像佩饰的西域式特征，在更早时期的云冈石窟内有大量相似案例。那么，古阳洞此种菩萨佩饰样式，极有可能受到平城地区造像风尚的影响。观察古阳洞南北两壁中层八龛的造像题材与整体特征转变，有大量证据能够支持以上看法。

南北两壁中层八龛（图2-2-2），营建时间整体较上层八龛略晚，除南壁130龛的表现题材为两佛并坐之外，其余均为交脚弥勒菩萨造像龛。交脚弥

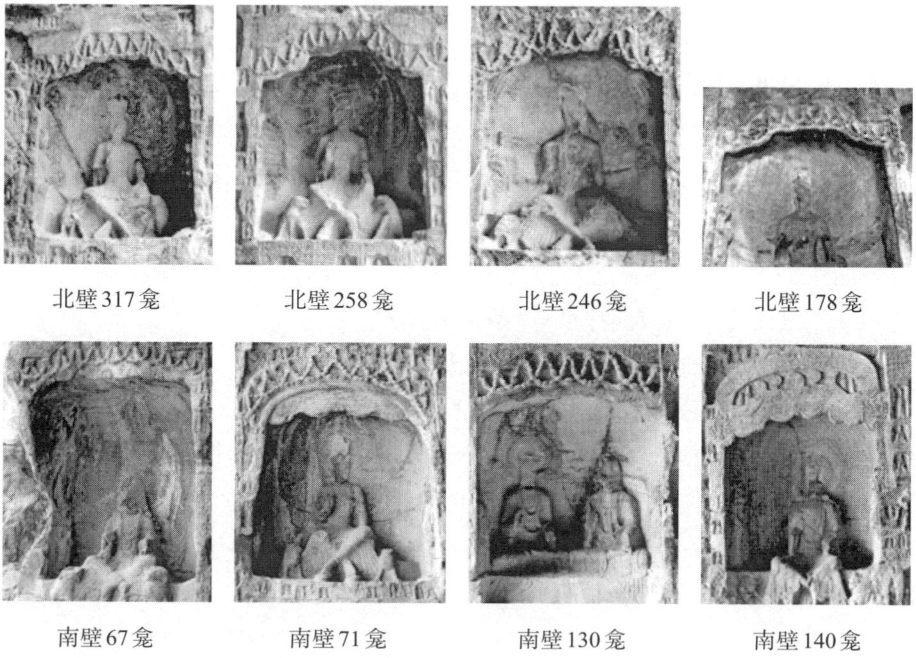

图2-2-2　古阳洞左右两壁中层八大造像龛
图像来源：刘景龙编著《古阳洞 龙门石窟第1443窟》

图2-2-3　北海王元详造像龛
图片来源：刘景龙主编《龙门二十品——北魏碑刻造像聚珍》

勒菩萨、两佛并坐等题材的造像龛，于云冈二期石窟内大量流行。加之古阳洞现知最早纪年的交脚弥勒菩萨造像龛，为北魏太和二十二年（498）北海王元详造像龛（图2-2-3），营建活动在孝文迁都之后。所以，在造像龛题材方面可以说明，古阳洞应受到了云冈石窟的影响。

另外，南北两壁中层八个大龛的龛楣处，多庄严有兽面纹。如北壁317龛、258龛、246龛、178龛及南壁67龛、130龛，龛楣处均装饰兽首，口衔华鬘条带，与云冈石窟样式相似。现存北朝石窟兽面纹较早出现在云冈第二期石窟的第7、8双窟，并在随后营建的云冈第12、13窟、第1窟中沿用。仅南壁71龛龛楣装饰为天人手持华鬘条带的样式。

北壁317龛等造像龛，虽无明确纪年，但结合齐郡王元祐造像龛（南壁第189龛）能够大致推算兽面纹样在古阳洞内流行的时间。齐郡王元祐造像龛（图2-2-4）与以上6龛的龛型、布局、造像样式及雕刻手法相似，龛楣亦庄严兽面纹样，应系相近时期雕造的作品。其造像记载："熙平二年（517）七月二十日造。"[1]据此能够说明，兽面纹装饰龛楣至晚于517年已在古阳洞出现。

[1] 详见"元祐造像记拓本"。引自刘景龙：《龙门二十品——北魏碑刻造像聚珍》图版207，中国大百科全书出版社1997年版。

综上所述，古阳洞大量出现的二佛并坐、交脚弥勒菩萨题材以及兽面纹样，均受到平城地区云冈石窟的影响。那么，菩萨造像佩饰样式或许具备同样渊源。

（三）古阳洞西壁胁侍菩萨造像服饰样式的形成

古阳洞上、中层造像龛中，佛、菩萨服饰样式最初呈现出南朝式与西域式的混搭现象，因随时间推移逐渐凸显平城地区佛教造像样式的特征。例如，云冈石窟中菩萨造像流行的三珠冠、兽面纹、璎珞、环钏等元素，这些属于云冈石窟早期，并因云冈石窟汉化发展在云冈第5、6窟多已消失的元素，均在古阳洞内再次流行。并且，以上元素还与富有南朝化特征的帔帛一同，出现在古阳洞西壁胁侍菩萨造像上。

图2-2-4　齐郡王元祐造像龛　熙平二年（517）
图片来源：刘景龙编著《古阳洞 龙门石窟第1443窟》

西壁高台上塑一佛二菩萨三尊像，依两侧胁侍菩萨背光处周围的造像龛龛型、布局以及叠压关系等因素综合考量，其营建活动应在490年左右开始，并于503年之前完工[1]。

较古阳洞南北两壁早期佛龛相比，西壁三尊像在空间布局、造像样式、服饰等方面均凸显南朝为代表的汉文化底蕴。三尊像位于高耸的两段式佛坛之上，主尊坐佛离地通高8.94米，其中佛坛、佛座相加高达到5.22米[2]。日本学者上原和指出，主尊坐在离地5.22米的高座上，象征位居“天上净土的虚空空间”的释迦，表现汉人所特有的敬天思想[3]。主尊坐佛高肉髻、面部残

[1] 刘景龙：《龙门石窟开凿年代研究》，载《石窟寺研究》（年刊）2010年。国内另有学者指出“古阳洞西壁三尊像，为孝文帝为祖母文明皇后冯氏追福建造，以表永久纪念。”但从造像组合、造像服饰风格以及石窟整体格局观察，此种观点尚需进一步证实。详见王洁：《北魏孝文帝与龙门石窟古阳洞的雕造》，载《考古与文物》2003年第1期。

[2] 刘景龙：《古阳洞龙门石窟第1443窟·内容说明》，科学出版社2001年版，第13页。

[3] [日]上原和著，于冬梅、赵声良译：《龙门石窟古阳洞开凿的年代（上）——对现行的北魏孝文帝迁洛以后营建说谬误之纠正》，载《敦煌研究》2006年第6期。

图2-2-5　古阳洞西壁左胁侍菩萨线图
图片来源：王洁《北魏孝文帝与龙门石窟古阳洞的雕造》

损，外着对襟式佛衣、内着僧祇支，表现的亦是褒衣博带风尚。

主尊两侧胁侍菩萨立像（图2-2-5），均桃形头光、戴宝冠，宝冠大部残，但从残留轮廓观察应为三珠冠，但具体样式不明；佩项圈，项圈下垂三组坠饰（铃形？）；胸佩瓔珞，与宽大帔帛一同自双肩下垂，在腹部交叉穿璧；臂、腕等处庄严环钏。左侧菩萨左手提宝瓶，右手残于胸前；右侧菩萨左手残于胸前，右手提物垂于体侧。

古阳洞西壁胁侍菩萨造像的胸前，瓔珞与帔帛同时出现是较为新型的搭配方式。瓔珞系自西域传入的一类胸饰元素，帔帛系菩萨造像服饰南朝化的重要标志之一。至晚在北魏迁都洛阳前的云冈石窟等处，菩萨造像上瓔珞或帔帛均单独出现，并不会同时庄严单尊造像。依照笔者掌握的资料显示，此组胁侍菩萨造像应系最早同时庄严瓔珞与帔帛的案例。细部观察此组菩萨造像瓔珞的边缘刻线，多用弧形表达宝珠、穗状珠串的圆润、丰满轮廓。但在瓔珞与帔帛接触边线，却沿用帔帛轮廓，展露出帔帛在外、瓔珞在内的叠压效果。此种帔帛与瓔珞的组合搭配与具体叠压方式，正是表现将佩饰内藏或遮蔽于衣服穿戴的衣着方式，既能表现一种汉民族含蓄、内敛的理念，又接纳了外域传入的新元素。

为便于讨论，以下暂将古阳洞西壁胁侍菩萨造像此类佩饰系统样式，定为龙门A型。那么，龙门A型到底仅仅是各种佩饰元素的集聚？还是拥有其他意匠？在宾阳中洞内，能够进一步发掘此类佩饰系统的功能与意义。

二、宾阳中洞菩萨造像佩饰系统等级规制

如前所述，古阳洞西壁胁侍菩萨造像的三珠冠、瓔珞等元素，多与494年北魏迁都前的云冈石窟相关样式类似，但在各类元素的组合方面却完全

打破云冈石窟的固有程式，将来源于西域的佩饰元素与南朝化的帔帛相组合，构成独特的龙门A型。

但是龙门A型并不是一种样式的累加与堆积，而是在视觉样态的变化中新的功能得以体现。观察稍后营建的宾阳中洞，不难发现龙门A型是与另一类佩饰系统互相搭配出现的，并且此种搭配规律尚与菩萨的身姿、身量、位置之间存在密切对位关系，能够彰显菩萨造像佩饰系统的全新等级规制。

自景明元年至正光四年（500—523），北魏皇室在龙门展开更大规模营建活动。《魏书・释老志》载："景明初，世宗招大长秋卿白整代京灵岩寺石窟，于洛南伊阙山，为高祖、文明皇太后营石窟二所……水平中，中尹刘腾奏为世宗复造石窟一。"[1]现存宾阳中洞（140窟）、宾阳南洞（159窟）便是宣武帝发愿为高祖孝文帝与文昭皇太后建造，宾阳北洞（104窟）则是永平年间（508—512）宦官刘腾为宣武帝追建。三洞仅中洞按期完工，南洞、北洞中途停滞，终在唐代续建完工。

宾阳中洞坐西向东，高930厘米，宽1 140厘米，进深985厘米，为马蹄形平面、穹隆形窟顶。窟门外两侧雕有二力士，窟内南、北两壁各雕一身立佛，与西壁坐佛组成了三佛题材（图2-2-6）。

西壁主像为一佛二弟子二菩萨。主尊佛通高1 015厘米，施说法印，结跏趺坐露右足。佛面相方圆，高肉髻，内着僧祇支，外穿对襟式佛衣，衣纹断面呈阶梯状，下摆垂于佛座，为典型褒衣博带服样。两侧有二弟子、二胁侍菩萨。因石窟面积与空间布局影响，西壁二胁侍菩萨的实际位置在南、北两壁内侧。

图2-2-6　宾阳中洞北壁、南壁造像
图像来源：《佛教美术全集5・龙门佛教造像》，第59、60、61页

[1]（北齐）魏收：《魏书》，吉林人民出版社1995年版，第1772页。

二胁侍菩萨造像形制相似，面相方圆，头戴花鬘冠，戴项圈、环钏，宽大的帔帛自肩部下垂至小腿处交叉，帔帛上挂有两股璎珞，佩饰系统属龙门A型。

而分别位于南、北两壁的两组一佛二菩萨三尊像，在主尊身姿、身量及佩饰系统等方面，均不同于西壁。两壁四身胁侍菩萨造像（图2-2-7）均无胸饰璎珞，仅宽大帔帛自双肩下垂至腹下相叠交叉，以下将此类佩饰系统定作龙门B型。

但因南、北两壁的四身胁侍菩萨造像头部均残损严重，宝冠样式难以复原，尚需结合相近案例予以推测、复原龙门B型的头冠样式。

古阳洞、宾阳中洞以外，北魏龙门石窟主要洞窟尚有慈香洞（520）、魏字洞（520—521）、普泰洞（524—525）、皇甫公窟（527）、路洞（534前后）等。以上洞窟中，慈香洞、魏字洞、普泰洞、皇甫公洞主壁造像的胁侍菩萨多与龙门B型基本形态吻合，且以普泰洞左胁侍菩萨保存最为完整（图2-2-8）。观察普泰洞胁侍菩萨的头冠，在正、左、右三面各由一朵莲瓣组成，系标准花鬘冠。所以，推测龙门B型的头冠应普遍采用花鬘冠。

图2-2-7　宾阳中洞西壁右胁侍与北壁左胁侍菩萨样式对比线图
图像来源：阎文儒、常青著《龙门石窟研究》，图版二一、二二

图2-2-8 龙门石窟普泰洞左胁侍菩萨立像
图像来源：《佛教美术全集5·龙门佛教造像》，第107页

综上所述，龙门A型特征为三珠冠、桃形项圈、长璎珞与帔帛的组合样态；龙门B型则是花鬘冠与帔帛的组合样态。龙门A型与B型之间的主要区别，在于头饰与胸饰两方面，即三珠冠与花鬘冠，璎珞、帔帛组合与单纯帔帛的区别。

三珠冠所镶宝珠应是摩尼宝珠。"摩尼"为梵语"mani"音译，有"离垢"之意，又作如意宝、如意珠、末尼宝、无价宝珠、如意摩尼。宝珠光净不为尘垢侵染，"投之浊水，水即为清"[1]，《大智度论》载"戴宝珠能除四百四病"[2]。《华严经》记："佛子，菩萨摩诃萨以受灌顶自在王位摩尼宝冠，及髻中珠，普施众生，心无吝惜。"[3]《法华经》又记："净如宝珠，以求佛道"，更将宝珠作为求取佛道的智慧象征。所以相比花鬘冠，三珠冠能够承载更多光明、智慧、无价等内涵。另外，从表现材质考虑，璎珞由珍贵的珍珠、宝石、贵金属等众宝材质串接制作，具有帔帛没有的珍贵、稀缺材质属性。因此，龙门A型通过冠型与胸饰材质，能够象征更为高等、珍贵、光明、精致的佩饰系统；龙门B型则在以上两个方面，均代表更低等级系统。

在宾阳中洞，龙门A型与B型类佩饰系统的价值关系与配置秩序，能够吻合石窟内空间等级关系。西壁胁侍菩萨，位于石窟主壁，相比其他两组胁侍菩萨身量大、更接近石窟的中心位置，采用龙门A型；南、北两壁胁侍菩萨，位于石窟侧壁，身量更小且在视觉上被西壁胁侍菩萨遮蔽，采用龙门B型。所以，佩饰系统的应用，与菩萨造像的空间等级秩序完全一致。

---

[1]（北梁）昙元谶：《涅槃经》第1卷，宗教文化出版社2001年版，第171页。
[2]（后秦）鸠摩罗什译：《大智度论》，收录于日本大正一切经刊行会《大正新修大藏经》第25册，台北新文丰出版有限公司1983年版，第478页（中）。
[3]（唐）实叉难陀译：《大方广佛华严经》，出处同注[2]，第143页（中）。

相近时间营建[1]的龙门石窟莲花洞（第712窟）中，菩萨造像佩饰系统亦遵循相似规制。莲花洞主尊左右胁侍菩萨立像，由于壁面转折位于南北两壁内侧。左胁侍菩萨立像（北壁）饰桃形头光，外层饰火焰纹；头部残毁，宝缯向两侧曲折下垂至肩；左手执桃形物置腹侧，右手执莲瓣举在胸前；下着长裙；肩上有圆形饰物，璎珞与帔帛自肩而下，垂至腹前交叉穿璧。右胁侍菩萨（南壁）头部和左手均毁，右手执莲蕾；帔帛、璎珞垂至腹前交叉穿璧，跣足立于覆瓣莲台上。而在窟门外南侧现存的一身菩萨装力士，着战裙，胸饰帔帛于腹前交叉穿璧。莲花洞主要壁面的胁侍菩萨胸饰系统具有龙门A型的基本特征，次要位置窟门菩萨力士多沿用B型。

龙门A型与B型菩萨造像佩饰系统，对位表现龙门石窟不同空间内菩萨造像等级规制，成为以胁侍菩萨立像为主的新功能。此种主次关系，表现为两个方面：第一，同一石窟内，不同主次空间内菩萨造像等级区别；第二，不同营造背景的石窟之间，菩萨造像等级区别。

观察龙门石窟北魏晚期主要石窟慈香洞、魏字洞、普泰洞、皇甫公窟、路洞观察（图2-2-9），可以发现古阳洞、宾阳中洞、莲花洞、路洞等石窟，主壁胁侍菩萨立像均为龙门A型，在帔帛上压璎珞。慈香洞、魏字洞、普泰洞、皇甫公窟等石窟的胁侍菩萨及北魏龙门诸窟中交脚弥勒菩萨，多沿用单纯的龙门B型。

探究古阳洞、宾阳中洞、莲花洞营造背景，均是与皇家关系密切的大、中型石窟。

古阳洞营建于孝文帝迁都洛阳前后，南、北两壁多为支持北魏孝文帝的皇室宗亲、亲信大臣发愿修建。如《比丘慧成造像》记："为国造石窟□□□，系答皇恩"；《杨大眼造像记》曰："遂为孝文皇帝造石像一区"；《比丘法生造像记》尾款："魏景明四年（503）十二月一日比丘法生为孝文皇帝并北海王母子造"[2]等等，均说明造像发愿人多为孝文帝的支持者。虽西壁主像缺乏确切证据说明与孝文帝的直接关系，但古阳洞整体营造背景应与孝文帝存在密切关联。宾阳中洞则是景明（500—504）初年宣武帝为高祖孝文帝与文昭皇太后所建发愿窟。

[1] 温玉成指出："莲花洞是晚于古阳洞早于宾阳中洞的大型洞窟。"见温玉成著《中国石窟与文化艺术》，上海人民美术出版社1993年版，第290页。

[2] 以上造像记均引自刘景龙编著：《古阳洞：龙门石窟第1443窟·附册》，科学出版社2001年版。

龙门A型

古阳洞右胁侍菩萨　宾阳中洞右胁侍菩萨　莲花洞右胁侍菩萨　路洞右胁侍菩萨

龙门B型

慈香洞右胁侍菩萨　魏字洞右胁侍菩萨　普泰洞左胁侍菩萨　皇甫公窟左胁侍菩萨

图2-2-9　龙门石窟北魏时期主要洞窟正壁胁侍菩萨服饰对比图
图像来源：《中原文化大典　文物典·龙门石窟》《龙门石窟线描集》《龙门石窟研究》

相比之下，慈香洞、魏字洞、普泰洞为比丘、比丘尼等群体的中、小型洞窟。诸多造像记中，如魏字洞中正光四年（523）《比丘尼法照造像记》等11条造像记，发愿者均为优婆夷、比丘尼等女性信众。石窟无论营造背景、规模与等级等，较古阳洞、宾阳中洞相对更低，菩萨造像胸饰采用更为简略的B型帔帛以示等级区别相对合理。

三、"景明模式"的概念与样式特征

龙门石窟内菩萨造像佩饰系统的A型与B型，相互搭配凸显石窟内菩萨造像空间等级秩序，并非其个别地域的局部现象。依据现有资料观察，北魏景明年间（500—503）前后在南北朝广大区域，相似案例普遍存在。因此种现象在北魏景明年间（500—503）前后大量流行，故此处将其称作菩萨造像佩饰系统的"景明模式",并将结合实例进一步丰富、廓清"景明模式"的相关内容与价值。

临近龙门石窟的巩县石窟寺第1窟、第3窟、第4窟内,属于北魏时期的菩萨造像均采用龙门B型佩饰系统。关于巩县石窟寺开窟时间,现存最早记载是明弘治七年(1494)《重修大力山石窟十方净土禅寺记》:"自后魏宣帝景明之间(500—503),凿石为窟,刻佛千万像,世无能烛其数者……",进一步证明龙门B型在景明年间(500—503)已经流行。

在营建时间尚能查清的案例中,至少有北魏景明二年(501)四面造像、北魏普泰元年(531)朱法曜造像碑、北魏孝昌元年(525)邑师道晗等造交脚弥勒造像碑、梁普通四年(522)释迦立像龛、北魏正光六年(525)贾智渊造背屏三尊像、北魏永兴元年(532)四面造像、梁大通五年(533)释迦立像龛、梁太清二年(548)观音立像龛等,均与龙门A型或B型相似。

北魏景明二年(501)四面造像(图2-2-10),高60厘米,宽56厘米,厚50厘米,1949年西安市北郊查家寨出土。四面均有一佛二菩萨像龛,胁侍菩萨佩饰系统分为两种类型。

图2-2-10 北魏景明二年(501)四面造像正面与左胁侍菩萨
图像来源:赵力光《西安碑林佛教造像艺术》

正面龛中，右胁侍菩萨头部残损，左胁侍菩萨头戴三珠冠，身披宽大X字形帔帛，下压璎珞。因体量与刻画问题，是否有项圈、环钏有待确认，但基本特征与龙门A型一致。其余三面胁侍菩萨胸前佩饰与正面一致，为X字形帔帛下压璎珞，但头冠均为龙门B型中使用的花鬘冠。

1959年陕西省华县瓜坡出土的北魏普泰元年（531）朱法曜造像碑，正面上、下两铺造像龛内，两组胁侍菩萨造像均为龙门B型。同为北魏泰普元年（531）营建，1949年前陕西省乾县出土的泰普四面造像碑，四面各开一大龛，龛内胁侍菩萨造像亦统一为龙门B型。

北魏永兴元年（532）四面造像，为西安碑林博物馆旧藏，具体出土信息不详，高34厘米，宽24厘米。造像正面龛为一佛二菩萨，左胁侍大部残损，右胁侍菩萨戴花鬘冠，着内衣，身披落膝U形长璎珞；左面龛内造一菩萨立像，头冠为山形，中心处有一桃形冠饰，基本特征与龙门A型相似。

北魏正光六年（525）贾智渊造背屏三尊像，1918年发现于山东青州西王孔古庙。左、右胁侍菩萨造像着内衣，身披X字形帔帛小腿处相叠交叉，上挂X字形璎珞腹部交叉穿璧。虽头冠为束发式样，发带前有一小桃形饰，但基本特征属于龙门A型。相似案例麦积山石窟北魏晚期亦有出现。

在麦积山第85、139、142、12、16窟等处，虽菩萨造像佩饰系统样式因区域特色略与龙门石窟不同，但类似龙门A、B两型佩饰系统所遵循的规制方面，大致与宾阳中洞、莲花洞等处相似。

河南省荥阳市大海寺出土北魏孝昌元年（525）邑师道晗等造交脚弥勒造像碑，主尊交脚弥勒菩萨庄严的是龙门B型特征。主尊头冠局部损毁，但基本形状为三面莲蕾花瓣状，花瓣之间有团花纹饰，与巩县石窟寺第1、3、4窟胁侍菩萨相似。两侧胁侍菩萨头冠虽已损毁，但胸饰亦为帔帛穿璧，头冠应为花鬘冠。

相比北朝造像，南朝相似案例中的佩饰系统规制更为成熟、完备。成都万佛寺遗址出土的梁普通四年（522）释迦立像龛、梁大通五年（533）释迦立像龛、梁太清二年（548）观音立像龛在尊像组合及佩饰样式方面，均具备“景明模式”更为复杂特征。

梁普通四年（522）释迦立像龛（图2-2-11），正面造一佛四菩萨四弟子二力士。菩萨头冠较北魏云冈、龙门地区菩萨造像头冠更为复杂，但通过观察其中最为完好一例，主尊左侧第一身胁侍菩萨造像的头冠，基本特征仍系三珠冠，仅结构略显复杂。因其他三身胁侍菩萨头冠损毁，图像模糊难以确

图2-2-11　梁普通四年（522）释迦立像龛
图像来源:《中国美术全集·雕塑篇·魏晋南北朝雕塑》

定。但四身胁侍菩萨造像胸饰则表现为两种类型，第一组为靠近主尊对称站立的胁侍菩萨，上身着天衣，内着僧祇支，胸前为X字形珠串瓔珞下压同形帔帛。第二组胁侍菩萨立像相对远离主尊位置，胸前无瓔珞仅庄严X字形帔帛。菩萨造像佩饰系统在空间等级配置方面，其规制特征与“景明模式”完全一致。

依现有实物资料观察，同一龛（铺）内菩萨造像佩饰系统关系最为复杂的，是梁太清二年（548）观音立像龛。

梁太清二年（548）观音立像龛（图2-2-12），主尊为观音立像，胁侍四菩萨四弟子二力士。主尊观音冠饰复杂，但基本为三珠冠基础上衍生而来。两组胁侍菩萨头饰类似山形的花鬘冠，但上有流苏饰且结构相对主尊宝冠更为简单。主尊与靠近中心一组胁侍菩萨均为穿天衣，内着僧祇支，颈佩项圈，胸前为X字形瓔珞下压帔帛。但主尊与此组胁侍之间项圈并不相同，主尊为盘状项圈，胁侍为珠串项链。最外侧胁侍，戴珠串项链，无瓔珞。值得注意的是，虽不能确定南朝造像对于北魏云冈、龙门石窟之间样式的传播方向，但此尊造像中，已初显后来响堂山石窟内菩萨造像佩饰系统的某些原始痕迹。

图2-2-12　梁太清二年(548)观音立像龛
图像来源:《中国美术全集·雕塑篇·魏晋南北朝雕塑》

四、结语

本节首先观察北魏都城洛阳区域的菩萨造像，研究其佩饰系统样式的发展、演变，并通过类型学的方法前后确立龙门A型、龙门B型两种佩饰系统。在此基础上，分析其相应功能与内涵，再设定一种菩萨造像佩饰系统的“景明模式”，在比对其他区域样式的基础上对相关概念与特征不断廓清，最终能够总结以下六点结论：

（1）菩萨造像佩饰系统的“景明模式”，并非由单种类型佩饰系统构成。而是在某一造像整体空间或相临空间内，相伴存在的类龙门A型、龙门B型两种佩饰系统样式构成，并且两类佩饰系统表现的是不同等级内涵。单一的龙门A型、龙门B型及相似类型佩饰系统，均不是完整的菩萨造像佩饰系统“景明模式”。

（2）菩萨造像佩饰系统“景明模式”的相关内涵与规律，在北魏景明年间（500—503）及其之后相近时段，在洛阳、平城、长安、天水、青州、成都等南北朝广泛区域内，拥有相对统一的发展样态与趋势。最终在534年北魏分裂之后，“景明模式”的相关内涵并未因北魏政权瓦解而消失，其内容出现了更为复杂的现象，相关讨论笔者将另择机予以阐释。

（3）依据现有资料观察，龙门A型、B型能够代表菩萨造像佩饰系统“景明模式”最为清晰、完整的形成脉络与标准样态。此点能够说明，在494年北魏迁都洛阳之后，洛阳区域的造像样式往往具有典范性，洛阳能够成为研究相关时段样式的典型区域。但龙门A型、B型并非其固化组合形式或固定样式，在吻合“景明模式”所涉及的空间等级规制内核基础上，在不同时段、地域亦存在多元样式特征，或能够佐证本节最初对于模式与样式的理解。

（4）受不同时段、地域因素影响，各局部、区域样式呈现出多元化特征，但均遵循着共同的规范。三珠冠所表现的空间等级高于花鬘冠，璎珞与帔帛的组合高于单纯帔帛，同类元素中复杂结构的等级高于简单结构的此类核心程式，被菩萨造像佩饰系统“景明模式”所涉及的诸多实例所共同遵循，相关规范一直延续到北朝末年。

（5）因不同石窟的复杂营建背景，或造像实物因自然或人为原因的损坏，实例中往往会单纯出现龙门A型、龙门B型或相近类型，并随着时间推移出现两种系统样式的壁垒打破与相互混搭现象。但其根源、母本均系菩萨造像佩饰系统的“景明模式”。

（6）菩萨造像佩饰系统的“景明模式”相关案例中，南朝造像特别是成都万佛寺遗址出土的梁太清二年（548）观音立像龛最为系统、完整。因此不能忽视南朝在佛教造像艺术，特别是菩萨造像佩饰系统方面可能具有的先进性与影响力。但因南朝佛教实物遗存稀少，缺少较北魏景明年间更早的准确的案例予以证明，故本文仍择取“景明”来标识此种菩萨造型佩饰系统模式。但“景明模式”，尚不能说明北朝对于南朝样式的影响力，仅说明南北朝至晚在景明年间，已有密切的样式联络与互相影响。

本节作者简介：

刘明虎，男，临沂大学美术学院，讲师。博士毕业于上海大学美术学院。主要研究方向为美术考古。近年发表论文有《北魏龙门石窟菩萨造像胸饰样式与等级规制》（载《艺术探索》2016年第1期）、《邺城区域北朝石窟菩萨造像佩饰类型与空间秩序研究》（载《南京艺术学院学报（美术与设计版）》2016年第5期）、《关于民间美术资源在电视动画创作领域应用的思考》（合著，载《中国电视》2016年第7期）等。

第三节 甘露寺铁塔佛教造像风格样式

甘露寺铁塔矗立于江苏省镇江市北固山甘露寺东南面的山腰上，临近甘露寺长廊入口处清晖亭东侧。甘露寺铁塔又名“卫公塔”，是中国仅存的六座铁塔之一，也是江苏省境内唯一的铁塔，为省级文物保护单位，是北固山的主要文物。

现今所见的甘露寺铁塔是在唐代穆宗时的宰相、名臣李德裕所建的舍利石塔旧址的基础上建成的。然而李德裕于宝历元年(825)建造的不是铁塔，是石塔。李德裕建造的石塔于乾符年间(874—888)倒塌，至北宋熙宁二年(1069)，甘露寺的主持为了扩充庙宇，掘地得到李德裕建石塔时埋入塔基的遗物，才由甘露寺的当家和尚应夫募缘，焦巽出钱二百万，在旧基上兴建这座铁塔，铁塔始建于熙宁九年(1076)，成于元丰元年(1078)。明初，铁塔又倒毁于海啸，后仿原式复制为七级层塔。有尖顶、相轮，玲珑精巧，又不失佛法的威严，传为清初乾隆皇帝所写的：“长江好似砚波池，提起金焦当墨磨。铁塔一枝堪作笔，青天够写几行多。”形象地描绘出了京口三山风光的雄伟壮丽，也显示出了铁塔的重要性。鸦片战争期间，铁塔遭到英国侵略者的毁窃，同治、光绪年间又迭遭风雷震击，塔顶及上部五级都被摧毁，残存宋代原铸须弥座和一、二级。1949年后考古学者对铁塔进行维修，并将弃置老君殿旁的明代复制的五、六两级加上，成为现有的四级铁塔，高约7米。于1961年重建时发掘塔基，出土唐朝金棺、银椁、舍利子、李德裕石碑等唐宋文物两千余件，现保藏于镇江市博物馆内。

甘露寺铁塔的纹饰、铸像、结构的样式与同时期的建筑有着相似之处，甘露寺铁塔与玉泉寺铁塔是同时期的铁塔，它们都是八角形仿木制结构，且八角形铁塔是北宋最为流行和常见的样式，两座铁塔铸像的风格、人物排布、造型也极其类似，甘露寺铁塔铸像上的人物造型风格具有典型的宋代特征，佛教人物生动活泼，极具生活气息，衣饰线条流畅，极具动感，铸像中的人物比例准确，和谐灵动、凹凸有致，按照固定的规律排列。由此可见，甘露寺铁塔对于研究宋代佛教艺术造像的风格样式和内涵具有重要意义。

一、甘露寺铁塔的纹饰与含义

甘露寺位于北固山上，而甘露寺铁塔又位于甘露寺寺庙群的中心位置，这体现了南方寺庙布局模式的特点。首先，南方佛教建筑大都会借助于自然山川，把佛教建筑与山势相结合，融入自然之中。北固山以险峻著称，甘露寺寺庙群与铁塔在北固山排列上错落有致、疏密相宜，具有一定的节奏、韵律美感，这也与《园冶》中“巧于因借，精在体宜”的园林样式的评判标准相契合；其次，南方的寺庙大多隐藏于山林之中，这种样式，可以体现出佛教的“清”和“幽”，给人超然世外的感觉，让人体会到佛教“净土”的感觉，引人入胜。

“铁塔”也称“铁浮屠”。这座佛塔经历了岁月的洗礼，现今已经残破，铸造的花纹也被风化、磨损，但依稀可以辨别昔日的风采。现存须弥座和塔身四层。塔身铸造有精致的佛像和飞天等浮雕，姿态生动，须弥座上铸有二龙戏珠与云水纹等，造型精美，可供观摩、欣赏。

塔基须弥座通高1.7米，每面宽近1.3米，上镌如意、水纹、卷浪、浮云、莲瓣、孔雀、二龙等图案，形象生动。须弥座束腰壶门内有力士坐像（图2–3–1），虽然力士的细节特征已经被风化得不清晰了，但可以大致辨别出力士被背光环绕，他们盘腿而坐，上身赤裸，头戴冠帽，身缠璎珞，右臂上有臂钏，左手持金刚杵，肌肉丰满，虽看不清面目，但从人物轮廓和外形仍能感受到力

图2–3–1　甘露寺铁塔须弥座束腰处力士像

士的威严和力量。束腰的下部，是象征着印度世界观“九山八海”的纹饰（图2-3-2）。“九山八海”以须弥山为中心，以铁围山为外围的一小世界中，为山海的总称。在须弥山为中心的同心圆状中，有持双山、持轴山、担木山、善见山、马耳山、象鼻山、持边山等七座金山，由中央须弥山至第八持边山的山与山间，有充满功德水的七海（内海）。持边山与铁围山之间，也有充满盐水的海（咸水海），称为外海。又说，此咸水海中，东方有胜身（弗婆提）、西方有牛货（瞿耶尼）、南方有赡部（阎浮提）、北方有俱卢（郁单越）四洲。以上须弥山、七金山、铁围山等九座山及七内海与外海等的八海，合称九山八海。在一个单位世界中，以须弥山为中心，《弥陀要解》云：“佛土者。三千大千世界。通为一佛所化。且以此土言之。一须弥山。东西南北各一洲。同一日月所照。一铁围所绕。名一四天下。千四天下。名小千世界。千小千。名中千世界。千中千。名大千世界。”一个三千大千世界包含十亿座须弥山，须弥山是印度的圣山，须弥山是一个单位世界的中心，把须弥山作为佛塔的基座，尤其是在须弥座上铸造“九山八海”，这种样式的须弥座体现了浓郁的佛教氛围，更能衬托塔上方的纹饰、菩萨，使得铁塔华丽别致，也突出了人们对佛教、佛塔、佛像的尊敬与崇拜，这座铁塔就相当于一个小世界的中心。

图2-3-2 甘露寺铁塔须弥座上的“九龙八海”

须弥座束腰的上部是孔雀、二龙戏珠的吉祥纹饰（图2-3-3）。孔雀是一种祥瑞，它是阿弥陀佛的坐骑，孔雀明王是阿弥陀佛的变化身，孔雀以食毒虫为生，故常用来象征本尊能啖尽众生一切五毒烦恼，也代表孔雀明王斩断一切烦恼恶毒，孔雀尾则能拂去无量灾祸，召致吉祥。二龙戏珠的纹饰，在我国建筑、雕塑、刺绣织物上被广泛运用，龙在中国人心中有特殊的含义，中国人也特别崇拜龙，二龙戏珠主要有两种含义：一是把两条龙分为雌雄，它们中间“珠”理解为龙的“卵”，“卵”象征着生命，这时就可以理解为对生命的尊重，这种理解其实也符合佛教对生命的理解，佛教中讲：人有八

图2-3-3　甘露寺铁塔束腰上部孔雀纹、二龙戏珠

苦，生、老、病、死、怨憎会、爱别离、求不得、五蕴盛，五蕴炽盛如火，所以苦海无边，人生苦短，生命无常，佛教讲究的就是众生平等，要善待生命；二是把"珠"理解为太阳，须弥座下部有海的纹饰，相当于"太阳"从水面中升起，龙是东方的神兽，这是可以理解为对太阳的崇拜，在视觉上，与下方须弥座的纹饰产生呼应，这样安排纹样的位置，非常巧妙。

我国古代铁塔的一个显著特点就是在塔身上都铸有精美的佛像。甘露寺佛塔的第一、二两层，外壁皆做成八面四门的形式，交错置放，明间作壶门，次间浮雕菩萨立像，开有门龛的面，由槏柱把塔壁分成三间，门龛左右铸造这双掌合十的菩萨。第一层铁塔高1.25米，直径两米多，次间上铸造的佛像一佛二弟子二天王的组合（图2-3-4、2-3-5、2-3-6），上有二飞天，四面次间上的浮雕佛像只有中间的主尊动作不一样，组合形式完全一样，主尊左边的弟子双掌在胸前合十，右边的弟子双掌置于胸前，但无法辨别具体的手印，两位尊者身体微微弯曲，富有一定的动态，站立在莲花座上，衣服线条流畅，身着双领下垂式袈裟；最外侧的两尊天王，天王的身形略高大于两名弟子，靠主尊一侧的手臂弯曲向斜上方，手置于胸前，外侧的手臂垂直向下，手臂上肌肉饱满，天王的头部偏向外侧，身缠璎珞，人物极富动势，两尊天王分别用左手和右手持不同的法器。主尊在四个面上动作各不相同，主尊处于中间位置，高大于其他人物，西北面的铸像被腐蚀的较为严重，无法辨别人物形貌。另外三面上，东北面（图2-3-4）和东南面（图2-3-5）的主尊较为相似，其中东北面的主尊结跏趺坐于莲花须弥座之上，东南面的主尊呈双腿垂直向下的坐姿，打破了佛像程式化的坐姿，佛像凡人一样端坐于弟子和天王中间，显示出了宋代佛像生活化的特色。这两面两尊主尊的手印是一致的，右手置与胸前，手心对着斜下方，左手置于膝上。西南面的主尊（图2-3-6）较为特殊，结跏趺坐与须弥座之上，两手间似横置一案。宋代佛教造像虽然千姿百态，但其样式最突出的一大特点就是富于生活气息、质朴，甘露寺铁塔铸像就是遵循宋代佛教造像样式铸造的，铁塔上铸造的佛像更具有凡人的气息，生动富有活力。

一佛二弟子二天王的组合形式在魏晋南北朝、唐代、宋代的佛教绘画、雕塑、石窟中都是十分常见的，这种佛教雕塑的组合还有许多样式，比如一佛二弟子，一佛二弟子二菩萨，一佛二弟子二菩萨二天王。铁塔第一层四个面上的佛教人物的造型和组合方式，在许多佛教雕塑、绘画中都能找到。由此可以推断出镇江甘露寺铁塔上的主佛、弟子的身份。

龙门石窟万佛洞中竣工于唐永隆元年（680），在其后室造有一佛二弟子二菩萨二天王（图2-3-7），主尊是阿弥陀佛，面庞圆润，身着双领下垂式袈裟，阿弥陀佛施“无畏印”，坐于八角束腰莲花须弥座上，束腰处的壶门内有力士像，主尊的坐姿动态以及须弥

图2-3-4　甘露寺铁塔第一层东北面铸像

图2-3-5　甘露寺铁塔第一层东南面铸像

图2-3-6　甘露寺铁塔第一层西南面铸像

图2-3-7　龙门石窟万佛洞

座的造型都与甘露寺铁塔第一层上的主尊一致。主尊左右两边分别是阿难和迦叶两位尊者，左阿难，右迦叶，中佛陀的排列方式，也是佛教塑像排列的固定样式，两位尊者着双领下垂式袈裟，左边的阿难尊者双掌在胸前合十，右边的迦叶尊者手托摩尼珠在胸前，右手附在宝瓶侧面，与甘露寺铁塔第一层上的两位弟子的动态、衣着基本相同。两尊天身着的服饰、璎珞与甘露寺铁塔上的天王十分相似，相对于主佛外侧的手臂都是自然下垂的，相对于佛像内侧的手臂弯曲，手掌置于胸前。

由此可以推断，甘露寺铁塔第一层的主尊是西方阿弥陀佛，左边的是阿难尊者，阿难尊者是佛最小的堂弟，也是佛的侍者，他随佛云游四方，在十大弟子中多闻第一。右边的是大迦叶尊者，也被称为摩诃迦叶，在佛十大弟子中头陀行第一。主佛阿弥托佛端坐于须弥座上，显得安闲端庄，头顶肉髻较为扁平，这是宋代佛教铸像最具代表性的样式。两边的阿难与迦叶尊者的站姿微微偏向主佛，两边的天王动势更为明显，他们的头部偏向相对于主佛的外侧，双腿叉开站立，身子也随着头部偏向外侧，两位尊者和天王的动态与主佛的静态形成了鲜明的对比，护法神的威严，也更加衬托出主尊阿弥陀佛的慈善和安详。

佛像上方的两尊赤脚飞天（图2-3-8），身形清瘦，飞行的姿态轻盈柔美，背上的飘带飞舞，双腿后扬，飘带延伸飘扬在脚边，两位飞天靠画面中心的手中都捧着物品，铁塔上纹饰模糊，无法分辨出具体的手持物品，靠着画面外侧的手则弯曲斜伸，显得闲适超脱，飞天的上半身与下半身呈“V”字形，以腰部为中点，上身和下身向上弯曲，在画面中起到了烘托画面中宗教境界、活跃画面气氛、以动衬静的效果。飞天在美学上体现出一种健美、快乐的感觉，在莫高窟第39窟的飞天中，其中一尊飞天与甘露寺铁塔上铸造的飞天动态与衣饰非常相似（图2-3-9），图2-3-9中的飞天绘制于盛唐时期，盛唐时代飞天姿态灵动活泼，显示出积极向上的态势，这也与唐朝的兴盛有关，铁塔上的飞天身形纤细、瘦长，与图2-3-9中的飞天的裙边都呈牙旗和三角状，这是唐代飞天的一大特点，宋代飞天的样式风格较之前朝，显示出一种程式化的形态，也可以说是衰弱期，甘露寺铁塔上的飞天既具有宋代清瘦、匀称风格，又拥有唐代飞天婀娜多姿、灵动的样式特征。

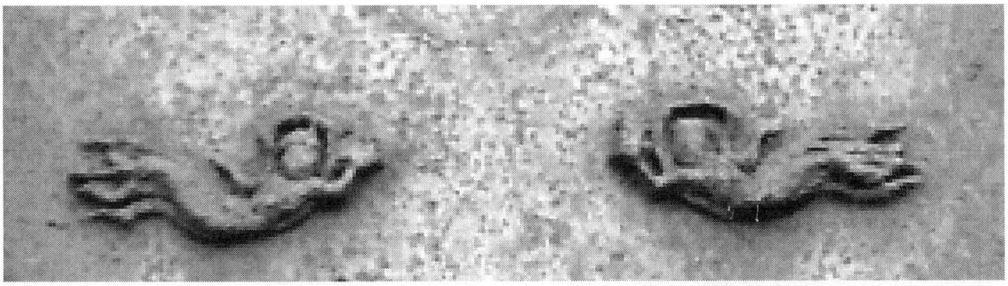

图2-3-8　甘露寺铁塔第一层东北面飞天

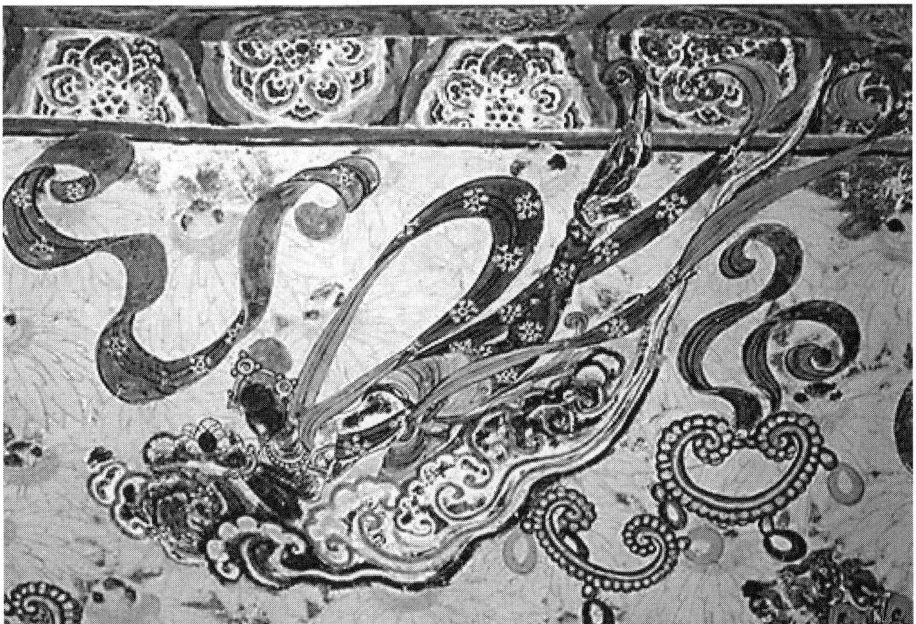

图2-3-9　莫高窟第39窟中的飞天

图2-3-10　甘露寺铁塔第四层门龛两侧的菩萨、龛楣内的坐佛

图2-3-11　甘露寺铁塔第三层的“国界安宁、法轮常转”

铁塔四层门龛的纹样都是一样的，门龛两边各有一尊门侍菩萨（图2-3-10），两尊菩萨都站在莲花须弥座上，须弥座中部束腰。门侍菩萨脚下的须弥座的样式是宋代最为典型的束腰大仰莲式，束腰大仰莲式的特征是：莲花的花瓣大而圆润，莲花瓣的尖端略微向上方翘起，下层主要是三层台阶或俯着向下的莲花。菩萨头顶华盖，整体呈“S”形，身体微微弯曲略略倾向壶门，他们的脸型较圆润，挽螺式高发髻，端庄清秀，上身袒露，下身着裙装，肩披帔帛，人物线条流畅，凹凸有致，身材匀称，比例精确，姿态显得活泼生动，这样的造型是宋代佛像中最常见的样式。两排长方形龛楣内也铸造了坐佛（图2-3-10），上方的龛楣内有六尊坐像，大小一致，下方的龛楣内有九尊坐佛，中间的坐佛最大，它两侧的两尊坐佛略小，剩下的六尊坐佛再小一些，与上方龛楣内的六尊坐佛一样大小，这两层龛楣起到了装饰塔身的效果，丰富了塔身的画面内容，使得塔身图案更加精致。

第二层西北、西南、东北、东南面开壶门，南面铸有“国界安宁、法轮常转”八个字（图2-3-11），法轮因形似车轮而得名。在佛教中，常用“法轮”比喻佛法，它也是“转轮圣王”的轮宝，它是一种威力巨大的兵器，法轮常转象征着佛法除去众生罪恶，佛法不停留于一人一处、佛教代代传承，守护着国界的安宁，体现了佛法的严肃。东面则铸有一些带职位的僧人名字。现存铁塔的第二层所铸带职位名称的僧人守严、惠平、应夫三人的名字，均见于1960年塔基出土的遗物文字中（应夫住持甘露寺十四年，收徒五百人，《嘉定镇江志》和《嘉庆丹徒县志》均有其传）。故对铁塔的须弥座和一、二两层，现断为宋代所铸造。

三、四两层明显缩小，这是由于这两层是原塔的五、六两层，铸造于明代，这两层的外壁也是八面四门的形式，每面各铸坐佛若干。第四层腰间拆去，有不完整的铭文，其中“中宪大夫”“奉政大夫”“承直郎”“文林郎”等，这些都是明代的官制职称。三、四两层由于风化非常严重，后期又经过修补，故难以分辨出坐佛、文字的内容。从三层上铸的明代官称，可证三四两层铁塔是明代重建时所铸。

二、甘露寺铁塔的建筑内涵与特色

塔身的塔檐也颇有特色。在宋代，由于南北方的文化和地域的差异，塔的造型和艺术特征也不同，宋代南方的佛塔基本上都带有腰檐、平座、栏杆、挑角飞檐，具有玲珑瘦削、轻快秀巧的审美风格[1]。甘露寺铁塔完全按宋代木构建筑形制，铸出柱、枋、椽子、瓦垄，而且在塔檐上做成了勾头滴水式的屋面。斗拱出跳较长，塔檐多为曲线，并向上翻翘（图2-3-12）。各层铸有平座、腰檐，檐下仿木铸造出斗拱，比例尺度完全依照宋代法式铸造，体现了宋代南方佛塔的典型的样式。铁塔依柱上还嵌有卷刹，显示了宋代高超的铸造水平和铁塔的精美。

图2-3-12 甘露寺铁塔仿木制结构

这座铁塔现存四层，对于

[1] 张驭寰：《古塔实录》，华中科技大学出版社2011年版，第25页。

塔的层数，有这样几种说法：《北固山志》称为十级，清初据高从龙摹绘而刻的甘露寺图，和嘉庆、道光年间京江华派画家张夕庵、周镐画的册页，铁塔都似七层。1960年出土的石刻中，有浮玉住持务周撰《润州甘露寺重瘗舍利塔记》和女弟子吕氏四娘的《发愿文》，均称“冶黑金为浮屠九级”。可知铁塔初建时实为九层。明僧人性成、公琪重建时才减少了两层，成为七级。近现代人对塔的级数说法不一，言其建时为十级，或称今存五级者，是误将须弥座也算进去了。入宋以后，塔身的平面也发生了变化……这与中国人的人生观、宇宙观相关联。中国人讲究阴阳对立统一的宇宙观。数字因此被赋予了哲学和宗教意义。数字有偶有奇，曰阴曰阳，天数奇数，为阳数、生数；地数偶数，为阴数、成数。天在上，是圆的，向高发展要用天奇数（即中国佛塔的层数多为奇数）；地在下，是方的，平面展开要用地偶数。中国人这种对数的讲究，注定塔身立体与平面的奇偶对应。踏遍中华大地，塔身无不如此[1]。尤其是在中国古代，数字常常隐喻着许多含义，八角形佛塔的“八”隐喻着“八正道”，即正见、正思维、正语、正业、正命、正精进、正念、正定，宋代又是“三教合流”的转折点，所以数字“八”也隐喻儒家的中庸思想、道家的八卦。甘露寺铁塔是八角楼阁式塔，这种样式的佛塔在宋代非常普及，八角形的塔可以说是北宋佛教最具代表性的样式，八角形塔大约占当时佛塔的百分之八十。八角塔相对于四角塔，又有更加广阔的视野，甘露寺铁塔只是观赏性铁塔，所以不存在视野的问题，最主要的优势是，八角形铁塔比起四角形铁塔，减少风力对它的影响，削弱风力，延缓风化。

三、甘露寺铁塔与玉泉寺铁塔的异同比较

玉泉寺铁塔又名佛牙舍利宝塔，位于湖北省当阳市，该座铁塔是中国现今保存得最好的铁塔，它的造型、纹饰、结构等与甘露寺铁塔颇有相似之处。

在时间上，玉泉寺铁塔建于北宋嘉祐六年（1061），甘露寺铁塔始建于熙宁九年（1076），玉泉寺铁塔比甘露寺铁塔早建15年，这两者属于同时期的佛塔建筑。

在材质上，两者都是铁质宝塔。玉泉寺铁塔也是中国最重的古铁塔，重53.3吨。我国仅存的六座古铁塔是甘露铁塔、玉泉铁塔、聊城铁塔、济宁铁

[1] 崇秀全：《论佛塔建筑之形成及其中国化》，载《民族艺术》2002年第2期。

塔、泰安铁塔、千佛塔，其中有五座都建于宋朝。806—1078年之间，中国的人均铁产量增长了6倍，就年生产总量来说，806年生产了1.35万吨的铁，到1078年差不多有12.5万吨。这种增长率英国人在约7个世纪后才能与之相媲美[1]。另外《梦溪笔谈》卷三《辩证一》炼钢中，记录了沈括见到的炼钢方法和见闻。可见当时冶金制铁业的发达，所以铁塔在宋代才能被兴建，故铁质的塔才能成为宋代佛塔的一大特色。

图2-3-13　甘露寺铁塔须弥座及束腰

图2-3-14　玉泉寺铁塔须弥座及束腰

从塔身的纹饰上看，甘露寺铁塔的须弥座和第一、二两层，与湖北玉泉寺铁塔极其相似（图2-3-13、图2-3-14），甘露寺铁塔和玉泉寺铁塔的须弥座上都镌刻有“九山八海”的纹样，束腰上雕刻的力士坐像，无论是坐姿还是 背光都是相似的。束腰的上部二龙戏珠的纹饰也是一样的。两者的不同之处在于，玉泉寺铁塔须弥座的八个角上各有力士一尊，但是现存六尊（图2-3-15），力士肌肉饱满，面部以及身材圆润，线条流畅，呈“S”形，极具动感，同一面的力士相互呼

图2-3-15　玉泉寺铁塔上的力士

[1]［英］约翰·霍布森：《中国历史上的奇迹》，载《国学》2010年第11期。

图2-3-16　玉泉寺铁塔第一层东北面铸像

应，呈轴对称状。须弥座束腰上部，玉泉寺铁塔上是花草纹饰，而甘露寺铁塔是孔雀的纹饰。

玉泉寺铁塔第一层各面分别雕刻有一佛二弟子二菩萨二力士和一佛二弟子，东北面的主尊（图2-3-16）与甘露寺的主尊相似，都结跏趺坐于莲花须弥座之上，东南面的主尊（图2-3-17）也同样双腿下垂，端坐，西南面（图2-3-18）的主尊双膝上也似有一案。主尊两边的两尊弟子的造型动态也几乎与甘露寺铁塔一致，除主尊外的佛像都站立在须弥座上。甘露寺铁塔除了主尊外，每面都有两尊弟子与两尊天王，两者人物造

图2-3-17　玉泉寺铁塔第一层东南面铸像

图2-3-18 玉泉寺铁塔第一层西南面铸像

图2-3-19 玉泉寺铁塔莲弧门龛

型风格都极其相似。而玉泉寺铁塔三面雕刻的人物，两面有七尊佛教人物，而另一面有三尊佛教人物。玉泉寺铁塔主尊头顶正上方有宝盖，宝盖“张弛自如，曲复众生”，它能去除邪祟，守卫佛法，保佑众生平安，庇护处于轮回中的众生，代表着佛的教诲，宝盖也突出主尊的权威和力量。而甘露寺铁塔上的三个面则是在左右两侧分别镌刻上一个飞天，并没有雕刻宝盖。两者上方的龛楣上都铸有多尊罗汉。

铁塔四层莲弧门龛的纹样都是一样的，门龛两边各有一尊门侍菩萨（图2-3-19），两尊菩萨都站在莲花须弥座上，须弥座中部束腰，这与甘露寺铁塔完全一致。

玉泉寺铁塔的第二层铸有塔名、塔重、铸塔时间、工匠姓名及有关事迹的铭文1 339字。在第二层的四面分别铸有此塔系由乡民郝言及其姨母施舍铁3.83万千克以及玉泉寺僧务本禅师领工铸就的铭文。铸塔都料是苏州的陈延作。这与甘露寺铁塔第二层的功能及样式是相同的。

在建筑结构上，玉泉寺铁塔是八角十三层仿木构楼阁式铁塔（图2-3-20），甘露寺铁塔也是八角木构建筑形制，但是具体层数不得而知。甘露寺塔基每面的宽度约1.3米，据此推算周长约10.4米，玉泉寺铁塔的塔基周长约为9.6米，由此可看出两者塔基的大小样式基本一致。

在地域上划分，甘露寺铁塔属于南方的佛塔，而湖北玉泉寺铁塔则属于中南部铁塔，也有专著将其划入北方的铁塔。这两座铁塔相距千里之远，却在诸多方面都有相似之处，在同一时代，两座相似至极的铁塔，是极其罕见的。

四、结语

甘露寺铁塔在建筑造型上是典型的宋代样式，塔身上大部分的铸像都是极具宋代风格的样式，无论是衣饰、须弥座还是佛像的神韵，都极其和谐秀美，加上有些纹饰风格传承了唐朝的风格样式，使得铁塔的纹饰整体优雅内敛，又不至于太过程式化，整体纹饰动中有静，静中有动，动静结合，相得益彰。

甘露寺铁塔的造型与纹饰与湖北当阳玉泉寺的铁塔非常相似，湖北当阳玉泉寺铁塔和甘露寺一样，都是在北宋时铸造的，两者在建筑结构、纹饰、造型上都极其相似，但玉泉寺铁塔被保存得很好，塔身完整，甘露寺铁塔如若在完好的情况下应该与其十分相似。玉泉寺铁塔上共计有2 373尊（一说2 279尊）小佛像，而甘露寺铁塔仅存的四层塔身上也有数百尊小佛像，铁塔也叫千佛塔，铁塔上数以千计的小佛像就是铁质佛塔的主要样式。这对研究宋代铸像有极其重要的意义。

甘露寺铁塔体现了古代人民高超的铸造技术，展示了佛教的文化、佛像的美，体现了宋代佛教纹饰、造像的样式，也见证了时代的兴替，经历近千年风雨仍然屹立不倒，铁塔暴露于风霜雨雪之中，现在塔身腐朽、磨损严重，塔身上的纹饰已经模糊不清，保护程度远远不如国内其他的铁塔，甘露寺铁塔完成的时间与《营造法式》成书的时间非常接近，这座铁塔对

图2-3-20 玉泉寺铁塔外部结构

研究宋代建筑、文化具有重要的意义，相关部门应该对铁塔的保护工作更加重视，同时也期盼考古工作的发展与发现，能帮助考古工作者恢复铁塔的原貌。

本节作者简介：

朱婧媛，女，上海大学数码艺术学院硕士研究生。主要研究方向为数字媒体专业。

第三章 调查与研究

第一节　窟龛图像样式与内容时空变化现象的考察

——以麦积山第70、71窟为例

佛教艺术模式与样式研究是佛教美术考古的重要组成部分，这种基于考古类型学基础之上的佛教美术图像研究方法，能够更客观、更科学地揭示和探讨研究对象在特定的历史时期和时空范围内所蕴含的价值与意义。相对于单体佛教造像类型研究而言，石窟寺由于其特定的遗存属性，窟龛内造像、壁画等内容在历代供养或修缮过程中往往会产生许多新的含义，体现出不同时期的造像思想和理念。如何解读这些内容，对于我们认识和探索中国古代佛教造像艺术样式的发展与传承有着重要价值。麦积山石窟是中国北朝时期丝绸之路上最重要的佛教遗存之一，其营建、开凿与修缮前后持续了1 600多年，许多窟龛内的造像或壁画都或多或少地保存有不同历史时期的痕迹，而出现于北魏太和时期的双窟样式更具有这方面的代表性，如第70、71窟是一组双窟，其窟龛形制、造像题材、绘塑技法、时代风格等方面都具有高度一致性，系同时开凿并完工。这种现象在麦积山北朝时期窟龛营建史上并非个例，而且一直持续到西魏阶段。因此，对于此类窟龛的调查与研究，十分有助于了解5—6世纪麦积山石窟造像史与同时期北方地区佛教艺术之间的关系，以及产生这种现象的社会历史背景等。而上述两窟尽管略有残损和后世重修现象，但基本原始信息保存完好，在麦积山北朝双窟中很有代表性，故笔者以此为例，略加以讨论和分析。

一、窟龛位置和基本情况

麦积山第70、71窟（图3-1-1）位于西崖中部略偏下位置，系并列开凿，

图3-1-1　第70、71窟实测图

两窟相距0.54米，距地面高度约30米。左侧为第74、78窟，右侧毗邻第67窟，上方为第72、73、68窟，下方为第69、169窟，这一带也是麦积山西崖窟龛最为密集的区域之一。两窟现存具体内容如下：

（一）第70窟

1. 窟龛形制

平面长方形，圆拱顶，敞口。窟高1.74米、宽1.8米、进深0.88米。窟前部有轻微残损及风化现象，窟内上半部分泥皮残损、脱落较严重。龛内高正壁泥塑一长方形束腰佛座，内置木骨架，上面平搭木板，边缘木条起框，彼此间以榫眼相套，表层再抹泥。佛座通高0.39米、上宽0.93米、下宽1.1米，束腰部分宽0.86米。

2. 造像内容

窟内塑一坐佛二胁侍菩萨（图3-1-2）。正中佛高1.16米，发髻和左膝略有残损。头略前倾下俯，磨光高肉髻，面形方圆，下颌略显清秀，弯眉突目，双眼细长微睁，鼻梁高直，口小唇薄，嘴角内敛含笑，两耳紧贴后颊，耳坠及肩。短颈端肩，挺胸收腹，体态雄健魁梧，结跏趺坐于佛座上，双足内裹。右手在外，左手在内相叠，两拇指相抵作禅定印；内着僧祇支，外穿袒右半披肩袈裟，衣裾短小，覆于佛座之上，在双股间呈燕尾状分开。服饰质感轻柔贴体，表面阴刻细密流畅的衣纹线，袈裟披右肩边缘部分衣纹呈波

图3-1-2 第70窟全景图

折状，整齐而流畅。佛像表面彩绘系后世重绘，以赭红为主，袈裟边缘施石青、石绿色，并绘以墨绿色田相格。在僧祇支外露部分成组绘制白色圆形宝相花，每朵花边缘饰一圈连珠纹，花朵之间空隙处绘忍冬纹。

窟内左、右壁各依壁塑一身胁侍菩萨，其中左侧菩萨高1.17米，发髻、面颊、鼻尖、下颌、手臂等处均有不同程度的轻微残损或剥落现象。菩萨束发高髻，两侧扎束宝缯，纵向折叠垂及肩部，其中左侧一束残毁。头戴三珠式宝冠，正面宝珠上饰一仰月。面形圆润恬静，弯眉突目，高鼻小口，双耳贴后颊，各饰一长条形耳珰。细颈削肩，发辫于双肩打结后分三缕下垂，颈饰一宽边尖桃形项圈。上身袒露，下着贴身羊肠大裙，左臂下垂，紧贴壁面，五指略分，做执帔帛状。右手曲于胸前，持一莲蕾。双臂均饰有臂钏及手环，跣足立于半圆形莲台之上。菩萨身披络腋，由左肩斜下，绕至右膝，帔帛搭肩绕臂后，浮塑于壁面。造像魁梧而不失俊秀，清盈而不失挺拔。从残存痕迹可知，菩萨像以白色为底，上施各种彩绘，其中宝冠施石绿、赭红色，帔帛施石青色，通体朱红色。

右侧菩萨高1.18米，前额、右臂及胸部风化严重，右脚前半部分残损。其发髻、宝冠、服饰、装束、造型特点、施色等与左壁胁侍菩萨基本一致，两者仅体姿略有区别。这身菩萨左手置于胸前，持一莲蕾，右臂略外撇，贴臂下垂，手持一净瓶，臂上缠绕的帔帛多已残损，跣足立于长圆形莲台之上。

3. 壁画内容

窟内壁画多已剥落残损，仅正壁主尊坐佛两侧及胁侍菩萨周围保存相对完整，画面剥蚀、风化、褪色、刻划严重，并有明显重绘现象。主要内容为背项光和彩绘比丘。其中正壁主尊坐佛头部后侧壁面绘背项光，项光为同心圆状，内至外共八层，最内层白底，墨线绘重瓣莲花图案。第一至五层较窄，依次填涂石绿、石青、褚红和乳白色。第六层施浅灰色，内绘赭红色波折纹。第七层较宽，施绿底，并墨绘涡旋状纹饰，以示水波纹。水面上原等距绘化佛数身，化佛四周点缀有数朵赭红色莲蕾。化佛现仅存两身，形态一致；低平肉髻，面形较圆，填涂白色，墨线勾描五官，颈部绘二至三道褶纹。禅定印，结跏趺坐于圆形莲台之上。一身穿赭红色圆领通肩袈裟，另一身内着绿色僧祇支，外穿白色双领下垂式袈裟。第八层赫红色，内绘连续的连珠纹图案，每个宝珠依次涂石绿、石青、赭红等色，在宝珠边缘饰一圈连续白点纹；背光从残存痕迹分析，整体呈舟形，内至外共七层，其中内至外第一至六层依次涂白、石绿、石青、赭红、白、朱红色，第七层较宽，涂绿色，并墨绘涡旋纹，以示水波，其上绘竖向排列的化佛，装束、技法、涂色等与项光中化佛一致。

正壁两侧各有一身后世重绘的比丘，左侧一身保存较好，身体略前倾，头后侧壁面绘一赭红色圆形头光。比丘面形长圆清秀，头顶墨绘发际线，细长眉，双目略下视，悬鼻小口。短颈削肩，身穿赭红色圆领通肩袈裟，下着灰黑色长裙，双脚呈八字形撇开，跣足立于绿色圆莲台上，莲台边缘墨绘覆莲瓣。左手平置于胸前，持一长柄香炉，右手自然下垂，笼于袖中。身材挺拔，神态虔恭向佛而立。右侧一身仅存膝以下部分，残毁严重，仅可辨识裙裾及其上的墨绘衣纹线。有趣的是，这身弟子似穿一双黑色圆头履，双脚呈八字形立于绿底覆莲台上。

左壁彩绘仅存同心圆形的菩萨头光，内至外共六层，其中第一至五层分别涂石绿、石青、赭红、淡黄、乳白色。最外层较宽，涂红底，表面以石青、石绿为主色，绘折枝忍冬纹，叶面短而肥润，中间空隙部分填绘四瓣形宝相花，色彩绚丽醒目。

右壁彩绘基本无存，仅胁侍菩萨双肩部分保存有少许壁画内容，依然为圆形头光图案，其绘制方法与左侧胁侍菩萨头光一致。

（二）第71窟

1. 窟龛形制

平面长方形，圆拱顶，敞口。窟高1.78米、宽1.82米、进深0.81米。前部略有残损，窟内顶部及左、右壁外侧泥皮均已脱落。窟内正壁塑一束腰形佛座，高0.42米，上宽0.91米，下宽1.05米，束腰上宽0.44米、下宽0.54米，进深0.53米。其中佛座上缘泥皮已基本全部剥落，木质骨架外露，构成样式与第70窟一致。

图3-1-3　第71窟全景图

2. 造像内容

窟内塑一坐佛二胁侍菩萨（图3-1-3）。其中佛高1.12米，发髻、双手及双膝部位磨蚀现象较为突出。佛面部有明显后世重修痕迹，使其与第70窟主尊佛头相比，更加圆润一些，在佛的额际、颈部、右耳等处尚能看到重修时所敷的一层薄泥。佛身躯部分没有改动，只是重新进行了妆彩。总的看来，仍然保持着原作风貌：佛端肩挺胸鼓腹，身穿袒右式半披肩袈裟，服饰穿着方法、施色、装饰纹样等与第70窟主尊基本一致，禅定印，结跏趺坐。神态安详，形体魁梧挺拔。

窟内左、右壁仍各依壁塑一身胁侍菩萨，其中左壁菩萨高1.12米，宝冠、发髻、面部、腋、膝等部位略有剥蚀和刻化现象。束发高髻，头戴三珠式宝冠，两侧扎束宝缯，纵向折叠下垂，现多已残毁。面形清秀恬静，神情、装束、服饰、妆彩、手姿等与第70窟左壁菩萨基本一致；右壁菩萨高1.12米，宝冠顶部及右臂缠绕的帔帛部分残毁，面部及胸腹有风化、剥蚀现象，右臂、右手及右足有程度不同的残损。装束、神态、服饰、妆彩等基本同前，左手曲至胸前，持一莲蕾，右手自然下垂，略外撇，持一净瓶。跣足立于半圆形莲台之上，表情恬静含笑，体态修长俊美。

3. 壁画内容

窟内壁画均系后世重新绘制，但在构图形式、技法、色彩运用、壁画内容等方面均参照了第70窟壁画。正壁主尊坐佛背面绘制背项光，背光同心圆形，内至外共计八层。最内层涂湖蓝色。第二层白底，墨线绘单瓣圆形莲花。第三至七层依次涂石绿、石青、赭红、乳白、浅黄色。第八层较宽，湖绿底，以示水面，其上呈环形绘制一圈化佛。上部已残毁，仅残存左、右侧各三身，佛墨线绘制，肉髻较高，面形椭圆，弧眉、细长目，悬鼻小口，细颈削肩，均身穿圆领通肩袈裟，衣裾在膝前呈八字形展开。袈裟均为单色，以湖蓝、赭红两色交替出现。禅定印，结跏趺坐于仰莲台上。身姿略向内扭，面向主尊坐佛。化佛身后绘圆形头光和背光，背项光均分内外两层，以红、白两色交替组合而成。每尊化佛莲台两侧各绘一桃形莲蕾，漂浮于水面之上，代表莲花宝池；背光桃形，内至外共计八层，其中第一至七层依次涂白、赭红、石绿、湖蓝、赭红、白、灰白色，第八层较宽，赭红底，其上彩绘竖向排列，背饰圆形背项光的化佛，其样式、神态、色彩、莲台等基本与头光中的化佛一致。每尊佛的莲台两侧各点缀一白色桃形莲蕾。背光外缘上侧绘制有湖蓝、石绿和乳白三色夹杂组成的火焰纹；主尊佛座两侧，背光下方各绘一身弟子。其中左侧一身保存较好，尽管画面残损、褪色较多，并有较多污渍。但具体内容尚清晰可辨：弟子头部圆润，面容清秀，额前有明显发际线，眉粗且长，双目睁开，略下视。细颈端肩，内着深红色僧祇支，外穿浅红色垂领长袍，下着长裙。左手置于胸前，持一长柄莲花，莲蕾突出，四周绘六片莲瓣。弟子双膝以下部分因壁面破损已残毁，其前侧绘几株绿色莲茎及莲叶，随风摇曳；主尊坐佛右侧壁面亦绘一比丘，着装、服饰颜色与左侧弟子一致，胸以上部分色彩基本脱落，仅存少许墨线，但轮廓尚存。可辨弟子发际线明显，面容苍老，浓眉大眼，扭头仰视主尊坐佛。双手置于胸前，共同托举一长柄六瓣莲花，花瓣已全部褪色，仅存大形。弟子两侧各绘几枝绿柄莲叶，裙裾以下部分色彩全部褪尽。整幅画面残损、脱落现象较为严重。

窟内左壁泥皮仅残存胁侍菩萨身后内侧部分，壁画内容主要以菩萨头光为主。头光为同心圆表，内至外共计九层，其中第一至八层依次涂石青、赭红、白、石绿、石青、赭红、白、灰色，第九层较宽，浅灰底，内绘折枝忍冬纹，忍冬叶片粗壮肥润，分别涂石青、石绿、赭红、灰白等色，空隙及花枝转折处夹杂绘有绿底白瓣的十字形花及白色花蕾；右侧胁侍菩萨背项光图案残损、脱落严重，从残存现状可知与右侧菩萨背项光图案内容基本一致，系同时期作品。

二、窟龛形制的讨论与分析

从上述第70、71窟的形制、窟龛大小、窟内布局甚至主尊佛座制作技法等因素综合分析，毫无疑问，这是一组同时期开凿并完工的双窟。

关于这种平面长方形圆拱顶敞口窟，笔者在以往研究中也做过初步讨论与分析，认为它在形式上更接近麦积山北魏早期的龛形窟，而这种窟型的产生和出现与当时北方地区游牧民族日常起居中经常使用的帐篷有密切关系[1]。就麦积山石窟现存北魏时期窟型而言，第70、71窟形制应该说在很大程度上受到了其右侧第74、78窟的直接影响（这组窟也是麦积山非常具有代表性双窟之一，将另文论述）。两者之间的不同点仅仅在于前者体量较小，而后者体量很大。

尽管这两组窟龛在龛内部形制上差异较大：第74、78窟内均设有倒“凹”字形高坛台，正壁两侧上方各开凿有一个平面长方形圆拱顶小龛（图3-1-4）。而后者形制上远没有这么复杂，仅窟内正壁设一加装了木质构件的方形须弥座，左、右壁各设置一泥塑半圆形莲台。但它们在大的空间结构上表现出高度一致性，即平面方形，圆拱顶。至于其内部形制上的差异，主要是由于窟龛内所选择造像题材不同而产生的。更值得注意的是，在窟龛形制上类似第70、71窟的还有集中分布于这一区域内的第68、69、73、75、77、169等窟，它们基本形制均为平面近长方形，圆拱顶或穹窿顶，敞口，体量与第70、71窟相近或更小。对于围绕于第74、78窟及附近崖面开凿的这些小龛的年代问题，虽然在每个窟龛具体开凿年代上有所分歧，但学界较为一致的看法是，它们应该是麦积山石窟开窟造像史上第一次高峰时期的

图3-1-4 第74窟立面实测图

[1] 孙晓峰：《麦积山北朝窟龛形制的演变规律》，载《敦煌研究》2003年第6期。

作品，持类似观点的学者主要有张宝玺[1]、张学荣[2]、阎文儒[3]、董玉祥[4]、初世宾[5]、黄文昆[6]、李西民[7]、马世长[8]、张锦秀[9]、金维诺[10]、温玉成[11]、魏文斌[12]、东山健吾[13]、八木春生[14]等。

表3-1-1　麦积山石窟北魏早期小型窟龛统计表

窟号	时代	高×宽×进深（米）	窟龛形制	造像题材	备　注
68	北魏早期	0.69×0.66×0.35	平面圆角长方形，圆拱顶，敞口	一佛二胁侍菩萨（左侧菩萨已毁）	泥塑佛座
69	北魏早期	1.06×0.97×0.49	平面圆角方形，圆拱斜平顶，敞口	一佛二胁侍菩萨	龛楣浮塑龛柱及交龙图案
70	北魏早期	1.74×1.80×0.88	平面长方形，圆拱顶，敞口	一佛二胁侍菩萨	佛座内置木质构架
71	北魏早期	1.78×1.82×0.81	平面长方形，圆拱顶，敞口	一佛二胁侍菩萨	佛座内置木质构架

[1] 张宝玺：《麦积山石窟开凿年代及现存最早洞窟造像壁画》，载《中国考古学会第一次年会论文集（1979）》，文物出版社1980年版。
[2] 张学荣：《麦积山石窟的创建年代》，载《文物》1983年第6期；张学荣、何静珍：《麦积山石窟创凿年代考》，载《天水师专学报》1988年第1期；张学荣、何静珍：《再论麦积山石窟的创建年代及最初开凿的洞窟——兼与张宝玺先生商榷》，载《敦煌研究》1997年第4期。
[3] 阎文儒主编：《麦积山石窟》，甘肃人民出版社1984年版。
[4] 董玉祥：《麦积山石窟的分期》，载《文物》1983年第6期。
[5] 初世宾：《石窟外貌与石窟研究之关系——以麦积山石窟为例略谈石窟寺艺术断代的一种辅助方法》，载《西北师院学报》1983年第4期。
[6] 黄文昆：《麦积山的历史与石窟》，载《文物》1989年第3期。
[7] 李西民：《试论麦积山石窟艺术史上的六个高潮》，载天水麦积山石窟艺术研究所编《石窟艺术》，陕西人民出版社1990年版。
[8] 马世长：《陕甘宁地区石窟概述》，载国家文物局教育处编《佛教石窟考古概要》，文物出版社1993年版。
[9] 张锦秀：《早期的两对姊妹龛——麦积山石窟第74、78龛和第70、71龛简介》，载《丝绸之路》1996年第4期。
[10] 金维诺：《麦积山石窟的兴建及其艺术成就》，载天水麦积山石窟艺术研究所编《中国石窟·天水麦积山》，文物出版社、日本平凡社1998年版。
[11] 温玉成：《中国早期石窟寺研究的几点思考》，载《敦煌研究》2000年第2期。
[12] 魏文斌：《麦积山石窟几个问题的思考和认识》，载《敦煌研究》2003年第6期；魏文斌：《麦积山石窟初期洞窟调查与研究》，兰州大学博士学位论文，2009年。
[13] [日] 邓健吾：《麦积山石窟的研究及早期石窟的两三个问题》，载天水麦积山石窟艺术研究所编《中国石窟·天水麦积山》，文物出版社、日本平凡社1998年版。
[14] [日] 八木春生，何洪岩、魏文斌译：《关于麦积山石窟第74、78窟的建造年代》，载《敦煌研究》2003年第6期。

续 表

窟号	时代	高×宽×进深(米)	窟龛形制	造像题材	备 注
73	北魏早期	0.82×0.91×0.34	平面圆角长方形，圆拱顶，敞口	一佛二胁侍菩萨（现存正壁坐佛）	—
75	北魏早期	1.50×0.32×0.60	平面近长方形，圆拱顶，敞口	一佛二胁侍菩萨（现存正壁坐佛）	佛座内置木质构架
77	北魏早期	1.65×1.55×0.87	平面近长方形，穹窿顶，敞口	一佛二胁侍菩萨（现存正壁坐佛）	佛座内置木质构架
169	北魏早期	1.06×1.03×0.48	平面近长方形，圆拱顶，敞口	一交脚菩萨二胁侍菩萨	束帛座，两侧各一卧狮

可见，从形制上看麦积山最初开凿的窟龛主要分为两类：一类规模较大而数量较少，如第74、78窟。另一类规模较小但数量众多，即表3-1-1中所列的窟龛。出现这种现象应该与开窟功德主的社会地位、经济实力等存在密切关系，也比较符合当时石窟开凿的实际情况。总而言之，这组窟龛群的出现在一定程度上反映了当时麦积山石窟的开凿与营建已经具有相当规模，并且在秦州地区拥有众多佛教信众和比较普遍的佛教社会群众基础。

接下来我们需要讨论的是，为什么在麦积山会出现诸多与第70、71窟近似的龛形窟？或者说为什么这种窟型在当时十分流行？众所周知，外来的佛教石窟艺术在经中亚、阿富汗传入中国新疆地区后，印度本土所盛行的中心柱窟和僧房窟已经有所变化和创新。经敦煌、河西走廊传入内地后，其建筑样式则完全融入本土建筑元素。麦积山石窟的营建当然也离不开这一时代背景：它所处的秦州，魏晋以来一直是"华戎杂居"之地，西晋政权瓦解后，以秦、凉为中心的西北一带成为氐、羌、鲜卑等少数民族争夺的主要战场。同时，这里也是佛教传入中国内地后主要传播地区之一，帛远、竺法护、玄高、昙弘等高僧先后在秦州一带弘法，拥有众多佛教信众和较好的佛教社会基础。如高僧帛远被秦州刺史张辅杀害后，陇上群胡"闻其遇害，悲恨不及，众咸愤激，欲复祖[1]之仇"。后因张辅被部下富整所杀，"群胡既雪怨耻，

[1] 据《高僧传》卷一"帛远"条，帛远，字法祖，本姓万氏，河内人。故文中简称"祖"。详见《大正藏》第50册，第327页。

称善而还，共分祖尸，各起塔庙”[1]。由这一事件可知，当时秦州一带胡族占据着主体地位，而秦州这种以胡族为主体的民族构成到北魏末年时也没有明显改变，只不过随着北魏孝文帝汉化政策的不断深入，原来畜牧、农耕并重的生活方式逐渐向以农耕为代表的中原传统文化方向转变。而麦积山石窟的开凿，正是在这种历史背景下展开的，外来佛教作为胡神也自然受到当地胡族的敬奉和崇拜。因此，在安置佛陀的窟龛样式上也很自然地采用了类似游牧民族居室的“穹庐”。这样，无论从心理上，还是文化认同上，都更容易被接受和理解，故笔者认为它应该是麦积山早期窟龛广泛采用这种样式的根本原因。

从另一方面讲，这种窟型在建筑视觉上也能更好地烘托出佛陀的伟大和至高无上。可以想见，在高耸陡峭的崖壁上，窟内横长方形的地面设计，缩短了窟龛与岩壁之间的进深，工匠们所采用的圆拱顶斜敞口布局，使窟内造像得以一览无余地展现在观瞻者眼前。在特定宗教环境和气氛下，对佛教徒心灵上所产生的震撼是难以用语言来表达的。因此，笔者认为，当时僧侣们与窟龛设计者为功德主所选择的这种空间设计理念和窟龛样式也是经过深思熟虑的，它既照顾到了当地佛教信众的审美风俗和生活习性，又巧妙地抬升和突出了佛陀的神性，因而得到普遍认同，对麦积山北魏以来小型窟龛的开凿和营建产生了深远影响，成为判定麦积山早期窟龛的重要特征之一。

三、重修痕迹考察与分析

麦积山第70、71窟图像虽然窟型、造像等基本保持原貌，但后世又做了较多修缮和改动，特别是两窟内彩绘和壁画在整体布局一致的前提下，又有诸多差异之处，显然是不同画匠所为。现根据现场调查结果，可以将第70、71窟内重修内容归纳如下：

（一）佛像重新妆彩

现有迹象表明，除第71窟坐佛头部由于补塑缘故重新涂色外，两窟内主尊坐佛原有色彩并没有太大变化。较明显的重绘内容是主尊僧祇支表面的白色连珠形团花图案，从技法和图案构成方式上分析，当出自同一画师之

[1]（梁）释慧皎撰，汤用彤校注：《高僧传》，中华书局1992年版，第26—28页。

手（图3–1–5）。这种纹饰并不见于麦积山北魏早期佛装表面，如第74、78、100、128、143等窟内主尊坐佛僧祇支表面均施石绿底，并没出现类似装饰纹样。即使个别绘有装饰图案的僧祇支，其纹饰也采用带有显著西域特征的网格状圆点纹，如第78窟右壁和第148窟正壁坐佛（图3–1–6、3–1–7）。

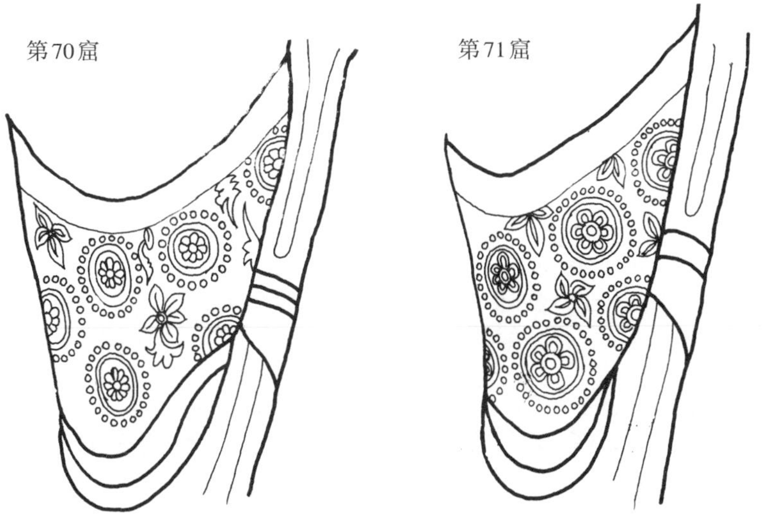

图3–1–5　第70、71窟佛装装饰图案

图3–1–6　第74窟右壁坐佛

图3–1–7　第148窟佛装上装饰图案

另一处值得注意的彩绘是佛装表面的田相纹，第70窟佛装上的田相纹走向基本沿佛像泥塑衣纹展开，所用颜色也略深一些，使人感到比较自然随意。这种现象和做法与麦积山北魏第74、78、128、143、148等窟内佛装表面彩绘田相纹表现出高度的一致性，说明其应该是北魏原绘。而第71窟佛装表面田相纹则不同，基本采取横平竖直方式绘制，与佛像泥塑衣纹之间没有必然关系，似乎有意突出田相格在袈裟中的特定含义，其颜色也略浅一些，显然是重新绘制。这种现象说明第70、71窟重绘之时，画师在填绘第71窟主尊佛装表面田相格时，参考了第70窟主尊佛装田相格样式，但又按照自己对袈裟含义的理解进行了适当改动。

（二）重新绘制了第71窟背项光

由于第70、71窟空间体量并不大，因此背项光在窟内壁画图案中所占比例显得非常突出，也构成了这两窟壁画内容的主体。尽管窟内泥皮残毁面积较多，但通过现状分析可知第70窟背项光为开窟时原作，第71窟背项光则为后世重绘，后者在绘制过程中仍然很大程度上参考了第70窟背项光图案样式和构成技法。

图3-1-8　第70窟头光中的化佛图案

第70窟主尊坐佛头光残存较少，其最内层墨线绘制的圆莲花瓣较宽，呈三层重叠，每个花瓣大小一致，叶片饱满、均匀，线描流畅有力。最外侧莲花宝池部分描绘精细：绿色水面上隐约可见墨绘涡旋纹，以示水波。水面上的化佛仅饰有头光，且均为正视坐姿，足下莲台较轻盈，似一片莲叶，巧妙地与水面融为一体。袈裟穿着也不同，既有通肩式，也有垂领式（图3-1-8）。水面上的莲蕾朵朵饱满、挺拔，位置排列上繁而不乱。最外缘装饰有一圈色彩各异的连珠纹，每个宝珠边缘均饰一圈白点纹，使整组头光图案显得疏密有序、繁而不乱；主尊坐佛背光整体呈舟形，因残毁及彩绘叠压仅存坐佛两侧及须弥座上方两边少许。图案构成样式、内容与头光一致，最外层莲池内化佛排列密度相对疏松，最外缘饰石青色火焰纹。

窟内左、右壁胁侍菩萨造像身后壁面仅装饰绘有同心圆形头光，其中仅左侧菩萨头光有部分保留，其最外层绘折枝忍冬纹装饰，虽然风化褪色严重，但仍可以分辨出对称排列的忍冬纹线条流畅舒展，作为点缀和衬托的各种花卉色彩艳丽，繁而不乱，疏密有序。第71窟主尊坐佛背项光除窟顶部分剥落无存外，其余部分基本完整。虽然从图案形式、色彩、构图等方面与第70窟背项光内容十分接近，但通过仔细观察，可以发现两者之间的差异还是非常明显。

首先，第71窟主尊头光最内层绘制的圆莲花瓣仍为三层重叠，但单个花瓣大小不匀，线条绵软无力，毫无生机。最外层的莲花宝池内未见墨绘涡旋纹，水面上的化佛与第70窟相比也明显不同：均为侧坐姿，面向主尊坐佛。化佛身下的莲台呈圆钵形，上有墨绘的仰莲瓣，显得十分厚重。佛面形也略显长圆，肉髻稍高。均身穿圆领通肩袈裟，身后饰由双色构成的同心圆形背项光。化佛纵向彼此之间排列紧密，水面上的莲蕾相对单薄，且呈弧形排列，略显东倒西歪，没有蓬勃向上之势（图3-1-9）；背光呈舟形，图案构成样式、内容与头光一致，最外层表现莲池的装饰带不用绿色，而采用赭红色，使色彩更为眩目。内绘的化佛形象、神态、着色、装饰等与头光内化佛形一致，排列紧密杂乱。化佛两侧点缀的莲蕾均为乳白色，在赭红底色中分外醒目。背光最外缘饰石绿和乳白色交杂的火焰纹。

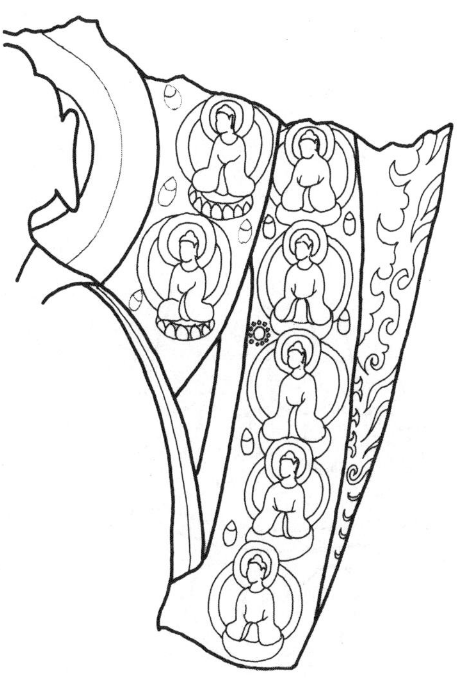
图3-1-9　第71窟背光中的化佛图案

窟内左、右壁彩绘的胁侍菩萨头光残损较多，但与第70窟胁侍菩萨头光相比，两者之间图案样式、技法等相差无几，应该是对第70窟胁侍菩萨头光图案的摹拟。由于是重绘，其在色彩上明显较第70窟绚丽

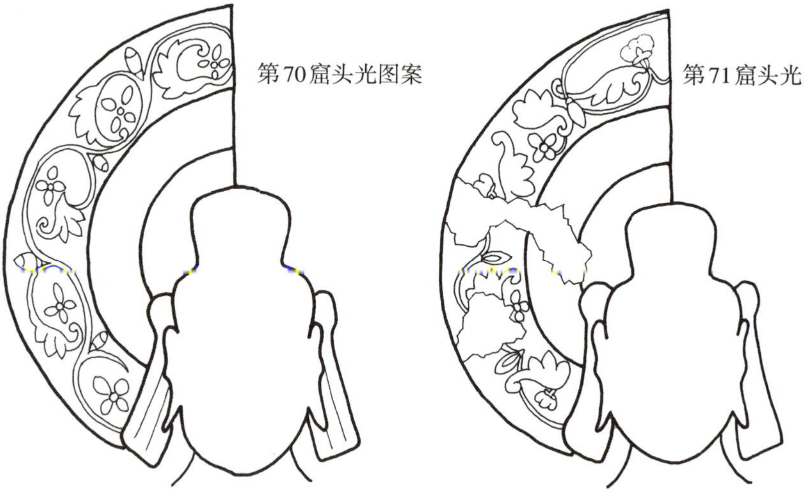

图3-1-10　第70、71窟头光图案

一些。从最外层忍冬纹饰带分析，重绘的忍冬纹基本采用重彩平涂手法，不见墨线色勒的叶脉，忍冬叶则显得过于肥润、笨拙，陪衬、点缀的花卉样式也比较随意，不够规整，在图案视觉感观和构图技法上与第70窟相比尚有一定差距（图3-1-10）。

（三）窟内增绘了弟子形象

要说第70、71窟内壁画最大的改变，就是后世重绘时在窟内主尊两侧各增绘了一身弟子像。但两窟内重绘的弟子在人物形象、神态、着装、体量、色彩运用等方面则存在明显差异，显然并非同时期完成。具体地讲，第70窟内正壁两侧的弟子形象高大，甚至超过左、右壁胁侍菩萨像的高度，在整个窟内显得非常突出。特别是保存相对较好的正壁左侧弟子，明显叠压了佛左侧彩绘舟形背光及少许佛的头光，在弟子头光部分隐约可见原绘佛背光的条状装饰纹带及最外层的化佛痕迹。这组图像中最引人注意的是弟子脚踩的圆形莲台，在它四周有墨线绘制的桃形覆莲瓣（图3-1-11）。弟子服装也运用重

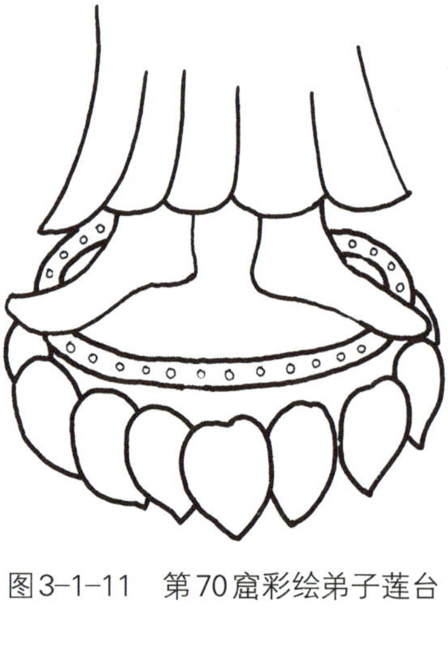

图3-1-11　第70窟彩绘弟子莲台

彩平涂技法，仅在袍服和衣裙重合处使用粗色条或墨线色勒几笔，以示区别。

第71窟正壁两侧重绘弟子则不同，他们被绘在正壁背光和左、右壁胁侍菩萨之间的空隙处，高度仅仅超过主尊坐佛双膝，尚不及左、右壁菩萨像的双肘。在视觉上与窟内壁画融为一体，应该是画师在重绘窟内壁画时统一完成的一组人物作品。这两身弟子着装与第70窟中弟子差异也较大，均为垂领式袈裟，手持供养物为长茎莲花，与前者手持香炉的做法明显不同（图3-1-12）。唯一遗憾的是，由于近地表部分泥皮剥落，这两身弟子足部情况不详。

图3-1-12　第71窟正壁左侧彩绘弟子

（四）修补了第71窟残损佛头

这组窟龛中造像重修现象不十分突出，仅重新补塑了第71窟主尊佛头，这表明当时窟内造像保存状况尚好。从现状看，补塑的佛头尽管在整体风格上与第70窟佛头差异不大，但细部特征上区别还是非常突出：佛肉髻由覆钵形改为馒头形，面颊由清秀变得饱满，眉毛由弯刀形变为弧形，眼角更加细长，双唇由小巧变得厚重，唇线也更平直。两耳也不再外撇下垂及肩，而是紧贴后颊（图3-1-13）。

图3-1-13　第70、71窟佛头像

四、开凿时代与重修时间

(一)开凿时代

目前,从窟形、造像题材、壁画内容等方面综合分析,第70、71窟属于同时开凿的双窟应该没有问题,但其具体开凿时间由于没有发现榜书或题记等文献资料而很难确定。以前所做研究工作里,多将上述两窟纳入麦积山早期窟龛综合研究体系之中,几乎没有将其作为个案研究对象来看待,其中对两窟具体内容涉及较多的有张锦秀[1]、魏文斌[2],前者主要侧重于窟龛内容的介绍,后者则比较详细地调查了窟龛现状。关于这组窟龛的大致开凿时间范围,张学荣、阎文儒、董玉祥、李西民认为在后秦至西秦阶段(386—431)[3],马世长认为在北魏前期(452—486)[4],陈悦新、魏文斌认为在北魏孝文帝太和年间(477—499)[5],达微佳认为在北魏孝文帝初年以后至宣武帝正始三年以前(477—506)[6]。两种观点中,前者主要基于相关文献、史籍资料的考证以及与毗邻的永靖炳灵寺西秦建弘元年(420)造像艺术风格综合分析基础之上。而后者在研读相关历史文献基础上,更多地运用石窟考古类型学方法对相关窟龛进行综合分析,并最终得出分期排年结论。

关于这组双窟的开凿时代,笔者在前人研究成果基础之上,主要从以下两点谈谈自己的看法。如前所述,麦积山石窟所在的秦州是外来佛教艺术在内地最早传播的地区之一,佛教在当地有着悠久的历史和传统。同时,这一带由于特殊的地理位置,使麦积山石窟造像接受西域、中原、南朝等地佛教艺术样式过程中具有得天独厚的优势。因此,从姚秦时期到整个北朝阶段,无论是塑像还是绘画,都形成了一系列带有鲜明地域特色的佛教艺术作

---

[1] 张锦秀:《早期的两对姊妹龛——麦积山石窟第74、78龛和第70、71龛简介》,载《丝绸之路》1996年第4期。

[2] 魏文斌:《麦积山初期洞窟调查与研究》,兰州大学博士论文,2009年,第28—31页。

[3] 张学荣:《麦积山石窟的新通洞窟》,载《文物》1972年第12期;阎文儒:《麦积山石窟的历史、分期及其题材》,载阎文儒主编《麦积山石窟》,甘肃人民出版社1984年版,第73—75页;董玉祥:《麦积山石窟的分期》,载《文物》1983年第6期;李西民:《试论麦积山石窟艺术史上的六个高潮》,载《石窟艺术》1990年第1期。

[4] 国家文物局教育处:《佛教石窟考古概要》,文物出版社1993年版,第79—90页。

[5] 陈悦新:《甘宁地区北朝石窟寺研究》,北京大学博士学位论文,2004年;魏文斌:《麦积山初期洞窟调查与研究》,兰州大学博士论文,2009年,第131页。

[6] 达微佳:《麦积山石窟北朝洞窟分期研究》,载龙门石窟研究院《石窟寺研究》(第二辑),文物出版社2011年版,第73页。

品，这也是麦积山石窟艺术的独特之处。

首先，从图像特征方面分析，无论是主尊坐佛、胁侍菩萨，还是壁画技法、内容和风格，它与麦积山第74、78窟都存在明显承袭关系。

第70、71窟内佛装样式与第74、78窟内佛装基本一致：半披袒右肩袈裟，在半披肩表面竖向阴刻连续波折纹。袈裟从右腋下前绕搭左肩后衣角贴壁下垂，衣襟在胸前做1—2道横向折叠。胸部及左臂衣纹做2—3道燕尾状交叉，袈裟下摆紧贴双腿，衣纹做两组燕尾状交叉，衣裾短小紧凑，呈八字形堆叠于佛座之上。这种样式的袈裟是麦积山早期佛装最突出的特征之一，它与稍后开凿的麦积山第128、148、156、143、115等窟[1]内主尊佛装样式尽管形式上差异不大，但在局部细节、衣纹装饰和处理、塑作技法等方面已存在明显不同，这说明第70、71窟在开凿时间上应该更接近与其毗邻的第74、78窟。

从佛像发髻上分析，第70、71窟主尊均为磨光高肉髻，与第74、78窟主尊以水波纹发髻为主的样式有一定区别。实际上，通过实地调查可以发现，在麦积山早期造像中，主要还是以磨光高肉髻佛像为主，水波纹发髻佛像并不是十分盛行，它对同期麦积山佛教造像影响非常有限，目前只在第75窟发现有类似发髻的佛像。在此后北魏早期佛像中，也只有第69窟和第115窟中发现有水波纹发髻佛像[2]。对于第74、78窟出现的水波纹发髻样式佛像，笔者经过研究认为它是受到长安和关中地区影响的结果，其塑作时代大致应在北魏文成帝复法至和平元年以前（452—470）[3]。值得注意的是，永靖炳灵寺西秦佛像发髻皆为磨光高肉髻。417年，刘裕攻陷长安，后秦灭亡。其上邽守将姚艾向西秦乞伏炽磐称藩，被任命为秦州牧。不久后，姚艾叛逃并投奔北凉沮渠蒙逊，西秦以左丞相昙达为秦州牧，镇南安（天水市秦安县）[4]。自此，秦州也正式纳入西秦版图。实际上，自东晋以来，后秦与西秦政权之间一直战事不断，彼此之间抢掠人口事件时常发生，客观上也促进了两地之间包括经济、文化之间的交流。基于上述事实，我们可以想见，磨

[1] 麦积山石窟艺术研究所编：《中国石窟·天水麦积山》，文物出版社、平凡社1998年版，图版30、33、40、41、58。

[2] 麦积山石窟艺术研究所编：《中国石窟·天水麦积山》，文物出版社、平凡社1998年版，图版56、52。

[3] 孙晓峰：《北朝时期水波纹发髻佛像及相关问题研究》，收入龙门石窟研究院编《石窟寺研究》（第五辑），文物出版社2014年版，第269—272页。

[4]（唐）房玄龄等撰：《晋书》卷一百二十五《乞伏炽磐载记》，中华书局1974年版，第3124—3125页。

光高肉髻佛像应该是这一带佛教造像主流样式。与体现外来新风的第74、78窟佛像不同，麦积山第70、71窟内佛像依然还是坚持秦州当地传统的佛像发髻样式。

从塑像制作技法分析，以从未做过任何改动的第70窟主尊坐佛为例，肉髻高耸，面形长圆，下颌呈椭圆状，弯眉细长目，双唇较薄，嘴角上翘，身材挺拔之中不失轻秀，已开始出现中原地区特有的秀骨清像之韵。而第74、78窟中坐佛尽管着装差异不大，但人物体姿、神态上却有很大区别：肉髻略呈覆钵状，面形方圆，修眉大眼，双唇较厚，嘴角平直内敛，身材魁梧，伟岸雄健之气扑面而来，具有典型西域造像特点。故可以看出，前者在一定程度上受到以四川为代表的南朝地区造像艺术影响。这一地区内以褒衣博带为主要特征的佛像在5世纪末的成都平原和川西北一带屡有发现，如南齐永明元年（483）西凉比丘释玄嵩造无量寿及弥勒二尊像[1]和成都西安路出土的永明八年（490）法海造弥勒像等[2]，其肉髻高圆、面容清秀、口小唇薄、恬静含笑等特点也见于麦积山第70窟主尊佛像。至于两地之间的关系，学术界目前比较一致的看法是：5世纪后期，溯江而上传到成都的南朝造像艺术可能直接或间接地影响到麦积山石窟造像[3]。对于当时四川地区佛装中褒衣博带样式为何没有在麦积山石窟出现，笔者认为这可能主要与秦州地区居民主要以胡族为主体有很大关系。甚至到北魏景明三年（502）麦积山开凿的第115窟里，主尊坐佛依然穿着袒右披肩式袈裟，这距北魏孝文帝南迁洛阳、大力推行汉化政策已过数年时间，可见这种传统习俗力量的顽固。

第70、71窟内胁侍菩萨造像情况也大体一样，总体上与第74、78窟内胁侍菩萨像差异不大，但细部风格上的变化依然十分明显：菩萨形体上已趋于清秀、飘逸，为表现塑像整体稳定感，菩萨双腿略微分开，使造像在视觉上更加美观（图3-1-14），这与第74、78窟内主尊胁侍菩萨像魁伟挺拔、双腿并拢、整体呈倒三角形造型的做法明显不同（图3-1-15）。在细部装饰方面，第70、71窟菩萨头戴的三珠宝冠更加繁缛华丽，最主要的是宝冠前端加饰一仰月图案。臂钏及手环上也不再有莲瓣装饰，束腰羊肠大裙上端右侧

[1] 袁曙光：《四川茂汉南齐永明造像碑及有关问题》，载《文物》1992年第2期。
[2] 成都市文物考古工作队：《成都市西安路南朝石刻造像清理简报》，载《文物》1998年第11期。
[3] 杨泓：《试论南北朝前期佛像服饰的主要变化》，载《考古》1963年第6期；费泳：《南朝佛教造像研究》，南京艺术学院硕士学位论文，1998年。

图3-1-14 第70窟右壁胁侍菩萨

图3-1-15 第74窟正壁左侧胁侍菩萨

图3-1-16 第80窟左壁胁侍菩萨

外翻下垂的裙缘装饰亦已消失。在总体风格上更接近于第80窟左壁胁侍菩萨（图3-1-16），据魏文斌的研究成果，该窟开凿时间当在北魏太和时期（477—499）[1]。因此，尽管第70、71窟与第74、78窟图像特征关系密切，但其开凿时代明显还是要晚一些。

综上所述，第70、71窟的开凿在窟龛形制、造像风格等方面承袭了第74、78窟的特征，同时亦有所变化，在保持秦州一带造像传统的同时，又部分吸纳了四川地区造像艺术风格。其功德主应该是世居秦州的地方官吏或豪猷，具体开凿时间无法确定，但其大致范围当在北魏太和中期前后。

（二）重修时间

对于第70、71窟重修时间判定的主要依据是两窟内重绘的壁画。第70窟内正壁主尊两侧壁面重绘的弟子体量上明显大于左、右壁菩萨造像，显然不是通常意义上的一辅五身组合样式，画师在重绘时仅仅是将其作为主尊坐佛胁侍来看待。从现存状况看，在麦积山石窟弟子像作为佛胁侍的实例

[1] 魏文斌：《麦积山初期洞窟调查与研究》，兰州大学博士论文，2009年。

最早出现于北魏中期开凿的第155窟[1]，到北魏晚期至西魏阶段时已大量出现，如第121、126、133、139、142等窟内均出现有类似组合题材（图3-1-17），但这一阶段弟子形象均为秀骨清像造型，其穿着多为厚重宽大的褒衣博带式袈裟，与第70窟内重彩平涂、圆领通肩式袈裟的弟子形象有显著区别。而类似着装、身材敦厚的弟子形象则主要出现于麦积山北周时期开凿的窟龛内，且以彩绘形象居多，如第12窟前壁甬门两侧弟子、第26窟顶部法华变、第4窟顶部平棊内诸天赴会图中的弟子多为此类着装样式（图3-1-18）；从细部图像特征分析，第70窟弟子头形椭圆，后绘圆形头光，手持长柄香炉，脚踩饰一圈莲瓣的圆形莲台等特征与麦积山北周壁画中弟子均十分接近。因此，大致可以判定这组弟子图系北周时期重绘。

第71窟内壁画系全部重新绘制，主要图案形式全部摹拟至第70窟，但细节上区别依然十分明显：主尊背项光装饰中的小化佛不仅全部带有圆形背项光，而且均为圆领通肩式袈裟，这种样式的佛像大量见于麦积山北周

图3-1-17　第126窟正壁右侧弟子像

图3-1-18　第26窟顶部法华变中的弟子像

[1] 张宝玺：《龙门北魏石窟二弟子造像的定型化》，载龙门石窟研究所《龙门石窟一千五百周年国际学术讨论会论文集》，文物出版社1996年版，第28—29页。

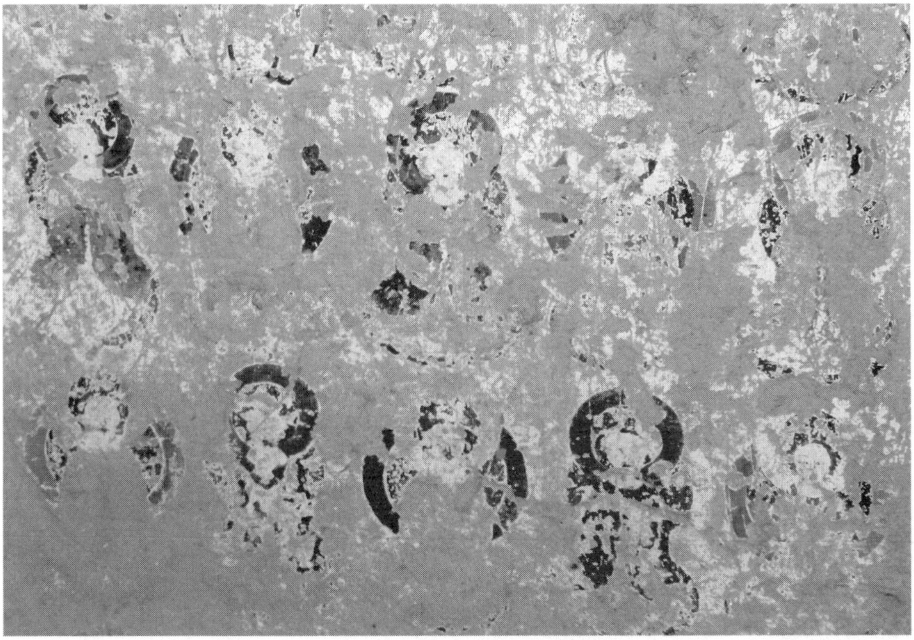

图3-1-19　第104窟左壁彩绘北周千佛

至隋代窟龛内壁面彩绘的千佛图案中，其主要特征是佛装统一、色彩艳丽、绘画技法一般（图3-1-19）。类似千佛图案也见于麦积山第74、78窟顶部重绘壁画中，化佛在顶部呈环形一圈圈环绕排列，身后均饰同心圆形背项光，身穿圆领通肩袈裟，佛装黑、红两色相间排列，整齐划一。从化佛表面色彩剥落显现出的痕迹可以推定该窟顶部原绘壁画为正中一朵大圆莲，窟顶四角各绘一朵小圆莲，其间绘飞天图案（图3-1-20）。

图3-1-20　第74窟顶部彩绘千佛

1978年，工作人员在第78窟内堆积层中清理出两块壁画残片，一块为火头明王及供养人，另一块为

图3-1-21　第78窟正壁右侧隋代菩萨像

伎乐飞天[1]。这两幅壁画色彩艳丽、线条流畅、内容丰富、形象生动，根据研究，其创作时间大致在北周至隋。而第78窟正壁右侧重塑的胁侍菩萨立像，也具有典型的隋代造像特点（图3-1-21）。结合上述种种图像特征，可知第74、78窟隋代曾做过重修。

窟内另一组重要图像就是正壁主尊两侧重绘的弟子像。从残留的面部特征可知，功德主所要表达的人物分别是释迦弘法时最重要的弟子阿难与迦叶。他们内着僧祇支，外穿垂领式裹右肩袈裟，这也是麦积山隋代弟子造像中最常见法服样式之一，如第12、94、24窟内的胁侍弟子像[2]。而弟子手中所持带有写实性质的莲花及身躯周围的莲叶等组合图案鲜见于麦积山北朝时期窟龛的装饰图案之中，应该是隋代窟龛中新出现的题材。

与第70窟一样，第71窟主尊佛陀僧祇支上重绘的饰连珠纹宝相花图案也是隋代窟龛中比较常见的装饰之一。连珠纹图案据薄小莹研究，并非中国本土美术的产物，而是包含有诸多西方艺术成分[3]。南北朝时期，由于北方地区民族之间的战争、交流与融合等原因，使这种带波斯萨珊王朝风格的图案在隋代佛教图像中已经非常普遍，如敦煌莫高窟隋代窟龛中就发现有许多中心为八瓣形宝相花、周围饰一圈连珠纹的装饰图案[4]，上述两窟内佛衣上类似图案也是这一时代背景的真实再现。

通过相关图像信息的比较分析，不难看出，第71窟的重修时间略晚于

[1] 麦积山石窟艺术研究所编：《中国石窟·天水麦积山》图版14、15，文物出版社、平凡社1998年版。
[2] 同上，图版261、270、274。
[3] 薄小莹：《敦煌莫高窟六世纪末至九世纪中叶的装饰图案》，收入《敦煌吐鲁番文献研究论集（五）》，北京大学出版社1990年版，第355—436页。
[4] [韩] 梁银景：《隋代佛教窟龛研究》，文物出版社2004年版，第188页。

它旁边的第70窟，应该是在隋代。推测当时该窟残损情况已非常严重，故佛教信徒们不仅修补了残损的佛头，还对窟内壁画全部重新彩绘。因此，画师在安排佛两侧弟子像时，没有采用第70窟里北周重绘弟子那种整体覆盖方式，而是很合理地与窟内其他图案组合到了一起，从而形成了今天我们所看到的这组双窟中似是而非的图像样式。

五、窟龛性质及其蕴含的佛教思想

（一）关于窟龛性质的讨论

第70、71窟型制、大小基本相同，显然是一组经过精心规划的窟龛，类似现象在麦积山石窟北魏早期窟龛中出现较多，其中最著名的当属规模更大、内容更丰富的第74、78窟，此外还有体量更小的第69、169窟和第68、73等窟。这种成组的开窟形式对麦积山北魏以后窟龛开凿样式也产生了一定影响，如西魏时期的第28、30窟和北周时期的第48窟等。为什么北魏太和时期前后会出现这么多双窟样式的组合呢？根据对现存此类窟龛的调查与统计可以发现，这种窟龛组合形式在当时北魏国都平城附近的云冈石窟非常普遍，如云冈二期（470—494）的第1、2窟，第3窟，第5、6窟，第7、8窟，第9、10窟在广义上均属于双窟，它们设计严谨、形制复杂、内容丰富、雕刻精美，可以说代表了当时中国石窟艺术的最高水平。显而易见，麦积山北魏早期的双窟与云冈石窟之间必然存在密切关系，应该是同一风尚之下的时代产物。但云冈和麦积山的双窟在规模、形制、内容等方面反差很大，显然不是一种简单意义上的摹拟或继承，而是一种基于相同时代背景，同时又体现出各自地域特色的石窟营建方式。

对于双窟的概念，学者们都有自己的理解和观点，王恒认为它是指具有同一形制和同样规模、内容相连并紧靠在一起的两个洞窟，最明显的特征是两个洞窟共用一个前庭，前庭有竖立柱式标志[1]。而王建舜认为双窟是指佛教石窟群中同时开凿的具有相同的设计理念、相同的空间形态、相同的造像题材、相同的艺术风格并且同构互补、相连贯通的两个洞窟[2]。

[1] 王恒：《云冈双窟研究》，载《敦煌研究》2003年第4期。
[2] 王建舜：《云冈石窟双窟造像的审美文化研究——模式、分解与对称、互补》，收入云冈石窟研究院编《2005云冈国院学术研讨会论文集·研究卷》，文物出版社2006年版，第722页。

综合上述看法，麦积山北魏太和年间（477—499）开凿的第70、71窟毫无疑问是一组标准的双窟结构，从空间形式上看，它主要继承了麦积山第74、78窟的窟型特点。但从实质上分析，这种开窟方式的出现与当时社会背景有密切关系。439年，北魏政权基本统一北方后，其汉化步伐也逐步加快，特别是北魏孝文帝拓跋宏登基后，从政治、经济、文化、社会习俗等方方面面大力推行汉化政策，使鲜卑贵族与汉族世家大族紧密结合起来，大大缓和了尖锐的阶级和民族矛盾，也使北魏国家实力显著增强。而拓跋宏所做的这一切，与他的祖母文明太皇太后冯氏有直接关系。冯氏是北魏秦、雍两州刺史冯朗之女，生于长安，是北魏历史上一位承前启后的女政治家。她从献文帝拓跋弘到孝文帝拓跋宏统治的时期内，真正把持着北魏朝政。冯氏一门身世显贵，世代奉佛。她的哥哥冯熙“自出家财，在诸州镇建佛图精舍，合七十二处，写十六部一切经。延致名德沙门，日与讲论，精勤不倦”[1]。冯太后本人对佛教也十分信仰和推崇，她曾“立思燕浮图于龙城”，孝文帝也曾为她“罢鹰师曹，以其地为报德佛寺”[2]。正是由于冯氏长期擅政，北魏亲贵多称冯氏与孝文帝为“二圣”，对于“二圣”的称谓，宿白先生举出了定县所出太和五年（481）石函铭以及《魏书·高闾传》《魏书·杨播传附弟椿传》《魏书·程骏传》《魏书·李彪传》等记载的实例，同时也认为这一时期作为皇室专属的云冈石窟大量出现双窟，应是当时北魏既有皇帝在位，也有太后临朝的反映[3]。

大致同时期出现的麦积山石窟第70、71窟也应是这种社会政治风气影响的结果。北魏太平真君年间，太武帝拓跋焘始于长安的灭佛行动对当时秦州地区佛教产生了很大影响，直到452年，文成帝继位后，佛教才得以重新弘扬。从这段时间到北魏孝文帝太和年间（477—499），宗室拓跋崘[4]、外戚李惠[5]、乙乾归[6]、穆亮[7]等先后出任秦州刺史，正是这些出镇秦州的北魏贵族，带来了魏都平城的新风尚。

---

[1]（北齐）魏收《魏书》卷八十三《外戚上》冯熙条，中华书局1974年版，第1819页。

[2]（北齐）魏收《魏书》卷一十三《皇后列传一》文成文明皇后冯氏，中华书局1974年版，第328—329页。

[3] 宿白：《平城实力的集聚和“云冈模式”的形成与发展》，收入宿白《中国石窟寺研究》，文物出版社1996年版，第136—137页。

[4]（北齐）魏收《魏书》卷十五《昭成子孙列传第三》，中华书局1974年版，第383页。

[5]（北齐）魏收《魏书》卷八十三《外戚上》李惠条，中华书局1974年版，第1824页。

[6]（北齐）魏收《魏书》卷四十四《乙環传附子乾归传》，中华书局1974年版，第992页。

[7]（北齐）魏收《魏书》卷二十七《穆崇附穆亮传》，中华书局1974年版，第667页。

（二）蕴含的佛教思想

第70、71窟形制相同，窟内图像基本形式一致，均为一佛二菩萨的佛三尊组合样式，其中正壁主尊佛背项光内绘化佛。北周和隋代重修时，又在正壁主尊两侧各添绘一身弟子，形成一佛二弟子二菩萨的一辅五身组合。结合上述两窟内重修情况，可知其所蕴含的佛教思想在北魏时期和北周—隋代显然是不一样的，由于没有发现任何榜书或题记，笔者只能结合相关图像资料做些臆测分析。

佛三尊样式最早出现于2—3世纪的犍陀罗石雕造像中，也是最常见的佛教造像组合形式。国内目前所见最早的此类像当属四川彭山县东汉墓出土摇钱树陶制台座上的一佛二菩萨雕刻，而石窟寺中目前所见最早者当属炳灵寺西秦第169窟6号、17号、22号龛内佛三尊泥塑造像。此外，在敦煌、云冈、龙门、张掖马蹄寺、武威天梯山、泾川王母宫、合水保全寺及张家沟门等石窟北魏早期窟龛中均发现有此类题材。

在麦积山北魏早期造像中，一佛二菩萨也是一种非常普遍的组合形式。无论是大型窟龛内的三佛组合，还是龛形窟内的单尊佛像，其胁侍造像均为菩萨，到北魏中期以后，主尊佛两侧才开始出现胁侍弟子像。但问题在于这些菩萨像的图像特征并不明显，除手姿外，几乎所有菩萨并没有其他可以确认身份的标志。目前，陇右地区有明确身份题记的只有炳灵寺西秦第169窟6号龛内主尊无量寿佛两侧的菩萨像，一为观世音菩萨，一为大势至菩萨，两身造像均为一手上扬、置于胸前、掌心内握一莲蕾状圆形物，一手贴壁下垂外撇、执帔帛[1]。与后来常见的这两身菩萨图像特征也有明显差异。值得注意的是，通过对炳灵寺第169窟6号龛建弘元年（420）供养人墨书题记的统计，仅保留清晰的第二排五身供养人画像题记中，涉及秦州的就有“博士南安姚庆子之像、侍生天水梁伯熙之像、侍生天水杨口之像”等三条[2]，表明当时两地之间往来非常频繁，那么他们所供奉的佛教造像和传播的佛教思想也应该没有太多差异。

根据考察结果，这一时期麦积山石窟佛三尊像中胁侍菩萨像手姿大致相同：均为一手上扬，掌心向内，贴胸拈一莲蕾，一手贴壁下垂，略外撇，手

[1] 杜斗成、王亨通主编：《炳灵寺石窟内容总录》，兰州大学出版社2006年版，第184页。
[2] 杜斗成、王亨通主编：《炳灵寺石窟内容总录》，兰州大学出版社2006年版，第186页。

执帔帛或净瓶，如第74、78、80、100、128、148等窟内主尊两侧菩萨像[1]。但他们所对应主尊造像却不尽相同，有说法印坐佛像（第74、78、115窟），有禅定印坐佛像（第69、70、71、128、148窟）。那么，第70、71窟中以佛三尊为代表的图像究竟表现的是什么内容呢？笔者认为应该是释迦牟尼佛及反映大乘佛教思想的菩萨尊像。

关于麦积山石窟早期佛教造像所反映和体现的佛教思想，学界比较一致的看法是由于秦州毗邻当时北方佛教文化中心长安，深受以鸠摩罗什为代表的长安僧团影响。长期以来，罗什所译的《妙法莲花经》《思惟略要法》《禅秘要法经》《坐禅三昧经》等大乘经典对秦陇地区佛法传播产生了重要影响。麦积山、炳灵寺等地北朝时期盛行的三世佛造像正是法华禅观思想的具体体现，正如刘慧达先生所言："北魏之世，石窟多'三佛'，与昙曜之倡导有关，昙曜以后北魏佛教徒对三佛之重视并未少歇，所以魏收总结拓跋一代佛教经旨，开始即云过去、当今、未来三世，并列举三世诸佛。因此三佛石窟由云冈而龙门而炳灵寺而麦积山，几乎普遍当时的中国北方。"[2]对此，《魏书·释老志》中也有一段很好的总结："凡其经旨，大抵言生生之类，皆因行业而起。有过去、当今、未来，历三世，识神常不灭。释迦前有六佛，释迦继六佛而成道，处今贤劫。文言将来有弥勒佛，方继释迦而降世。"[3]在法华三佛造像中，释迦处于非常特殊的地位，不仅在三佛造像居于正中，也常常被佛教徒以单尊像形式加以表达，这一点无论是石窟寺，还是单体造像中均比较常见。前者如云冈第6窟南壁中层西侧龛内坐佛、第7窟后室西壁第四层龛内坐佛[4]、第16窟南壁明窗上层龛内坐佛、第17窟东壁第三层龛内坐佛[5]及合水张家沟门太和十五年（491）3号造像龛（图3-1-22）、合水保全寺1号龛内坐佛（图3-1-23）等，根据温玉成先生的研究成果，龙门石窟北魏小龛中明确标识造释迦像龛题记的窟龛数量即达30余处，其中多数镌刻于开凿时间最早的古阳洞南、北两壁之上[6]；后者如

[1] 麦积山石窟艺术研究所编：《中国石窟·天水麦积山》，文物出版社、平凡社1998年版，图版8、19、26、30、31、35。

[2] 刘慧达：《北魏石窟中的"三佛"》，载《考古学报》1958年第4期。

[3] （北齐）魏收：《魏书》卷一一四《释老志》，中华书局1974年版，第3027页。

[4] 云冈石窟文物保管所编：《中国石窟·云冈石窟（一）》，文物出版社、平凡社1991年版，图版114、148。

[5] 同上，图版144、149。

[6] 温玉成：《龙门北朝小龛类型、分期与洞窟排年》，收入龙门文物保管所、北京大学考古系编《中国石窟·龙门石窟（一）》，文物出版社、平凡社1991年版，第170—224页。

图3-1-22 合水张家沟门3号造像龛

图3-1-23 合水保全寺1号龛

图3-1-24 北魏太安三年(457)宋德兴造像

图3-1-25 北魏延兴二年(472)张伯和造佛坐像

日本私人收藏太安三年(457)宋德兴造石雕释迦坐像(图3-1-24)、日本大和文华馆藏延兴二年(472)张伯和石雕佛坐像(图3-1-25)等。这些佛三尊像中,有的明确题造释迦像,有的虽未明确身份,但通过相关信息及横向比较分析,大致可以得出主尊为释迦的结论,不再展开阐述。

在麦积山早期三佛造像窟里,通过相关胁侍菩萨像、小龛内交脚和思惟菩萨像组合等信息,可以确定正壁作说法印或禅定印的坐佛为释迦佛,其身后壁面所绘背项光中的化佛系表现十方诸佛世界。它也影响到了同时期佛三尊像龛内的图像样式，主尊坐佛除个别采用说法印外（第75、77窟），绝大多数与第70、71窟主尊坐佛相同，采用了禅定印。这种现象可能与关陇一带禅观思想盛行有很大关系，而且该窟空间体量很小，窟内仅能容纳一人，显然非常适合禅观需要。信徒们只有通过对禅定状态的释迦像，表现大乘菩萨道的胁侍造像以及十方佛国世界中诸佛形象的观想，才能看到佛陀在修行之路上的坚韧，体会到大乘菩萨道的修行方法，联想到佛国世界的种种美妙。

除了禅观功能，释迦崇拜也是信徒祈求国泰民安、众生成佛的重要途径之一。开凿于景明年间的麦积山第115窟就是其中的代表，窟内正壁一坐佛，左、右壁各一胁侍菩萨，在主尊佛座正面墨书：

唯大代景明三年九月十五日遣上邽镇司□（马）/张元伯稽首白常住三宝今在麦积□□□□/□□□为菩萨造石室一躯愿三宝兴/□法轮常转众僧□□天所□□右（佑）愿国/祚永昌万代不绝八方偻负天人庆儴右（佑）愿弟/子所有诸师父母命之者神生□（兜）率□□□（面圣）/尊□（耳）□教悟无生恶右（佑）现在之右（佑）愿使四大/□（康）像六□（府）□（烦）□□（寿益）二宜命不中夭右（佑）愿/弟子夫妻儿媳现世之中众灾消灭百□吉□/常为国之良辅学者□□（聪明）篋内列/诸典记□年□历代不移及一/切众生普同成佛/愿子孙善大愿是见佛

从发愿文可知，该窟系为菩萨而造，主尊应是演说大乘菩萨道的释迦牟尼佛。造像者希望通过这三尊像，祈愿佛法昌隆、国泰民安，诸师父母死后能升天见弥勒。也希望在世的人能消灭百灾并成为国家的有用之材，最后还祈愿众生均能成佛，基本上表达出了当时人们最朴素、美好的心愿。可见，这也是当时释迦三尊窟比较盛行的一个重要原因。

北周、隋代在窟内添绘了二弟子后，窟内组合变为一佛二弟子二菩萨，而且背项光中刻意强调莲花宝池。特别是重绘的第71窟壁画中的弟子不仅手持莲花，而且身前身后均绘有莲叶、莲蕾等，以示八宝莲池，由于窟内顶壁画已残毁，是否重绘有飞天尚不清楚。但从整体上看，功德主显然要表达的是阿弥陀净土世界。那么，窟内主尊佛就可以解读为阿弥陀，而两窟内手持净瓶的菩萨和手执莲花的菩萨，在当时已非常熟悉西方净土世界里观世音和大势至菩萨神格特征的信徒看来，完全可以理解成这两尊菩萨。

实际上，北魏晚期以来，由于菩提流支、昙鸾、道绰、善导等高僧极力弘扬，以“心中想念”和“称名念佛”为主要方式的往生西方净土法门得到社会各阶层广泛认同和响应。这种修行方法简单易行，口念佛号者勿需经过禅定和观想两个复杂、高深的阶段，就可以往生西方净土世界，几乎成为一张没有成本的、廉价的通往天国的门票。因此，也深受社会各阶层喜爱，不仅体现出对人生终极关怀的提倡和强调，也是释迦信仰的升华，成为这一时期佛教庞大信仰体系中最具特色和魅力的部分之一。目前，麦积山石窟发现最早的此类图像是绘制于西魏第127窟右壁的西方净土变，但并不是十分成熟。北周时期，由于麦积山所在的秦陇一带盛行七佛思想，故反映西方净土的造像并不多见。从这个角度看，麦积山第70窟内西方净土图像的认定在某种程度上也填补了麦积山北周时期此类造像的空白。

隋朝由于国家的统一，西方净土思想传播有了稳定的社会政治文化基础。麦积山也不例外，先后出现了第94、67、13窟等明显带有弥陀净土图像特征的窟龛和摩崖造像[1]，特别是第67窟和第13窟，主尊佛像已改为倚坐姿，第13窟阿弥陀佛左侧大势至菩萨一手执圆莲、一手执忍冬花，右侧观世音菩萨一手执莲蕾、一手执净瓶，图像特征更加突出（图3-1-26）。故隋代重修的第71窟系表现这一主题思想无疑。

图3-1-26　麦积山东崖一佛二菩萨像（第13窟）

[1] 麦积山石窟艺术研究所编：《中国石窟·天水麦积山》，文物出版社、平凡社1998年版，图版259、262、266。

六、结语

麦积山石窟第70、71窟虽然窟龛形制、造像题材、壁画内容等相对简单，但由于在北周至隋期间的重修和补绘，使我们能够比较完整地看到北朝时期麦积山小型窟龛的形成、发展及演变过程以及它在特定历史条件下和不同时期所体现和传承的佛教思想及造像理念，也为人们全面认识和了解5—6世纪关陇地区外来佛教艺术与中国传统文化之间相互融合、交流的进程提供了珍贵的实物例证。

就佛教造像艺术样式而言，麦积山石窟北周至隋代再次选择第70、71窟重新加以修缮和彩绘也并非偶然现象，应该与当时处于统治阶层的关陇集团阶层人物的审美取向有直接联系：当时“质朴简约”的社会风尚以及“推崇周礼、恢复古制”的举措显然也影响到造像者的审美意趣，同时也融入了由海上丝绸之路传入的印度笈多造像艺术特点。在他们看来，麦积山北魏早期那种魁梧雄健、服饰简洁、袒右披肩式佛装造像更符合其要求，以示与北魏孝文帝南迁洛阳以来形成的以“褒衣博带”为标志的汉式佛装有所区别，而这一佛教造像艺术样式的出现与形成对此后隋唐佛教造像又产生了积极而深远的影响。

本节作者简介：

孙晓峰，男，兰州大学博士，麦积山石窟艺术研究所研究员，主要研究方向为佛教石窟考古及佛教美术图像。1992年毕业于吉林大学考古系，2014年获兰州大学历史文献学博士学位。先后主持国家社科基金项目1项和各类省部级项目多项，发表学术论文20余篇，出版有《带你走近麦积山》《天水麦积山石窟127窟研究》等专著2本，并参与《甘肃石窟志》《武山水帘洞石窟群》《天水通史》等多部学术专著的编撰工作。

第二节　敦煌图赞形式绘画

图赞是中国古代的一种图文结合的绘画形式，以图为主，配以简练的赞文（一般四字一句），是艺术与文学的完美结合。有学者认为《诗经》中的一些篇章就属于图赞[1]。图赞主要有两种形式：一种是一图配一赞；另一种是一图配一序文和一赞。《晋书》卷八七《凉武昭王李玄盛传》记载李暠（李玄盛）建西凉国，在首都敦煌南门外修建靖恭堂，“图赞自古圣帝明王、忠臣孝子、烈士贞女。玄盛亲为序颂，以明鉴戒之义。当时文武群僚亦皆图焉。有白雀翔于靖恭堂，玄盛观之，大悦。又立泮宫，增高门学生五百人。起嘉纳堂于后园，以图赞所志”。此处的“赞”为赞颂，笔者推测这些人物图都带有赞文，以图画与赞文结合的形式“明鉴戒之义”。《全唐文》卷三三九颜真卿《李侍御写真赞并序》：“前殿中侍御史正议大夫行洛阳县令陇西李构，年三十七。洛阳精坚，强项称贤，粉缋图出，风规宛然。睟容昭写，卓立神全，举板迎揖，吾将答焉。”即由写真、序、赞三部分组成。古代绝大多数的写真早已不在，但文字部分即“写真赞并序”保留下来的不少。

敦煌经变画一般是一画面配一榜题，榜题内容摘抄佛经或根据经文略加改动。但还有一些壁画题材用图赞形式来表现，文字部分不是照录经文，而是一种文学创作，与经变画有很大差别。

一、邈真赞

世俗间的图赞对象主要是大臣名士，佛教造像中的图赞对象主要是传

[1] 李山：《〈诗·大雅〉若干诗篇图赞说及由此发现的〈雅〉〈颂〉间部分对应》，载《文学遗产》2000年第4期。

说中的圣僧和现实中的高僧，多数是人物卒后的纪念像，少数是生前即绘制的写真像。南梁僧祐《出三藏记集》卷一就记载支道林（314—366）撰的《支法护像赞》：“护公澄寂，道德渊美，微吟穹谷，枯泉漱水。邈矣护公，天挺弘懿，濯足流沙，领拔玄致。”南梁慧皎《高僧传》卷一《竺昙摩罗刹（法护）传》中并未提及该篇名，但《出三藏记集》卷一二记载南朝宋陆澄《法论》16帙103卷目录，第14帙中有支道林《支法护像赞》。《宋高僧传》卷四《窥基传》记载：“太和四年庚戌（830）七月癸酉，迁塔于平原。大安国寺沙门令俭检校塔亭、徙棺，见基齿有四十根，不断玉如。众弹指言：‘是佛之一相焉。’凡今天下佛寺图形，号曰百本疏主真，高宗大帝制赞（一云玄宗）。”即窥基卒后，天下寺院藏有窥基像，像旁有高宗（或玄宗）写的赞文。《百本疏主真赞》的像、赞文似乎都没有流传下来。

赞文一般由文学修养高的文人撰写，以文采见长。唐段成式《寺塔记》下卷记载崇仁（一作圣）坊资圣寺“中门窗间，吴道子画高僧，韦述赞，李严书……观音院两廊四十二贤圣，韩干画，元中书载赞”。韦述、元载都是著名文人，可见赞文不是画工自题，而是请文人墨客撰写的，即便是吴道子这样的大画家，也只是画画，画中的赞文也请别的文人撰写。

敦煌文献中保存了大量《邈真赞》（少数称《彩真赞》），少数赞文前有序，多数只有赞文。所赞对象既有僧人，也有俗人。

敦煌文献中甚至还有一些是敦煌文人撰写的中原高僧大德的邈真赞，如金髻《罗什法师赞》《大唐义净三藏赞》等。《罗什法师赞》见于P.2680、P.4597、S.6631v等，《大唐义净三藏赞》见于P.3727、P.4597、S.6631v等。P.4597的《罗什法师赞》《大唐义净三藏赞》均题金髻撰，S.6631v《义净三藏赞》也题“释门副教授金髻”，P.3052有僧金髻、利济诗各一首。敦煌文献中有若干金髻、利济的资料，如S.2729《辰年（788）三月五日算使论悉诺罗接谟勘牌子历》有金光明寺薛金髻、兆利济之名。BD01046（北6986、辰46号）《四分律删补随机羯磨》题记：“午年五月八日金光明寺僧利济初夏之内为本寺上座金耀写此《羯磨》一卷，莫不研精尽思，庶流教而用之也，至六月三日毕而复记焉。”可见利济是一名学问僧，生活在吐蕃统治初年（8世纪末）[1]。《大唐义净三藏赞》：“卓哉大士，遁迹随机。应物德念，济世含悲。飞

[1] 关于金髻、利济的事迹，郑炳林《敦煌碑铭赞辑释》一书在P.4660《法和尚赞》的校释中有详细考释（甘肃教育出版社1992年版，第217—218页）。

锡西迈，白马东归。语穷五印，行尽四维。译经九部，定教三时。皇上同辇，群下丞规。该通内外，郁为国师。”虽然《罗什法师赞》、《大唐义净三藏赞》没有提到“邈真”、“写真”字样，但有的与其他像赞写本（如P.2680、P.3727等）抄在一起，推测也应该属于邈真赞。

多数邈真赞的对象是敦煌当地僧俗名人，P.4660+P.3726《敦煌名人名僧邈真赞汇集》共有邈真赞40篇[1]，兹举僧、俗各一篇以说明。

P.4660（12）《故敦煌阴处士邈真赞并序》全文是：

故敦煌阴处士邈真赞并序

归义军诸军事判官宣义郎守监察御史清河张球撰

星芒雄角，必应物而生姿；列宿参罗，诞半千而降德。以公禀性清廉，志高物外；逍遥别业，留意池亭。虽弱冠从戎，颇彰于七德；守中居信，弃三惑于辈流。积善余庆，寿保遐龄，其可谬哉。既安终于毕世，亦子孙之昌宁。周旋薤露之歌，执绋皆严于丧礼。而为赞曰：

风云秀士，望重始平。孤高卓荦，独擅其名。游心物外，守志英灵。训严众子，肃穆家庭。门臻余庆，终洽遐龄。克俭克让，高揖辞荣。千秋之后，贞石可铭。

故敦煌阴处士邈真赞。

P.4660（24）《敦煌唱导法将兼毗尼藏主广平宋律伯彩真赞》全文是：

敦煌唱导法将兼毗尼藏主广平宋律伯彩真赞

鄯州龙支县圣明福德寺前令公门徒释惠苑述

贤哉德灵，奇惠天假。释氏白眉，俗中骢马。颛顼之苗，姬周之沠。特达资身，香声独跨。一郡轨仪，四方钦雅。离繁去俗，併伏人我。开畅玄宗，七众归化。匡救大纲，一时务霸。兰桂芬馥，方袍之下。密传宝印，世称无价。夙达苦空，重担今卸。魄瘗双林，魂随识驾。智人不永，恶闻迁谢。涤垢莲池，诸圣印可。

维大唐咸通八年岁次丁亥六月庚午朔五日甲戌题记。

[1] P.4660共39篇，P.3726共1篇，郑炳林《敦煌碑铭赞及其有关问题》一文认为P.3726是从P.4660卷散出（郑炳林：《敦煌碑铭赞辑释》，甘肃教育出版社1992年版，第2、221页）。

弟子比丘恒安书。

宋法和尚灵塔，讳志贞，灵图寺。

图3-2-1　S.P.163纸本高僧图

但敦煌壁画和藏经洞发现的一千多件绘画品中均没有发现图文对照的《邈真赞》，只有其中的赞文保留下来。S.P.163是一幅纸本高僧线描图，高46厘米、宽30厘米（图3-2-1），学者认为这就是高僧的邈真像，但此画像没有赞文[1]。前揭《敦煌唱导法将兼毗尼藏主广平宋律伯彩真赞》最后一行“宋法和尚灵塔，讳志贞，灵图寺”是备注，似乎显示《邈真赞》的赞文是刻在灵塔上的。

邈真像分三大类：

（1）生前之像，生前即画的写真像。如白居易（772—846）《佛光和尚真赞并序》：“会昌二年（842）春，香山寺居士白乐天命缋以写和尚真而赞之。和尚姓陆氏，号如满，居佛光寺东芙蓉山兰若，因号焉。我命工人，与师写真。师年几何，九十一春。会昌壬戌，我师尚存。福智寿腊，天下一人。灵芝无根，寒竹有筠。温然言语，嶷然风神。师身自假，师心是真。但学师心，勿观师身。”[2]即门人、信徒们生前就画大师的写真像，以示敬重。

（2）死后安置真堂（纪念堂）之像，用于纪念。P.4660（14）《王景翼邈真赞并序》：“痛临坟之哽噎，写真迹于真堂。”P.4660（9）《张兴信邈真赞》：“邈生前之影像，遗子孙兮瞻视。”即用于死后的怀念。

[1]《西域美术・大英博物馆スタイン・コレクション》第2册，日本东京讲谈社1982年版，第51图。

[2]《全唐文（卷六百七十七）・佛光和尚真赞并序》，清嘉庆内府刻本，中国基本古籍库。

（3）葬仪上使用之像。P.2856正面是一份卜筮文书《发病书》，尾题“咸通三年壬午岁（862）五月写《发病书》记”。后人在背面抄写九篇各类文书，第一篇是都僧录贤照颁布的《僧统营葬牓》，记载了乾宁二年（895）营葬一位僧统（一般认为是悟真[1]）的各种安排，全文是：

营葬牓

僧统和尚迁化，今月十四日葬。准例排合葬仪，分配如后：

灵车：仰悉口（此字不识，邓？）潘社（不清楚邓潘社是何组织，或是灯幡社，待考），慈音律师、喜庆律师。

香舆：仰亲情社，慈惠律师、庆果律师。

邈舆：仰子弟，庆林律师、智刚律师。

钟车：仰中团，张（？）速□（中？）、李鹘鹘、朱神德。

鼓车：仰西团，史兴子、张兴晟。

九品往生舆：诸僧尼寺各一。

生仪舆：仰当寺。

纸幡：绍通。

纳色：喜寂律师、道济。

大幡两口：龙、莲各一口。

净土、开元各幢一对。

右件所请诸色勾当者，缘葬日近促，不得疏慢，切须如法，不得乖恪者。

乾宁二年三月十一日

僧政：

都僧录：

都僧录：贤照

僧政：

僧政：

P.2930《都僧政和尚营葬差发帖》全文是：

[1] 竺沙雅章：《中国佛教社会史研究》第346、517—518页，日本东京同朋舍1982年版。此据郝春文《唐后期五代宋初敦煌僧尼的社会生活》第一章所引，中国社会科学出版社1998年版，第30、72页。

都僧政和尚营葬差发帖

灵舆：坚信、大悲、灵进、信政、宝庆、保达、善愿、文智。

请张僧政、康法律、刘法律、氾法律、界张法律。

邈舆：孟老宿、保印、智光、保护。

香舆：玄深、弁慈、承定、保珍、铁子。

生仪舆：智胜。

九品往生舆：仰一十六寺。

摩竭大鱼：法性。

转轮王：慈眼。

（下缺）

两篇文中的龙即龙兴寺，莲即莲台寺，净土即净土寺，开元即开元寺，界即三界寺。

其中有“邈舆”、“生仪舆”，笔者不知“邈舆”与“生仪舆”有何区别，似乎都是亡者的写真像，从邈舆需要多人参与（P.2930《都僧统和尚荣葬差发帖》显示由4人承担，即4人抬举），而生仪舆似乎由一个人承担（P.2930《都僧统和尚荣葬差发帖》显示由智胜一人承担）看，邈舆所载的可能是一种较大的画像，在葬仪上由4人抬举（放遗体的灵舆由8人抬举），而生仪舆上的画像是一人捧持的较小的像，可能是生前写真像。由此似乎可以推测：邈真之像可能是等身大小或更大的写真像，用于丧葬活动（可能纸画），丧葬仪式结束后即在墓地焚烧。邈真赞可能在安葬之前（守灵期间）写在邈真像旁，安葬后可能还将文字刻在墓地的灵塔上（前揭《敦煌唱导法将兼毗尼藏主广平宋律伯彩真赞》末尾提到“宋法和尚灵塔”），这些赞文因为具有纪念性而保存下来。

二、敦煌石窟的图赞形式绘画

佛教艺术中，一些圣僧像、高僧像和一些以描绘人物为主的佛经也采用图赞形式，如《十六罗汉图赞》、《十王经图赞》、《佛国禅师文殊指南图赞》等，赞文均由中国僧俗依据经文内容撰写，文学色彩浓厚，既有助于说教，更展示了当时作者的文化素养。如白居易曾写《画水月菩萨赞》，此水月观音像早已不存，但赞文保存下来：“净渌水上，虚白光中，一睹其相，万缘皆空。

弟子居易，誓心归依，生生劫劫，长为我师。”[1]可称为“水月观音图赞”。

图赞是佛教绘画的一种重要表现形式，但图赞这一画体在佛教大藏经中记载不多，多数与道宣有关，所著《大唐内典录》卷五记载他自己著的《圣迹见在图赞》1卷、《佛化东渐图赞》2卷（道世《法苑珠林》卷一〇〇也转载）。《全唐文》和敦煌文献中记载了较多的图赞的赞文，但图像没有保存下来。

《大正藏》第45册收宋代张商英（1043—1121）《佛国禅师文殊指南图赞》，由经文、赞文、图三部分组成，此将插图本善财五十三参称为“图赞”。（图3-2-2、图3-2-3）第一参是参文殊菩萨，最后一参是参普贤菩萨，内容是：

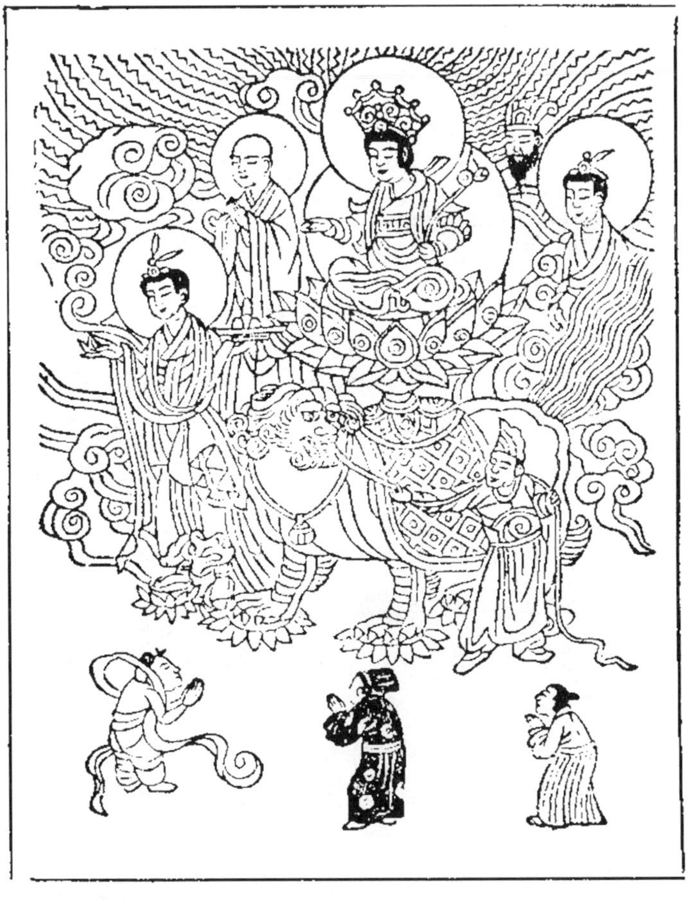

图3-2-2 《文殊指南图赞》第一参

[1]（唐）白居易著，丁如明、聂世美校点：《白居易全集》，上海古籍出版社1991年版，第603页。

图3-2-3 《文殊指南图赞》第五十三参

善财童子初诣娑罗林中，参文殊师利菩萨。象王顾盼，师子嚬呻。六千比丘，言下成道；五众益友，顿启初心。得根本智，指南法门，证十信心。

赞曰：出林还又入林中，便是娑罗佛庙东，师子吼时芳草绿，象王回处落花红。六千乞士十心满，五众高人一信通，珍重吾师向南去，百城烟水渺无穷。

……

善财童子第五十三诣佛会中，参普贤菩萨。乘白象王，处红莲座；一心亲近，咨闻法要。智悲圆满，行愿功成，即获佛德，显同果海，得一切佛刹微尘数三昧法门。

赞曰：百一由旬摩顶归，片心思见普贤师，堂堂现在红莲座，落落分明白象儿。沙劫智悲方满日，微尘行愿正圆时，佛功德海重宣说，愁见波涛转渺渺。

赞文之前的一段介绍，不是《华严经》原经文，而是张商英根据经文改编的，内容已大大压缩，而赞文则是张商英依据经文创作的，《佛国禅师文殊指南图赞》是我们为图赞形式绘画定名的重要参考。

敦煌石窟的图赞形式绘画有以下数例：

（一）十六罗汉图赞

宋元照《四分律行事钞资持记》卷上提到《住法图赞》，即传法二十五高僧图赞："《住法图赞》列二十五祖，即以如来为开法大师，迦叶已下为传法圣僧……二十四师名字、化迹广在《付法藏传》及《住法图赞》，须者寻之。"张彦远《历代名画记》卷三记载，西京西明寺"东廊东面第一间《传法者图赞》，褚遂良（596—658）书"。《住法图赞》、《传法者图赞》即是图画传法高僧之像，旁边上写一篇"赞文"。上述《住法图赞》、《传法者图赞》早已不存，唯住法二十五高僧图还在隋至唐前期石窟中有遗存，共有6铺：河南省境内的安阳大住圣窟1铺、沁阳千佛洞石窟1铺、洛阳龙门石窟2铺、敦煌石窟2铺，但均仅有图与题名，没有赞文[1]。《住法图赞》、《传法者图赞》应与敦煌石窟《十六罗汉图赞》类似。

敦煌莫高窟第97窟原建时代不详，沙州回鹘时期在北壁、东壁、南壁画十六罗汉，相当于"罗汉堂"（图3-2-4）。一罗汉配一段经文、一篇赞文，如第九尊者的赞文（图3-2-5、图3-2-6）。

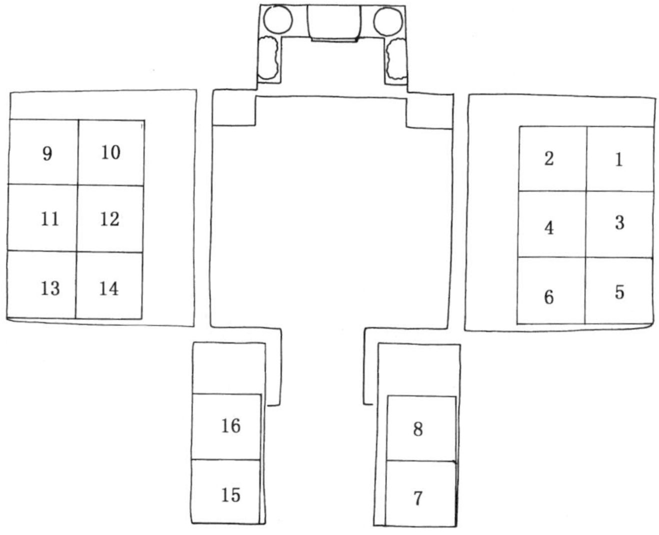

图3-2-4　莫高窟第97窟十六罗汉示意图

[1] 王惠民：《祖师传承及其在中国的流行》，龙门石窟研究院编《2004年龙门石窟国际学术研讨会文集》，河南人民出版社2006年版。

香醉山中第九尊者戍博迦大
阿罗汉自与眷属九百阿罗汉
等,敬奉　佛敕,不入涅槃,久住
世间,作大利益。　颂曰:
佛为四弘悲愿力,临灭犹哀救世人。
敕诸罗汉住诸方,化苦(度)众生超苦海。
我今发露归依愿,众会咸生虔仰心。
慈悲不替赐提携,永舍喧烦生死路。

图3-2-5　第97窟沙州回鹘时期第九罗汉

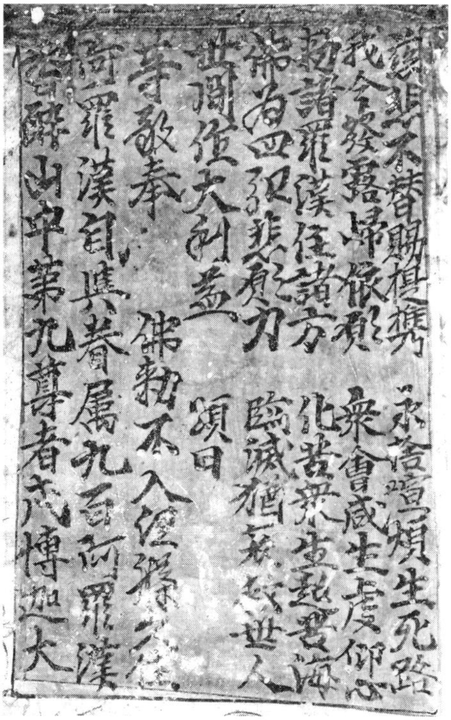

图3-2-6 第97窟沙州回鹘时期第九罗汉榜题

第1—4行内容依据玄奘译《法住记》改编，原经文是："佛薄伽梵般涅槃时，以无上法付嘱十六大阿罗汉并眷属等，令其护持，使不灭没，及敕其身与诸施主作真福田，令彼施者得大果报……第九尊者名戍博迦……如是十六大阿罗汉，一切皆具三明六通八解脱等无量功德，离三界染，诵持三藏，博通外典，承佛敕故，以神通力延自寿量，乃至世尊正法应住常随护持，及与施主作真福田，令彼施者得大果报……第九尊者与自眷属九百阿罗汉，多分住在香醉山中。"第5—8行内容属于"颂"、"赞"，不见于佛教典籍，仅存于敦煌石窟，敦煌文献S.1589v、S.2937、P.3504v、BD07650v（皇50号，北0838v）、BD08227v（服27号，北0839v）是十六罗汉壁画榜题底稿，均未抄全。敦煌本《十六罗汉图赞》的作者不详[1]。

敦煌十六罗汉图的榜题称"颂"，《全唐文》卷九五九（阙姓）字寰《大唐齐州神宝寺碣铭》也将碣铭称为"颂"："现在诸大德、寺主僧慧珍……同镌宝碣，高旌福门……刺史卢讳全义……式镌宝碣，而为颂云：大雄降迹，葱山本元，奄有三界，非无二门。不生不灭，若亡若存，遍看群有，无如我尊。（其一）"共有6首碣铭。颂与赞，意义相同，但参考张商英《佛国禅师文殊指南图赞》篇名，再参照画史记载，我们可以把上述带有赞颂的十六罗汉图称为"十六罗汉图赞"。

（二）十王经图赞

《十王经》是中土佛教徒编撰的一部疑伪经，唐末开始风行于世并流

[1] 王惠民：《敦煌壁画〈十六罗汉图〉榜题校录》，载《敦煌研究》1993年第1期。

传到朝鲜半岛和日本。敦煌文献中保留了藏川述《阎罗王受记经》(《十王经》)30余件,敦煌以外的佛教文献中也有保存,分三类:

(1)插图本《十王经》(《十王经图赞》《十王经变》),有经文、图、赞文。六件:P.2003、P.4523+S.P.80(有图无文)、P.2870、S.P.78+S.P.212+S.3961、日本久保总美术馆一件、日本天理图书馆一件(插图本回鹘文《十王经》)。一般把上述插图本《十王经》、敦煌画中地藏与十王组合像称为《十王经变》。从严格意义上说,经变以图为主,所配文字从经文中摘抄出,而这些带有赞文的插图本《十王经》应该称"十王经图赞"更合适。

日本久保总美术馆藏《十王经图赞》长达12.8米,内容完整,前部为《地藏菩萨经》,后部为《十王经》经文、图、赞(图3-2-7)。

(2)《十王经赞》,有经文、赞,但无图,属于第一类的略本。有P.2249(杂写经名)、P.3761、BD04544.1(即著名的翟奉达为亡妻五七斋写经)等。

P.4523+S.P.80有十王图而无文字,可能当时文字部分(经文、赞)与图可以分开。

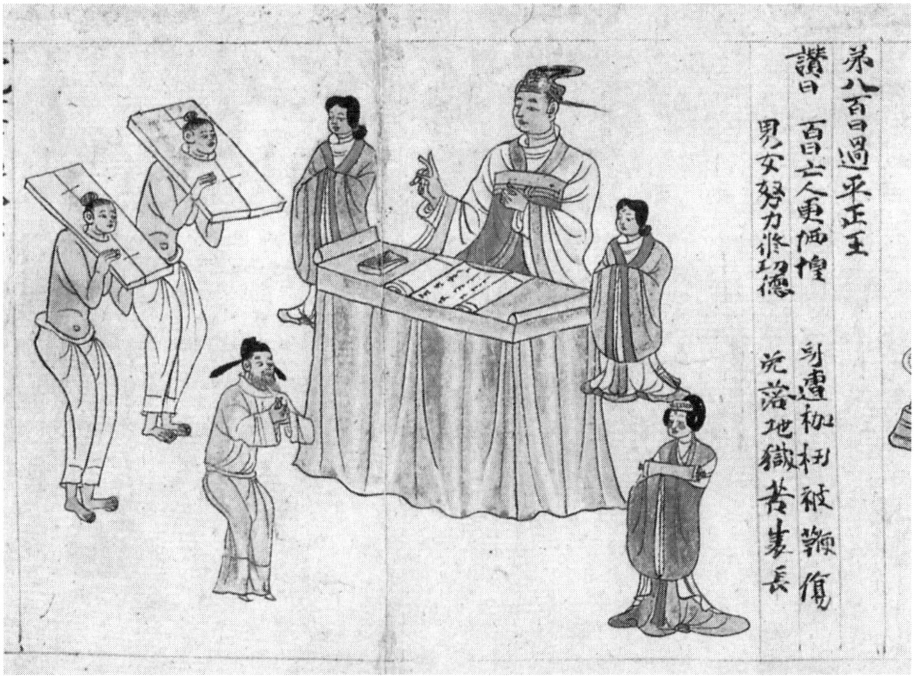

图3-2-7 日本久保总美术馆藏敦煌本《十王经图赞》(局部)

(3)《十王经》,仅有经文,无赞,无图。一般经首题全称《佛说阎罗王受记四众逆修生七斋功德经》,经尾略称《阎罗王受记经》,配有插图的经文则称《十王经》,现在学者多将两者统称《十王经》。数量很多:法藏P.5580;英藏S.3147、S.2489、S.7598、S.2815、S.4530、S.4805、S.4890、S.5450、S.5531、S.5544、S.5585、S.6230、S.7598;俄藏ДX.931、ДX.803、ДX.6099+ДX.143、ДX.3862、ДX.3906、ДX.4560+ДX.5267+ДX.5277、ДX.6611+ДX.6612、ДX.11034等;国家图书馆藏BD06375、BD08237、BD08066、BD08045、BD01226;上博41379号,书道博物馆1件等。

榆林窟第38窟前室北壁存敦煌壁画中最大的一铺十王经图赞(十王经变)。主尊毁,两侧画十王审判场面,下方左金毛狮子、右比丘(道明),存部分十王的榜题,文字属于《十王经》中的四句赞,如变成王的榜题存后半部分:"日日只看功德力,天堂地狱在须臾。"这是唯一存有赞文的十王经图赞(十王经变)。

大足宝顶山第20窟高12.68米、宽19.95米,雕刻十王与地狱(一般称为地狱变),内容丰富,榜题文字基本完整,属于图赞形式的地狱变。上半部为地藏与十佛、十王,地藏菩萨居中,地藏上层两侧各五佛、下层两侧各五王。下半部分二列,刻十八地狱。上层最左侧为刀山地狱,榜题:"月一日念定光佛一千遍,不堕刀山地狱。赞曰:闻说刀山不可攀,嵯峨险峻使心酸。遇逢斋日勤修福,免见前程恶业牵。"其余地狱图文结构大致相同。

宝顶山第20窟十王像配有榜题,内容出自《十王经》,如最右侧起第一身为第一王秦广王(司一七斋),榜题:"秦广大王。诸王遣使捡(检)亡人,男女修何功德因,依名放出三途狱,免历冥间遭苦辛。"此赞文见于《十王经》稍前一段经文:"阎罗法王白佛言:世尊,我等诸王皆当发使,乘黑马,把黑幡,着黑衣,检亡人家造何功德,准名放牒,抽出罪人不违誓愿。赞曰:诸王遣使检亡人,男女修何功德因,依名放出三途狱,免历冥间遭苦辛。"而《十王经》中的秦广王的赞文是:"第一七日过秦广王,赞曰:一七亡人中荫身,驱羊队队数如尘,且向初王斋点检,由来未渡奈河津。"第二身为第二王初江王(司二七斋),榜题:"初江大王。罪如山岳等恒沙,福少微尘数未多,犹得善神常守护,往生豪富信心家。"这段赞文也见于《十王经》稍前一段赞文中,而《十王经》中的初江王的赞文是:"二七亡人渡奈河,千群万队涉江波,引路牛头肩挟棒,催行鬼卒手擎叉。"其他王的赞文也是从《十王经》

其他地方摘出的，可能是版本在流传过程中的差异，由于文字相同，显示敦煌、大足的佛教造像存在一致性[1]。

（三）十大弟子图赞

《十王经》信仰出现在晚唐，十六罗汉信仰在玄奘译出《法住记》后才流传于世，而《十大弟子赞》出现的时间要早得多。

佛经经常在经首提到释迦牟尼佛说法时有成千上万弟子听法，通常有“千二百五十人俱”，并列出代表性的若干弟子名字，但具数不是十弟子，如姚秦鸠摩罗什译《阿弥陀经》开头提到：“如是我闻：一时佛在舍卫国祇树给孤独园，与大比丘僧千二百五十人俱，皆是大阿罗汉，众所知识：长老舍利弗、摩诃目犍连、摩诃迦叶、摩诃迦旃延、摩诃拘絺罗、离婆多、周利槃陀迦、难陀、阿难陀、罗睺罗、憍梵波提、宾头卢颇罗堕、迦留陀夷、摩诃劫宾那、薄拘罗、阿㝹楼驮，如是等诸大弟子。”共16位弟子。鸠摩罗什译《妙法莲华经》卷一开头则提到21位弟子名字：“如是我闻：一时佛住王舍城耆阇崛山中，与大比丘众万二千人俱，皆是阿罗汉，诸漏已尽，无复烦恼，逮得己利，尽诸有结，心得自在。其名曰：阿若憍陈如、摩诃迦叶、优楼频螺迦叶、伽耶迦叶、那提迦叶、舍利弗、大目犍连、摩诃迦旃延、阿㝹楼驮、劫宾那、憍梵波提、离婆多、毕陵伽婆蹉、薄拘罗、摩诃拘絺罗、难陀、孙陀罗难陀、富楼那弥多罗尼子、须菩提、阿难、罗睺罗，如是众所知识大阿罗汉等。”

东晋瞿昙僧伽提婆译《增一阿含经·弟子品》列出100名弟子名字及其特长，第11—20名弟子是：“我声闻中第一比丘：威容端正，行步庠序，所谓马师比丘是；智慧无穷，决了诸疑，所谓舍利弗比丘是；神足轻举，飞到十方，所谓大目揵连比丘是；勇猛精进，堪任苦行，所谓二十亿耳比丘是；十二头陀，难得之行，所谓大迦叶比丘是；天眼第一，见十方域，所谓阿那律比丘是；坐禅入定，心不错乱，所谓离曰比丘是；能广劝率，施立斋讲，陀罗婆摩罗比丘是；安造房舍，兴招提僧，所谓小陀罗婆摩罗比丘是；贵豪种族，出家学道，所谓罗咤婆罗比丘是；善分别义，敷演道教，所谓大迦旃延比丘是。”

[1] 关于宝顶山第20窟地狱变的解读，参见杜斗城：《敦煌本佛说十王经校录研究》，甘肃教育出版社1989年版，第172—183页。

上引佛经显示，印度佛教并没有强调十大弟子的概念。十大弟子是中国佛教徒根据鸠摩罗什译《维摩诘所说经·弟子品》中提到的十弟子整理而成的，《维摩诘所说经》提到维摩诘装病，佛依次请舍利弗等弟子前往问佛，共10位弟子。宋法云《翻译名义集·十大弟子篇》所记载的十大弟子前后次序是：舍利弗智慧第一、目犍连神通第一、大迦叶头陀第一、阿那律天眼第一、须菩提解空第一、富楼那说法第一、迦旃延论义第一、优波离持律第一、罗睺罗密行第一、阿难陀多闻第一。与《维摩诘所说经·弟子品》相比，仅阿那律位置不同，由此可见十大弟子来源于《维摩诘所说经》，可见十大弟子是中国佛教徒参考《增一阿含经》等予以编定的。

十大弟子之说大约兴起于隋代，天台智者《妙法莲华经文句》卷二对十大弟子的作用进行了解释："十善数者，谓信、进、念、定、慧、喜、猗、舍、觉、戒，此十数辅心王，能改恶就善、革凡成圣，辨一切法门。但以十心为本，如十弟子辅佛行化，共熟众生，立于佛法也。信数，对那律天眼第一，眼是五根首，如诸方以东为上，信于诸数，初入佛法也。进数，对迦叶头陀第一，抖擞勤苦，对进数也。念数，对波离持律第一，念力牢强，忆持不忘也。定数，对目连神通第一。慧数，对身子（舍利弗）智慧第一，皆可解。喜数，对阿难多闻第一，多闻分别乐，乐即喜数也。猗数对旃延论体，穷微尽理，除邪显正，如猗离恶得善，放苦入乐也。舍数，对善吉解空第一，若住空平等，与舍数相应。觉数，对富楼那说法第一，觉是语本，本立则辩说无穷。戒数，对罗云持戒第一，可解。十数扶心王，能成观行，于一念中，深入善法，三宝具足。"

唐代法藏《华严探玄记》卷十八对十大弟子的名字也进行了解释：

舍利弗者，此云鹙子，梵正音云奢唎补呾啰也，奢唎此云鹙，即当百舌鸟之类也。吴僧会法师《六度集（经）》中译为鹙鹭子也，此是母名，以其母有辩才，峻捷似同彼鸟，眼转明利亦如彼鸟故，从喻为名，补呾罗此云子，以儿从母为名矣。古译为身子者，以梵语中名身为舍利，如佛身份为舍利，非此所用也。《智论》中亦是，过去发愿为释迦佛弟子而立此名，以能论义亦名优波提舍。

二摩诃目连者，梵正音摩诃没特伽罗，此云大采菽氏，上古有仙居山静处，常采绿豆而食，以为姓。尊者之母是彼之族，取母氏姓而为其名，得大神通，简余此姓故云大采菽氏，此与鹙子二人因缘如别说。

三摩诃迦叶者，梵音具名摩诃迦叶波，此云大饮光，饮光是姓，婆罗门姓中。上古有仙，身光饮夺日月之光，迦叶是氏之族故以为名，是迦叶身光亦能饮夺日月之光，又是大富长者之子，舍大财姓，出家能行少欲头陀大行，为大人所识，简余迦叶故名大矣。

四离波多者，具云颉丽伐多，此云室星，即北方星也。祀之得子，因以为名，又名阿唎波多，此云所供养也。有云名假和合，即《智论》中二鬼食事显之也。

五须菩提者，正云苏蒲底，此云善现，亦云善实，古云善吉非也。

六阿泥卢豆者，正云阿泥卢陀泥，卢陀此云灭，阿云无，即名无灭，是佛堂弟也。

七难陀者，此云喜，本是牧牛人，因问佛牧牛十一种法知佛具一切智，得阿罗汉果。性极聪明，音声绝妙，令人闻喜故以为名。

八金毗罗者，正云劫比罗，此云黄，谓上古有黄头仙，因以为姓，亦从姓为名。

九迦旃延者，具云摩诃迦多衍那，此是姓名，此云大剪发种男，婆罗门姓。上古多仙，山中静处，年岁既久，须发稍长，无人为剔发。婆罗门法恶为剔发。时一仙有二子，俱来觐父，少者乃为诸仙剔发，仙愿护，后成仙贵，尔来此种皆称剪发。尊者身是男子，威德特尊，简余此种故云大剪发种男，又西方取母姓者，今显是父姓故置男名。

十富楼那弥多罗尼子者，富楼那者正云补剌拿，此云满也。弥多罗者正云梅呾唎曳，此云慈也。尼是女声也。弗呾罗此云子，即满慈女之子，从母以立其名，如鹙子等。

各弟子在佛经中记载较多，如富楼那口才好，称说法第一。隋阇那崛多译《佛本行集经》卷三七有《富楼那出家品》，介绍了富楼那的生平，相当于"富楼那传"。经中记载，富楼那与释迦同年同月同日生，父亲为净饭王的国师，富楼那与29个朋友在雪山苦修，释迦成佛后，一行30人一起投奔出家。后秦鸠摩罗什译《妙法莲华经》卷四《五百弟子受记品》主要介绍富楼那事迹："尔时佛告诸比丘：汝等见是富楼那弥多罗尼子不？我常称其于说法人中最为第一，亦常叹其种种功德，精勤护持，助宣我法……"天台智者《妙法莲华经文句》卷二解释说："富楼那，翻满愿；弥多罗，翻慈；尼，女也。父于满江祷梵天求子，正值江满，又梦七宝器盛满中宝入母怀，母怀子，父愿获满，从诸遂愿，故言满愿。”

在敦煌石窟佛教造像中，一般在主尊佛的两侧塑出最年轻弟子阿难和最年长弟子迦叶，两侧各绘四大弟子，构成十大弟子。多数十大弟子没有榜题，少数题“目犍连神通第一”、“舍利弗智惠（慧）第一”等（如莫高窟盛唐第74窟、五代第6窟、五代第87窟等，图3-2-8）。

P.2971是一份榜题底稿（图3-2-9），全文是：“东壁。第一须菩提（把香铃，无弟子），第二富楼那（把经，无弟子），第三摩诃迦旃延（把如意杖，有弟子）。第四阿那律（坐禅床，无弟子）。第五优波梨（把杨枝、水瓶，无弟子）。第六罗睺罗（手□，无弟子）。第七阇夜多（巳下，并有弟子）。第八婆修盘陀。第九摩奴罗。第十鹤勒那夜奢。第十一师子比丘。第十二达摩祖师。第十三惠可禅师。第十四灿禅师。第十五信大师。第十六弘忍禅师。第十七能大师。第十八无著菩萨（无弟子）。第十九世亲菩萨（无弟子）。第廿罗什法师（写经，无弟子）。第廿一佛图澄，第廿二刘萨诃。第廿三惠远和尚。”背面：“第一大迦叶。第二阿难陀。第三商那和修。第四忧波毱多。第五提多迦。第六弥遮迦。第七伏陀难提。第八伏陀蜜多。第九胁比丘。

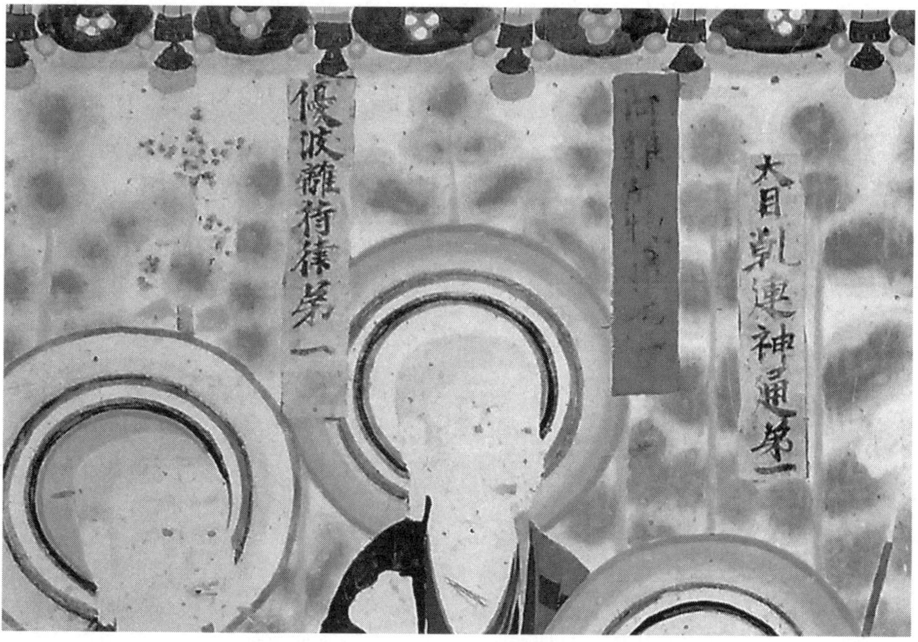

图3-2-8 第6窟 五代时期弟子榜题特写

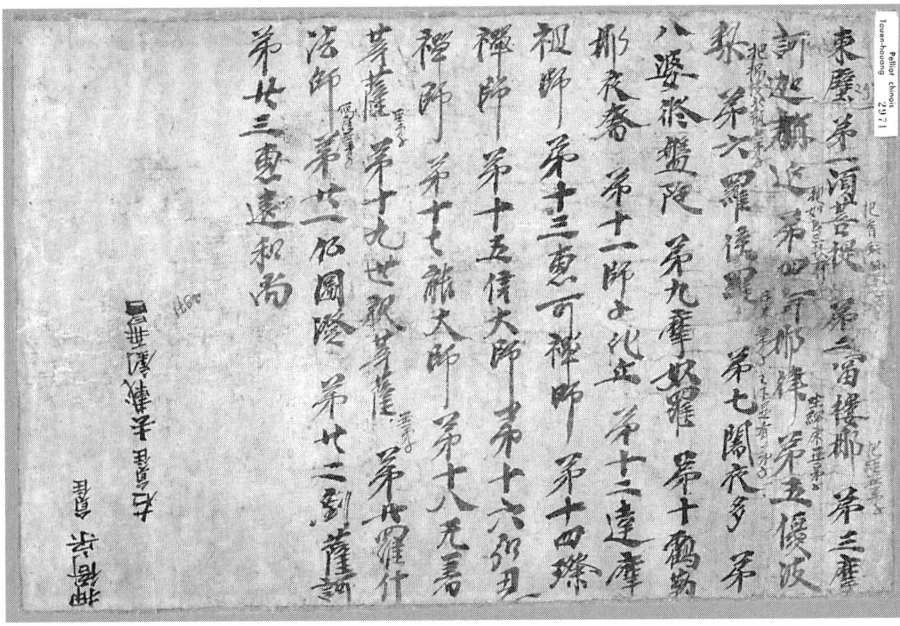

图3-2-9 P.2971尊像画榜题底稿

第十富那夜奢。第十一马鸣菩萨。第十二比罗。第十三龙树。第十四提婆。”一些尊像还注明“把经”、“把香”、“把如意杖”、“把杨枝”等持物，显然这是一份尊像画榜题底稿。这些尊像分三大类：

（1）十大弟子。正面共列出须菩提、富楼那、摩诃迦旃延、阿那律、优波梨、罗睺罗共六弟子，缺迦叶、阿难、舍利弗、目犍连。按：背面有迦叶、阿难，但背面迦叶、阿难属于传法祖师，不属于十大弟子范围。

（2）《付法藏因缘传》中的传法二十三祖师。共列出19人，缺4人（罗睺罗、僧伽难提、僧伽耶舍、鸠摩罗驮）。

《付法藏因缘传》所记祖师是：迦叶、阿难、（摩田提）、商那和修、优波毱多、提多迦、弥遮迦、佛陀难提、佛陀蜜多、胁比丘、富那奢比丘、马鸣菩萨、比罗比丘、龙树菩萨、迦那提婆、罗睺罗、僧伽难提、僧伽耶舍、鸠摩罗驮、阇夜多、婆修槃陀、摩奴罗、（夜奢）、鹤勒那夜奢、师子。

按：《付法藏因缘传》有23祖、24祖、25祖说，23祖和24祖的问题出在卷二：“佛记罽宾当有比丘，名摩田提，于彼国土流布法眼，（阿难）即便以法付摩田提。”此同《达摩多罗禅经》《阿育王经》所说。但是《付法藏因缘传》还有另一说法：迦叶要求阿难将佛法直接传至商那和修，而非摩田提：

“摩诃迦叶垂涅槃时，告阿难言：‘今以法宝用相委累，长老于后若入涅槃，王舍大城有一长者，名商那和修……如来法藏悉付嘱之。’”这样一来，是否有摩田提则出现23祖与24祖的区别（加第三祖摩田提则成24祖），一般都有摩田提而有24祖师说，如S.516《历代法宝记》记载“末田地付嘱商那和修”。24祖和25祖的问题则出现在卷六，第21祖（或22祖）婆修盘陀传法摩奴罗，摩奴罗时代“有尊者号曰夜奢，辩慧聪敏，甚深渊博，与摩奴罗功德同等。亦能解了三藏之意，流布名闻，咸为宗仰”。这里是并列为祖师，是二取一，还是两者皆取，则成为24祖与25祖的区别。本榜题底稿不取摩田提、夜奢，则属于23祖系列。

（3）中印高僧。12人。其中所记“第十二达摩祖师，第十三惠可禅师，第十四灿禅师，第十五信大师，第十六弘忍禅师，第十七能大师。”这6人属于禅宗祖师。其余6人是无著、世亲、罗什、佛图澄、刘萨诃、惠远，为何列出此6人，尚不清楚。

个别洞窟中的十大弟子存有赞文，内容有较大区别，莫高窟盛唐第199窟《十大弟子赞》文字较多（称A本）、莫高窟晚唐第14窟《十大弟子赞》文字简略（称B本），A本、B本在敦煌遗书中有保存。

先考察晚唐第14窟的《十大弟子赞》。该窟为中心塔柱窟，正面（东向面）开一盝顶龛，龛内原塑像毁，今存清塑一佛六弟子，佛的背光也是清代彩绘，恶俗不堪。佛座两侧晚唐各绘三身弟子、南北壁晚唐各绘两身弟子，各弟子有赞文榜题。

主尊佛光北侧画三身比丘，北壁画两身比丘。

第一身（佛光北侧南起第一身）：双手持如意，榜题：“舍利弗智慧第一。威灵……佛日。”

第二身：双手捧一长方形木板状物，上似乎有物品（第6窟西壁十大弟子中，北侧一弟子双手也捧一长方形木板，上有四件相同物品），榜题：“优波离持律第一。冰冰戒月，皎皎蛾珠，同行释子，骄慢山除。”（图3-2-10）

第三身：双手合十，画面在西壁最西侧，但榜题位于北壁最西面（相当于第三身身后），榜题：“罗睺罗密行第一……”

第四身（北壁西起第一身）：双手持长柄香炉，榜题：“大目犍连，神通第一。遍修诸定，方获神通，决胜正教，摄伏邪宗。”

第五身（北壁西起第二身）：左手下垂，右手胸前作手印，榜题：“阿难□□□（陀总持）第一。……”

图3-2-10　第14窟晚唐时期《优波离图赞》

主尊佛光南侧画三身比丘，南壁画三身比丘。

第一身（佛光南侧北起第一身）：双手握锡杖，榜题存部分："大迦叶头陀第一。情存……不……"

第二身：左手持一莲茎、右手提净瓶，榜题："须菩提解空第一。洞达无相，名曰解空，随机引意（道），□（方）便不同。"

第三身：双手捧花瓶，榜题："阿那律天眼第一……"

第四身（南壁西起第一身）：左手置胸前，不持物，右手持一经卷，榜题："富楼那说法第一。决定说法，如师（狮）子吼，八部宗承，四生归凑。"

第五身（南壁西起第二身）：双手合十，榜题存若干文字："迦旃延论义第一……"

P.2885有各类文体，其中就有B本《十大弟子赞》（图3-2-11），录文：

十哲声闻

迦旃延论义第一。三乘独步，四辩无遮，修还研皦，磨恒理迦。

阿那律天眼第一。法身本静，性体无埃，一根虽闭，五眼由开。

富那律说法第一。解释无疑，如师（狮）子吼，八部宗承，四生归凑。

大目犍连神通第一。遍修诸定，方获神通，决胜正教，摄伏邪宗。

罗睺罗蜜（密）行第一。公孙萨埵，积代英酋，同晨外化，蜜（密）行内修。

优波离持律第一。冰冰戒月，皎皎蛾珠，行同释子，骄慢山崩。

阿难陀总持第一。恒沙秘蜜（密），总持无失，既唱我闻，疑心俱出。

大迦叶波头陀第一。情存少欲，道在清明，嚣尘永谢，不动如山。

舍利弗智慧第一。威灵罕疋，人天皆悉，隐弊（蔽）魔风，光晖佛日。

须菩提解空第一。洞达无相，名曰解空，随机引道，方便不同。

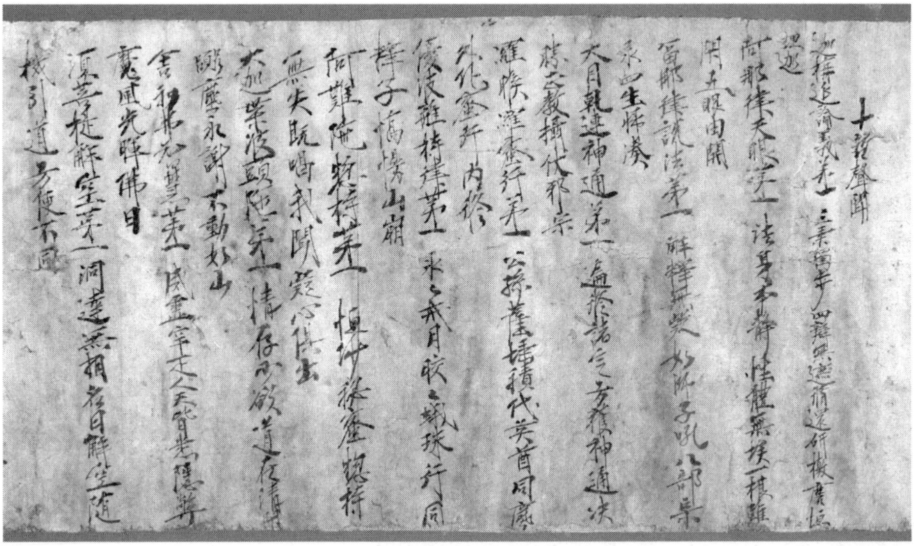

图3-2-11 P.2885《十大弟子赞》(B本)

第199窟建于盛唐晚期，仅完成窟顶、龛内壁画和塑像，东、南、北壁壁画为中唐绘制。龛内主尊为结跏趺坐说法佛，佛座下方各画一蹲狮，两侧各画一弟子，弟子与佛座之间各存一身塑像痕迹（南侧应为阿难、北侧迦叶）。南、北壁各画三弟子，弟子与弟子之间有一身塑像痕迹（可能是各二身菩萨）。弟子榜题很长，一般有四行。龛内南壁中央塑一倚坐佛，将中央一身弟子挡住大部分，据此推测这身塑像可能是从别的地方移来的。

佛座北侧第一身双手持经卷，榜题漫漶；第二身（北壁西起第一身）双手合十，榜题漫漶；第三身双手不持物，作手印状，榜题漫漶；第四身双手合十，榜题漫漶。

佛座南侧第一身双手合十，榜题：“……善……转位造我……”，推测是《罗睺罗赞》，因为文字不见于其他九身弟子赞。

第二身双手胸前作手印，榜题保存较好，第一行模糊，后面三行是完整的《富楼那赞》：“……（富楼那说法第一）善哉满愿，初学深山，采果支命，披莎御寒，引道从党，梵志衣冠，鍱腹（写本多做“肠”，写本误）智溢，鸣桴论端，身（此字衍，缺“在义”两字）无难，辩流疾水，德馥芳兰，所作已辩，依然涅槃。”（图3-2-12）

第三身被一身塑像挡住，双手合十，榜题存部分：“……律第一……爱已

图3-2-12　第199窟盛唐时期《富楼那图赞》

断……达，七聚精知。迦叶有命，谈柄便挥……”可知是《优波离赞》。

第四身双手不持物，榜题可识读大半：“……论义……立字……特光颜，雍容雅志，论义高推，人天罕值。覆却(仰)纵横，支角俱备，慧炬常明，智刀恒利。声闻外见，菩萨内秘，孰能若斯，阿惟越时(智)。”可知是《迦旃延赞》。

幸运的是，第199窟的《十大弟子赞》(A本)还见于敦煌文献S.1042v、S.5706、P.2680、P.3355v、P.3727、P.4968、BD14546v等。

S.1042v：正面《药师经》(《灌顶章句拔除过罪生死得度经》)28行，背面《舍利弗赞》7行，内容完整。

S.5706：中间6行为《放亡躯节者从良书》，前面9行是舍利弗、摩诃迦叶、富楼那等三弟子赞，后面11行是阿那律、迦旃延、须菩提、阿难等四弟子赞，后缺，其中《阿难赞》仅存“……犹子……常……”三字。即后人利用废弃的《从良书》，在左右抄写《十大弟子赞》。缺目犍连、优波离、罗睺罗。

P.2680：此卷内容较多，双面书写，正面有《唯识论师世亲菩萨本生缘》(1—24行)，《唯识大师无著菩萨本生缘》(25—39行)，《寺门首立禅师赞》(39—49行，P.3727题《惠净禅师赞》)，《灵州龙兴寺百草院和尚俗姓史法号曾忍以节度使李尚书立难刺血经义记》(50—64行)，《第廿三代付法藏人圣者鹤勒般夜奢传》(65—70行)，《第廿四代付法藏人圣者师子比丘传》(71—83行)，《刘萨诃和尚因缘记》(第84—111行)、目连、迦叶故事（112—115行），《大唐义净三藏传》（116—118行），《佛图澄和尚因缘记》（118—128行），《大唐三藏传》（128—130行），《罗什法师赞》（131—136行），《隋净影寺沙门惠远和尚因缘记》（136—155行），《行威仪》（156—159行），《住威仪》（160—163行），《坐威仪》（164—167行），《卧威仪》（168—171行），十大弟子等尊像画榜题（172—181行），常乐县令题记2行（182—183行）等，其背面为社会文书、释门文书，其中有《优波离赞》一篇。

P.3355v：正面《信力入印法门经》，背面抄《十大弟子赞》（图3-2-13），存须菩提、迦叶、目犍连、舍利弗、富楼那、优婆梨、阿难、阿那律共8个弟子赞，《优婆梨赞》《阿难赞》之间还有一句“罗睺罗密行第一”，但没有赞文，仅缺摩诃迦旃延。

P.3727属于佛教传记集，内容较多，其中有《十大弟子赞》，但缺罗睺罗，次序同BD14546v。

P.4968正面抄付法藏因缘传诸祖师传记，背面为《十大弟子赞》，依次是舍利弗、阿那律、须菩提、迦叶、大目犍连、富楼那共6个弟子赞，书法极好，《富楼那赞》最后一行的后半部分有“《罗什法师赞》，念珠”句，则后面所抄写的是《罗什法师赞》（已失，但P.2680有完整的《罗什法师赞》），当时就在这张纸上只抄写六弟子赞。

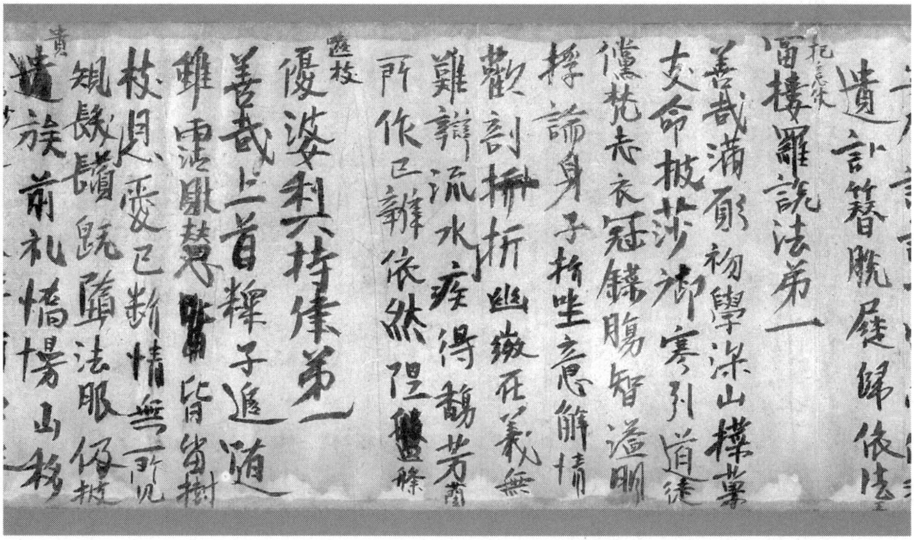

图3-2-13　P.3355《十大弟子赞》（A本）

BD14546v：正面是长达13米的《妙法莲华经玄赞》，前缺尾全，尾题“《妙法莲华经玄赞第二》。开元五年（717）四月廿五日辰时写了”。背面有舍利弗、目犍连、迦叶、须菩提、富楼那、摩诃迦旃延、阿那律、优波离共8个弟子赞，缺罗睺罗、阿难，次序同P.3727，应视为同一底本[1]。

A本《十大弟子赞》没有出现全部十大弟子，P.3727、P.3355v前后完整，从P.3355v只有仅记录“罗睺罗密行第一”看，可能当时已经缺《罗睺罗赞》。

卷　号	内　　容	备　注
BD14546v	舍利弗、目犍连、迦叶、须菩提、富楼那、迦旃延、阿那律、优波离	缺：阿难、罗睺罗
P.2680	优波离	此写本有十大弟子名号、《优波离赞》，其余弟子赞文缺
P.3355v	须菩提、迦叶、目犍连、舍利弗、富楼那、优波离、罗睺罗（无赞文）、阿难、阿那律	缺：罗睺罗、迦旃延
P.3727	舍利弗、目犍连、迦叶、须菩提、富楼那、迦旃延、阿那律、优波离、阿难	缺罗睺罗，次序同BD14546v
P.4968	舍利弗、阿那律、须菩提、迦叶、大目犍连、富楼那	缺迦旃延、优波离、阿难、罗睺罗
S.1042v	舍利弗	余缺
S.5706	舍利弗、迦叶、富楼那、阿那律、迦旃延、须菩提	缺：阿难、罗睺罗、目犍连、优波离

下面进一步考察《十大弟子赞》的篇名、作者、形成时间、A本与B本的关系诸问题。

S.6006《惟性论》有天宝十三年（754）五月十三日尾题，尾题空三行写“《十大弟子赞》，僧字戒制。舍利弗智慧第一”句，后缺，赞文缺，但仍给我们提供如下信息：第一，《十大弟子赞》之篇名；第二，作者是僧戒，僧戒之名仅见于此，该僧事迹不可考；第三，由于舍利弗为A本的第一个弟子，所以S.6006属于A本；第四，A本《十大弟子赞》在开宝十三年之前即

[1] 关于BD14546的研究，参见刘波、林世田：《国家图书馆藏BD14546壁画榜题写本研究》，载《文献》2010年第1期。

存在。

除了S.6006有《十大弟子赞》之名外，P.4968《十大弟子赞》最后是《富楼那赞》，最后一行接着写"《罗什法师赞》，念珠"。也有助于我们推定当时是有《十大弟子赞》之篇名的。

B本有标题"十哲声闻"，或许当时《十大弟子赞》有另外一个名称——《十哲声闻赞》。

又，南梁僧祐《出三藏记集》卷十二《齐竟陵王世子抚军巴陵王〈法集〉序》记载南齐巴陵王萧子伦（479—494）《巴陵杂集》两卷目录，卷下有《十弟子赞》10首，这是最早的《十大弟子赞》，是早已失传，还是敦煌文献中的A本或B本？目前无法判定。

A本和B本的关系不很密切，B本内容与A本《十大弟子赞》不同，文字也简略。但两种赞文存在一定的联系，如A本《优波离赞》有"骄慢山除"，B本《优波离赞》中也有"骄慢山移"（P.2885作"骄慢山崩"）。

三、结语

虽然支道林撰有《支法护像赞》，但图赞形式佛教绘画在唐代之前文献记载并不多见，可能从唐代开始流行。敦煌文献中的几件《十大弟子赞》似乎都是归义军时期抄写的，内容继承盛唐第199窟的十大弟子赞文，可见这一绘画形式在敦煌存在时间较长。青海瞿昙寺回廊清代佛传壁画也采取图赞形式来表现，并且赞文前有简单的序文，如树下诞生图的榜题是："护明菩萨于无忧树下降生。无忧树下降生日，足拥金莲朵朵存。七步周行狮子吼，人间天上独称尊。"九龙灌顶图的榜题是："护明菩萨降生，九龙吐水灌沐金躯。九龙吐水沐金躯，大地山河尽发辉。穷劫至今无垢净，满堂华雨落霏霏。"[1]可见图赞形式佛教绘画从支道林开始一直流行到清代。

佛教壁画与佛教雕刻最大的区别在于有更多的空间将佛教内容具体化，如莫高窟第85窟窟顶东披的楞伽经变由70多个小画面组成，内容丰富，色彩缤纷，这是雕刻作品无法做到的。图赞形式佛教绘画主要用于圣僧、高

[1] 谢继胜、廖旸：《瞿昙寺回廊佛传壁画内容辨识与风格分析》，载《故宫博物院院刊》2006年第3期。

僧等尊像画(如十大弟子、十六罗汉等),一些内容简单的题材也会采用这一形式,如《十王经》主要讲十王在地狱审判,各王坐堂审判亡人,《佛国禅师文殊指南图赞》多数画面是善财童子逐一参拜五十三师,情节互相之间没有前后关联,可以互换,有重叠之感。但图赞形式绘画中的赞文是不相同的,这些赞文不仅内容不同,而且多数出自文人之手,文学色彩浓厚,吸引人们逐一浏览画面,阅读上面的《赞文》,从而最大限度地吸引观众。

用中国传统的图赞形式绘画来表现佛教题材,是佛教艺术在中国的新发展,这些图赞形式绘画内容丰富,赞文具有较高的文学性,是研究佛教艺术、佛教文学的重要资料。

附:敦煌写本《十大弟子赞》(A本)

敦煌文献中记载的各弟子前后次序不同,如P.2775中列出十大弟子名:"迦旃延、舍利弗、罗睺罗、富楼那、阿那律、优波离、须菩提、阿难陀、大目犍连、大迦叶波。"[1]较早的隋智者大师《妙法莲华经文句》提到的十大弟子的次序是:阿那律、迦叶、优波离、目犍连、舍利弗、阿难、迦旃延、须菩提、富楼那、罗睺罗。兹以P.3727为底本,参考其他写本内容,整理出一份《十大弟子赞》(A本,缺《罗睺罗赞》)。

舍利弗智慧第一(P.3355v"香炉",P.4968"手执如意")

善哉身子,胎内传芳,母谈异昔,舅学殊方。八岁包括,十六论场,裸形舌卷,构绨爪长。威逾龙象,智利金刚,頞鞞分卫,进止安详。请说甘露,闻偈非常,遗簪脱履,归依法王。

大目犍连神通第一(P.3355v"念珠",P.4968"□手")

善哉采菽,身子情同,譬犹管鲍,胶投漆中。琢磨为器,高挹淳风,诱诸异道,师我人雄。最上罗汉,第一神通,大入芥子,小遍虚空。梵志战慑,魔王鞠躬,助宣妙法,永绝无穷。

摩诃迦叶头陀第一(P.3355v"把杖",P.4968"经、锡")

善哉龟氏,积学资神,夫妻敬让,处址无尘。心如白玉,体耀黄银,绍隆正教,拯济沉沦。火宅虚殇,牛车实真,头陀兰若,弃富从贫。王城集法,鹫

[1] 此写本前后都是《付法藏因缘传》中的祖师传记,不知为何中间夹杂此十大弟子名。

岭潜身，龙华树下，冀奉慈仁。

须菩提解空第一（P.3355v“把经”）

善哉善吉，别号空生，禨祥之端，擅此嘉名。体达权实，穷研色声，埃尘异水，蜃气非城。恐伤蠢动，哀念含灵，嫌坐则立，疑住便行。三脱妙解，六度专明，怨亲等相，无形见行。

富楼那说法第一（BD14546“如意杖”，P.4968“经袂”）

善哉满愿，初学深山，采果支命，披莎御寒。引道徒党，梵志衣冠，鍱腹智溢，明桴论端。身子折挫，意解情欢，剖析幽微，在义无难。辩流疾水，德馥芳兰，所作已办，依然涅槃。

摩诃迦旃延论义第一

善哉扇绳，从譬立字，母最娇怜，情无越异。挺特光颜，雍容雅志，论义高推，人天罕值。覆仰纵横，支角俱备，慧炬常明，智刀恒利。声闻外显，菩萨内秘，孰能若斯，阿惟越智。

阿那律天眼第一（P.4968“持香”）

善哉无灭，释子密传，厌斯名利，轨则人天。螺蚌悬记，终身不眠，弃舍五盖，割断十缠。眼既失食，无由可痊，欲鉴六道，仍依四禅。修德报德，果现俱全，半头清净，澈见三千。

优波离持律第一（BD14546“口衔柳枝”，P.3355v“啮枝”）

善哉上首，释子追随，虽沾财慧，皆留树枝。恩爱已断，情无所见，发须既坠，法服仍披。贵族前礼，骄慢山移，五篇妙达，七聚精知。迦叶有命，谈柄便挥，汪汪泉涌，法水涟漪。

阿难总持第一

善哉欢喜，降魔夜生，瑞应臻集，树以奇名。白净犹子，难陀从兄，三愿意满，八叹心明。齿逾珂素，眼胜莲清，如花恒茂，似月常盈。传灯鹿苑，克果王城，总持无失，同瓶泻瓶。

罗睺罗密行第一

按：各写本无《罗睺罗赞》，P.3355v有“罗睺罗密行第一”7字，无赞文，据此推测抄写P.3355v时已经缺《罗睺罗赞》。

本节作者简介：

王惠民，男，敦煌研究院考古研究所研究员。主要研究方向为佛教图像学、佛教文化、敦煌文献学等。已刊著述90余篇（部），代表专著有《敦煌佛教与石窟营建》(甘肃教育出版社2013年版)等;代表论文有《关于〈天请问经〉和天请问经变的几个问题》(载《敦煌研究》1994年第4期)、《敦煌321窟、74窟十轮经变考释》(载中山大学艺术史研究中心编:《艺术史研究》第6辑,中山大学出版社2004年版)、《吐蕃长度单位“箭”考》(载四川大学中国藏学研究所编:《藏学研究》第7辑,四川大学出版社2012年版)、《敦煌早期洞窟佛像的卍字相与如来心相》(合著,载《敦煌研究》2012年第4期)等。

第四章 资料与信息

第一节 四川佛教造像样式系统

传统的四川石窟包括今天的四川与重庆，两地保存着大量石窟寺及石刻，共计有8 032处（四川5 973处、重庆2 059处），其中包括两处世界文化遗产（乐山大佛与大足石刻）。迄今为止公布的七批全国重点文物保护单位中，石窟寺及石刻类有268处，川渝地区有39处，占全国总量的14.55%，数量居全国第一。第二位为河南省，有石窟寺及石刻类保护单位32处，占全国总量的11.94%。中国南方地区的石窟寺与摩崖造像，除江苏、浙江、广西、云南等地有零星分布外，大部分集中于四川地区，数量庞大，内涵丰富，历史悠久，从南北朝一直延续到民国，其中以唐宋时期石窟寺及石刻尤为突出。

除了这些石窟寺和摩崖造像外，还有大量可移动造像。成都市自清光绪八年（1882）在西门外万佛寺遗址掘出百余件佛教造像后，1937年、1953年和1954年又先后在该遗址出土了两百余件，其中相当一部分属于南朝造像[1]。20世纪20年代，在成都以西的茂汶县[2]出土了一件南朝齐永明元年（483）佛教造像碑。1990年，成都市商业街正式发掘出土了九件南北朝时期石刻造像，其中两件有铭文和纪年。1995年又在西安南路一个窖藏中发现九件同期造像，其中五件有铭文和纪年。2000年以后，四川又有多处南

[1] 刘志远、刘廷壁：《成都万佛寺石刻艺术》，中国古典艺术出版社1958年版；冯汉骥《成都万佛寺石刻造像》，载《文物参考资料》1954年第9期；四川省文管会《成都万佛寺继续发现石刻》，载《文物参考资料》1955年第2期。

[2] 南朝梁时于绵池县地置汶川县，西魏时省。北周天和三年（568）复置汶川县，县治在姜维城，直到明代宣德年间迁治寒水驿（今汶川县绵池乡政府所在地）。1952年迁汶川县治于古威州城，1958年曾撤汶川县与茂县、理县合并成立茂汶羌族自治县，治威州城。1963年复置三县。

北朝石造像资料刊布[1]。近年成都市部分个人收藏者藏品中也有传出自宽窄巷子一带的南朝造像残石，笔者所见不下十件，有的类别为国有博物馆藏品中所不见。根据《四川出土南朝佛教造像》[2]一书统计，目前存于各地的四川地区出土的可移动南朝佛教造像有70余件，其中24件有铭文和纪年。2014年11月，同仁路发现的佛教造像中至少有两件有纪年（目前资料在整理中），有造像碑、圆雕单体造像和背屏式造像三种形式[3]。同时，成都万佛寺、邛崃龙兴寺、成都同仁路等各地寺院遗址还出土了大量隋唐至宋时期的佛像。

四川佛教造像的学术价值不言而喻。

四川石窟寺和造像已成为学术界十分关注的问题，有许多研究成果问世。然而四川石窟寺基础调查工作薄弱，学者们不能全面掌握基础资料，不能进行系统的分期排年，建立四川石窟寺和造像的年代序列，因此最基本的年代问题少有学者涉及。笔者从20世纪90年代末开始在四川各地进行系统的调查工作，在建立四川佛教造像年代序列上取得了初步成绩[4]。本节即以上述材料为基础，对四川各年代造像样式的特征进行归纳，希望能够对研究者们辨识四川的佛教造像有所裨益。由于造像风格与样式特征变化的背后有深刻的历史背景，因此笔者也只是抛砖引玉，使学者们能够深入研究风格背后复杂的历史、文化演变。

---

[1] 主要有：袁曙光的《四川省博物院藏万佛寺石刻造像整理科简报》，载《文物》2001年第10期；张肖马、雷玉华的《成都商业街南朝石刻造像》，载《文物》2001年第10期；霍巍、罗进勇的《岷江上游新出南朝石刻造像及相关问题》，载《四川大学学报》2001年5期；雷玉华等的《四川彭州龙兴寺石刻造像简报》，载《文物》2003年第9期；雷玉华、李裕群、罗进勇的《四川汶川县出土南朝佛教石造像》，载《文物》2007年第7期；孙华的《绵阳平杨府君阙阙身造像——兼谈四川地区南北朝佛教佛道龛像的几个问题》，收入巫鸿主编《汉唐之间的宗教艺术与考古》，文物出版社2000年版，第89—138页。

[2] 董华峰、雷玉华、何先红：《四川出土南朝佛教造像》，中华书局2013年版。

[3] 成都文物考古研究所：《成都下同仁路遗址南朝至唐代佛教造像坑》，载《考古》2016年第6期。

[4] 参见成都文物考古研究所等编：《巴中石窟内容总录》，巴蜀书社2006年版；姚崇新《广元石窟分期研究》，北京大学博士学位论文；雷玉华：《巴中石窟研究》，四川大学博士学位论文，2005年；雷玉华《成都地区的南朝佛教造像研究》，《少林文化研究论文集》，宗教文化出版社，2001年。2000年至2004年《成都考古发现》上载有多篇四川石窟寺和摩崖造像调查简报，北京：科学出版社，2003年至2006年；如：成都文物考古研究所等《巴中石窟调查简报》(《2000年成都考古发现》，2002年)、《广元剑阁横梁子摩崖石刻像调查简报》(《2001成都考古发现》，2003年)、《广元旺苍县木门寺摩崖石刻调查简报》(《2001成都考古发现》，2003年)、《蒲江佛尔湾摩崖石刻造像调查简报》、《蒲江龙拖湾摩崖石刻造像调查简报》、《安岳灵游院摩崖石刻调查简报》(以上三篇均刊于《2002年成都考古发现》，2004年)等。

一、5世纪的造像样式

这个时期只有可移动造像，没有发现石窟寺或摩崖造像。

目前四川发现最早的是刘宋元嘉二年（425）的净土变石刻，因资料流失，已不太清楚其全貌（仅《成都万佛寺石刻艺术》一书中有其背面拓片）[1]，所以这一时期现存实物主要以南朝齐的纪年造像为依据。南朝齐代造像有纪年的主要有：齐建武二年（495）荆州道人释法明造观世音像（观音着佛装，成都商业街出土，图4-1-1）；齐永明元年（483）释玄嵩造弥勒佛及无量寿佛像（茂县出土）；齐永明八年（490）比丘法海造弥勒像（成都西安路出土，图4-1-2）。另外，成都商业街3号造像从风格和组合看应该属于这一时期。这一时期造像，除造像碑外，多为背屏式造像。组合多为一佛二菩萨，主尊以弥勒像最为普遍，也有观音像。弥勒大都坐于“亚字”形台座上。与胁侍相比，主尊显得特别高大，磨光馒头状肉髻。有的头后有莲瓣装饰，颈部光滑。内着僧祇支，胸前系带打结，外着褒衣薄带式袈裟，衣纹下坠在座前形成三瓣式悬裳座。座侧常有二狮。佛左、右两侧的菩萨显得特别

图4-1-1　南朝背屏式造像正面

图4-1-2　齐永明八年（490）释法海造弥勒成佛背屏式造像正面

[1] 刘志远、刘廷壁：《成都万佛寺石刻艺术》，中国古典艺术出版社1958年版。

小。菩萨立于圆形平台上，头上挽髻或戴冠，披帛在腹前呈“X”状交叉，下着羊肠裙。这一时期佛和菩萨的脸都较圆润，额头平而宽，背屏上装饰较简单。从正面看佛像肩膀宽平，从侧面看厚而浑圆，身材显得较粗壮，衣服虽已完全汉化，体形却保存了早期青铜造像粗壮的风格，如齐建武二年(495)商业街6号造像。同时，有的佛像出现了秀骨清像的趋势，如西安路永明八年(490)造像，佛像颈部光滑细长，额虽较宽，但脸已显瘦长。商业街3号造像脸圆额宽，肩也较平直，姿势和造型与早期青铜佛像极相近，身后两侧的菩萨也是头挽高髻、身着俗装，佛背后的三个飞天呈环状，座侧狮子鬃毛直而长，悬于座前的衣纹类似羊肠纹，整个造型显得很古朴，表现了较早的特征。但从侧面看佛的身体却显单薄，已出现了清瘦的迹象。造像石背面有两例刻交脚弥勒坐于帐形龛中(永明八年(490)和建武二年(495)造像)，其余均为素面，部分下部刻铭文。齐建武二年(495)造像正面的佛、菩萨及背面的交脚坐菩萨等与永明八年(490)的弥勒像极相近，但铭文却记为“观世音”，这与下一时期的观世音形象完全不同，而与这时期大量流行的弥勒像如出一辙。

二、6世纪前半叶的造像样式

6世纪前半叶，除了大量可移动造像外，出现了少量石窟寺和摩崖造像。目前发现最早的是绵阳平阳府君阙上的南朝梁造像小龛和广元千佛崖的北魏石窟，阆中石室寺有追述南朝齐造像的题记，但并未发现造像。

6世纪前期，即南朝梁时期，从形象和风格上看，造像可以分为前后两个阶段。第一阶段以梁武帝天监年间为代表，这是一个过渡阶段，有纪年的主要有天监三年(504)比丘释法海造无量寿像(成都西安路出土，图4-1-3-1，图4-1-3-2)、梁天监十年(511)佛弟子王□造释迦石像(成都商业街8号造像，图4-1-4)，另外成都商业街2号和4号造像也属于此阶段。第二阶段为梁武帝普通年间到太清以前，这阶段造像最多，有纪年的主要有：梁普通四年(523)康胜造释迦立像[1](图4-1-5)、梁中大通五年(533)上官法光造释迦文石像[2](图4-1-6-1、图4-1-6-2)、梁中大通年间(529—534)尹文宣造

[1] 董华峰、雷玉华、何先红：《四川出土南朝造像》，中华书局2013年版，第81页。
[2] 同上，第87—90页。

图4-1-3-1 天监三年(504)法海造无量寿佛背屏式造像正面

图4-1-3-2 天监三年(504)法海造无量寿佛背屏式造像背面

图4-1-4 天监十年(511)王州子造释迦背屏式造像正面

图4-1-5 梁普通四年(523)康胜造释迦牟尼背屏式造像正面

图4-1-6-1　梁中大通五年(533)上官法光造释迦牟尼背屏式造像正面

图4-1-6-2　梁中大通五年(533)上官法光造释迦牟尼背屏式造像背面拓片

释迦双身像[1]、梁中大同三年(548)比丘法爱造观音像[2]、梁大同三年(537)侯朗造立佛像[3]、梁大同十一年(545)佛弟子张元造释迦多宝像、梁中大通二年(530)比丘晃藏造释迦石像[4]、梁中大通元年(529)“鄱阳王世子造”释迦立像等[5]。川大藏的两件背屏式造像,商业街的5号、7号造像,梁普通六年(525)造像、汶川县1199号背屏式造像,也属于这一阶段。

[1] 董华峰、雷玉华、何先红:《四川出土南朝造像》,中华书局2013年版,第174—175页。
[2] 同上,第91—94页。
[3] 同上,第32页。
[4] 成都市文物考古工作队:《成都市西安南路石刻造像清理简报》,载《文物》1998年11期。
[5] 董华峰、雷玉华、何先红:《四川出土南朝造像》,中华书局2013年版,第21页。

6世纪初（梁前期），造像组合多为一佛二菩萨，出现了一佛四菩萨的组合，佛像开始出现螺髻。此阶段为典型的秀骨清像风格，佛像分为立式和坐式两种，坐像如商业街2号和4号造像，均为磨光的馒头状肉髻，圆脸斜肩，手脚纤细，内着斜领衫，外披双领下垂式袈裟，悬裳座前衣褶形成三道平行的波状纹。与前期相比有了较大变化，看不到早期那种健壮的造像。佛像背后装饰仍然很简单，但较前期已显复杂。天监三年（504）佛造像背后及两侧用变形莲花作装饰，天监十年（511）佛造像背后已有简单佛传故事。立佛多立于覆莲莲台上，内着僧祇支于胸前系带打结，外披袈裟，下摆向两边呈尖角状飘起，呈迎风站立状。菩萨或立于圆形平台上，或立于平地上，或立于仰莲圆台上，均头戴宝冠、肩饰缨带，宝冠两侧缯带下悬，披帛在腹前呈X状交叉打结。立佛身后的装饰稍复杂，除简单佛教故事外，还出现了众多的飞天，飞天面向主尊，飘带向后飞起，形似主尊的尖桃状身光，与上一期的飞天造型样式和衣饰风格都不相同，这种造型的飞天式样在下一个阶段非常流行。部分佛和菩萨颈部出现了蚕节纹，显示了梁武帝前期受张僧繇画风影响的造像风格在成都已经出现。背屏式造像石形成了较固定的模式，后面上部一般都刻有供养人，下部刻铭文，也有素面无雕刻者。

6世纪前半叶的后一阶段，即梁朝后期（普通年间及其以后），造像最丰富，可以说是成都南朝造像的高峰期，背屏式造像组合正面多为一佛四菩萨四弟子二力士，有的造像石的两侧面还各雕一神王像，也有一佛二菩萨二弟子、一佛五菩萨、一佛三菩萨、二佛三菩萨二弟子二力士等多种组合。释迦双身像是这一期的新特点，同时出现了大量的单体造像，而且许多单体造像与真人一样大小或比真人更大，单体造像中立像最多，也有坐像。内容有弥勒、释迦、观音、释迦双身、释迦多宝等，与前期相比发生了很大变化。佛像除了磨光馒头状肉髻外，还流行螺髻。造像组合和衣褶都很复杂。仍然流行披覆成褒衣薄带双领下垂样式的袈裟，袈裟内系带打结，打结方式有多种。同时，还流行披覆成通肩样式的袈裟，通肩式袈裟分圆领和鸡心领两种，有的如曹衣出水，紧贴身体，在前面形成几道平行的圆弧形褶；有的衣褶繁密，褶纹偏于一侧，稍显臃肿。与前一阶段相比，小型造像中的立佛多显得身长腿短，菩萨身上的璎珞增多。造像内容更加复杂化。佛的项光和造像石的背面一般都有浅刻佛传故事，如树下成佛、涅槃、骑马越城或七佛等作装饰。且主像座前常刻一排供养小人，小人多着胡装，作舞蹈状。大型造像多为单体造像，头多佚失或遭破坏，从万佛寺出土的大量头像看，这些大像应是以螺髻为主，身着双领下垂式袈裟或通肩式袈裟，其中一些坐像外披袒右偏衫。

三、6世纪后半叶的造像样式

6世纪后半叶的造像也分成两个阶段：第一个阶段是西魏、北周时期，第二个阶段为隋统一后，第二个阶段造像特征的下限延续到了7世纪初期。

6世纪后半叶前期，主要指梁末太清以后到西魏、北周时期，主要代表造像有梁太清五年（551）佛弟子柱僧逸造阿育王像[1]（图4-1-7）、北周保定二年至五年（562—565）益州总管柱国赵国公招造阿育王像[2]（图4-1-8）、北周天和二年（567）菩萨像[3]、北周天和四年（569）造释迦像（实物现存四川省博物院）。汶川县藏1197号、1198号，西安路H1：2号（图4-1-9）、H1：8号、H1：11号造像属于这一期；同仁路2014年新出土的造像中，有数件这个时期的造像（图4-1-10）。流行前一期出现的身着通肩袈裟的阿育王造像，如西安路太清五年（551）造像[4]与万佛寺北周保定年间（562—565）所造阿育王像[5]，这两尊像服饰完全相同，风格也几乎一致。另外当时还流行单尊的菩萨造像和释迦造像，新出现了单尊天王像。小型单尊像的比例明显增多。这期造像为前一期的继续和发展，但北周统治四川后，成都的

图4-1-7　梁太清五年（551）柱僧逸造阿育王立像正面

[1] 成都市文物考古工作队：《成都市西安南路石刻造像清理简报》，载《文物》1998年11期。
[2] 董华峰、雷玉华、何先红：《四川出土南朝佛教造像》，中华书局2013年版，第42—43页。
[3] 同上，第74—76页。
[4] 太清纪年只有三年，在成都却一直用到五年，参见成都市文物考古工作队：《成都西安路石刻造像清理简报》注释，载《文物》1998年第11期。
[5] 董华峰、雷玉华、何先红：《四川出土南朝佛教造像》，中华书局2013年版，第42—43页。

造像受到了来自北方样式的影响，产生了一些与北方趋于一致的风格，如佛的螺发，肉髻宽大、低平，悬裳座式袈裟悬垂部分减少等。多像成组的背屏式造像形式大大减少，单体的释迦佛像和菩萨像十分流行。两尊以上的组像头光、头部甚至身体各自分开，仅座基或身体以下部分联为一体，没有如上一期那样统一的桃形背屏。除阿育王佛像外，佛像均为螺发，肉髻低平、宽大，面相丰满，颈部有蚕纹。菩萨满饰瓔珞，身材优美，如天和二年（567）弥勒菩萨像，倚坐于亚字形台座上，双脚穿草鞋，各踏于莲花上，与前期胁侍菩萨相比，身上珠饰增多，腿上及腹部原垂披帛，这时还增加了宝珠串成的瓔珞。此前

图4-1-8　北周保定二年至五年（562—565）益州总管柱国赵国公招造阿育王立像正面

图4-1-9　南朝背屏式造像正面

图4-1-10　2014年同仁路出土菩萨像之二正面

菩萨身上仅见披帛和裙子，偶有少量璎珞，而这尊菩萨满身的珠饰和璎珞特别引人注目。这时的菩萨身体曲线较突出，呈现出向隋唐时期S形健壮身材的菩萨样式过渡的趋势。北周天和四年（569）释迦像，螺髻低平，这是北周造像的特征之一，悬于座前的双领下垂式袈裟褶纹已不像先前那样层层重叠，护卫的二狮已从佛座侧移到座前的壶门内，雕刻手法也较简练。同仁路新出土的一尊菩萨像，两侧帛带高高飘起，似刚刚从高处落下，姿态及表现手法都是以前造像中所没有的，而梁时期目前没有发现单体的菩萨像，而且组合造像中菩萨像多似迎风站立的形态。

第二个阶段，即6世纪末7世纪初的造像，从调查情况看，隋至唐初时期四川造像地点比南北朝时期明显增多[1]，但总体数量不多，规模不大，仍然处于兴起阶段，并且主要分布在当时的交通线上。主要有以下一些特征：

（一）道教造像兴起

四川在历史上道教比较流行，也是道教造像分布广泛的地区，隋末唐初，道教在四川民间有广泛信仰，其势力在某种程度上超过了佛教。《续高僧传·释道会》载："于时国初，僧尼道士所在多度，有道士宋冀，是彼梁栋，于隆山县下新立道观，屋宇成就，置三十人，会经总管段伦陈牒改观为寺，其郭内住者并是道宗，不伏……，（道会）贞观末卒。"[2]隆山县，即今之彭山县，在成都以南。同书《释宝琼》记：宝琼"益州绵竹人，……本邑连比什邡诸县，并是道民，尤不奉佛，僧有投寄无容施者，致使老幼之徒於沙门像不识者众。琼虽桑梓，习俗难改，徒有开悟，莫之能受。李氏诸族正作道会，邀琼赴之，来既后至，不礼而坐，佥谓不礼天尊非法也，琼曰：'邪正道殊，所事各异，天尚为礼，何况老君'。众议纭纭，颇相凌侮。琼曰：'吾礼非所礼，恐贻辱也'。遂礼一拜，道像并座动摇不安，又礼一拜，连座返倒摧残在地……，合众惊懼，举掌礼琼，一时回信，从受戒法。傍县道党相将叹讶，咸复奉法。时既创开释化，皆授菩萨戒法。县令高远者，素有诚敬，承风敷导，更于州寺召僧弘讲，合境倾味，自此而繁。以贞观八年，终于所住。"[3]

---

[1] 目前所见四川地区的南北朝石窟寺和摩崖造像有广元千佛崖和皇泽寺、剑阁下寺的北朝石窟和摩崖造像，绵阳城区平杨府君阙南朝和北周造像。2007年，我们在四川中部乐至县调查时，发现马锣镇睏佛寺有一龛南朝造像，这是目前四川中部腹地发现的唯一一龛南朝造像。

[2]《续高僧传》卷第二十四，《大正藏》第五十册，第642页。

[3]《续高僧传》卷第二十八，《大正藏》第五十册，第688页。

绵竹在成都以北，广元以南。这些记载表明四川传统的道教势力十分巨大，以至于隆山、绵竹、什邡附近诸县都是道民，许多人都不识佛像，在唐初才开始有所变化。

从调查情况看，早期的道教造像主要集中在广元与成都之间，成都西安路曾出土一尊南朝道教造像[1]，绵阳平阳府君阙上有三龛北周时期的道教造像[2]，2006年11月剑阁下寺新县城建设中，在清水河岸边的崖壁上发现七龛北魏晚期风格的道教造像，这应是目前四川地区发现的开凿时间最早的道教摩崖造像[3]。以上造像地点均位于广元与成都之间。从隋代开始，四川道教造像逐渐兴盛，这时四川道教造像最多的绵阳西山观，也位于广元与成都之间。此外，巴中水宁寺千佛岩、潼南大佛寺等均有了较集中的道教造像龛。至唐代，道教造像遍布四川各地，成为四川石窟造像中的另一支奇葩。除了剑阁下寺和鹤鸣山、丹棱龙鹄山等少数地点是单一的道教造像外，其他道教造像往往与佛教造像共存于一处，这是四川隋唐造像的特点之一。造像情况随历史背景变化而不同。

（二）龛形和装饰

这个时期摩崖造像规模很小，佛道龛像很相似，以小型浅龛为主，有少量大型龛。小型浅龛主要有尖拱形龛、圆拱形尖楣龛、外方内圆拱形龛等几种类型。通过纪年材料，我们可以知道，隋代流行的小型圆拱形尖楣龛，龛楣以素面为主，少装饰，如潼南大佛寺隋大业六年（610）的三龛道教造像，绵阳西山观隋代大业六年（610）、大业十年（614）及唐初道教造像龛等。大型尖拱形龛只见于皇泽寺28号大龛。还有一种由方形、圆拱形和佛帐形龛组成的三层龛，见于巴中西龛21号龛，外层方形，内层圆拱形，中层佛帐形，模仿佛帐的正立面，雕出帐脊、帐楣、帐柱等，装饰十分华丽。佛帐形龛是巴中地区唐代最流行的龛型。装饰纹样方面，连珠纹使用十分普遍，在龛楣以及造像的头光、宝冠、项圈、璎珞、佛座上大量分布，不仅是这个时期最流行的纹样，也是最显著的特征。

---

[1] 成都市文物考古工作队：《成都市西安路南朝石刻造像清理简报》，载《文物》1998年第11期。

[2] 孙华：《四川绵阳平阳府君阙阙身造像——兼谈四川地区南北朝佛道龛像的几个问题》，《汉唐之间的宗教艺术与考古》，文物出版社2000年版。

[3] 因该处造像挖出后很快被回填，据剑阁文管所蒲龙先生介绍，中间一龛最大，龛侧有“大代……”的铭文。

造像功德主中以蜀王杨秀的官爵最高，他曾在益州造千尺道像，皇泽寺28号龛也有可能是他出资捐造的[1]。其余造像者多是僧人、道士或者普通百姓，这也是龛窟规模普遍较小的原因。可移动造像发现较少，有纪年的仅见彭州龙兴寺出土道教造像，成都等地出土的这时期的可移动造像多无纪年。

（三）造像题材与风格

这个阶段造像题材很多，有释迦、弥勒、西方三圣、二佛、三佛、双观音、天龙八部、定光佛；道教的天尊、护法群像等。组合有五尊像（一佛二弟子二菩萨），七尊像（五尊加二力士）、九尊像（七尊加二天王），龛后壁多浮雕菩提双树，双树间雕2—8身不等的天龙八部等护法像，有的多至10多身。道教造像以一天尊二胁侍三尊像的组合常见。值得重视的是这个时期新出现了天龙八部雕刻。天龙八部[2]在四川石窟中以广元皇泽寺28号窟最早，约在隋代；其次是皇泽寺唐初贞观二年（628）开凿的13号窟和梓潼卧龙山贞观八年（634）僧人道密所开凿的四面龛（其中两个窟后壁浮雕有天龙八部）。之后从唐初一直持续到五代均有雕刻，以盛唐时期最为繁荣，安岳圆觉洞23号佛道合龛右壁所凿之天龙八部，时间约在五代前蜀时期。

这个阶段的造像风格与6世纪前半叶的南朝时期相比有了很大变化，佛像均螺发，面相长而丰满，躯体健壮。流行双领下垂式袈裟，袈裟右领在腋下内折，右肩敷偏衫。内着袒右肩僧祇支，胸、腹间十字形结带。有的佛像袈裟下摆悬垂座前，还有南朝时期“悬裳座”重重叠叠的遗风。佛像戴耳珰、手执桃形宝珠也是这个时期比较常见的做法。佛像戴耳珰最早见于成都出土梁太清三年（549）释迦双身像，之后有广元出土的北周兴安县令刘约造像碑，以及皇泽寺15号、46号龛，巴中西龛18号龛等主尊都饰耳珰（图4-1-11）；绵阳壁水寺初唐时期佛像都有圆形大耳铛，本节所举图片中

---

[1] 王剑平：《广元皇泽寺28号窟时代续考》，《2005年重庆石刻国际学术研讨会论文集》，文物出版社2007年版。

[2] 所谓天龙八部，《妙法莲花经》记为：“天、龙、夜叉、乾达婆、阿修罗、紧那罗、迦楼罗、摩睺罗迦”八部：一天众，包括欲界、色界诸天，常见的帝释天、梵天、四大天王等。二龙众，有八大龙王以及百千眷属。三夜叉，亦名药叉，食人，飞行空中之鬼神。四乾闼婆，译作香阴，帝释天之乐神。五阿修罗，译作无端，容貌丑陋，好斗，常与帝释天战斗，有四阿修罗王及其百千眷属。六迦楼罗，译作金翅鸟，有四迦楼罗王及其眷属。七紧那罗，译作歌神，似人而头上有角，故名人非人，为帝释天之乐神，有四紧那罗王及其眷属。八摩睺罗迦，译作大蟒神。八部中以天、龙二部为上首，故名“天龙八部”。四川造像中各部用以区别的特征明显，而且从图像出现开始至五代，标志性主体特征几乎没变。

的主尊也差不多都有圆形耳铛。手执宝珠的佛像早期见于四川大学藏梁中大通四年(532)释迦像。因此,佛像饰耳珰和手握桃形宝珠极可能是四川成都地区萧梁晚期出现的一种样式,在四川地区一直流行到唐初贞观时期,并影响到其他地区同期造像,个别地方保留到盛唐时期[1]。这个时期有四川最精美的菩萨像,

图4-1-11　巴中西龛18号龛

如广元皇泽寺28号龛(图4-1-12)、成都万佛寺持瓶观音像(图4-1-13)、成都同仁路2014年新出土菩萨像等。菩萨身姿绰约,装饰繁细,头戴三珠形宝冠,缯带长垂于肩侧。饰连珠纹项圈,有的胸前缀悬一个大铃铛,X形连珠纹璎珞或玉米蕙状的大璎珞交叉于腹前,有的还要沿体侧再饰一道U形长璎珞,装饰华丽。帔帛饰法多样,既有旧的风格如X形帔帛,也出现了如横膝部一道或两道的新做法,显示出过渡时期新、旧因素交织的特征。总之,菩萨的装饰以北周、隋代最为华丽和繁缛,至唐代贞观初年开始简化,时间越晚,简化趋势越明显。天王和力士造像还比较少,但很有特色。隋代的力士多戴项圈和饰X形连珠纹璎珞,装饰较复杂。如我们认为开凿于隋代的皇泽寺28号龛和巴中西龛21号龛的力士都戴项圈和装饰璎珞(图4-1-14)。贞观初年,力士就只戴项圈,没有了连珠纹璎络,如皇泽寺开凿于贞观二年(628)的13号龛及与之时代接近的55号、56号龛;越往后,项圈也不戴了,如贞观四年(630)开凿的茂县点将台1号、2号、3号、5号、6号等龛,除1号龛力士戴项圈外,其他几龛力士似乎都不戴项圈;贞观八年

[1] 佛像戴耳珰和手执桃形宝珠还见于陕西慈善寺2号窟主尊和关中出土的佛像以及云南巍山出土的佛像;在四川地区盛唐时期开凿的安岳卧佛院大卧佛还戴耳珰。可见,此风格的佛像影响了关中地区和云南地区的造像,并在四川地区流传很久。对此种风格的佛像目前学术界还没有比较准确的解释。由于目前见到的最早实例是成都萧梁时期的佛像,考虑到成都南朝造像受建康地区的影响,推测此种风格的佛像应渊源于建康地区。宝珠是佛舍利的化现,或许和梁武帝崇奉佛舍利有关。这种新样式的佛像出现后在四川地区得到了模仿和追捧,在北周、隋、唐初的佛像造作上十分流行,只不过后来的造作者只是继承了前朝的样式,可能已经不太明白它最初的意义了。

图4-1-12　广元皇泽寺28号龛

图4-1-13　成都万佛寺菩萨立像正面

(634)的卧龙山雕刻，六身力士除一身戴项圈外，其余五身力士也不戴项圈。这时戴盔着甲的天王形象开始成对出现，但数量不多，皇泽寺56号龛、巴中西龛21号龛都有雕刻。皇泽寺56号龛天王头戴盔，身着两裆甲，系护颈，披披风。左天王腰挂剑鞘，右手执环首剑，脚穿靴；右天王虬髯，左手执环首剑，右手握剑鞘，脚穿麻鞋。西龛21号龛左天王头束发，发带上翘，系护颈，身着两裆甲，右手握剑囊，臂绕帔帛，游戏坐于须弥座上，垂下的一脚踩在地鬼头上。2014年成都同仁路出土的四身天王像是目前所见四川最早的单尊天王像。总的来看，这个时期的天王雕刻都比较瘦小、纤细，不及力士威猛雄壮。

这个时期有几种比较特别的像座，瓶花承托莲座、狮子口衔莲花承托莲座、八角束腰座基承托莲座等。特别是八角形座基，转角处雕兽头或宝珠，十分华丽(图4-1-15)。弟子、菩萨立于兽吐莲茎或宝瓶生出的莲茎承托的莲座上，莲茎很高，使座高基本上接近像高成为这个时期造像的一个特征。与南北朝时期以低莲座或平座为主的情况有所不同，瓶花承托莲座在南朝梁时已很流行，但那时莲花座下面莲茎与宝瓶所在的空间比较空，茎、叶及宝瓶雕刻的深度较莲台部分要浅。而这个阶段莲茎与莲叶将空间几乎塞满，莲茎与莲花台在壁面上雕刻的深度基本一致。

图4-1-14 巴中西龛21号龛

图4-1-15 巴中东龛1号龛
（初唐）

四、7世纪中期至8世纪前期的造像样式

这一期的造像我们有专门的分期研究成果，主要是姚崇新的《巴蜀石窟造像初步研究》和雷玉华的《巴中石窟研究》，这里的全部内容均来源于此两项研究成果[1]。

本期（盛唐时期，即唐高宗至开元、天宝时期）早段（唐高宗时期）的造像很少，包括嘉陵江流域广元第三期、巴中第二期第一阶段的造像，目前几乎没有明确的纪年窟龛发现。摩崖造像多数集中在武周、开元时期，即广元石窟的第四期，巴中石窟的第二期第二阶段、第三期。数量和龛像类型多，嘉陵江流域的龛像，可作为本阶段川渝地区造像的典型代表。但巴中与广元两个区域的窟龛类型和造像题材稍有不同，两者大体以旺苍、剑阁为界，以西、以南区域与巴中造像类型与风格相同，广元类型则只包括其城区附近的千佛崖、皇泽寺，广元观音岩则是天宝以后的龛像，属于第四期。这一期中，武周至开元初期、开元末至天宝时期的造像实际上也有一些变化，参见雷玉华、姚崇新的相关研究[2]。

广元第四期的造像时间为7世纪末至8世纪前期（相当于武周至开元十年左右），多有造像题记，是广元石窟造像水平最高、技艺最成熟的时期，各种窟龛型制变化最多，也是千佛崖造像最兴盛的时期。代表窟龛有千佛崖535号、493号、366号、365号、400号、512号、689号、805号、806号、513号、169号、213号、214号、211号、86号、116号等窟及一些早期大窟中的小龛，大量窟龛都有纪年题记。主要窟型有方形平顶窟，如千512号大云洞；平面呈横长方形，穹窿顶，三壁造像的大窟，如千535号莲花洞；背屏式佛坛平顶方形窟，平面呈横长方形，中央设横长方形佛坛，坛上造像，像后背屏直通窟顶，如千365号（图4-1-16）、366号菩提瑞像与弥勒窟，千805号、806号供养人窟与多宝窟；有的窟有少许前壁，如千689号千佛窟（图4-1-17）；带前室的方形平顶中心柱窟，前室呈横长方形，如千400号中心柱窟。大型龛有敞口圆拱形摩崖大龛，习惯上称为敞口圆拱形窟，平面呈马蹄形，圆弧形顶，如千493号神龙窟；横长方形敞口平顶摩崖大龛，

[1] 广元、巴中石窟的分期，分别参见雷玉华：《巴中石窟研究》，民族出版社2011年版，第180—182页；姚崇新：《巴蜀佛教石窟造像初步研究——以川北为中心》，中华书局2011年版，第117—119页。

[2] 同上。

图4-1-16　千佛崖第365窟(广元四期)

图4-1-17　千佛崖第689窟(广元四期)

如千169号五大菩萨龛、150号龛；外方内圆拱形双层敞口摩崖大龛，外龛方形平顶，内龛平面呈马蹄形，顶部略呈弧形，如千187号先天窟、214号卢舍那龛；有的内龛有尖拱形龛楣，如千116号龛；有的内龛较深，有桃形龛楣，平面呈马蹄形，顶部略呈弧形，如千513号韦抗窟；有的内龛很深，近似于方形浅窟，如千86号阿弥陀窟；有的内龛很深，外龛沿壁凿坛，并延至龛口处，坛上列像，如千213号。小型龛有单层圆拱形浅龛，如千726-17号、千211号、千746-9号、千806-38号；外方内圆拱形双层浅龛，如千268号、251号。

武周至开元时期千佛崖造像有以下特点：第一，开凿了大批大、中型洞窟。除以上所举窟龛外，还有近50个大、中型洞窟是在这个时期完成的。第二，具有地方特色的龛窟样式得以确立。出现了两种新样式，一是外方内圆拱形龛，这种龛外室只凿出一个较浅的方形敞口，内室为平面呈马蹄形的圆拱形龛，一般较浅，适合南方摩崖造像的特点，这是广元造像中最多的龛型样式，约占龛窟总数的十之七八。二是中心坛背屏式窟，这种窟一般规模较大，平面呈方形，平顶，在窟中央留出一个横长方形坛，坛上设像，像后镂雕菩提双树及人形化天龙八部作为背屏。借鉴了地面寺院中佛殿内佛像设置的方法，在国内同期石窟中比较少见，千佛崖也只有七个，均开凿于高宗后期至开元年间。第三，造像比例协调，是广元石窟艺术水平最高的阶段。佛像身形健壮，通肩袈裟多以泥条形式表现衣褶。坐像多披双领下垂式袈裟，袈裟领边在胸下内折后再垂下，多露出内衣领边和袖口。脸形方圆，颈部有三道蚕节纹，双肩和胸部宽厚，胸肌窿起。弟子多以一老一少形象表现，老者常披袒右肩袈裟，少者着交领衣，常常一人持香炉，一人托经盒。菩萨多戴三珠冠，面形丰腴，帛带自双肩下垂横腿上两道后垂于体侧，两串瓔珞呈X形交叉于腹前，交叉处饰宝相花或圆璧，身体呈S形站立，突出腰部曲线。天王均着武士装，与同期唐代墓葬出土的武士俑相似。力士均裸上身，叉腿立于窟龛两侧，作忿怒用力状，肌肉夸张。造像比例适中，菩萨、力士、供养天、一老一少的弟子，不同人物形象表现得恰到好处。第四，造像题材广泛、内容丰富。常见的题材主要有释迦佛、药师佛、阿弥陀佛、三世佛、释迦多宝佛、弥勒佛、菩提瑞像、地藏菩萨、十大弟子、千佛、涅槃故事、天龙八部等。第五，出现了与密教经轨相关的题材，如药师佛、沙门形地藏、地藏十王、如意轮观音等，多早于四川其他地方同类题材。

武周时期至开元初年在巴中石窟分期中属于第二期第二阶段，这个时期巴中的造像数量大增，雕刻也最精美，除开凿了一些大龛外，还出现了大量的小型龛。以南龛116号，北龛7号（图4-1-18）、12号、14号，西龛10号、44号等龛以及兴文沙溪龛像为代表，其中西龛10号龛有开元三年（715）造像题记。龛形主要有第一期流行的三层龛，但第二、三层龛的装饰发生了变化，内龛龛楣上仍然雕刻卷草和七佛、伎乐等，但卷草纹粗大，已成主要纹饰。中层龛檐顶和檐面有了很大变化，檐面上分格雕刻团花等程式化的装饰图案，檐面下方饰垂帐纹，帐纹呈连续的圆弧形，外面垂珠链，有的上层檐顶上雕八尊坐佛像，龛内像坐下一般有变形高莲茎，如北龛7号龛，这是承袭的上一期贞观时期造像的特点。流行的龛形有了变化，以双重龛为主，主要龛形为外方内佛帐形和外方内圆拱形龛两种，圆拱形内龛龛楣上常饰宽大的忍冬纹。佛帐形内龛有单重檐和双重檐之分，檐顶和檐面雕饰相对于下一期较简单。部分龛内顶部主尊头上方雕出了华盖，主尊有华盖在下一期成为一种流行特征。造像组合以一坐佛二弟子二菩萨二力士立像居多，

图4-1-18　北龛7龛（巴中二期前段）

如沙溪造像，多为此类组合，龛前部常雕刻二狮。这期最大的特点是产生了大量中小型龛，尤其是小型龛，数量众多，而且常常成组开凿，沙溪就是同时成组开凿的一群小龛。可识别的流行题材主要有三佛、菩提瑞像、阿弥陀佛与五十二菩萨、弥勒、成组的菩提瑞像与弥勒佛像、释迦与弥勒、阿弥陀佛、药师佛及十二药叉大将、天龙八部像等。这一时期，巴中各类造像的形象与广元同期的造像基本相同。广元、巴中以外的区域大多有了造像，尤其是开元十年（722）以后。武周到开元时期，广元与巴中的造像样式实际上都来自“长安模式”。

开元后期至天宝时期在巴中石窟分期中属于第三期，以南龛69号、71号、77号、83号、89号龛，麻石垭4号龛等一批有纪年的龛像为代表。龛形主要以外方内圆拱形龛和外方内双层檐佛帐形龛为主，以后者居多。造像组合以一坐佛二弟子二菩萨二天王二力士立像居多，龛前部雕刻二狮，二狮之间置香炉，外龛两壁下方左右侧多雕供养人，一般一排男像、一排女像，这种组合和格式几乎集中出现于开元后期至天宝时期。龛形和造像特征与这一区域内的第二期后一阶段（武周至开元初期）基本相同，但造像组合中一般都有二天王立像，不再是二天王坐像，天王的数量增加了，而且多有凸起的肚子，身材粗壮，与武周时期修长的身材不同。武周至开元初期流行的一佛二弟子二菩萨二力士的组合不再流行，而以一佛二弟子二菩萨二天王二力士，再加二狮及天龙八部和供养人为较固定的组合。龛形也以外方内二重檐佛帐形龛为主，龛饰和造像雕刻精细繁琐，但多呈现出格式化的特征，因而较武周至开元初期造像显得呆板，主尊头上方多有圆柱形或莲花形华盖。造像形象以丰满健壮为主，晚期出现了偏胖的形象，但菩萨像腰部仍有曲线。题材最丰富，可识别的题材有释迦、弥勒、释迦与弥勒并坐、菩提瑞像与弥勒并坐、佛道合龛、菩提瑞像、陀罗尼经幢、阿弥陀佛与五十二菩萨、药师佛、三世佛以及天龙八部像等，最流行的是释迦或菩提瑞像与弥勒并坐或凿于相邻之二龛中，最有特点的是阿弥陀佛与五十二菩萨和佛道合龛像。

开元以后，除了川北的巴中地区佛帐形龛所占比例较大、造像组合中有天王像的龛所占比例大、广元没有佛帐形龛以及背屏式佛坛窟仅见于广元千佛崖之外，川渝全域造像其他特征大都趋于一致。而新出现于巴中南龛的天宝十年（751）摩崖雕刻陀罗尼经幢，是四川迄今为止所见最早有明确纪年的经幢，从此，陀罗尼经幢流行于川渝全域，直至清代、民国时期。

五、8世纪中期至9世纪前半叶的造像样式

本期造像（唐代中后期，即安史之乱以后的8世纪后半叶到9世纪中叶）包括广元的第五期，巴中的第四期、第五期前一阶段。广元第五期造像为8世纪后半叶及其以后造像，以天宝以后至武宗会昌年间造像为主，千佛崖造像主要是早期大窟中补凿的小龛像。代表龛像有千513-11号，观43号、44号等龛，多龛造像有纪年题记。龛型主要有方形浅龛，如千513-11号、观45号等龛；有尖拱形龛楣，如千365-1号等龛；有圆拱形龛楣，如观40号等龛（图4-1-19）；有圆拱形浅龛，如千744-5号等龛；有外方内圆拱形双层浅龛，如千178号、258号，观5号、6号、25号（图4-1-20）、43号、65号、119号等龛；有内龛较深，平面呈马蹄形，龛底部凿坛，有的坛延至外龛两侧，如观18号、19号、46号、47号（图4-1-21）、101号、102号等龛。巴中第四期，以一组乾元年

图4-1-19　观音岩40号龛（广元五期）

图4-1-20　观音岩25号、26号龛（广元五期）

图4-1-21　观音岩47龛（广元五期）

图4-1-22　南龛65龛（巴中五期后段）

间（758—760）造像为代表，下限至会昌之前，以南龛65号（图4-1-22）、87号等有纪年龛像为代表。仍流行外方内双层檐佛帐形，但出现了两种简化的龛型，即外方内圆拱形素面龛和外方内纵长方形或横长方形素面龛，有的内龛上方两角抹角。

这个时期，川渝全域造像特征比较一致，大都规模很小，只有小龛，不见大龛大窟，龛型和造像都较粗糙。龛型、造像形体和衣饰上保留了前一期造像的基本形式，但总的情况是趋于简单粗陋，造像人物丰腴，多有肥胖之感，有的脸部显得臃肿。造像题材与内容基本相同，以观音像居多。如千佛崖513-11号内的如意轮观音与有唐咸通装彩题记的巴中南龛16号龛如意轮观音形象相同（图4-1-23）。造像组合有一坐佛二弟子二菩萨二天王二力士、一佛一弟子一菩萨立像、二菩萨立像、一弟子一菩萨立像、单尊弟子立像、单尊菩萨立像、单尊天王立像以及一天王侍立三天王一俗装人像、一佛二弟子二菩萨二力士等组合。龛形趋于简化，出现了大量的小型单尊造像龛。造像形象分两种：一种面部宽大，丰腴有余，无论是菩萨、弟子还是天王像身躯多呈圆桶状，显得宽胖，菩萨短颈抬肩，脸下半部分宽大，项圈上挂饰复杂的璎珞，璎珞层层叠叠呈网状下垂，腰部已无曲线，弟子和天王多有突起的肚子。另一种造像从龛形、组合到造像形象上都有简化趋势，造像也不太肥胖，与第二期的菩萨近似，但雕刻粗糙呆板。除了前一期流行的题材外，安史之乱后，出现了地藏与六道轮回、观音与地藏并立、阿弥陀佛与观音和地藏并立、毗沙门天、大量的观音立像、文殊和普贤等造像，反映西方净土信仰的阿弥陀佛与五十二菩萨的龛像减少，并出现简化趋势，代之而出现的是阿弥陀佛与二胁侍菩萨，龛内两侧雕出天宫楼阁的形式，如巴中西龛53号龛、旺苍阳岳寺阿弥陀佛与五十二菩萨龛等（图4-1-24）。

图4-1-23　南龛16龛（巴中四期）

图4-1-24　阳岳寺天宝年间（742—756）阿弥陀佛与五十二菩萨（其他四期）

至9世纪中叶前后，仍然有外方内圆拱形龛、外方内佛帐形龛，但以外方内纵长方形或横长方形素面龛和外方内单层檐佛帐形龛居多。造像组合也以大量单尊像为特点。造像题材有毗沙门天王、观音、观音与地藏等，巴中最有代表的造像题材阿弥陀佛与五十二菩萨造像在巴中地区完全消失，在川西等其他地方则仍然流行，但多以天宫楼阁式西方净土变代之，而且仍不见于广元。毗沙门天王像流行于川渝全域，独不见于广元。

六、9世纪中后期至10世纪中期的造像样式

本期（唐末至五代、北宋初，即9世纪末至10世纪中期）造像，主要集中在广元、巴中以及川西、川中、川东等地。广元这一期造像主要见于千佛崖北段，千佛崖顶端和下部有少量造像。以大量的单龛观音像为主，皇泽寺1—9号龛也属于这一阶段。在研究广元造像时没有单独分期，而是将它们归到了广元的第五期，主要流行双层长方形浅龛，造像内容有经幢、单尊观音、单尊地藏、地藏与六道、地藏与观音、四臂观音等，其中皇泽寺6号经幢与四川邛崃龙兴寺遗址出土的9世纪经幢相同[1]。巴中第五期后一阶段属于这个时期，以南龛第六组造像为代表，龛形仍然以外方内佛帐形龛为主，但内龛顶部多为半月形平顶，顶壁交接处明显，底部有的变为梳背形。造像组合除了大量单尊或双尊立像外，有一佛二弟子二菩萨二力士、一佛二力士等组合，还有三佛二弟子二菩萨二力士等较为复杂的组合。造像脸部浑圆多肉，头部偏大，内容主要有释迦像、毗沙门天、观音、菩提瑞像等。除大量流行小型龛外，出现了如南龛103号、137号等大型龛。阿弥陀佛与五十二菩萨以天宫楼阁式在川西、川中与川东广为流行，两侧多雕出十六观内容，但不见于广元和巴中；同时，川西、川中与川东出现了大量千手千眼观音像，川北少见，绝不见于广元和巴中；毗沙门天王像不见于广元。

前几期造像最多的广元、巴中等区域极少见五代造像。目前所见的五代造像以嘉陵江支流涪江流域的安岳境内居多，且多有纪年。有纪年的造像地点主要有圆觉洞、庵堂寺、灵游院等处；岷江流域的蒲江飞仙阁也有部分五代纪年造像。主要流行方形佛帐形龛、圆拱形小龛、横长方形大龛等。龛形大多简单，少装饰。造像形象与晚唐造像相似，体态与衣饰都稍有不

[1] 邛崃龙兴寺遗址出土9世纪经幢较多，主要藏于四川大学博物馆、邛崃市博物馆。

图4-1-25 阳岳寺五十三佛（其他四期）

同。造像题材有各种形式的观音像、各种形式的地藏像、释迦三尊像、阿弥陀三尊像、有天宫楼阁的西方净土变造像、十六罗汉像、地藏十王像、千手观音、五十三佛（图4-1-25）、千佛像、千菩萨像等。北宋初期，基本上延续了这些造像。观音造像中，水月观音、千手千眼观音、白衣观音、救苦观音、数珠手观音、解冤结菩萨、花聚菩萨等大量新形象出现，其中后面五种菩萨像主要见于安岳、大足地区。还出现了观音救八难的内容。

在构图上，出现了与敦煌等地纸本、绢本图像上相同的样式，如地藏十王图、十六罗汉图等，往往在图像正中下方磨出一方壁面，刻写题记。

七、10世纪末至13世纪的造像样式

本期（北宋中晚期到南宋，即10世纪末到13世纪）造像，主要集中在安岳、大足、合川、仁寿等四川中部地区，以安岳、大足地区的密教造像、合川来滩反映禅宗思想的造像为代表。主要流形方形龛、方形平顶大窟或穹隆顶式大窟、敞顶的大窟或大龛，新出现了圆圈状的月轮形小龛、连环画式浮雕故事画（图4-1-26）、露天摩崖大像等形式。造像形象发生了很大变化，最明显的特征就是很多菩萨都披上了外衣，变成了典型的女性形象，有的还有头巾。题材内容有各种形式的观音、地藏造像、地藏十王像、西方净土变像、各种圣僧造像、半身大佛像、侧身大佛像和与以柳本尊为教主的密教相关的造像及各种道教造像等，在安岳、大足还有较多的三教合一的造像。巴中石

图4-1-26　绵阳北山院地藏十王龛

窟第六期为宋代造像，造像不多，龛形仍然是巴中传统的外方内佛帐形龛，但龛形简化，内容主要是观音像。值得重视的现象是，在安岳、大足、仁寿等川中与川东区域，北宋时期开始出现大量的半身佛像、侧身佛像；宋代还完成了唐代开工而未完工的多尊大佛像；出现了合川来滩二佛寺等与禅宗有关的造像。

四川宋代造像最大的变化就是出现了大量戴华丽镂孔雕高冠的菩萨像，而且这类菩萨均披袈裟；无袈裟的菩萨与前期样式相似，但至南宋时期，有的衣带飘扬，与早期写实的衣带样式不同；同时，不再出现披头巾的菩萨样式。佛像最大的变化就是大量侧身像、半身像以及做拈花手势的佛像的出现。十六罗汉、地藏十王图像等许多图像旁刻出图像内容及功德主名字。在安岳、大足的密教造像区，还往往配有长段故事内容题刻。

八、13世纪以后的造像样式

元代造像四川之前一直没有发现，广元千佛崖、安岳卧佛院等数处均发现有元代题记，有装彩、游记等。2016年四川大学的研究生邓川等同学在川北通江调查时，发现了元代造像龛。此前西华师范大学的蒋晓春教授带领学生调查时在重庆钓鱼城附近也发现有元代造像，但数量有限，资料均未公布。元代造像与此前造像最大的不同是受到了藏传佛教造像的影响，出现了很多新内容，造像样式上最明显的就是出现了大量的顶严与宝珠同时装严佛像的样式。

明清时期摩崖造像与洞窟均有。川南的泸州玉蟾山明、清造像，除均保存了前期的方形、圆拱形等龛形特点外，还保存了川东区域宋代以来流行的月轮形小龛的特征，造像有宋代即流行于此区域的侧身佛像、十八罗汉、千手观音等。本期的千手观音为立像，十八罗汉多配有山岩座。叙永造像除了以上特征外，还多了一些民间俗神的内容。川西明代成规模的造像以大邑药师岩为代表，主要是圆拱形龛和不规则的龛，龛形简单，多无装饰。造像内容有十菩萨、大肚弥勒、释迦与文殊普贤三尊、南海观音（图4-1-27）、千手观音、中土的圣僧等，以大肚弥勒像最多（图4-1-28）。清代造像则多数世俗化明显，很难有成规模的佛教、道教造像。

图4-1-27　药师岩12号窟右壁观音像

图4-1-28　药师岩9号龛全景

九、结语

四川石窟寺和摩崖造像是中国石窟寺链条中极为重要的一环，离开了四川，中国石窟寺和佛教史的研究是残缺和不完整的。但四川佛教、道教石窟寺和摩崖造像分布范围广、地点多、区域差异大，要对四川数以千计的石窟寺和摩崖造像地点进行全面的考古调查与研究并不容易，本节是在笔者多年田野调查所获资料的基础上，对四川石窟寺和摩崖造像的分区、分期进行探讨，对各区、各期的样式与风格特点进行归纳总结，这仅是四川石窟寺和摩崖造像研究的一个开始。四川各区域佛教石窟寺的来源、产生的历史背景、题材、造像铭文、社会影响等，都应该是我们研究的问题。相信随着研究的深入，四川石窟寺和摩崖造像将发挥它应有的学术价值。

本节作者简介：

雷玉华，女，四川大学博士，成都文物考古研究所佛教考古研究所所长、研究员。主要研究方向为佛教考古。主要研究成果有《巴中石窟研究》（民族出版社2011年版）、《巴中石窟内容总录》（执笔，巴蜀书社2006年版）、《广元石窟内容总录》（执笔，巴蜀书社2008年版）等。

第二节 从张石安释迦佛造像座乐舞图像组配规律看佛教艺术样式信息整理途径

对于佛教艺术模式与样式的研究，学界取得了丰富的研究成果，并且随着新资料的发现与发表，对佛教艺术模式与样式的研究依旧具有广阔的探索空间。关照学界的相关研究，从研究方向来看，大致可以分为三个视角：一是对佛教艺术模式与样式源流、轨迹的追溯和梳理。通过对佛教艺术模式与样式源流的探索，寻找佛教艺术模式与样式发生、发展之根源与演变，从而透析催生佛教艺术模式与样式生发的文化、历史、地理等因素以及佛教艺术模式与样式发展的规律。二是在掌握佛教艺术模式与样式发展源流及轨迹的基础上，对某一具体模式与样式进行类型归纳与风格划分。通过统计学和类型学的研究方法，以某一佛教艺术元素为对象，划分类型、归纳风格特征，总结模式与样式规律，以突出的时代、地域或典型佛教艺术形式为核心因素，科学严谨地证明、归纳出佛教艺术的模式与样式。三是从深度与广度两个方面，对丰富的佛教艺术资源进行调查与研究。随着新资料的发现、新技术作用下已有资料的再发掘，展开对佛教艺术资源的扩展性新调查和深入性再探索，从纵横两个维度丰富佛教艺术的研究对象，为佛教艺术模式与样式研究提供充足的研究基础。

对于佛教艺术样式的研究，无论上述哪一种研究视角，都需要对庞杂而丰富的佛教艺术资料与信息进行整理。如何实现佛教艺术模式与样式信息的科学整理，从而全面、合理地运用相关信息研究佛教艺术样式？罗宏才教授著作《中国佛道造像碑研究》给了笔者很大的启发，即在运用佛教艺术相关资料进行模式与样式的分析研究前，需对相关信息进行严格的分析、甄别和筛选，并以规范化的研究程式对其进行系统的整理，以保证样式研究的严谨性与准确性。笔者希冀以藏于西安博物院的一座未发表的北周释迦佛造像座为例，对其充满粟特音乐特征的乐舞图像样式组配进行分析，尝试对佛教艺术样式信息整理的途径进行初步探索。

现藏于西安博物院的北周张石安释迦佛造像座，四面皆有线刻，正面为发愿文、香炉、供养人和护法天王；背面为经变故事；左右两面分别刻画七身手持不同乐器的乐伎，左侧为七身着胡服的男性立姿粟特伎乐人（图4-2-1），右侧则为七身立姿伎乐天和两身身形较小的舞姬（图4-2-2）。这两面线刻所营造的乐舞场面，具有浓厚的粟特音乐文化特点。

随着西汉丝路的凿空，西域胡人逶迤通过这条商业通道进入中原，其中来自撒马尔罕的粟特人最善经商，他们沿着丝绸之路来到当时的政治、文化、经济中心长安，并在此定居。近几年在西安发现的安伽墓、康业墓和史君墓就印证了粟特人曾在华定居生活。北周中后期，随着大量粟特人进入长安，粟特音乐也随之传入并产生巨大影响。《旧唐书·音乐志》载："周武帝聘虏女为后，西域诸国来媵，于是龟兹、疏勒、安国、康国之乐，大聚

图4-2-1　北周天和六年（571）张石安释迦佛青石造像座左面

图4-2-2　北周天和六年（571）张石安释迦佛青石造像座右面

长安。”[1]《隋书·音乐志》载：“天和六年(571)，武帝罢掖庭四夷乐。其后帝娉皇后于北狄，得其所获康国、龟兹等乐，更杂以高昌之旧，并于大司乐习焉。”[2]西域粟特音乐首先进入统治者的生活。北周粟特乐舞的特点主要表现在其乐器的种类和乐舞组配中，安伽墓、史君墓、虞弘墓等著名粟特人墓葬中，极富民族特色的石质葬具保存了丰富的粟特乐舞图像。将这些图像与张石安释迦佛造像座左右两面的线刻进行比较，可以发现，左侧男性乐伎的样貌特征、发式、服装等方面都与粟特人墓葬中的乐舞伎形象吻合，特别是史君墓石椁西壁上的粟特人乐伎和他们手持乐器以及演奏的姿态，与张石安释迦佛造像座上的男性乐伎的刻画更是如出一辙。

在探析北周张石安释迦佛造像乐舞图像组配规律之前，通过对石质葬具上表现的乐舞图像进行梳理，可以在一定程度上总结出北周粟特乐舞图像的模式。关照与张石安释迦佛造像座乐舞图像具有极高相似度的同时期粟特乐舞图像样式的组配规律，一方面可以作为图像研究的补充；另一方面更能突出张石安释迦佛造像座乐舞图像样式的佛教艺术属性。

一、北周粟特人墓葬乐舞图像及其组配规律

据目前笔者所掌握的资料，有明确纪年或公认的北周粟特人墓葬有三座，即陕西西安市北郊大明宫附近出土的安伽墓、史君墓、康业墓。其中，康业墓中的石质葬具中没有表现乐舞场面的图像，故不作为本节的研究对象。

出土于山西省太原市晋源区王国村的虞弘墓，之所以被笔者作为研究对象而纳入分析，是因为虽然其墓志记载虞弘葬于隋开皇十二年(592)，为鱼国人，但在隋建国以前，他曾担任北周“校验萨宝府”，掌管各种来华外国人的事物，故笔者也将虞弘墓中石质葬具中所反映的乐舞场面纳为研究分析对象。

安伽墓、史君墓、虞弘墓三座粟特人墓葬中的石质葬具上布满浮雕、线刻，是墓主人宗教信仰、生前生活的写照，其中部分图像再现了粟特人的乐舞场面，通过对石质葬具上表现的乐舞图像进行梳理，可以在一定程度上总结出北周粟特人的乐舞系统模式。现笔者梳理如下：

[1]（后晋）刘昫等：《二十五史（全本）·旧唐书》，新疆青少年出版社1999年版，第169页。
[2]《隋书（卷十四）·志第九》，清乾隆武英殿刻本，中国基本古籍库。

表4-2-1　北周粟特人墓葬中的乐舞场面

序号	出土地点	图像及名称	乐器	规模
1	陕西省西安市北郊大明宫乡炕底寨村	 图4-2-3　安伽墓石门额祆教祭祀图（摹本）	曲颈琵琶、竖箜篌	2人奏乐
2	同上	 图4-2-4　安伽墓正面屏风第一幅奏乐舞蹈图（摹本）	曲颈琵琶、竖箜篌	2人奏乐、1人跳舞
3	同上	 图4-2-5　安伽墓正面屏风第六幅奏乐舞蹈图（摹本）	琵琶、竖箜篌、排箫	3人奏乐、1人跳舞

续 表

序号	出土地点	图像及名称	乐器	规模
4	同上	 图4-2-6　安伽墓右侧屏风第二幅奏乐宴饮舞蹈图（摹本局部）	曲颈琵琶、横笛、腰鼓	3人奏乐、1人跳舞
5	同上	 图4-2-7　安伽墓正面屏风第二幅乐舞宴饮图（摹本局部）	琵琶、筚篥、竖箜篌	3人奏乐
6	陕西省西安市未央区大明宫乡井上村东	 图4-2-8-1　史君墓石堂南壁正面浮雕乐伎（摹本）  图4-2-8-2　史君墓石堂南壁正面浮雕乐伎（摹本）	曲颈琵琶、毛员鼓（都昙鼓）、扁鼓、筚篥、竖箜篌、琵琶、横笛、排箫	8人奏乐

续 表

序号	出土地点	图像及名称	乐器	规模
7	同上	 图4-2-9-1 史君墓东门框（摹本）  图4-2-9-2 史君墓西门框（摹本）	曲颈琵琶、排箫、法螺、竖箜篌、横笛、筚篥	7人奏乐
8	同上	 图4-2-10　史君墓石堂北外壁后壁浮雕（摹本）	曲颈琵琶、横笛、腰鼓、琵琶、竖箜篌、笙	8人奏乐

续 表

序号	出土地点	图像及名称	乐器	规模
9	同上	 图4-2-11 史君墓石堂北外壁后壁浮雕（摹本）	琵琶、霹雳、曲颈琵琶、竖箜篌、横笛、腰鼓	6人奏乐、1人跳舞
10	山西省太原市晋源区王国村	 图4-2-12 虞弘墓椁壁浮雕（摹本）	曲颈琵琶、腰鼓、筚篥、竖箜篌、横笛、排箫	6人奏乐、1人跳舞

表4-2-1收集的十幅（组）反映北周粟特音乐的图像，再现了北周粟特人宗教祭祀和宴饮娱乐中的音乐场面，可以从题材、身份、规模、布局、乐器及组配、舞蹈与音乐的组配等几个方面对北周粟特乐舞组配规律进行初步整理。

（一）乐舞场面题材

表4-2-1的十幅（组）图，从题材上可以分为世俗和宗教两大类。表现世俗题材的图像所占比例较大，多体现宴饮娱乐和出行狩猎。反映宗教题材的三幅图，体现了粟特人对祆教和景教的信仰。

1号安伽墓石门额祆教祭祀图，画面中间为一座由两头骆驼驮起的火坛，火坛两边分别为手持乐器演奏音乐的伎乐天。9号史君墓石堂北外壁后壁浮雕摹本9、10号虞弘墓椁壁浮雕，反映的是祆教娜娜女神（Nāna）与墓主人交谈的画面[1]。7号史君墓门东、西两侧门框上刻画的伎乐天皆有羽翼，这种形象的伎乐天与从罗马传来的景教有关[2]。

（二）乐伎身份与乐队规模

音乐题材与演奏者身份关系紧密，不同的乐舞题材，乐伎身份不同。乐伎主要有两类：世俗乐伎、伎乐天。在反映宗教题材的乐舞场面中，其乐伎为世俗乐伎和伎乐天。而反映墓主人生前宴饮娱乐的画面，往往只有世俗乐伎为筵席助兴，天界的伎乐天一般不出现在此类乐舞场面中。总体来看，不同题材下粟特人宴饮或祭祀中乐舞表演的规模为2—8人。其中舞姬人数为1—2人，演奏乐队的规模为2—8人。

（三）演奏乐队整体布局

画面中演奏乐队常围绕一个或一组参照物进行排列布局，这些参照物分别是：墓门、石堂、火坛、墓主人、筵席、舞姬。演奏乐队具体布局方式如表4-2-2所示。

表4-2-2　北周粟特人墓葬中乐舞场面的整体布局

<table>
<tr><th>分　类</th><th colspan="3">整 体 布 局</th></tr>
<tr><td rowspan="5">线形布局</td><td rowspan="2">同侧</td><td colspan="2">乐队在左</td></tr>
<tr><td colspan="2">乐队在右</td></tr>
<tr><td rowspan="3">异侧</td><td rowspan="2">对称</td><td>线形</td></tr>
<tr><td>三角形</td></tr>
<tr><td colspan="2">不对称</td></tr>
<tr><td>环形布局</td><td colspan="3">环形排列</td></tr>
</table>

[1] 毕波：《虞弘墓所谓“夫妇宴饮图”辨析》，载《故宫博物院院刊》2006年第1期。
[2] 杨军凯、孙福喜：《西安市北周史君石椁墓》，载《考古》2004年第7期。

以参照物为中心，乐队整体布局可分线形布局与环形布局两大类。

（1）线形布局可根据乐队与参照物的站位细分为：围绕参照物同侧站位、异侧站位。所有乐队成员统一位于中心参照物一侧的情况为同侧站位。异侧站位则是指乐队位于中心参照物的两侧，根据两侧乐队人数，还可以将异侧站位分为对称异侧站位、不对称异侧站位。不对称异侧站位在十幅（组）图像中只出现过一次，即史君墓东、西门框上纵向排列的伎乐天，他们没有形成东、西对称的乐器组配，伎乐天数量与位置安排也都不对称。对称的异侧站位能够再细分为线形排列的异侧站位和三角形异侧站位两种。从总体上看，对称的异侧站位在全部图像中占很大比例，在乐队排列的丰富性上具有一定的优越性。

（2）环形布局一般由两部分组成：一部分为围绕中心参照物演奏的环形乐队，人数为4—5人；另一部分则是位于环形乐队前，为2—3人组成的线形排列的小乐队。并且，环形布局的乐队共两幅，都形成了琵琶、竖箜篌、琵琶的组配和站位。

（四）乐器种类及组配

1. 乐器种类

三座北周粟特人墓葬石质葬具所展现的图像中出现了多种乐器，根据乐器的发音方式，依照乐器四分法，可以将这些乐器按照气鸣乐器、弦鸣乐器、膜鸣乐器、体鸣乐器进行分类。

表4-2-3　北周粟特人墓葬中乐器图像的种类划分

序　号	乐　器	种　类	出现次数
1	竖箜篌	弦鸣乐器	9
2	曲颈琵琶	弦鸣乐器	8
3	横笛	气鸣乐器	6
4	筚篥	气鸣乐器	5
5	琵琶	弦鸣乐器	5
6	腰鼓	膜鸣乐器	4
7	排箫	气鸣乐器	3
8	直径琵琶	弦鸣乐器	1

续 表

序　号	乐　器	种　类	出现次数
9	法螺	气鸣乐器	1
10	笙	气鸣乐器	1
11	扁鼓	膜鸣乐器	1
12	毛员鼓(都昙鼓)	膜鸣乐器	1

表4–2–3以安伽墓、史君墓、虞弘墓为观察对象,观察其中粟特人所用乐器大致有以下特点:

(1) 三座粟特人墓葬石质葬具共表现乐器12种。

(2) 乐器中无体鸣乐器。

(3) 所有乐器以气鸣乐器种类最为丰富。

(4) 膜鸣乐器使用以腰鼓和毛员鼓或都昙鼓为主。

(5) 弦鸣乐器使用以竖箜篌和琵琶为主。其中竖箜篌出现次数最多,共9次;曲颈琵琶共出现8次;所有种类的琵琶共出现14次。

(6) 由7—8人组成的规模较大的同一乐舞场面中,一种或一组乐器重复使用。通过对表4–2–1的10幅图中重复出现的乐器进行统计,反复出现的乐器分别是:琵琶(包括曲颈琵琶和其他琵琶[1])、竖箜篌及其两者的组合。

2. 乐器组配

乐器组配是研究粟特音乐组配规律的重要内容。笔者将按照乐队的规模和分组,分层级对表4–2–1的10幅(组)图中出现的乐器组配进行统计。

表4–2–4　北周粟特人墓葬中乐器图像的组配[2]

序号	图像编号	乐队规模	乐 器 组 配	备　注
1	图4–2–3	2	曲颈琵琶、竖箜篌	
2	图4–2–4	2	曲颈琵琶、竖箜篌	
3	图4–2–5	3	琵琶、竖箜篌、排箫	

[1] "其他琵琶"是指画面中没有刻画完整的琵琶。

[2] 乐器的录入顺序与其在图像中的排列顺序一致。

续 表

序号	图像编号	乐队规模	乐 器 组 配	备 注
4	图4-2-7	3	琵琶、筚篥、竖箜篌	
5	图4-2-6	3	曲颈琵琶、横笛、腰鼓	
6	图4-2-12	6	竖箜篌、横笛、腰鼓	分为两组
			曲颈琵琶、横笛、筚篥	
7	图4-2-11	6	琵琶、筚篥、曲颈琵琶、竖箜篌	分为两组
			腰鼓、横笛	
8	图4-2-9-1、4-2-9-2	7	曲颈琵琶、排箫、法螺	分为两组
			曲颈琵琶、竖箜篌、横笛、筚篥	
9	图4-2-8-1、4-2-8-2	8	曲颈琵琶、毛员鼓(都昙鼓)、扁鼓、筚篥	分为两组
			竖箜篌、琵琶、横笛、排箫	
10	图4-2-10	8	曲颈琵琶、横笛、腰鼓、直颈琵琶、竖箜篌	分为两组
			竖箜篌、直颈琵琶、笙	

安伽墓、史君墓、虞弘墓中石质葬具上所表现的12种乐器，结合7种乐队整体布局方式，在一定的乐器组配规律指导下，为墓主人营造了10幅(组)世俗和宗教乐舞场面。通过对表4-2-4的分析和梳理，可以归纳出粟特音乐中乐器使用的一些组合规律：

(1) 琵琶：琵琶[1]不但出现在每个乐队演奏场面中，有时还会在同一乐舞场面中重复使用。

(2) 琵琶、竖箜篌：琵琶和竖箜篌为粟特音乐中的基本乐器。琵琶与竖箜篌形成固定搭配，并与其他乐器相组合的情况，在10幅(组)图中共出现9次。据目前所收集的图像资料，琵琶与竖箜篌组配，是唯一可以以2种乐器组成一支乐队独立出现于乐舞场面中的乐器组配。

(3) 当3种乐器组成一支乐队进行演奏时，有3种组配方式：① 琵琶、竖箜篌、排箫；② 琵琶、竖箜篌、筚篥；③ 琵琶、横笛、腰鼓。

(4) 琵琶、竖箜篌、排箫、横笛、筚篥：规模大于3种乐器的乐队演奏中，

[1] 这里的琵琶包括曲颈琵琶、直径琵琶和图像中刻画不明的其他琵琶。

以排箫为观察点可知，排箫除与琵琶、箜篌组配外，同时会与横笛、筚篥搭配出现。

（5）琵琶、竖箜篌、筚篥、横笛、排箫：琵琶、竖箜篌、筚篥可以直接组成乐队，当与其他乐器组配时，常与横笛、排箫组合。此条组配规律的总结，着眼于筚篥在乐队中的组配，其结论与第（4）条组配规律结果相同，（4）、（5）条组配规律可相互印证。

（6）琵琶、横笛、膜鸣乐器（腰鼓、毛员鼓或都昙鼓、扁鼓）：在12种乐器中，除琵琶与竖箜篌使用频率最高外，横笛也是出现频率较高的乐器。以横笛为观察点，可以发现乐队中横笛常与腰鼓、毛员鼓（都昙鼓）、扁鼓等膜鸣乐器进行组配，其中尤以与腰鼓组合出现的次数最多。

（7）琵琶、横笛、腰鼓、筚篥：当与琵琶、横笛组配的膜鸣乐器为腰鼓时，通常筚篥与它们组合出现，形成琵琶、横笛、腰鼓、筚篥的组配规律。

（五）乐舞组配关系

安伽墓、史君墓和虞弘墓10幅（组）与音乐相关的图像中，6幅（组）有舞姬和乐起舞，其中1幅乐舞场面中含有2位舞姬。舞姬与乐器、乐队规模等乐舞组配元素之间也蕴含着一定的规律（表4-2-5）。

表4-2-5　北周粟特墓葬中舞者与乐队图像的位置关系

序号	乐队规模	人数	身份	舞者与乐队的位置关系	乐　器	备　注
1	3	2	伎乐人	左侧	琵琶、筚篥、竖箜篌	
2	2	1	伎乐人	后侧	曲颈琵琶、竖箜篌	
3	3	1	伎乐人	后侧	琵琶、竖箜篌、排箫	
4	3	1	伎乐人	左侧	曲颈琵琶、横笛、腰鼓	
5	2	1	伎乐人	左侧	腰鼓、横笛	这两种乐器的组配，是图4-2-9中环形布局乐队的一部分。整支乐队中为舞者伴奏的仅为这两种乐器
6	6	1	伎乐天	左右两侧	竖箜篌、横笛、腰鼓 曲颈琵琶、横笛、筚篥	

（1）有舞姬参与的乐舞场面中，舞姬人数为1—2人，乐队规模在2—6人之间，其中尤以2—3人的乐队较为常见。

（2）舞者与乐队的位置关系有3种：乐队位于舞者的右侧、后侧、两侧。从目前掌握的图片资料观察，乐队从不位于舞者的左侧。

（3）除表4-2-5中6号乐舞组配中的舞者为伎乐天外，其他均为胡人，都穿胡服。

（4）为舞蹈伴奏的常用乐器有：琵琶、曲颈琵琶、竖箜篌、排箫、筚篥、横笛、腰鼓。其中，琵琶、曲颈琵琶和竖箜篌运用得最为频繁。

（5）除表4-2-5中2号乐队外[1]，其他乐队中皆有气鸣乐器（筚篥、排箫、横笛）。

通过以上对三座北周时期粟特人墓葬中石质葬具上所雕刻的音乐场面的观察和梳理，可以大致勾勒出北周粟特人音乐、舞蹈系统模式的基本轮廓。

北周粟特人的音乐从题材上看，可以分为祆教祭祀、景教祭祀和世俗宴饮，其乐伎的身份可能为世俗乐伎，也有可能为伎乐天。除伎乐天外，乐伎形象皆为高鼻深目的胡人，他们或剪发或披发，但以剪发居多，穿胡服。乐舞场面的规模一般在2—8人之间，其中常伴有与乐队形象一致的胡人舞者1—2人。舞者常出现在乐队的左侧和前侧，从目前掌握的资料看，乐队不会位于舞者的左侧。整个乐舞场面中，乐队布局可分为线形布局和环形布局两类，在诸多乐舞场面中，线形布局居多。乐队所采用的乐器有12种，其中尤以琵琶、箜篌、横笛使用最为频繁。从乐器种类上看，使用的气鸣乐器种类最多，膜鸣乐器则主要以腰鼓为主，体鸣乐器没有出现在这10幅（组）图中。这12种乐器有其一定的组配规律。当乐舞场面中只有两种乐器出现时，一般皆为琵琶与竖箜篌；当3种乐器组成乐队时，有3种可能：琵琶、竖箜篌、排箫；琵琶、竖箜篌、筚篥；琵琶、横笛、腰鼓。在规模较大、乐器较多的乐队中，乐器搭配也有一定的规律，一些乐器会同时出现，如：琵琶、竖箜篌、排箫、横笛、筚篥；琵琶、横笛、膜鸣乐器；琵琶、横笛、腰鼓、筚篥。

[1] 表4-2-5中2号乐队乐器为曲颈琵琶和竖箜篌，它们两者是笔者目前掌握的图像资料中，唯一能以两种乐器构成独立乐队的组配现象。

二、北周张石安释迦佛造像座左右两面乐伎演奏乐器辨识

由于张石安释迦佛造像座石刻部分内容漫漶不清，且有些同时流行于北周的乐器演奏姿势又十分相像，加之一些乐器名称因文献资料和图像资料的缺乏而不易辨识，所以在分析张石安释迦佛造像座左、右两面乐伎组配之前，需要先对左、右两面乐伎所演奏的部分乐器加以辨识，再进行进一步的探讨。

（一）左面1号粟特乐伎所执乐器为一体鸣乐器

左面1号粟特乐伎所执乐器为一体鸣乐器，乐器名称不详，形状为环形，乐伎左手执环形器身，右手执槌敲击。

（二）左面2号粟特乐伎演奏乐器为都昙鼓或毛员鼓

唐代杜佑《通典》中载："近代有腰鼓，大者瓦，小者木，皆广首而纤腹……都昙鼓，似腰鼓而小，以槌击之；毛员鼓，似都昙鼓而稍大。"[1]

都昙鼓与毛员鼓从外形上皆与腰鼓相似，但两者与腰鼓的根本区别在于腰鼓是以双手打击鼓面，而都昙鼓和毛员鼓则是"以槌击之"。

张安石释迦佛造像座上刻画的左面2号粟特乐伎，左臂将鼓夹于体侧，右手执槌，准备敲击。故左面2号粟特乐伎演奏乐器并非腰鼓，而是都昙鼓或毛员鼓。

根据上文所引杜佑《通典》可知毛员鼓比都昙鼓大，腰鼓也比都昙鼓大，但腰鼓和毛员鼓的体量无从比较。所以，即便参照张安石释迦佛造像座右面6号伎乐天所演奏腰鼓的大小，也不能判断出左面2号粟特乐伎演奏的是都昙鼓或毛员鼓。所以，毛员鼓和都昙鼓都有可能是左面2号粟特乐伎所演奏的乐器。

都昙鼓、毛员鼓与腰鼓是同类乐器，前两者是从安国、康国、龟兹等西域方国传入的，这三种乐器在唐代被称为"正鼓"与"和鼓"。唐代杜佑《通典》载："正鼓、和鼓者，一以正，一以和，皆腰鼓也。"[2]并且，正鼓、和鼓在隋唐的《九部乐》、《十部乐》中皆为《安国伎》、《康国伎》的乐器。

---

[1]《通典(卷一百四十四)·乐四》，清武英殿刻本，中国基本古籍库。
[2] 同上。

（三）左面4号粟特乐伎演奏乐器为筚篥

左面4号粟特乐伎演奏的乐器从乐器器形和演奏姿势上判断，可能为箫，也可能为筚篥。筚篥与箫的区别在于筚篥在吹嘴的部分有哨片，而箫没有。

左面4号粟特乐伎的嘴部虽已漫漶不清，但通过与张石安释迦佛造像座左面其他粟特乐伎嘴部刻画的比较，可以判断左面4号粟特乐伎嘴部被着意刻画的部分不是嘴唇而是哨片，由此推断，左面4号粟特乐伎吹奏的乐器为筚篥。

（四）左面7号粟特乐伎演奏乐器为螺

左面7号粟特乐伎演奏的乐器，从演奏姿态上看，或为埙，或为法螺。"埙，曛也，立秋之音，万物将曛黄也。埏土为之，如鹅卵，凡六孔，锐上丰下。"[1]埙在新石器时代就已经出现，是产生于中原本土的乐器，从古沿用至今。其演奏方法是两手捧埙，配合指肚对孔的按压而吹奏。

法螺为佛教法器，也被称为"蠡"或"贝"。通常在卷贝的尾端装上笛子而成。演奏时双手捧螺，置于嘴边吹奏，一般不出现在与佛教无关的乐舞场面中。法螺与埙在北朝均被运用于乐伎的演奏中。但在佛教音乐中，法螺在乐队中的演奏更有典型性。如《广清凉传》卷上记载，五台山大孚灵鹫寺启建法会时，即以法螺、箜篌、琵琶齐奏[2]。

图4-2-13　北周天和六年（571）张石安释迦佛青石造像座（左面局部）

此外，参照图4-2-13对乐器加以辨析，可以看出左面7号粟特乐伎手持乐器上有螺旋形线条，即为螺的物理结构的表现。从乐器的宗教性和图像两方面来考量，左面7号粟特人所演奏的

[1]《旧唐书（卷二十九）·志第九》，清乾隆武英殿刻本，中国基本古籍库。
[2]（唐）慧祥，（宋）延一、张商英，陈扬炯、冯巧英校注：《古清凉传·广清凉传·续清凉传》，山西人民出版社1989年版，第65页。

应当为螺。

(五)右面4号伎乐天演奏乐器为竖箜篌

参照图4-2-14，右面4号伎乐天将方形琴柱以右臂夹于身体右侧，腹前的横向结构为栓系琴弦的横木，双手于胸前作弹拨状。箜篌有三种形制：卧箜篌、凤首箜篌和竖箜篌。卧箜篌产生于中原，曾为宫廷祭祀、宴飨活动中的重要乐器。刘熙《释名》载："箜篌，此师延所作靡靡之乐也。后出于桑间濮上之地，盖空国之侯所存也。师涓为晋平公鼓焉，郑卫分其地而有之，遂号郑卫之音，谓之淫乐也。"[1]它的外形与琴瑟类似。

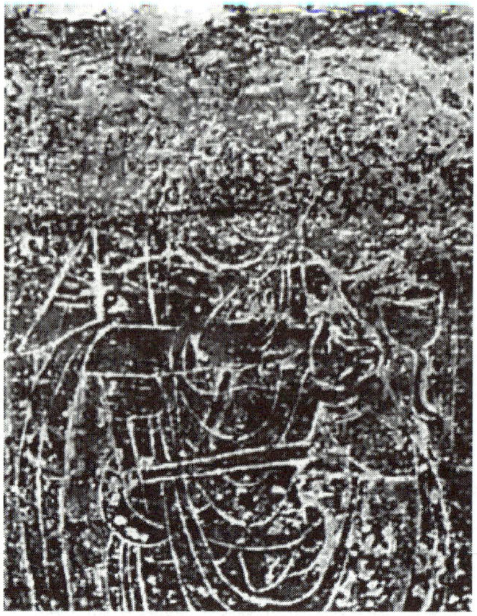

图4-2-14 北周天和六年(571)张石安释迦佛青石造像座(右面局部)

竖箜篌也称"胡箜篌"，唐代杜佑《通典》载："竖箜篌，胡乐也，汉灵帝好之。体曲而长，二十二弦，竖抱于怀中，用两手齐奏，俗谓之擘箜篌。"[2]从文献中可知，竖箜篌为胡乐，从汉代起便从西域传入中原，其演奏方式是竖抱于怀中双手弹奏。

凤首箜篌沿丝绸之路从印度传入中原，其与竖箜篌的区别不仅在于琴柱上有无凤首，而且可以通过演奏方式加以区别。即凤首箜篌的弹奏方式是将琴横向平列，夹于左肋之下，单手弹奏。

比较三种箜篌形制与弹奏方法，与张石安释迦佛造像座右面4号伎乐天所弹奏乐器相吻合的为竖箜篌。

通过对张石安释迦佛造像座左、右两面乐伎演奏乐器的辨识，可知左面粟特乐伎弹奏乐器1—7号分别为：一体鸣乐器、毛员鼓(都昙鼓)、扁鼓、筚篥、排箫、法笛、法螺。右面伎乐天演奏乐器1—7号分别为：曲颈琵琶、笙、排箫、竖箜篌、笛、腰鼓、铜钹。

[1](汉)刘熙：《释名》，中华书局1985年版，第106—107页。
[2]《通典(卷一百四十四)·乐四》，清武英殿刻本，中国基本古籍库。

三、张石安释迦佛造像座乐舞组配

张石安释迦佛造像座左、右两面的乐舞图像，从乐伎的形象上可以断定其为粟特人，由此可以判断，其乐舞组配一定与北周粟特人墓葬中反映的乐舞系统模式有紧密的联系。按照对三座北周粟特人墓葬中乐舞图像的梳理方式，对于张石安释迦佛造像座乐舞组配规律的探索，也从音乐题材、乐伎身份、乐舞队伍规模、乐伎服饰样貌、乐器种类、乐队和舞姬组配规律等方面入手，分析张石安释迦佛造像座上刻画的乐舞场面与乐舞组配规律的特点。

（一）张石安释迦佛造像座乐舞组配

张石安释迦佛造像座左、右两面所刻画的乐舞场面属于宗教题材中的礼佛题材，乐舞队伍规模为：乐队分两组，每组各7人，舞者2人，共16人。其中左面乐伎皆为男性高鼻深目的粟特人，右面乐伎为伎乐天，2位舞者皆为身穿胡服的胡人。从整体上看，乐队布局为线形布局，右面2位舞者则纵向排列，乐队同在舞者左侧。16位乐伎演奏的乐器有：一体鸣乐器、毛员鼓（都昙鼓）、扁鼓、筚篥、排箫、横笛、法螺、琵琶、笙、排箫、竖箜篌、腰鼓、铜钹，共12种。乐舞规模较大。

（二）张石安释迦佛造像座乐舞组配特点解析

张石安释迦佛造像座上刻画的乐舞场面，从乐伎身份和服饰、舞者人数、乐队布局、主要演奏乐器四个方面来考量，与北周墓葬中粟特乐舞图像系统中的组配规律相吻合，整体上与粟特音乐模式系统保持统一。但是，通过与三座北周粟特人墓葬中所反映的粟特乐舞场面的详细比较，可以发现张石安释迦佛造像座所体现的乐舞场景有以下三个突出的特点：

1. 乐器种类多，乐队规模大

张石安释迦佛造像座左、右两面有乐伎14人、舞者2人，他们所持乐器共12种，同三座北周粟特人墓葬和同时期佛造像座上所雕刻的礼佛乐伎相比较，表现出种类多、规模大的特点。

张石安释迦佛造像座左、右两面刻画的乐器中，气鸣乐器为筚篥、排箫、横笛、法螺、笙，共5种；弦鸣乐器为曲颈琵琶和竖箜篌，共2种；膜鸣乐器为毛员鼓（都昙鼓）、扁鼓、腰鼓，共3种；体鸣乐器为铜钹和一不明乐器，共2

种。其中，气鸣乐器除直颈琵琶外，佛造像座两面乐伎所演奏乐器种类包含了安伽墓、史君墓、虞弘墓三座北周粟特人墓葬中的所有乐器。从乐队规模上看，佛座左、右两面的乐伎舞者共16人。

2. 独特的乐舞布局

安伽墓、史君墓、虞弘墓三座墓葬中所反映的粟特人乐队与舞者的位置关系为舞者横向排列，且位于乐队前面或左侧。而张石安释迦佛造像座中的两位舞者纵向排列，位于乐队右侧。这种布局和位序的变化，与佛造像座的物理形态及北周敬造佛造像的基本原则有直接关系。

舞者位于乐队右侧，是因为佛造像座的雕刻要遵循中心原则和对称原则，故左、右两面的乐伎保持统一朝向的同时，也要实现左、右对称，所以身形较小的两位舞者就被安置在了乐队的最右侧。舞者一改北周粟特人墓葬中横向排列的模式而为纵向排列，则是因为佛造像座可供雕刻的面积有限，要兼顾对称原则和布局的美观，又要保证乐舞场面的规模，所以将两位舞者纵向排列于乐队右侧。

3. 佛教题材与粟特文化的融合

张石安释迦佛造像座是张石安所敬造释迦佛造像的一个构件，佛教礼拜是它的题材。由佛造像座左面男性粟特人乐伎和右面伎乐天、舞姬所组成的乐舞场面，从内容题材、基本功用上都与安伽墓、史君墓、虞弘墓有根本的不同。墓葬中石质葬具所展现的画面，除了对墓主祆教、景教等宗教信仰的展现外，更多的则是对墓主宴饮、狩猎、出行等现实生活的反映。而张石安释迦佛造像座的佛教属性和礼佛目的，决定了它所展现的是两幅乐伎演奏佛教音乐的场面。

佛教音乐也称为“梵呗”，是中原音乐在佛教东渐过程中与印度佛教音乐融合而产生的。《经师论》中开篇即载何为“梵呗”，中原与西域佛教音乐的异同：“东国之歌也，则结韵以成咏，西方之赞也，则作偈以和声。虽复歌赞为殊，而并以协谐钟律，符靡宫商，方乃奥妙。故奏歌于金石，则谓之以为乐，设赞于管弦，则称之以为呗。”[1]

佛教音乐在佛教的传播与发展中，历来都受到极大的重视。摩咥理制吒[2]提出佛教赞咏的“六意”，就是对佛教与音乐关系的探讨与说

[1] 霍旭初：《西域佛教考论》，宗教文化出版社2009年版，第150页。
[2] 印度贵霜时期著名的佛教学者。

明。摩咥理制吒指出，梵呗“一能知佛德之深远、二体制文之次第、三令舌根清净、四得胸藏开通、五则处众不惶、六乃长命无病”[1]。《十诵律》中也记载听呗可以“身体不疲、不忘所忆、心不懈倦、音声不坏、诸天欢喜”[2]。

佛教借助音乐的教化功能，让人们体悟佛法、自我修为，营造天籁萦绕的佛国圣境，最终实现佛教的传播。张石安释迦佛造像座及其四面的精美线刻的意义与价值也正在于此。但是除此之外，佛造像座上的粟特人形象，将中亚以信仰祆教为主的粟特文化融入了中原佛教艺术之中。

粟特人是从中亚撒马尔罕地区沿丝绸之路而来的西域胡人，从出土的安伽墓、史君墓、虞弘墓、康业墓的资料来看，北周在华粟特人多信仰祆教。但是，其宗教信仰也呈现出多元化的特点，一方面他们有不同的宗教信仰，如祆教、景教、摩尼教、佛教和伊斯兰教；另一方面，中亚各民族的宗教在不同的地区存在着多神崇拜的现象[3]，他们可以同时信仰不同的宗教。《魏书·高昌传》中记载居住于高昌地区的粟特人“俗事天神[4]，兼信佛法”[5]；《焉耆传》中也称粟特人“俗事天神并崇信佛法”[6]。

张石安释迦佛造像座上出现的粟特人乐伎，就是粟特人宗教信仰多元化的集中表现。这使得张石安释迦佛造像座左面的礼佛粟特乐伎承载了佛教与祆教、中原与西域、宗教与世俗的多重文化内涵。也正是由于多元文化的融合，使张石安释迦佛造像座上表现的乐舞场面呈现出区别于墓葬乐舞图像系统的突出特点。

北周是中原汉文化与周边部族、西域各国频繁交流与融合的时期，此间粟特人沿丝绸之路进入中原，并聚居在长安地区形成聚落。他们的生活习俗、音乐歌舞、宗教信仰无一不与中原文化相互交融、影响，形成了北周中原地区独特的粟特文化现象。

张石安释迦佛造像座左、右两面的礼佛乐舞图像就是这种多元文化融

[1] 霍旭初：《西域佛教考论》，宗教文化出版社2009年版，第151页。
[2] 同上。
[3] 韩香：《唐代外来宗教与中亚文明》，载《陕西师范大学学报（哲学社会科学版）》2006年第5期。
[4] 南北朝时，祆教通过新疆传入中原，其神灵被称为“胡天”或“天神”，信徒多为粟特诸部的粟特人。
[5]《魏书（卷一百一）·列传第八十九》，清乾隆武英殿刻本，中国基本古籍库。
[6]《魏书（卷一百二）·列传第九十》，清乾隆武英殿刻本，中国基本古籍库。

合的产物。通过将其与同时期粟特人墓葬中的乐舞图像进行比较可知，从整体上它符合北周粟特音乐的发展规律。但同时，也突出地表现了在佛教音乐属性统领下的乐舞组配特点：

（1）整体乐舞布局因佛造像座的雕造原则与物理形态而进行调整。

（2）乐舞场面规模较大，乐器数量、种类多。

（3）其根本属性在于对佛教乐舞场面、佛教圣境的反映，是乐伎尽情演奏佛国妙音的宏大礼佛活动一瞬的永恒定格。

四、结语

本节以张石安释迦佛造像座中具有鲜明粟特音乐特征的乐舞图像组配规律的研究为例，初步探究了佛教艺术模式与样式信息整理的途径，现结合张石安释迦佛造像座乐舞图像组配规律的研究总结归纳如下：

（一）文字信息与图像信息的双重关照

佛教艺术样式相关信息主要包括文字信息与图像信息两种。文字信息既为研究的基础，也是研究的对象。通过对大量的一级、二级、三级等文献的收集，既可以有针对性地掌握与研究对象相关的历史、文化、地理、政治、经济等信息，又能在整个历史文化语境下，较为全面、准确地了解研究对象的本质属性和历史定位。此外，文字信息特别是经典文献的相关记载，不但其自身即为研究对象，而且还能与图像信息互为佐证。图像信息为美术考古研究的最重要和最直观的资料信息，佛教艺术图像资料是佛教艺术样式研究的主要研究对象和研究依据。

在证明北周长安地区佛教乐舞的多元文化融合，特别是粟特音乐的融入中，相关的文献记载不但提供了北周音乐自上而下渗入长安乐舞的证据，还详细记载了粟特音乐、乐器形状和流传、粟特人的样貌特征等重要信息，这些文字信息与图像资料的相互佐证，明确了北周张石安释迦佛造像座乐舞图像是接受粟特音乐文化影响的结果。

（二）确立信息收集、甄别、筛选的规范化程式

在研究佛教艺术模式与样式的过程中，文字与图像信息的整理，包括信息的收集、甄别、筛选与采用。相关信息的收集主要强调全面，即结合

研究者期望实现的研究深度，穷尽式地收集一切与研究主题相关的资源与信息，以便全面、立体地理解研究对象，避免偏颇。在此基础上对所收集的信息进行甄别，在去伪存真的前提下，辨识相关信息元素。当所收集的信息保证全面且准确时，再依据研究对象和内容进行有针对性的筛选，去粗取精。对研究资料的整理实现了收集、甄别、筛选的规范化程式后，所得信息才能全面、准确、有效，建立在此基础上的研究，其严谨性与科学性才有保障。

张石安释迦佛造像座雕造于北周时期，通过比较同时期释迦佛造像座四周的乐舞图像，其乐伎形象具有鲜明的西域特征，加之北周长安地区乐舞文化受粟特音乐影响颇大，故北周长安地区粟特人墓葬中所存留的乐舞图像就成为重要的研究对象。将张石安释迦佛造像座乐伎形象与安伽墓、史君墓以及山西隋初的虞弘墓中乐舞场面进行比较，即可得到粟特音乐对长安地区佛教乐舞图像存在一定的影响、张石安释迦佛造像乐舞图像组配规律与北周粟特人墓葬乐舞图像的关系等重要信息。

此外，对张石安释迦佛造像座乐舞图像的甄别，主要体现在信息辨识上，如对佛造像座四方面序的释读顺序、乐伎的身份、乐伎演奏乐器、舞伎所跳舞蹈，甚至乐舞场面的题材内容等。对这些基本信息元素的准确辨识，是对其进行深入研究的基本前提。罗宏才教授的《中国佛道造像碑研究》对这一信息整理环节的重要性有详细而全面的论述。

（三）统计、分类与组合方法的综合运用

面对经过甄别与筛选的丰富、全面、可信的文字信息与图像信息，需要科学合理地予以采用，使它们成为研究佛教艺术样式的有效途径。通过关照前辈学者的研究方法，可知其有效信息的运用方法为统计、分类、组合的综合运用。首先以一个主题将所掌握的有效资料进行统计，再根据资料进行模式与样式的分类与组合，从而依据分类统计表的可靠信息，总结归纳出样式特征和组配规律。

通过对图像资料的统计与比较发现，张石安释迦佛造像座乐舞图像与粟特人墓葬中的乐舞图像有极大的相似性，加之由于粟特人墓葬中乐舞图像资料丰富，故而笔者对此进行详细的统计、分类、组合研究，并将其作为张石安释迦佛造像座乐舞图像研究的重要参照对象，从题材内容、乐伎身份、乐队规模、乐舞组配等图像样式方面进行比较与分析，最终还原了张石安释

迦佛造像座乐舞图像组配规律形成的多元文化背景、乐舞礼佛场面以及其佛教艺术的本质内涵。

本节作者简介：

茹溪，女，上海大学美术学院博士研究生。主要研究方向为美术考古。撰写论文有《北周天和六年释迦佛造像座研究》《西安博物院藏北周张石安释迦佛造像乐舞图像组配研究》《金石传拓技艺起源与萧梁反刻碑关系研究》等。

后 记

作为“西部美术考古丛书”的第三种，《佛教艺术模式与样式》的研究、写作与校对、出版进程，比预先的计划迟滞了许多。

其中原委，主要囿于主编本人的学识与能力，此外更重要者，也与研究主题的深度、难度以及各研究者的认真、负责不无关系。

基于学术品格塑造目的的共同追求，所有研究者的著述都经过数次修改，有的章节甚至经过颠覆性的改造与提升；很多图像主题、质量的选择以及资料信息统计表格的确定，往往经过数十次的比对与校释。

就研究者结构与学术态度而言，资深研究者表现得更为严谨、更为谦逊；年轻研究者则热力四溅，在在投以更多的热情与活力，如刘明虎、茹溪等人为提高论文资料的准确性，甚至连续数次进行专题田野考察。

尽管如此，限于种种原因，即将出版的著作仍存在很多的谬误与遗憾。当然，按照学术规制，这些谬误与遗憾，理应由忝列主编位置的鄙人来全权负责。

因此，值本书最后校释完结即将付梓出版之际，我在借此后记表明自己的责任和态度的同时，更多的想致敬所有参与“佛教艺术模式与样式”主题讨论与著述写作的同行们。从章节题目确定、资料收集，到撰写与比对、校释，他们付出了极大的汗水与心血，在此不能不对他们投以真挚的敬意与感谢。“厥功至伟”一说，应当无条件归属他们。

除了直接参与主题讨论与写作的同行们，上海大学美术学院与中国艺术产业研究院在读博士茹溪、慕漫红、李海磊，上海大学美术学院与上海大学数码艺术学院在读硕士文婷婷、畅韵茹、刘畅、严方圆、彭泽云、张丽丽、杨洋、武玉莹、金梦妮、程泽、王祥宇等人对本书出版所付出的劳动亦不容小觑，此外，已经毕业的博士、硕士：黄剑波、龚晨、刘明虎、刘杜鹃、于蒙群、郑辉、杜柯楠、刘启寰、吴郑铎等也为本书付出了辛勤的劳动。从炎夏到寒冬，所有图像校正与文字校对工作，均由他们鼎力完成。

其中茹溪、慕漫红、李海磊还兼负烦琐的出版事务与相关资料弥补工作，主要联络事务均由李海磊负责完成，杨洋同学更数易其稿，认真绘制了本书的封面与插页图像。所有一切都促使我们必须表达感激、钦佩之情，尽管他们都是我的学生与后辈……

总理上述，当这篇后记最后结尾之际，我想一如从前那样告诉大家此时此刻的心绪与感受：

带动一切且始终对本书写作、出版热忱履行指导、支持、修改职责并真诚付出最大劳动的是上海大学出版社副总编傅玉芳老师、设计师柯国富老师以及许许多多为本书出版付出心血的出版社老师们。没有他们，这本书的写作、出版是难以顺利完成的。拙句单词，其实难以表达全体参与讨论、写作与校对者对他们的敬重与感谢。

罗宏才

2017年1月9日写于古城西安